Walter Jens
EINSPRUCH

Walter Jens
EINSPRUCH

Reden gegen Vorurteile

verlegt bei Kindler

Die Deutsche Bibliothek – CIP-Einheitsaufnahme

Jens, Walter
Einspruch : Reden gegen Vorurteile / Walter Jens.–
München: Kindler, 1992
ISBN 3-463-40200-9

Dieses Buch wurde auf chlor- und säurefreiem Papier gedruckt.
Die Folie des Schutzumschlags sowie die Einschweißfolie
sind PE-Folien und biologisch abbaubar.

© Copyright 1992 bei Kindler Verlag GmbH, München
Das Werk einschließlich aller seiner Teile ist
urheberrechtlich geschützt.
Jede Verwertung außerhalb der engen Grenzen des
Urheberrechtsgesetzes ist ohne Zustimmung des Verlages
unzulässig und strafbar. Das gilt insbesondere für
Vervielfältigungen, Übersetzungen, Mikroverfilmungen und
die Einspeicherung und Verarbeitung
in elektronischen Systemen.
Umschlaggestaltung: Graupner + Partner, München
Texterfassung: Burischek, Ingolstadt
Umbruch: Ventura Publisher im Verlag
Druck und Bindearbeiten: Ueberreuter, Korneuburg
Printed in Austria
ISBN 3-463-40200-9

2 4 5 3 1

Inhaltsverzeichnis

VORWORT 7

I. Personen

ERASMUS VON ROTTERDAM 13
Die Vision vom Frieden

GOTTHOLD EPHRAIM LESSING .35
Streit und Humanität

WOLFGANG AMADEUS MOZART 57
Das poetische Genie

GEORG BÜCHNER 73
Plädoyer für die Barmherzigkeit

RICHARD WAGNER 87
Erlösungszauber

SIGMUND FREUD 99
Porträt eines Schriftstellers

KURT TUCHOLSKY 119
Erbarmen und Menschlichkeit

MAX FRISCH 141
Der »Notwehr-Schriftsteller«

FRIEDRICH DÜRRENMATT 153
Reflexion und Poesie

II. Werke

ARTHUR SCHNITZLER 165
Die Erzählungen

THOMAS MANN 177
Der Erwählte

ROBERT MUSIL 191
Die Verwirrungen des Zöglings Törleß

III. Probleme

ÜBER DIE FREUDE 201

ÜBER DIE VERGÄNGLICHKEIT 215
Der 90. Psalm

DEUTSCHLAND
UND DIE FRANZÖSISCHE REVOLUTION 231

GEGEN DAS SCHWARZ-WEISS-DENKEN 249
Über den Golfkrieg

IV. Institutionen

KUNST UND POLITIK 259
Zur Eröffnung des Ludwigsburger Forums am Schloßpark

»... GLEICHT EINER GROSSEN VILLEN-COLONIE« 271
100 Jahre Eppendorfer Krankenhaus

»...AUF DEM GEBIET DER GYNÄKOLOGIE NICHT GANZ
OHNE RUF« 293
100 Jahre Tübinger Frauenklinik

»ES IST NICHT VIEL,
WAS WIR IHNEN BIETEN KÖNNEN« 305
Schwabens Philologisches Seminar – vom Norden aus betrachtet

TEXTNACHWEISE 335

VORWORT

»Man stelle sich einen Arbeiter, etwa einen Dachdecker vor, der sich zum Krüppel gefallen hat und nun an der Straßenecke bettelnd sein Leben fristet. Man komme nun als Wundertäter und verspreche ihm, das krumme Bein gerade und gehfähig herzustellen. Ich meine, man darf sich nicht auf den Ausdruck besonderer Glückseligkeit in seiner Miene gefaßt machen. Gewiß fühlte er sich äußerst unglücklich, als er die Verletzung erlitt, merkte, er werde nie wieder arbeiten können und müsse verhungern oder von Almosen leben. Aber seither ist, was ihn zunächst erwerbslos machte, seine Einnahmequelle geworden; er lebt von seiner Krüppelhaftigkeit. Nimmt man ihm die, so macht man ihn vielleicht ganz hilflos; er hat sein Handwerk unterdessen vergessen, seine Arbeitsgewohnheiten verloren, hat sich an den Müßiggang, vielleicht auch ans Trinken gewöhnt.«

Ein unbekannter, auf einem Paradox aufgebauter, ebenso präzise wie poetisch strukturierter Text: anschaulich und durchdacht zugleich. Ein Kafka-Notat, aus den »Hochzeitsvorbereitungen« zum Beispiel? Oder ein Zeugnis aus der Werkstatt des frühen Musil: luzide durchkalkuliert, mit kleinen austriazensischen Saloppheiten? Keineswegs. Der Text stammt nicht von einem Schriftsteller, sondern von einem Arzt. Verfasser: Sigmund Freud. Quelle: »Bruchstück einer Hysterie-Analyse«.

Ich denke, die Geschichte vom verunglückten Dachdecker, die ein Glanzstück jeder Anthologie sein könnte, macht deutlich, wie entschieden dort Einspruch erhoben werden müßte, wo Literatur sich immer noch mit Belletristik verwechselt sieht. Als ob nicht wissenschaftliche Texte genauso »fiktional« sein könnten wie lyrische Etüden, als ob Bismarck, Mommsen und Freud nicht eher in

7

eine Geschichte der deutschen Literatur gehörten als Scheffel oder Spielhagen.

Einspruch also – *ein* Einspruch unter vielen, die in den folgenden Reden dem Leser zur Beurteilung vorgetragen werden. Einspruch nicht zuletzt gegen die »Einschüchterung durch Klassizität« im Sinne Brechts: darum, wieder und wieder, der Versuch, Texte gleichsam gegen den Strich zu lesen, um derart Meister der Literatur in frischer neuer Beleuchtung erscheinen zu lassen. Erasmus – ein Pazifist, der nicht nur in lateinischem Ambiente gesehen werden will, in Bibliotheken und Druckereien, sondern ein Literat, der, gut lutherisch, auch dem Volk aufs Maul zu schauen verstand – ein witziger, alltäglicher Praxis vertrauter Mann und ein Polemiker dazu, der's in seinen Satiren, Dialogen und Kolloquien mit der Poetenzunft jederzeit aufnehmen kann.

Und dann Lessing: der »gelehrte Landstörzer« – auch er nicht nur in der Klause, dem Theater (und am Spieltisch, natürlich) zu Hause, sondern auf den Straßen und Jahrmärkten seiner Zeit – im Bund mit einem höchst gemischten Publikum, verkrachten Existenzen, gelehrten Sonderlingen und jener *species humani generis*, die er, da sie so geistreich sei und überzeugend zu parlieren verstünde, den Hofbeamten, Professoren und geistlichen Hirten voranstellte: den Frauen.

Einspruch also um des Neufigurierens, der Hervorhebung bisher allzu beiläufig abgehandelter Stil- und Charaktereigenschaften willen: Büchner – ein Schriftsteller, der eher fürs Mitleid plädiert, für Erbarmen und Humanität, als für behende Gewalt; Tucholsky: als Gesprächspartner Fontanes zu sehen (in einem jener imaginären Dialoge, die ein bevorzugtes Stilelement dieses Buches sind); Mozart – im Pantheon der Poeten auftretend - ein genialer Stilist, unterwiesen in der Kunst geistreicher Brief-Verlautbarungen durch einen bis heute verkannten *homme de lettres*, Vater Leopold.

Schließlich Friedrich Dürrenmatt, dem ich, zusammen mit Kurt Marti, im Berner Münster das Totengeleit gegeben habe – kein »Vollblut-Dramatiker«, wie man ihn nennt, sondern ein Denk-Spieler, der in seinem Prosa-Spätwerk die Grenze zwischen Dichtung und Philosophie aufzuheben verstand, indem er beschrieb, wie

Menschen denken, die zugleich als Kopernikaner und Ptolemäer zu leben versuchen.

Einspruch aber nicht nur, um die fixierte Beurteilung von Literaten in Frage zu stellen und so Fremdheit und Anderssein vermeintlicher Bekannter zu illustrieren, *Einspruch* auch gegen die Vernachlässigung von Phänomenen, die wortwörtlich lebensbestimmend sind: der Freude, zum Beispiel; und vor allem *Einspruch* gegen das Vorurteil, das besagt, die Beschreibung von Institutionen müsse notgedrungen fad, akademisch und trocken sein. Als ob das Portrait eines Theaters, eines Krankenhauses, eines Seminars nicht ebenso vielfältig, widersprüchlich, apart, abstoßend, lustig und tieftraurig ist, wie das Gesicht eines Menschen: Wie sah, um 1800, ein idealer Frauenarzt aus? Wie verlief der Lehrbetrieb einer Schule? Wie wurden Kranke versorgt, Seelenheilkundige unterwiesen, Menschen in ihrer Eigenart verstanden, auf den Stationen der Hospitäler? Ist die große Debatte über das Pavillon-System der Krankenhäuser wirklich langweiliger als die Erörterung von literarischen Strömungen oder als die Physiognomie eines Künstlers? Einspruch, in vielfacher Weise und auf vielen Gebieten, der – sonst wäre er langweilig und gäbe sich autoritär – selbstverständlich nach abermaliger Entgegnung verlangt und die Diskussion nicht beenden, sondern, aufs Offene der behandelten Phänomene verweisend, beginnen möchte – im Sinne Goethes, der Eckermann im März 1827 bedeutete: »Das Gleiche läßt uns in Ruhe; aber der Widerspruch ist es, der uns produktiv macht.«

Tübingen, im Juli 1992   Walter Jens

I. PERSONEN

ERASMUS VON ROTTERDAM

Die Vision vom Frieden

»Jeder, der Christus verkündet, verkündet Frieden. Jeder, der den Krieg verkündet, verkündet denjenigen, der Christi Widersacher ist«: Nicht auf der Kanzel, sondern in der Gelehrtenstube, nicht von einem Prediger, sondern von einem Wissenschaftler wurde zu Beginn des sechzehnten Jahrhunderts die These vertreten, daß sich die Glaubwürdigkeit einer christlichen Gemeinschaft, der Kirche voran, nach der Konsequenz bemesse, mit der sie, in täglicher Praxis, in Amt und Geschäft, Jesus von Nazareth durch die Bewahrung des inneren und äußeren Friedens befördere: in klarem, die Tätigkeit leitenden Wissen, daß die Begriffe *pax* und *Christus* Synonyma seien.

»Mein Volk wird in der Schönheit des Friedens weilen«: Jesajas Prophetie war die Lebensmaxime eines Mannes, Erasmus von Rotterdam, der, so zaghaft, furchtsam, unentschieden, vorbehaltsreich und zaudernd er gewesen ist, in *einem* Punkt zumindest unbeirrt und beharrlich, ja couragiert bis zur Verwegenheit argumentiert hat: dann, wenn er als Pazifist gefordert war; wenn es galt, seine christozentrische Friedensliebe zu artikulieren; wenn es um den unverzichtbaren, auf Verwirklichung im Hier und Jetzt angelegten Geist der Bergpredigt ging; wenn der Satz *beati pacifici* einem Jahrhundert der Kriege, der Massenexekutionen und der mephistophelischen Gewalt in jederlei Form konfrontiert werden wollte.

Tota Christi philosophia dedocet bellum, Christi gesamte Lehre ist ein Appell gegen den Krieg: Diese Maxime bestimmt, leitmotivartig, Erasmus' politisch-theologisches Schrifttum, von der Interpretation des Sprichworts *dulce bellum inexpertis* (»Schön ist der Krieg für jene, die ihn nicht kennen«) bis zu seinen späten Äußerungen über den Kampf gegen die Türken, von der »Erziehung eines christlichen Fürsten« bis zu jenen Debatten in den »Colloquia familiaria«, in denen er die Ruchlosigkeit der Europas Länder durchplündernden Soldateska allgemeiner Verachtung preisgibt; von der »Klage des Friedens, der von allen Nationen verbannt und niedergeschlagen wird«, seiner pazifistischen Hauptschrift, bis zu jenem von Resignation und Bekümmernis bestimmten Dialog, *Charon,* in dem der Totenferge, der sich angesichts der zu ihm kommenden Verstümmelten und Geschändeten darüber wundert, daß auf der Welt da oben überhaupt noch jemand am Leben sei, auf einen gewissen »Vielschreiber« verweist, der nicht aufhöre, »mit seiner Feder dem Krieg Abbruch zu tun und zum Frieden zu mahnen«.

Erasmus als einzig gewichtiger (und deshalb zu fürchtender) Widerpart jenes höllischen Fährmanns, der gerade dabei ist, sich einen tüchtigen Dreiruderer zu beschaffen, da sein altersmorscher und geflickter Kahn die Totenschübe nicht bewältigen könne: Die Phantasmagorie vom kleinen Männchen aus Holland, das tauben Ohren seine Friedenstöne vorbliese und dem Fergen im Tartaros, dessen Fähre für die Unmengen von Schatten längst zu klein geworden sei, enthält, bei allem kaustischen Witz und der Erasmus eigenen Selbstironie, ein Quentchen Wahrheit. Viele waren es nicht, die um 1520 sich jenem allerchristlichsten Aberwitz widersetzten, den Alastor, der Strafgott, im Dialog *Charon* seinem Partner erläutert: »Vögel gibt es, in schwarzweißen Mänteln, aschfarbenen Kutten, mit mancherlei Gefieder geschmückt« – Mönche als Höllenfurien und Todesgespenster –, »die weichen nicht von den Höfen der Fürsten, sie träufeln ihnen die Liebe zum Krieg ins Ohr und stacheln die Großen wie das Volk dazu auf. In ihren Predigten schreien sie, der Krieg sei gerecht, heilig und gottesgefällig. Und damit du dich noch mehr (mein lieber Charon) über den starken Geist dieser Leute wundern kannst: Sie schreien dasselbe bei *beiden* Parteien aus. In Frankreich predigen sie, Gott stehe auf seiten Frankreichs, wer Gott zum Schirmherrn habe, könne nicht unterliegen. In England und Spanien sagen sie, dieser Krieg werde nicht vom Kaiser geführt, sondern von Gott selbst.«

Daraufhin Charon: »Und das alles wird geglaubt?« Antwort des Strafgottes Alastor: »Was vermag nicht eine erheuchelte Religion? (Außerdem können die Mönche auf diese Weise) von den Sterbenden größeren Profit herausholen als von den Lebenden. Da gibt es Testamente, Seelenämter, Bullen ... (kein Wunder also, daß) es ihnen im Heerlager besser gefällt als in ihren Zellen. Der Krieg macht manchen zum Bischof, für den im Frieden keiner einen roten Heller gegeben hätte.«

Ein Mann, ein Einzelner, Erasmus, führt Krieg gegen den Krieg, kämpft mit dem Schwert des *Geistes* gegen das *Mord*schwert und zerrt »fette Satrapen, Eisenfresser und Säbelraßler« samt deren geistlichem Gefolge vor den Richtstuhl jenes *Christus pacificus*, in dessen Namen er seine mit ebensoviel Frömmigkeit wie Aggressivität ausgetragene Bataille gegen den Bellizismus der Päpste, Kardinäle, Mönche, Theologen, Fürsten und dummen Hänse (jeglicher Nationalität) vorträgt, den Friedenskampf im Zeichen des geschundenen und gemarterten Herrn, dessen Lehre und Leben als Gegenbilder der auf Krieg, Kreuzzug und ideologische Pestilenz heruntergekommenen Macht-Kirche erscheinen.

Ein Vierteljahrhundert lang wird, in Lessings Sinn, die *Religion Christi* gegen die *christliche Religion* ausgespielt oder, mit Kierkegaard, die Friedensbotschaft des *Christentums* gegen die *rabies militaria* der *Christenheit*. Christus allein sei nachzueifern: IHM ganz und gar *(Christus solus est totus imitandus)*; Christus, dem Ausgangs- und Zielpunkt jeglichen Lebens *(Christus scopus totius vitae)*, dem Vorbild aller humanen Existenz; Christus, dessen gelebter Liebeskommunismus der von ihm vertretenen Theorie voraus gewesen sei: Glaube und Wort als der Tat nachgeordnete Elemente; Doktrin und Philosophie: Resultate (und nicht Voraussetzungen) einer Ethik der Frömmigkeit!

Nulla doctrina efficacior quam ipsius vita, kein Dogma ist wirkungsmächtiger als Jesu Leben. Dieser Satz, bezogen auf die Realität seiner Zeit, hat für Erasmus den Charakter eines *Credos*. Wie friedlich habe Christus gelebt und wie unfriedlich wir! Wie verpflichtend die Niedrigkeit Seines Daseins: eine *humilitas sub specie pacis*, die in ergreifender, hier nüchterner, dort dramatischer Rede zu beschwören Erasmus nicht müde wird; so wenn er in der *Theologischen Methodenlehre* den Schlafenden, Hungernden, rasch Ermüdeten, Seufzenden und Schmerz Empfindenden (»Im Garten ängstigt sich seine Seele bis zum Ausbruch blutigen Schweißes; am Kreuze dürstet er ... er weint, als er die Stadt Jerusalem sieht, er weint auch am Grabe des Lazarus und ist in der Seele erschüttert«) mit dem Auferstandenen in der Glorie konfrontiert.

Und dann – ein geheimes, rührendes Selbstporträt – die Beschreibung des *homo duplex* und *Proteus:* Jesus, des Zwiespältigen, als eines *alter ego* des doppelgesichtigen Erasmus von Rotterdam. »Bisweilen flieht er, gleichsam von Ekel gepackt, die Menge; ein andermal wieder sucht er, von Mitleid gerührt, die Massen aus freiem Antrieb und duldet, daß man ihn umdrängt. Einmal zieht er sich zurück in die Abgeschiedenheit, um zu beten, dann wieder begibt er sich aus freien Stücken in das dichte Gedränge eines vollgestopften Tempels; anders spricht er zu seinen Jüngern, anders zur breiten Masse; schließlich zeigt er sich den Seinen von seiner Auferstehung an einmal in dieser, dann wieder in jener Gestalt. Nichts, scheint es, ist einfacher als unser Christus, und doch stellt er nach einem verborgenen Ratschluß in seiner Vielfalt des Lebens und der Lehre einen gewissen Proteus dar.«

Jesus – ein Spiegelbild des griechischen Meergotts; Jesus, ein Doppelwesen, das – beschrieben in dem Silenen-Gleichnis des Alkibiades – jenem am Schluß des platonischen *Gastmahls* beschriebenen Zwie-Menschen gleicht, der, wie Sokrates, äußerlich häßlich, innerlich aber reich an Kostbarkeiten ist. Abermals ein Selbstporträt – Erasmus, mit dem *corpusculum*, der, hofiert von den Größen Europas, ein Fürst im Reiche des Geists war. Erasmus, der Niedergeborene, evoziert den Silen aller Silene, das Kind im Stall mit den armen Eltern, den Freund der Zöllner und Fischer: »Aber in dieser Niederkeit – welche Größe! In dieser Armut – was für ein Reichtum! In diesen Qualen – welch ein Friedensglanz!«

Und dann, wiederum, die Umkehr! Der Vergleich des äußerlich Bescheidenen, innerlich Königlichen von einst mit den Robengeschmückten, Reichberingten, Purpurbereiften, deren Seelen leer und ärmlich seien. Er: der Arme, der den Liebeskommunismus predigte. Sie, seine Nachfolger: Majestäten, deren Zeichen nicht das Fischernetz, sondern der Beutel sei. Er: der Anwalt uneingeschränkter Gewaltlosigkeit. Sie: die Ideologen des »gerechten« Kriegs. »Der Bischof schämt sich nicht, sich im Feldlager aufzuhalten; dort ist das Kreuz; dort der Leib Christi, und mit höllischen Sakramenten vermengen sie die himmlischen, und auf blutige Auseinandersetzungen wenden sie die Symbole der höchsten Liebe an.«

Zeigt sich da wirklich, wie Erasmus seit Jahrhunderten vorgehalten wird, weltfremde Rigorosität? Ein Moralismus, der sich um Realitäten nicht schere? Hochfahrendes Idealisieren angeblich zeitübergreifender Normen aus dem sicheren Hort der Gelehrtenstuben und Bibliotheken? Erasmus – ein aus dem Mittelalter ins Jahrhundert Machiavellis verschlagener Mann: unfähig, den Geist der Moderne mitsamt beginnender Säkularisation, Völkerrecht und strikter Trennung von Politik und Moral zu verstehen? Ein Träumer, halb Literat, halb Theolog (Proteus, weder auf der Erde noch im Himmel zu Hause), der einerseits das Reich der Territorialstaaten mit dem Reich Christi verwechsele und, andererseits, was Cicero und die Stoa unter kosmischer Harmonie und Eintracht des Goldenen Zeitalters verstanden, mit der Volte des auf Synkretismen aller Art verpflichteten Versöhnungs- und Verschwisterungs-Künstlers ins staatskirchliche Zeitalter Karls V. und Heinrichs VIII. zu übertragen versuche?

Erasmus: ein Friedens-Utopist, der von Politik nichts verstand? So heißt es bis heute; so wird der Verteidiger des christozentrischen Pazifismus, der Zwist und Totschlag aus der für ihn einzig glaubwürdigen Sichtweise, der Perspektive des Feindesliebe lehrenden Christus, sah, auch von seinen Verteidigern genannt. Ein bißchen viel Ethik, hört man, zu viel Anthropozentrismus und zu wenig Theologie bei Erasmus; mehr Stoa als Christentum; viel von Eintracht und Frieden, Eloquenz und Humanität, aber wenig vom Kreuz; *pax:* als Quintessenz der evangelischen Botschaft – etwas dürftig, eher nach Vor-Aufklärung klingend (Lessing, hätte Johann Melchior Goeze gesagt, läßt schön grüßen) als genuin christlich. (Erasmus, schreibt Luther im September 1521 an Spalatin, »non ad crucem, sed ad pacem spectat in omnibus scriptis«).

Nur auf den Frieden, nicht aufs Kreuz: Welch ein Mißverständnis in Wittenberg! Als ob Erasmus seine Friedensvision nicht gerade aus der am Kreuz verbürgten Versöhnung zwischen Gott und den Menschen gewonnen hätte! Als ob das Gebot, Frieden zu halten, nicht durchs Sakrament der Eucharistie besiegelt und im Aufblick zum Kreuz für unübertretbar erklärt worden wäre! Als ob das Evangelium von der *pax Christi* nicht – *theologia crucis* – durch einen Rekurs auf die Märtyrer der präconstantinischen Kirche abzusichern sei: »Wir sind gekommen nach den Weisungen Jesu«, schreibt, Erasmus vordenkend, Origines, »um die geistigen Schwerter, mit denen wir unsere Meinungen verfochten und unsere Gegner angriffen, zusammenzuschlagen zu Pflugscharen, und die Speere, deren wir uns früher im Kampfe bedienten, umzuwandeln zu Sicheln. Denn wir ergreifen nicht mehr das Schwert gegen ein Volk, und wir lernen nicht mehr die Kriegskunst, da wir Kinder des Friedens geworden sind durch Jesus Christus, der unser Führer ist.«

Nein, nicht als Schwärmer, sondern als »ernster Christ« hat Erasmus, in Übereinstimmung mit den Geboten der alten Kirche, die einen Fahneneid nur auf Jesus Christus zuließ, aber nicht auf einen weltlichen Herrscher, die evangelische, von Jesus vorgelebte Vision einer die Freunde verpflichtenden und die Feinde staunenmachenden Liebes-Gemeinschaft, Schrift für Schrift, verteidigt, und zwar nüchtern und von Hellsicht erfüllt: immer bestrebt, die Welt des real existierenden Christentums auf dem Weg eines Vergleichs mit den Prämissen ihres Selbstverständnisses kenntlich zu machen. Durch die Eucharistie mit dem Leib Jesu verbunden, sind die Christen darangegangen, das Friedensangebot verleugnend, diesen Leib und damit sich selbst zu zerstückeln.

Jeder Krieg: eine Kreuzigung; jeder Anschlag auf die *pax Christi* ein Attentat auf deren Begründer. »Ist Jesu ganzes Leben«, heißt es in der »Querela pacis«, »etwas anderes als Unterweisung zu Eintracht und gegenseitiger Liebe? Was prägen (uns) seine Lehren, was seine Gleichnisse ein, wenn nicht Frieden, Versöhnung untereinander und Nächstenliebe? Verhieß, erfüllt vom göttlichen Geist, der Prophet Jesaja, das Kommen des Großen Versöhners: des Messias ankündigend, etwa einen Statthalter? Einen Städtezerstörer? Einen Krieger und Triumphator? Nein, all das nicht. Den Friedefürsten hat er verheißen.«

Idealistische Phantasterei, nochmals? Keineswegs. Vielmehr: Ernstnehmen der biblischen Botschaft. Der Realismus eines Christen, der weiß, daß er Maßstäbe einer christlichen *praxis pietatis* setzt, wenn er den Satz des »mystischen Zitherspielers«, Davids, des Psalmisten, zitiert: *Im Frieden wurde dem Herrn sein Platz zuteil*, wenn er auf die Engel als *Boten des Friedens* verweist; wenn er die Friedensstifter und Friedenstäter, Salomons Enkel, preist, wenn er, mit Jesus, die Segensformel »Friede Euch allen« den für einen Christen einzig würdigen Gruß nennt und, immer wieder, in dramatisch-appellativer Rede, die Worte wiederholt, die den kriegerischen Herren der Welt zum Gericht werden möchten: »Meinen Frieden gebe ich Euch, den Frieden lasse ich Euch.«

So betrachtet war Erasmus der erste Christ in der Neuzeit, der zeugnisgebend, konsequent und verläßlich Jesus als Inbegriff einer Friedensordnung beschrieb, in deren Zeichen sich der verhängnisvolle Gegensatz zwischen Christperson und Weltperson, innerem und äußerem Geschöpf, dem leidenden Frommen und dem handelnden Weltkind, dem Menschen »für sich« und dem Menschen »für andere«, dem Reinen und Feinen *coram deo* und der sündigen Kreatur *coram mundo et civitate* aufhob. Keiner hat die zumal vom Luthertum (aber auch vom politischen, auf Augustins Trennung zwischen *civitas terrena* und *civitas dei* pochenden Katholizismus) oft grobschlächtig zugespitzte Antithese von Gottesreich und Menschenstaat, vom Privatbezirk des Gesinnungsethikers und öffentlichem, durch Ämter regierten Feld der Verantwortungsethiker so heiter und fromm außer Kraft gesetzt wie jener Erasmus von Rotterdam, der, in Brief und Traktat, biblischer Text-Exegese, Dialog und Pamphlet, wieder und wieder betont hat, daß ein Christ in Glaube und Werken nichts anderes als (im Sinne der Bergpredigt-Preisung) ein Pazifist sein könne.

Beati pacifici: ein Gerichts-Wort für jene, die aus der jesuanischen Gemeinde einen Heerhaufen machten, Diener des Herrn in Krieger des Teufels verwandelten und statt der Mitra das Schwert, statt der Bibel den Schild, statt der Trompete der Evangelien die Posaune des Mars okkupierten.

»Mit welcherlei Waffen, o unsterblicher Gott, bewaffnet der Zorn die wehrlos geborenen Menschen? Mit Höllenmaschinen fallen Christen Christen an. Wer möchte glauben, daß Kanonen *(bombardas)* eine Erfindung des Menschen seien?« (Geschrieben mehr als vierhundert Jahre vor dem Abwurf der Atombomben auf Hiroshima und Nagasaki.)

Das ist Spott unter Tränen; eine Invektive, die, um der Verfremdung willen, dem Frieden in den Mund gelegt wurde – so wie sich das Lob der Torheit der alles regierenden *stultitia* soufliert sah –, weil für Erasmus dort Distanz am Platz war, wo die eigene Rede den Rahmen des Schicklichen gesprengt und das Pathos herzbewegender Trauerrede allzu unvermittelt ins Spiel gebracht hätte.

Der Autor der »Querela pacis« haßte die ungestüme Expektoration; Ausbrüche von Bekennertum und ungeschützter Konfession waren ihm zeitlebens zuwider, Grobianismus, auch wenn er sich fromm gab, erst recht … und trotzdem ist die Klage des vertriebenen Friedens auch als Rollenprosa noch von zermalmender Beredsamkeit: »Was willst du mit dem Kreuz, verruchter Soldat … Ich frage dich, wie betet (einer wie du) das ›Vaterunser‹? Du unverschämter Hund wagst es, ihn Vater zu nennen, der Du Deinen Bruder abzuschlachten wünschst? – ›Geheiligt werde Dein Name.‹ Wie kann der Name Gottes schlimmer entehrt werden (als durch den Krieg)? – ›Dein Reich komme.‹ So betest Du, der Du mit so viel Blutvergießen Deine Tyrannei begründest? – ›Dein Wille geschehe, wie im Himmel also auch auf Erden.‹ ER will Frieden, und Du rüstest zum Krieg? – Das tägliche Brot erbittest Du vom … Vater, der Du die Saatfelder verbrennst, und willst sie Dir lieber auch selber verderben, als jemandem den Nutzen gönnen? Und wovon sprichst Du jetzt …? – ›Und vergib uns unsere Schuld, wie auch wir vergeben unseren Schuldigern‹, das sagst Du, der Du zum Brudermorde eilst?«

So zürnt und klagt, betet, flucht, beschwört und warnt der in den Zeugenstand gerufene Frieden, hinter dessen Maske Erasmus die These vertritt, daß, angesichts des verwüsteten Europa, selbst der schlechteste Friede immer noch dem schönsten Kriege vorzuziehen sei: Möge er sein, wie er wolle, der Krieg – das Volk bliebe auf der Strecke, wenn er regierte, und habe Grund, ihn zu hassen. Aber so zornig die Fluchrede gegen die Fürsten, die Schinder der Völker, und die mordbesessenen Soldaten auch gerät: Sarkastisch und in offenen Hohn übergehend gerät Erasmus' Kampfansage erst dort, wo es um die eigenen, die Waffensegner, Kreuzessticker und ins Meßgewand gehüllten Heerführer geht. Man stelle sich vor: Da wird in der Schrift »Papst Julius vor der verschlossenen Himmelstür« (deren Autor zu sein, Erasmus übrigens abgestritten hat: er wußte warum) ... da wird ein stinkendes und rülpsendes Ungeheuer – der gerade eben verstorbene Stellvertreter Christi – von Petrus als ein macht- und geldbesessener Belial zur Ordnung gerufen, ein leibhaftiger Antichrist, an dem gemessen Dostojewskis Großinquisitor nahezu wie ein *pater seraphicus* in einer Heiligen-Vita erscheint, ja sogar Luthers Antithese von Jesus und dem Papst zu Rom, weiß Gott ein saftiges Pamphlet, wird, mit Erasmus' Attacke verglichen, zu einer fast betulichen Schrift.

Julius II., ein Militär, der mit einer Schar von Ermordeten und etlichen wertlosen Bullen anrückt, papistischen Dokumenten, sieht sich von Petrus (den er, Julius, zu exkommunizieren leider versäumte) kurzweg vor der Tür stehengelassen.

Papst: Mach endlich auf, sag' ich!

Petrus: Erst nenn mir deine Verdienste.

Papst (versteht nicht): Verdienste?

Petrus: Hast du durch Kenntnis der heiligen Lehre geglänzt?

Papst: Dafür fehlte mir die Zeit. Ich war mit Kriegen beschäftigt.

Petrus: Hast du, durch ein heiliges Leben, Menschen für Christus gewonnen?

Schutzgeist des Papstes: Nein, für die Hölle.

Petrus: Hast du dich durch Wunder ausgezeichnet?

Papst: Je! Spricht der altmodisch!

Petrus: Hast du eifrig und mit reinem Herzen gebetet?

Papst (kopfschüttelnd): Über was für Schmarren sich der Mann ereifern kann.

Da redet, nicht absetzbar leider – zum Ärger des Erasmus, der die lebenslange Amtszeit von Päpsten für verhängnisvoll hielt ... da redet ein Geschäftsmann und Militär aus Rom, der, sofern nur der Heilige Stuhl seine Besitzungen nicht verliert, selbst einen Weltbrand, angefacht durch die Machenschaften der Kirche, in Kauf nimmt: Armut, Nachtwachen, Schweiß, Prozesse, Kerker, Fesseln, Beschimpfungen, Schläge, das Kreuz, jesuanische und apostolische Martyrien – papperlapapp! »Ich sehe jetzt«, so Petrus' Resümee, »daß ausgerechnet derjenige, der Christus am nächsten ist und daher gleich ihm eingeschätzt werden will, am tiefsten im Schmutz steckt, in Geld, Macht, Truppen und Kriegen ... Bedachtest du denn nie, obwohl du doch der höchste Hirt der Kirche warst, wie sie entstanden ist ...? Etwa durch Krieg und durch Geld? ... Nein, durch Blut ... Kerker und Peitschenschläge ... Du aber sagst, die Kirche sei geschützt, weil die gesamte Welt für das Vermögen der Priester die schrecklichsten Kriege führt; du sagst, sie blühe, weil sie trunken ist von den Genüssen der Welt ... Und mit diesen Begriffen hast du die Fürsten hinters Licht geführt, die, von dir belehrt, ihre Raubzüge und ihre gräßlichen Schlachten die ›Verteidigung Christi‹ nennen (Papst: ›Das habe ich noch nie gehört.‹).«

Erasmus von Rotterdam: ein friedlicher Mann mit einem Witz, der tödlich war. Wo Luther, das Breitschwert schwingend, seine Gegner zu Boden hieb, erledigte Erasmus die Kontrahenten mit einem Rapier. Er focht Florett – und traf genau dabei. Genau und schneller als Luther, der dort, wo Erasmus zur Sache kam (Petrus: »Jetzt wundere ich mich nicht mehr, warum so wenig Kirchenfürsten hierher kommen, wenn Unholde wie dieser Julius die Kirche regieren«), erst einmal in der Luft herumfuchtelte. Nicht so Erasmus, der auf Taubenfüßen, aber zielstrebig, daherkam, traurig, geduckt und entschlossen, wenn's zum Gefecht ging. Ins Gefecht, zum ersten, um der Verteidigung des Friedens (also um der Wahrung der jesuanischen Gerechtsame) willen, und zum zweiten im Bund mit dem Volk, das Erasmus nie auf den ewigen Frieden vertröstete (so wie's, im 19. Buch der *civitas dei*, Augustin tat), sondern dessen Glück und Wohlfahrt er allein durch das Ende aller Kriege im Hier und Jetzt gewährleistet sah. Deshalb die großen, in

Beschwörungsform vorgetragenen Apotheosen der *pax Christi* in dieser Welt am Schluß der »Erziehung des christlichen Fürsten« und der »Klage des Friedens«: »Der größte Teil der Völker verwünscht den Krieg und betet um Frieden. Nur ganz wenige, deren verruchtes Glück vom allgemeinen Unglück abhängig ist, wünschen den Krieg. Darum bedenkt, (ihr Fürsten) was Versöhnung und Güte vermögen.«

Erasmus, ein Literat, Gelehrter, Theolog, der an die Macht des Wortes glaubte, an die Überzeugungsfähigkeit des Arguments und die Autorität, die den Besonnenen, Abwägenden, Gebildeten zukäme: Jawohl. Ein *homme de lettres*, der, von der *pax Christi* als dem Grundgesetz jeder gesitteten Sozietät träumend, für *Aktualität in politicis* hielt, was bestenfalls *Potentialität* war? Unbestreitbar, auch dies. Aber ein realitätsferner Gelehrter, der, bei Aldus Manutius in Venedig oder bei Froben in Basel, die Tagesaffären vergaß? Eben nicht! Erasmus kannte das europäische Kräfteverhältnis genau, durchschaute die Schwierigkeit burgundischer Friedenspolitik so gut wie die Kooperation zwischen Kurie und weltlichen Potentaten, er wußte, daß der Kampf gegen die Türken ein binneneuropäischer Interessenkonflikt war ... und wenn er, nach dem Amtsantritt des irenischer als sein Vorgänger gesinnten Papstes, Leos X., nach dem Beginn einer von den jungen Monarchen bestimmten Ära und nach dem Friedensschluß zwischen England und Frankreich, anno 1514, für kurze Zeit von einer dauerhaften europäischen Friedensepoche träumte, so teilte er die Illusionen, zwischen 1514 und 1518: in der »utopischen Phase« (Heinz Holeczek), immerhin mit den ersten Geistern seines Jahrhunderts, Thomas Morus voran.

Nein, ein Moralist im Wolkenkuckucksheim war Erasmus gewiß nicht. Wie wenig, das beweisen zuallererst seine meist brieflich vorformulierten und dann zu mächtigen, freilich auch wiederholungsträchtigen und durch Selbstplagiate bestimmten Friedenstraktate. (Deren früheste, *Encomium Pacis*, *Antipolemos*, leider verschollen sind.) *Pax* als Leitidee einer Schriftsteller-Existenz; *pax* als religiös-politischer Zentralbegriff; *pax* als jesuanische Gegen-Vorstellung zu den auf strikte Trennung des politischen und ethischen Bereichs abzielenden Unternehmungen der Fürsten und Landsknechtstruppen; *pax* als äußerer, aber auch als Ich-Identität garantierender innerer Frieden – ein Seelen-Frieden, der die *tranquillitas animi* gewährleistet: Ist, gilt es zu fragen, *pax* in der europäischen Literatur jemals umfassender, in immer neuen Anläufen und Variationen, von einem einzelnen gedacht worden? Hat es, vor und nach Erasmus, eine Friedenskonzeption gegeben, in der sich, wie bei diesem Einen, klassisch-antiker und christlicher Pazifismus, jesuanische und humanistische Irenik, das Hinblicken auf die geeinte Kosmopolis, den waffenlosen, alle Nationalitäten transzendierenden Universalstaat *und* das Bedenken des inneren Friedens zu einer vergleichbaren Gesamt-Vorstellung verband?

Dabei sei nicht vergessen, daß Erasmus seine Visionen nicht, als seien sie naturgewachsen und spontan entwickelt, ohne Begleiter formulierte – im Gegenteil: Das sechzehnte Jahrhundert war nicht nur durch Kriege weltlicher und pseudo-geistlicher Art, durch Aufstände, Revolutionen und Metzeleien bestimmt (zwischen Bauern- und Türkenkrieg: ein Kampf aller gegen alle) – es war auch die hohe Zeit einer in kleinen Zirkeln entworfenen Friedenskultur, die sich in John Colets berühmter Karfreitagspredigt, gerichtet an die Adresse Heinrichs VIII., ebenso deutlich zu erkennen gab wie bei dem aufgeklärten Minoriten, Origenes-Leser und Vorsteher des Franziskanerklosters in St. Omer, Jean Vitrier.

Und dazu dann, ein Pazifist auch er, der spanische Erasmus-Freund Juan Luis Vives, mit den Traktaten *de pacificatione* und *de concordia et discordia in humano genere*. Dazu die Schar von Kombattanten für den Tag und die Stunde, die, humanistisch geschult und durch Erasmus' Begriff der *pax Christi* zu ausgreifender Lektüre veranlaßt, bisher übersehene Friedenstendenzen bei Nikolaus von Cues oder Pico della Mirandola entdeckten. Da lernte einer vom anderen. Zwingli zum Beispiel, der sich Sätze aus dem erasmianischen Friedenskompendium ausschrieb und mit roter Tinte markierte, von dem Verfasser der »Querela pacis«, dem so Zwingli, »Psalm der evangelischen Eintracht«.

Und dann die Nachfolger, Sebastian Franck, mit dem »Kriegsbüchlein des Friedens«, Valentin Weigel, auch er ein Spiritualist, mit der Absage an den politischen Krieg; dazu die großen Mitstreiter, Paracelsus an der Spitze, der jede kriegerische Auseinandersetzung, die religiöse zuerst, als Absage an das 5. Gebot verstand: »Den Türken zu erschlagen ... was ist das anders als vermessentliche Mörderei! Der Feind Christi soll erwürgt werden – und (der Würger) hat den Ablaß davon. Gewiß, das ist die Wahrheit: Der Feind Christi soll überwunden werden, aber mit der Lehr, nicht mit der Mörderei. Denn Gott hat nicht gemordet, er setzte sein Reich nicht in die Welt mit Cäsar, Nebukadnezar, Alexander, sondern er hieß seine Jünger das Wort Gottes verkündigen, aber nicht Feldschlachten tun. (Die Pfaffen jedoch) ... heißen arme Leute gegen die Türken ziehn, sie aber bleiben sitzen und geben Ablaß aus«, wo es den Glauben zu verkünden gilt. Der Glaube! Würde *der* im Geiste Jesu gepredigt »von Bischöfen Pfaffen mit solchem Ernst wie sie den Wein aussaufen und auf Huren warten: Es gäbe schon lange keine Türken mehr«.

In einer Friedensbibliothek des sechzehnten Jahrhunderts wären Humanisten und Rechtgläubige, Vertreter des linken Flügels der Reformation und liberale Vertreter der alten Lehre, Spanier, Holländer, Engländer, Deutsche in gleicher Weise vertreten: an ihrer Spitze, neben Erasmus, *der* Mann, Thomas Morus, in dessen Schule der junge, in England Studien treibende Verfasser der »Antibarbari« die *humaniora* (wenn man so will, von Lukian bis hin zu Ficino und Pico della Mirandola) im Zeichen der *docta pietas* und *pia doctrina* einzusetzen lernte, wenn es gegen den Fanatismus religiöser Bellizisten in die Schlacht zu ziehen galt. (Die »Schlacht«: jawohl. Wie später Lessing, hatten Morus, Erasmus *e tutti quanti* ihre Freude daran, kriegerische Begriffe ins Humane umzufunktionieren: Das »Dölchlein eines christlichen Soldaten« ist ... ein irenischer Traktat.)

In der Tat, die imaginäre Friedensbibliothek des 16. Jahrhunderts enthält nicht nur eine halb verschollene, nie zusammengestellte, überraschende und von der Emphase des christlichen Humanismus bestimmte, sondern dazu auch eine *witzige* Bücherei. Über den Frieden, zeigt sich, kann einer auch amüsant, aggressiv-lustig, doppelsinnig und entlarvend-heiter schreiben: so wie Thomas Morus, der in seiner »Utopia«, neben der »Querela pacis« der zweiten geheimen Gegenschrift zum »Principe« Machiavellis, von den Bewohnern seines Traumlandes sagt: »Den Krieg verabscheuen sie aufs äußerste als etwas schlechthin Bestialisches, das dennoch bei keiner Gattung von Raubtieren so gang und gäbe ist wie bei den Menschen. Und im Gegensatz zu der Gewohnheit fast aller Völker halten sie nichts für so unrühmlich wie den Krieg. Wenn sie sich daher auch beständig im Kriegshandwerk üben, und zwar nicht nur die Männer, sondern auch die Frauen an bestimmten Tagen, um für den Notfall ausgebildet zu sein, so greifen sie doch nicht leichtherzig zu den Waffen, sondern nur dann, wenn es heißt, die Grenzen zu schützen oder die Feinde, die in das Gebiet ihrer Freunde eingedrungen sind, zu vertreiben, oder um aus Mitleid ein durch Tyrannei bedrücktes Volk zu befreien ... (oder) wenn durch einen feindlichen Einfall das Hab und Gut ihrer Freunde geraubt wurde, (oder – dann handeln sie besonders hart –) wenn deren Kaufleute irgendwo ungerecht behandelt werden.« Ein Hohelied des Friedens, wie der Eingang der Passage – nur er freilich – nahezulegen scheint: Jawohl, aber ein hochironisches! Nicht Morus – dies hat eine faszinierende Interpretation von T. S. Dorsch deutlich gemacht –, nicht der Humanist, der bereit war, sich in einen Sack binden und hernach in die Themse werfen zu lassen, vorausgesetzt, durch diesen Suizid würde der europäische Frieden gerettet, nicht der Weise, sondern der Narr, der Unsinnsschwätzer Hythlodäus, hat im zweiten Teil der »Utopie« das Wort ... und in der Tat, der bringt nun durcheinander, was immer zu verwechseln ist, läßt *Friedens*freunde ständig *kämpfen*, und das nicht etwa nur im eigenen Land; läßt sie Expeditionen ausrichten, Kolonialkriege führen, eine imperialistische Handelspolitik treiben, das Selbstbestimmungsrecht der Völker mißachten und, am Ende, sogar noch Mörder anwerben und Gelder auf die Köpfe ihrer Gegner aussetzen. Hat sich hier etwa ein Quäker in einen Tory verwandelt, ein Pazifist in einen General, dem nichts so verhaßt ist wie das *appeasement?* Wird der Friedensfreund ganz klammheimlich zum Weltpolizisten, der selbst die schlimmste Untat – Humanität nennt? »Stets sorgen sie dafür« – man höre und staune –, »daß sofort nach der Kriegserklärung an besonders auffallenden Stellen des feindlichen Landes Anschläge angebracht werden, auf denen sie dem gewaltige Belohnungen versprechen, der den gegnerischen Fürsten aus dem Felde räumt ... Was sie für den Mörder bestimmt haben, verdoppeln sie für denjenigen, der einen von den Geächteten lebend zu ihnen bringt, und auch die Geächteten selbst hetzen sie durch die gleichen Belohnungen und dazu noch mit der Zusicherung der Straflosigkeit gegen ihre Genossen auf ... Dieser Brauch, auf den Kopf eines Gegners einen Preis auszusetzen, wird bei anderen Völkern als abscheuliches Verhalten mißbilligt. Sie aber betrachten ihn als ebenso löblich wie klug ..., ja sie halten sich sogar für menschlich und barmherzig, da sie mit dem Tode weniger Schuldiger das Leben zahlreicher Unschuldiger erkaufen.«

Ein Loblied zugunsten des Friedens: o ja — nur eben richtig zu lesen! Frieden, will Morus zeigen, wird nur dort gewahrt, wo die imperialistischen Machenschaften der mit (genialisch präfigurierten) CIA-, Fünfte-Kolonne- und ausgepichten Kalte-Kriegs-Methoden operierenden — und dabei von Menschlichkeit sprechenden — Utopier ein für allemal außer Kraft gesetzt werden.

»Lest meinen Text andersherum«, heißt Morus' Devise, »lest ihn als ein Stück ironischer Zustimmung, hinter der sich tiefernste Abkehr verbirgt.«

Kein Zweifel, der Autor des »Lobs der Torheit« wird bei dem von lukianischem Witz erfüllten Abschnitt über die Friedens-(sprich kaltblütige Mord-)Politik der Utopier in die Hände geklatscht haben: nicht ohne hinzuzufügen, wie wir vermuten, daß Morus das Wechselspiel von Ernst und Scherz, offenem Bekenntnis und verdeckter Satire nicht immer konsequent in Szene gesetzt habe. (Allerdings wäre es hier Morus ein leichtes gewesen, den gleichen Fehler im »Lob der Torheit« zu finden, wo ebenfalls Autoren- und Personenprosa, auktoriale Verkündigung und Rollenprosa höchst unzureichend voneinander abgegrenzt waren.) Satz-für-Satz-Konsequenz war nicht gerade Erasmus' besondere Force; wer ihm Widersprüche nachweisen möchte, hat leichtes Spiel: nicht zuletzt in der Frage des Pazifismus, wo gelegentlich eben doch einmal für den im großen und ganzen rigoros verdammten »gerechten Krieg« ein gutes Nebenwörtlein eingelegt wird, der Verteidigungskampf sich — als Begriff weit ausgelegt — ebenso gebilligt, wie der absolute Pazifismus sich, als Ketzerei, abgelehnt sieht.

Es gibt Passagen in Erasmus' Werk, ein paar Seiten, mehr nicht, wo der Anwalt der *pax Christi* sich duckt und resigniert klein beizugeben scheint, dem Krieg zumindest *conditionaliter* das von Kirche und Gesellschaft Verlangte zubilligend. »Nicht völlig ist er zu verurteilen«, heißt es in der Paraphrase zur Johannis-Predigt – *nicht völlig:* das ist für Erasmus schon viel! –, »wenn er aus einem gerechten Grunde unternommen wird, das heißt zur Verteidigung der allgemeinen Ruhe, unter Umständen, die ihn unvermeidlich machen, wenn er durch gerecht denkende Fürsten begonnen wird und mit Zustimmung derjenigen, für die er geführt wird« – eine utopische Kondition! –, »wenn er nach der allgemein anerkannten Weise angekündigt und auf eine gerechte und gemäßigte Art geführt wird, so daß blutige Verluste und sonstiges Unrecht möglichst vermindert werden.«

Da wird Bedingung um Bedingung aufeinandergehäuft und, im sechzehnten Jahrhundert, eine Art von Haager Landkriegsordnung entworfen. Zugeständnisse an die herrschende Doktrin, die Lehre vom gerechten Krieg – aber mit einem Aufwand an Einschränkungen, daß der Leser zu dem Schluß kommen muß: Dann doch lieber gleich Frieden, und zwar sofort!

O ja, er redet, zumal in der *ultissima consultatio de bello Turcis inferendo*, 1530 an den Kölner Bürger Johannes Rinck adressiert, sehr wohl vom Verteidigungskrieg zumal gegen die Ungläubigen, Erasmus (vom *bellum iustum* weniger gern, bestenfalls in Frageform), lehnt Gegenwehr im Fall von Aggressionen nicht grundsätzlich ab – und hält dabei doch *immer* an der Meinung fest – der *unumstößlichen* –, daß, auch bei der Auseinandersetzung mit Heiden, das Reich Christi nicht auf eine Weise zu verteidigen sei, die seiner Entstehung, Ausbreitung und Festigung widerspreche: »Wenn es um die Sache des Glaubens geht, dann wird dieser Glaube durch das Leiden der Märtyrer und nicht durch Truppen vermehrt und verherrlicht. (Andernfalls) ... könnte es eher geschehen, daß wir zu Türken entarten, als daß jene zu Christen werden.«

Nein, ein Renegat, wie oft behauptet wurde, ist Erasmus am Ende seines Lebens bestimmt nicht geworden; der heilige Krieg blieb ihm verhaßt, seine Türken-Schrift ist kein Kampfappell, sondern eine – im Unentschieden endende – Psalm-Meditation: Nur das

Gebet, nur die Besinnung auf das Friedenswort Jesu, nur die Moral, nicht die Macht, nur das Vorbild einer einigen, im Geist ihres Gründers versammelten Christenheit werde die Türken überwinden. Besiegt durch Jesus Christus, könnten sie sich ihrer Niederlage freuen, weil sie mit der besseren Sache konfrontiert worden seien.

Der drohende Krieg – eine Mahnung zu Umkehr und Einkehr auf beiden Seiten: Dies war Erasmus' letzter Gedanke. Sosehr ihn die Türken ängstigten – den Verrat der *pax Christi* und damit die Revolution seines Lebensprogramms fürchtete er mehr. Dieser Mann wußte, was Krieg war; er hatte, im Bund mit den Betroffenen, auf seinen Wanderungen rheinaufwärts, rheinabwärts die Ängste der Menschen erlebt; er kannte den Hochmut der Söldner (»Fleischer lehrt man Rinder töten; warum also unser Handwerk tadeln, die wir abgerichtet sind, Menschen zu schlachten?«); er durchschaute, wer, oben, am Krieg verdiente und wer, unten, auf der Strecke blieb, und er hörte niemals auf, in immer neuen Anläufen jene große Krieg-Frieden-Antithese zu entwickeln, die auf dem Gegensatz zwischen dem hilflosen, auf Geselligkeit, Kommunikation und Vernunft angewiesenen Menschen und der Inhumanität jener Kriege basiere, die nicht Handwerk, sondern Torheit seien: Elemente, die den auf Harmonie, Balance und Ausgleich, auf Versöhnung und die *coincidentia oppositorum* angelegten Kosmos am Ende zerstörten. Auf Frieden verwiesen, auf Gespräch und verständigen Austausch, sei der Mensch, gegen Gottes und seine eigenen Interessen handelnd, dabei, den Heilsplan der Schöpfung zu revozieren und das Feld, statt dem friedfertigen Jesus, seinen Gegenspielern, den Kriegs-Verbrechern, deren Mannschaft Erasmus in wahrhaft homerischen Katalogen aufführt, zu überlassen.

»Wenn ich der Frieden bin«, heißt es am Eingang der »Querela pacis«, »der von Göttern und Menschen gleichermaßen gepriesen wird, der Quell, der Erzeuger, der Erhalter, der Vermehrer, der Schützer aller Güter ... wenn ohne mich nichts sicher, nichts rein, nichts heilig, nichts den Menschen angenehm und den Göttern wohlgefällig ist, (und) wenn im Gegensatz zu alledem ein einziger Krieg ein Ozean allen Unheils ist, das es jemals in der Natur geben kann, wenn durch seine Schuld plötzlich alle Blüten welken, alles, was gesammelt wurde, zerfällt, alles, was gefestigt ist, entgleitet, alles Wohlgegründete zugrunde geht ... wenn nichts für die Menschen verhängnisvoller ist als ein einziger Krieg ... wer würde glauben, daß es Menschen seien, daß sie auch nur einen Funken gesunder Vernunft haben, die sich mühen, mich ... mit riesigen Kosten, großen Anstrengungen und ungeheuren Gewaltanwendungen zu vertreiben?«

Sobald er auf den Krieg zu sprechen kommt, wird der Meister der Ironie, der sanften Worte, der urbanen Plauderei und des sittigend-gefälligen Worts zum Buß- und Fluch-Prediger, einem Savonarola im Gehäus, den es beim Zornwort, das ihm nicht lag und zu pathetisch für seine moderate Natur war, freilich nie lange hielt: Nur ein kurzer Ausbruch, dann beginnt der Mann, der eben noch eiferte, wieder zu plaudern, beschwört, Europäer und Universalist, der er war, die Kosmopolis, wo jedermann einträchtig, ciceronisch, franziskanisch, benediktinisch mit dem anderen lebt, wo Seneca und Hieronymus, Sokrates und Christus einander freundlich begegnen, wo, folgern wir mit Erasmus, Montaigne zu Hause ist, Stefan Zweig, der Verfasser einer Erasmus-Biographie, und Thomas Mann, den es am Ende seines Lebens reizte, zum Helden seines *opus ultimum* den Bruder im Geiste aus Holland zu machen. (Er hätte es, wie die Tagebücher zeigen, nur zu gern getan; aber die Kräfte reichten nicht mehr; außerdem hatte die geplante Kontamination der beiden Weltbürger, Goethe und Erasmus, ihre Schwierigkeiten: »Visiere von weitem die neue Goethe-Arbeit. Erasmus' Charakterbild irritiert mich oft durch Verwandtschaft ... Sein Verhältnis zur Reformation ist durchaus goethisch. Sehr ähnlich ausweichend hätte der sich benommen.«)

Erasmus: eine sehr nahe, geliebte Figur in Thomas Manns Diarien – geschätzt als Zivilist und Plaudertalent, ein toleranter Mensch (mit Ausnahme des Antisemitismus, vor dem nun freilich auch Thomas Mann nicht gerade gefeit war). Die Übereinstimmung ist überzeugend, vor allem, wenn man bedenkt, daß der Causeur und Rollenspieler, Maskenträger und Proteus Erasmus ein *homo duplex* (wie Thomas Mann) auch, und vor allem deshalb war, weil er es verstand, ein Höchstmaß an Spiritualität – seine Visitenkarte in der Kosmopolis der Gelehrten – mit einem Maximum an Realismus zu vereinigen. Die Intensität, mit der er, im Gespräch mit John Colet, die Pathologie Jesu Christi beschrieb! Sein genialer Sinn für die Eigenart Dürerscher Imitations-Kunst! Und, vor allem, seine zumal in den »Colloquia familiaria« bewährte Kunst der Menschenbeschreibung: mürrische Gastwirte, leichte Mädchen mit dem Sinn fürs Höhere, dumme Geistliche und intelligente Frauen (das Gespräch zwischen dem Abt und der gebildeten Dame sollte zur Pflichtlektüre aller Emanzipierten *utriusque generis* gehören!), geschulte Fischhändler, Aristoteliker geradezu, raffinierte Gourmets, die im *locus amoenus* ihre saloppen Gespräche beginnen, Konversationen im Geiste Ciceros, Lorenzo Medicis und – Fontanes, und dann die abergläubischen Schiffbrüchigen, die unterhaltsamen Französinnen und, immer wieder, die bis zur Grobheit verschlossenen Deutschen: »Wenn man ankommt, begrüßt einen kein Mensch. Das halten sie für kriecherisch und unvereinbar mit deutscher Ernsthaftigkeit. Wenn du lange gerufen hast, steckt endlich einer den Kopf aus dem Fensterchen der Wärmstube – denn in diesen Stuben hausen sie fast bis zur Sommersonnwende –, es ist, als schöbe eine Schildkröte den Kopf aus ihrem Panzer hervor. Den muß man fragen, ob man übernachten kann. Winkt er nicht ab (denn sprechen tut er nicht), dann ist noch Platz.«

Wann, frage ich, wird man beginnen, den Lateinunterricht statt mit Cäsars »Gallischem Krieg« mit den »Colloquia familiaria« des Erasmus von Rotterdam zu beginnen: den Dialogen eines Manns, von dem zu lernen ist, wie mühelos sich Sanftmut mit Entschiedenheit, ein friedlicher Sinn mit Courage und Witz vereinigen läßt – da wird nicht gepoltert, aber auch nicht *à part* geflüstert, da teilt man, wohl dosiert (nicht jeder, so Erasmus' Devise, verträgt die ungeschminkte Wahrheit ohne Einschränkung), gesprächsweise und vorläufig Sentenzen aus, deren Ziel es ist, das Humanitätspotential, mit dem Frieden im Mittelpunkt, zu vergrößern; nie trocken-magistral, nie gar zu feierlich, sondern immer in jenem mittleren, dem Ethos verbundenen Stil, der, einfach und elegant, mit Erasmus zu sprechen, weder »Geschmeide« noch »Lumpen« enthält.

Nur keine Spitzfindigkeiten, keine scholastischen Tüfteleien über Gott und die Gurke, wohl aber eine Manier, mit deren Hilfe, simpel und anmutig zugleich, jene *concordia discors* zu verteidigen war, die Erasmus als ein humanes Lebensprinzip unters Volk bringen wollte. Unters Volk, an dessen Unterweisung er mehr gedacht hat, als man gemeinhin annimmt. Lateinisch schreibend suchte er Lehrer für jene Bauern und Fischer, Mädchen und Schlingel aller Art zu gewinnen, deren Glück durch Fürsten und Päpste bedroht sei: Thesen, mit denen der Praktizist in der Gelehrtenklause am Ende der Zensur zum Opfer fiel. Friedensschriften – sie voran – indiziert; spanische und französische Übersetzungen der »Querela pacis« verboten; »Colloquia« und »Lob der Torheit« aus dem Handel gezogen; Bücher – und nicht nur Bücher, auch Verteidiger der erasmianischen Humanität – mit Brand und Feuer bedroht: »Dieser Autor gefällt uns nicht«, formulierte, in der Rolle eines Kardinalgroßinquisitors, Ignatius von Loyola. Kein Wunder also, daß die Orthodoxie, vertreten durch Papst Paul IV. – nachzulesen in Franz Heinrich Reuschs Kompendium »Der Index der verbotenen Bücher«, Kapitel »Erasmus im Index« –, den Verfasser antipapistischer Streitschriften in die erste Verbotsklasse reihte (zu seiner Ehre) und das Verdikt mit einem Zusatz versah, der weder Martin Luther noch Calvin zuteil geworden ist: »Zu indizieren mit allen seinen Commentaren, Anmerkungen, Scholien, Dialogen, Briefen, Censuren, Übersetzungen, Büchern und Schriften, auch wenn dieselben gar nichts *gegen* die Religion oder *über* die Religion enthalten.«

Wenn irgendwo, dann wird am Beispiel der erasmianischen Schriften und ihrer Wirkung die Stärke der Schwäche und die Macht der Behutsamkeit sichtbar. Dieser Mann wußte, wie wenig ein Wort, ein lateinischer Begriff wie *pax Christi*, in einer Welt bewirkt, die von *Bombarden* bestimmt wird. Aber er vertraute der Langzeitwirkung von Literatur – sprich: Theologie im Bund mit Rhetorik und Poesie – und hatte recht damit. War es ein Zufall, daß Bebel und Jaurès im November 1912 auf dem Kongreß der sozialistischen Internationale zu Basel, im Münster, nah dem Grab des Erasmus, versprachen, nie müde zu werden im Kampf gegen den Krieg? Ist es nicht vielmehr bezeichnend für die utopische, auf der Einheit von Realismus und Prophetie beruhende Kraft der erasmianischen Schriften – mit ihrem Autor zu reden: »der Bibliothek Christi« –, daß seine Thesen, von der totalen Naturbedrohung bis hin zur Gefahr der Selbstvernichtung unseres Planeten durch hybride Militärtechnizisten, heute im 20. Jahrhundert als handgreifliche Wahrheiten erscheinen? Antizipiert von einem Mann, der, mit seinem christozentrischen Pazifismus, eine bewußte und konsequente Friedenserziehung betrieb – am Rande der Resignation oft; aber gleichwohl, wie nach ihm Lessing, von der Überzeugung erfüllt, daß das Flämmchen der Aufklärung zumindest am Glimmen zu erhalten sei; fähig, in freundlicheren Zeiten neu zu erstrahlen.

Ein schwacher Mann? Nein. Ein mutiger Mensch: Einer, der, mit seinem *Jesus pacificus* vereint, nicht zögerte, um der Menschen willen auch der Kirche und deren geheiligten Lehren Paroli zu bieten: »(Ich weiß) ..., die kirchlichen Vorschriften verwerfen nicht jeden Krieg. Auch Augustin billigt ihn irgendwo. Auch der heilige Bernhard lobt einige Soldaten. Aber Christus selbst ... lehrt überall das Gegenteil.« Warum gilt (seine) Autorität bei uns so wenig, wo doch »die gesamte Lehre Christi gegen den Krieg gerichtet ist?« Warum halten wir an dem fest, was unsere Laster fördert, indem wir Jesu Botschaft »nicht zur Kenntnis nehmen«?

Geschrieben vor 470 Jahren – als ein Testament, dessen Verfügungen bis heute nicht akzeptiert worden sind. Erasmus, so scheint es, wartet darauf, mit frischem und unverstelltem Blick neu gelesen zu werden. Und nicht nur gelesen.

Wie hat er gesagt? »Die Speise für den Geist taugt erst dann, wenn sie nicht im Gedächtnis wie im Magen liegenbleibt, sondern (handlungsleitend) alle Regungen des Intellekts ergreift.«

Pax Christi: eine Devise frommer Vernunft, die zum wirklichkeitsgestaltenden Prinzip werden will – am gewissesten in Umkehrung der erasmianischen Titel: *Laus pacis. Querela stultitiae.* Lob des Friedens. Abgesang der Unvernunft.

Anmerkung

Der vorstehende Essay weiß sich vor allem folgenden Arbeiten über das Thema »Erasmus und der Friede« verpflichtet:

Robert P. Adams, *The Better Part of Valor. More, Erasmus, Colet and Vives, on Humanism, War, and Peace, 1496–1535,* Seattle/Wash. 1962.

Elise Constantinescu Bagdat, *La »Querela Pacis« d'Erasme,* Paris 1924

Roland H. Bainton, »The Querela Pacis of Erasmus, Classical and Christian Sources«, in: Archiv für Reformationsgeschichte, 42, 1951, S. 32–48.

T. S. Dorsch, Thomas Morus und Lukian, eine Interpretation der ›Utopia‹, in: *Englische Literatur von Morus bis Sterne* (Interpretationen 7), Frankfurt/M. 1970, S. 16–35.

Kurt Goldammer, »Friedensidee und Toleranzgedanke bei Paracelsus und den Spiritualisten«, in: Archiv für Reformationsgeschichte, 46, 1955, S. 20-46 und 47, 1956, S. 180-211.

Erasmus von Rotterdam. Ein Klag des Frydens. Leo Juds Übersetzung der »Querela pacis« von 1521 zusammen mit dem lateinischen Original, Hg. Alois M. Haas und Urs Herzog, Zürich 1969.

Otto Herding, Einleitung zur *Querela pacis,* in: *Opera Omnia Desiderii Erasmi Roterodami,* Bd. IV–2, Amsterdam/Oxford 1977.

Manfred Hoffmann, *Erkenntnis und Verwirklichung der wahren Theologie nach Erasmus von Rotterdam,* Tübingen 1972.

Heinz Holeczek, »Friedensrufer Erasmus«, in: *Erasmus von Rotterdam, Vorkämpfer für Frieden und Toleranz. Ausstellung zum 450. Todestag des Erasmus von Rotterdam, veranstaltet vom Historischen Museum Basel,* Basel 1986.

Guerre et Paix dans la pensée d'Erasme, Hg. Jean-Claude Margolin, Paris 1973.

Joachim Rogge, *Zwingli und Erasmus. Der Friedensgedanke des jungen Zwingli,* Berlin 1962.

Inés Thürlemann, *Erasmus von Rotterdam und Joannes Ludovicus Vives als Pazifisten,* Diss. Fribourg (Schweiz) 1932.

Siegfried Wollgast, *Zur Friedensidee in der Reformationszeit. Texte von Erasmus, Paracelsus, Franck,* Berlin 1968.

GOTTHOLD EPHRAIM LESSING

Streit und Humanität

»Vor dem Lessingschen Schwerte zitterten alle. Kein Kopf war vor
ihm sicher. Ja, manchen Schädel hat er sogar aus Übermut herun-
tergeschlagen, und dann war er dabei noch so boshaft, ihn vom
Boden aufzuheben, und dem Publikum zu zeigen, daß er inwen-
dig hohl war. Wen sein Schwert nicht erreichen konnte, den tötete
er mit den Pfeilen seines Witzes. Die Freunde bewunderten die
bunten Schwungfedern dieser Pfeile; die Feinde fühlten die Spitze
in ihrem Herzen … Sein Witz war kein kleines französisches
Windhündchen, das seinem eigenen Schatten nachläuft; sein Witz
war vielmehr ein großer deutscher Kater, der mit der Maus spielt,
ehe er sie würgt.« Ein martialisches Bild, fürwahr, das Heinrich
Heine in seinem Traktat »Zur Geschichte der Religion und Philosophie in Deutschland« vom *zweiten* großen Deutschen entwirft
(der *erste* hieß Luther; den Namen des *dritten*, des großen Befrei-
ers in »goldener Rüstung« und »purpurnem Kaisermantel«, unter-
schlug der Autor: Er war vorsichtig – und bescheiden).
Lessing, ein Kämpfer und Triumphator, der seine Gegner mit
jenem tödlichen Witz niederstreckt, Lessing, ein Haudegen, dessen Sarkasmen eher biderber Lutherscher Polemik als französischer Belustigung folgten, dem »Enjouement«, der »Gaieté« und den
»springenden Saillies«: Mit patriotischer Emphase sieht sich hier ein
Mann apostrophiert, der dank der Solidität seines Stils (»gleich
Quadersteinen ruhen die Sätze auf einander«) der Kritik und
Polemik die Würde großer Kunst gegeben habe: den artistischen
Glanz »heilsamer Geisterbewegung«, und der in solchem Tun, statt
zu ermatten und am Ende, von Siegen erschöpft, aufzugeben, mit
jedem Erfolg noch erstarkt sei. »Er glich«, läßt Heine, gewiß nicht

ohne autobiographischen Nebensinn, sein Publikum wissen, »ganz jenem fabelhaften Normann, der die Talente, Kenntnisse und Kräfte derjenigen Männer erbte, die er im Zweikampf erschlug, und in dieser Weise endlich mit allen möglichen Vorzügen begabt war.«

Welch ein seltsames Schauspiel! Da spricht ein jüdischer Kosmopolit über einen zivilen Weltbürger in einer Weise, die eher triumphalistisch als urban anmutet: Kampf und Sieg für den einen, und für die anderen Tod und Verderben – das Eisen im Herzen und den deutschen Kater im Nacken.

Lessing, so scheint es, könnte gründlicher nicht mißverstanden sein (man sieht ihn vor sich, bei postumer Lektüre der Heineschen Sätze: wie er, erst geschmeichelt, dann verwundert und schließlich von purem Entsetzen erfüllt, das militärische Parlando seines *alter ego* verfolgt); aber schuldlos an der Pariser *hommage*, einem deutschen Donnerruf über den Rhein hinweg, der sich gegen die französisierende Putzsucht richtete, das geschmeidige Drechseln und Wechseln des Stils (»Daher in der Lessingschen Prosa so wenig von jenen Füllwörtern und Wendungskünsten, die wir bei unserem Periodenbau gleichsam als Mörtel gebrauchen. Noch viel weniger finden wir da jene Gedankenkaryatiden, welche ihr *la belle phrase* nennt«) ... schuldlos an dieser *hommage*, die eine wahre Flut vergleichbarer Huldigungen einleiten sollte (Lessing der Deutsche, der Recke, der Gradausschreiter und, so von Herder bis Thomas Mann, der *männliche* Kämpfer), schuldlos ist der Polemiker von Berlin, Hamburg und Wolfenbüttel nicht an der Paradoxie, daß ausgerechnet ein Schriftsteller, der Inbegriff eines Zivilisten war (»o, Herr Major, so gar militairisch wollen wir es mit einander nicht nehmen«, sagt das Fräulein von Barnhelm zu ihrem Tellheim), bis zum heutigen Tag mit Attributen aus dem Bereich des Kriegswesens, der Belagerungstechnik und Zeugmeisterei etikettiert wird. (Ich nehme mich dabei nicht aus: »Feldzüge eines Redners«.)

Militaria in saecula saeculorum: So rächt sich die Nachwelt an einem Poeten, der nicht nur in seinen »Gesprächen für Freimaurer« die These vertrat, jede Sache, die Blut koste, sei gewiß kein Blut wert, und der gleichwohl nicht davon lassen mochte, seine Debatten und Diskurse, kritischen Gänge und komödiantisch zugespitzten Polemiken derart zu strukturieren, daß sie wie Zurüstungen, wie »Kriegserklärungen« aussahen, die einer unmittelbar bevorstehenden Schlacht galten: »Nächster Tage« – Brief an Bruder Karl, Wolfenbüttel, den 25. Februar 1778 – »sollst Du auch eine Schrift wider Goezen erhalten, gegen den ich mich schlechterdings in Positur gesetzt habe, daß er mir als einem Unchristen nicht ankommen kann. Doch das sind alles Scharmützel der leichten Truppen von meiner Hauptarmee. Die Hauptarmee rückt langsam vor, und das erste Treffen ist meine Neue Hypothese über die Evangelisten, als bloß menschliche Geschichtsschreiber betrachtet.«

Die Hauptarmee also – bestehend aus einer Hypothese: Da wird die Kampfmetapher gleichsam spiritualisiert, statt des Blutes fließt viel Tinte, die Scharmützel finden in Büchern statt, die Bollwerke sind Festungen des Glaubens, die Burg-Verteidiger erscheinen als orthodoxe Kämpen in der Rüstung des Glaubens (will heißen: ausgestattet mit Schilden aus Stroh), und die Attacken-Reiter gleichen Rittern, die ihre Sturmleitern ans Mauerwerk setzen (auch wenn sie schon etwas abgenutzt sind: »Was tut das? Heran kömmt, nicht wer die Leiter machte, sondern wer die Leiter besteigt; und einen behenden kühnen Mann trägt auch wohl eine morsche Leiter«).

Kriegs-Spielerei? Im Gegenteil! Übertragung des Militärischen ins Erzzivile; Transposition der Schlacht- und Kampfbilder in den Bereich der schönen Künste und, dies vor allem, der Theologie! Nicht in friderizianischen Bataillen, zeigt Lessing, sondern in den großen Auseinandersetzungen über Fundamentalismus und Liberalität, Glaubensstrenge und beseligende Toleranz, akademische Rigidität und humanes Sich-Umtun fallen jene Entscheidungen über die Humanität einer Epoche, denen einzelne Attacken, wie sie der Ungenannte vortrug, vorausarbeiteten: »Wahrlich, er soll noch erscheinen, auf beiden Seiten soll er erscheinen, der Mann« – so die »Gegensätze des Herausgebers« der Reimarus-Fragmente – »welcher die Religion so bestreitet, und der, welcher die Religion so verteidiget, als es die Wichtigkeit und Würde des Gegenstandes erfordert. Mit alle den Kenntnissen, aller der Wahrheitsliebe, alle dem Ernste! – Stürme auf einzelne Bastionen wagen und abschlagen heißt weder belagern noch entsetzen. Und gleichwohl ist bisher noch wenig mehr geschehen. Kein Feind hat noch die Feste ganz eingeschlossen; keiner noch einen allgemeinen Sturm auf ihre gesamten Werke zugleich gewagt. Immer ist nur irgend ein Außenwerk, und oft ein sehr unbeträchtliches angegriffen, aber auch nicht selten von den Belagerten mit mehr Hitze als Klugheit verteidiget worden. Denn ihre gewöhnliche Maxime war, alles Geschütz auf den einzigen angegriffenen Ort zusammenzuführen; unbekümmert, ob indes ein anderer Feind an einem anderen Ort den entblößten Wall übersteige oder nicht.«

Attacke? General-Angriff? (Im Bereich des Geistes wohlgemerkt: um Herzen zu gewinnen und nicht um Köpfe zu fällen!) Das Blasen zur großen Reveille? Anlegen der Leitern, der neuen und der schadhaft gewordenen alten (»denn in der belagerten Stadt waren auch Männer«, heißt es in der »Duplik«, »die zerschmetternde Felsstücke auf den Feind herabwarfen«). Aufstöbern der versteckten Winkel, in denen immer noch gehütet wird, was längst nicht mehr zu halten ist? Gewiß, gewiß. Aber eben auch die *Gegen*-Attacke! Auch die Verteidigung von seiten der Frommen, die eher der Religion Christi als der christlichen Religion vertrauen!

»Auf *beiden* Seiten soll er noch erscheinen, der Mann« – nicht nur auf *einer*! Der Polemiker Lessing – dies an Heines Adresse – war kein herrischer Erlediger, sondern ein Anwalt des offenen, von jeder Partei mit gleichen Ressourcen zu bestehenden Kampfs; ein Anwalt jener Streitkultur, die es, im Hinblick auf die Chancengleichheit aller Menschen, zu humanisieren gelte; ein Anwalt des freien, durch keine »machtgeschützte Innerlichkeit« im voraus entschiedenen Disputs; ein Anwalt von Fehden also, in denen das Argument alles und die vorab definierte Glaubenswahrheit nichts, die *auctoritas* der Streitenden viel und ihre *potestas*, der Schutz durch die Obrigkeit, die Priesterkaste oder die tonangebende, den Kulturkampf beherrschende Clique wenig galt.

»Sein Witz war ein großer deutscher Kater, der mit der Maus spielt, ehe er sie würgt«? Nichts falscher als das! *Wenn* Lessing etwas als verachtenswert galt, dann war es der Sieg – der Zufallserfolg auf militärischem oder gelehrtem Feld, dessen Zwiespältigkeit schon sehr früh, anno 1750, in den »Gedanken über die Herrnhuter« auf den Begriff gebracht wurde: Der Sieg – ein problematischer Beweis für die bessere Sache, im Krieg so gut wie in gelehrter Streiterei. Der Sieg: wie häufig ein Triumph des einen, »welcher Recht behält«, und wie selten ein Erfolg des andern, »welcher Recht behalten sollte«. Der Sieg: ein Zufallswurf. Ein bißchen Glück. Ein wenig Laune, die nicht zu berechnen sei: »Laßt den und jenen großen Gelehrten in einem Jahrhundert geboren werden, benehmt ihm die und jene Hülfsmittel, sich zu zeigen, gebt ihm andere Gegner, setzt ihn in ein ander Land; und ich zweifle, ob er derjenige bleiben würde, für den man ihn jetzo hält.«

Ist wirklich von Sieg zu sprechen, fragt Lessing, wenn der Feind sich nicht verteidigen kann, keine Gegenwehr leistet, aus freien Stücken kapituliert? Wäre es nicht endlich an der Zeit – ein Wirbel der Fragen! –, die Resultate für zufällig, aber die Operationen auf dem Weg dorthin für einzig bedenkenswert zu halten, das Streben nach der Wahrheit für humaner als die (ohnehin nur annäherungsweise zu erhellende) Wahrheit selbst, und die Betrachtungsart, die sich an einem Ziel orientiert, für bedeutsamer als die Frage zu halten, ob das Ziel denn auch wirklich erreicht worden sei?

Lessing, man kann es nicht oft genug sagen, war zuerst an Prozessen und erst in zweiter Linie am »so und nicht anders« des Ausgangs interessiert: »Die Art, wie man hinter eine Sache gekommen«, – so sein Zentral-Axiom – »ist ebenso viel wert, ebenso lehrreich, wie die Sache selbst.« Kein *Roma locuta, causa finita* also, sondern niemals endender Streit und unabsehbarer Kampf, bei dem am Ende die Wahrheit wenn nicht gewänne, so doch profitiere.

Nein, dieser Mann war – mit einer gewichtigen Ausnahme! – alles andere als ein deutscher Kater, der die Maus zappeln ließ, ehe er zubiß. Lieber gab er sie frei, damit das Spiel weiterginge, die Karten neu gemischt, die Lose neu gezogen, der Einsatz neu bestimmt werden konnte. Nur, bitte sehr, kein plötzliches Ende, mit Trommelwirbel und großer Parade, kein Theater-Coup, der dem sorgfältig berechneten Spiel ein unerwünschtes Finale aufsetzte und, um Gottes willen, kein Leichenaufhäufen, nach der Art des jungen Schiller, im fünften Akt, bevor der Vorhang sich senkt! »Wollen wir denn im Ernst« – »Hamburgische Dramaturgie«, 16.

Stück –, »daß sich ein Trauerspiel wie ein Epigramm schließen soll? Immer mit der Spitze des Dolchs, oder mit dem letzten Seufzer des Helden? Woher kömmt uns gelassenen, ernsten Deutschen die flatternde Ungeduld, sobald die Execution vorbei, nun weiter nichts hören zu wollen ... Doch ich forsche vergebens nach der Ursache einer Sache, die nicht ist ... Erstochen und geklatscht! ... Man muß Künstlern kleine Eitelkeiten verzeihen!«

Mochten andere das dramatische Finale – große Entscheidung am Schluß, theatralische Volten mit Gift und Mord, mit Dolchen und mit Martern aller Arten – noch so glanzvoll vorexerzieren: Gotthold Ephraim Lessings Sache war das »aus und vorbei« und »gehe nun jeder beruhigt nach Hause« zuallerletzt, im polemischen Traktat so wenig wie auf der Bühne, wo ein offener Ausgang, in aller Ambivalenz und Zwiespältigkeit, die Szene bestimmte und sich zumal das *Happy-End* durch weitergehende Fragen konterkariert sah: *stumme Wiederholung allerseitiger Umarmungen* im »Nathan«, die Ersetzung der großen, wagemutigen, widersprüchlichen Reden durch zeremonielles Schweigen; Abfolge von riskant-persönlicher Sprache in burleskem, fünfaktigem Gegeneinander und höfischem Schluß-Ritual: Beginnt das Spiel erst, wenn der Vorhang fällt – noch einmal, ganz von vorn?

Und dann »Minna von Barnhelm«: Doppelte Verlobung? Alles im Lot? Aber warum schließt dann das Stück mit dem Satz des Wachtmeisters Paul Werner: »Geb Sie mir ihre Hand, Frauenzimmerchen! Topp – Über zehn Jahr ist Sie Frau Generalinn oder Wittwe!« *Oder Witwe*: Ein befremdliches Soldatenglück – und eben das hatte es nach Lessings Vorstellung zu sein: Ende des Stücks, Eröffnung des Problems, in der »Minna« so gut wie im »Nathan« und im »Philotas«, wo heroischer Triumph sich als Unmenschlichkeit decouvriert und glorreicher Sieg – nicht anders als im Traktat über die Herrnhuter – zur zweideutigen Groteske verkommt, mit seinem leeren Pathos und dem inhumanen Absolutheits-Anspruch: »Du wirst mehr Siege als glückliche Untertanen zählen«, ruft Aridäus, der König und Vater, seinem juvenilen Gefangenen zu (in einer Manier, die an Kreons Meditationen in Anouilhs »Antigone« erinnert: Hier wie dort die Absage an die Unbedingtheit des »Nein«). »Wohl mir, daß meine Tage in die deinigen nicht reichen werden! Aber wehe meinem Sohne, meinem redlichen Sohne! Du wirst es ihm schwerlich vergönnen, den Harnisch abzulegen.«

Kurzum, wohin immer man blickt, in Lessings poetischem und theoretischem Werk – die Sentenz »Das Endgültige ist inhuman, das Definitive, als Konterpart zum Gesellig-Urbanen, widerstreitet der Menschlichkeit« dominiert unangefochten. Allein das Vorläufige, Weiterführende, Unabgeschlossene, ins Offene Hinausweisende verbürgt – das Höchste für Lessing! – freundlichen Umgang und, dazu, Amüsement; denn während das Endgültige nicht nur als brutal, sondern, dank des mit ihm verbundenen Spiel-Abbruchs, zugleich als enttäuschend und langweilig erscheint, macht das Transitorische mit seinen Positions-Wechseln und Rollen-Vertauschungen, seinen dialektischen Volten, den Sprüngen und überraschenden Kapriolen, zunächst einmal Spaß: Wo Streit ist, postulierte Lessing, da gibt's auch Genuß, Unterhaltung und Plaisier ... und eben darauf zielte dieser geniale Polemiker ab, wenn er, der Erzfeind aller selbstgewissen Rechthaber (und der Langweiler erst recht) seine theatralischen Diskurse einstudierte, mit einem kräftigen Schuß Brunnenwasser und etlichen Rippenstößen für die schwächlichen und schläfrigen Herrn auf der anderen Seite: Der Kater wollte *provozieren*, nicht *morden*. Darum das Spiel mit wechselnden Steinen, selten weiß und häufig schwarz; darum, wenn's zu langsam voranging, das Übernehmen der gegnerischen Position; darum, gelegentlich, das Spiel um des Spiels willen – ein Exerzitium nicht in dogmatischer, sondern in gymnastischer Weise (Sigmund Freud ist später in die Schule seines geliebten Lessing gegangen); kurz, darum das Disputieren als Selbstzweck: »Lessing«, läßt Christoph Friedrich Nicolai wissen, »liebte das Disputiren und haßte den Partheygeist, so wie die Anhänglichkeit an irgend eine Sekte, weil er selbst keiner Parthey oder Sekte anhing. Daher haben ihn so manche Leute mißverstanden, die solche Sätze, welche er des Disputirens wegen aufwarf, für seine Meinung hielten. Im siebenjährigen Krieg vertheidigte er, wenn er in Leipzig war, immer die Preußen, und in Berlin dagegen die Sachsen.«

Nur kein *ennui*, kein Gähnen und schon gar kein Stocken im Disput; so lange geredet wurde, in Lessings Haus, und kein stummes Brüten Schwermut anzeigte (seine gefährlichste Krankheit: die Melancholie), waren die Dinge im Lot; die Devise des alten Stechlin, Fontanes Major außer Diensten, galt – freilich, für wie kurze Zeit! – auch in Wolfenbüttel: »Und dann sollen wir uns ja auch durch die Sprache vom Tier unterscheiden. Also wer am meisten red't, ist der reinste Mensch.« ... und so redete Lessing viel und behend, ließ sich ungern widersprechen, gestand dem Gegner gern die Fehler zu, die er sich selbst nur widerwillig ankreidete (im Monolog bestenfalls), begann und endete dort, wo es ihm paßte, liebte kleine Formen, ein Bogen genügte, um dem Herrn Hauptpastor das Fürchten zu lehren, bestimmte das Tempo nach eigenem Gusto, immer rasch, immer zügig – und hatte, bei allem, nur ein einziges Ziel: Dispute zu eröffnen, auf disparaten Feldern, die seine *curiositas*, seine schier unerschöpfliche Wißbegier reizten: »Man denke sich einen Menschen von unbegrenzter Neugierde«, heißt es in der – fragmentarischen – Vorrede zu einer – nie durchgeführten – Aufsatzsammlung »Hermäa«, einem von Witz und Selbstironie blitzenden Kabinettstück Lessingscher Beschreibungskunst, »ohne Hang zu einer bestimmten Wissenschaft. Unfähig, seinem Geiste eine feste Richtung zu geben, wird er ... durch alle Felder der Gelehrsamkeit herumschweifen, alles anstaunen, alles erkennen wollen, und alles überdrüssig werden. Ist er nicht ganz ohne Genie, so wird er viel bemerken, aber wenig ergründen; auf mancherlei Spuren geraten, aber keine verfolgen, mehr seltsame als nützliche Entdeckungen machen; Aussichten zeigen, aber in Gegenden, die oft des Anblicks kaum wert sind. Und diese seine Bemerkungen, seine Spuren, seine Entdeckungen, seine Aussichten, seine Grillen – wenn er sie der Welt gleichwohl vorlegen wollte, wie könnte er sie besser nennen als Hermäa? Es sind Reichtümer, die ihn ein glücklicher Zufall auf dem Wege, öfter auf einem Schleichwege als einer Heerstraße finden lassen ... So viel von der Absicht dieses Werks, von seinem Verfasser und dem rätselhaften Titel, der einen verliebten Roman verspricht und mit den Wanderschaften eines gelehrten Landstörzers Wort hält.«

Wanderschaften eines gelehrten Landstörzers: Lassen sich Lessings Streifzüge auf dem Theater, in Gazetten und Journalen für

42

die gebildete Welt besser bestimmen als durch diese authentische Definition, in der die Neigung zu pedantischer Mikrologie ebenso erkennbar wird wie die Lust, Kontrahenten eher im Kreis von Zufallsbekanntschaften als im Zirkel der von weither vorgemerkten, planmäßig ausgekundschafteten Gegner zu suchen: Die Herren Lange und Klotz waren Figuren am Weg eines Mannes, der, *en passant* auf sie aufmerksam werdend, die Gelegenheit nutzte, um sich beim Publikum im rechten Licht zu postieren.

Wie das zu bewerkstelligen war? Wie man eine ingeniöse Streitkultur, zu eigenem Vorteil und Spaß, praktizierte? Nichts leichter als das! Zunächst einmal war das Terrain zu sondieren, der Kampfplatz zu besichtigen und die optimale Stellung zu wählen: »Erst wollen wir den Standort gehörig erwägen, auf dem jeder von uns hält« – Introduktion der »Duplik«, »damit wir um so redlicher Licht und Wetter teilen können. Denn nicht genug, daß alle mit gleichen Waffen fechten. Ein Sonnenstrahl, der des einen Auge mehr trifft als den anderen, ein strenger Luftzug, dem dieser mehr ausgesetzt ist als jener: sind Vorteile, deren sich kein ehrlicher Fechter wissentlich bedienet. – Besonders bewahre uns Gott alle vor der tödlichen Zugluft heimlicher Verleumdung.«

Kein Zweifel, das klingt ebenso behutsam wie nobel: grad so, als sei es Lessing, bei der Verteidigung des Ungenannten oder bei den Invektiven gegen Johann Melchior Goeze, darum zu tun gewesen, den Kampfplatz nach dem Reglement eines neutralen Komitees zu untersuchen. Platzwechsel der Kontrahenten, damit keiner von beiden länger im Schatten steht als im Licht. Die Wahrheit aber sah natürlich anders aus: Lessing *spielte* den Neutralen, um der Gegenpartei, die sich von vornherein als eine Fraktion vorgestellt hatte, die ihre Vorteile rücksichtslos auszunützen gedenke, den ersten Stich zu nehmen: Die Karosieben war ein Kreuzas!

Geschult schon in St. Afra, in allen Tricks und Finessen der Redekunst, begann man in Breslau, Hamburg oder Wolfenbüttel die großen Diskurse jeweils mit einem Gesamtüberblick – *intellectio* nennt ihn die rhetorische Terminologie –, um, so gewappnet, die mächtigste Position zu beziehen: die stärkste, die offensive, nachzulesen bei Quintilian: *Defensio longe potentissima est qua ipsum factum quod obicitur dicimus honestum esse.*

Attacke also, Angriff aus der Verteidigung und dabei, das wichtigste, den Gegner nie aus den Augen verloren: Wie sieht er aus? Welche Hilfstruppen hat er? Wer sind seine Freunde? Wie kann ich ihm am wirkungsvollsten begegnen? Von »Miss Sara Sampson« bis zum »Nathan« ist die Frage der »richtigen Inszenierung« der eigenen Sache von zentraler Bedeutung.

> *Marwood*: ...Ach, Hannah, nun ist er da! Wie soll ich ihn empfangen? Was soll ich sagen? Welche Miene soll ich annehmen? Ist diese ruhig genug? Sieh doch!
> *Hannah*: Nichts weniger als ruhig.
> *Marwood*: Aber diese?
> *Hannah*: Geben Sie ihr noch mehr Anmut.
> *Marwood*: Etwa so?
> *Hannah*: Zu traurig!
> *Marwood*: Sollte mir dieses Lächeln lassen?
> *Hannah*: Vollkommen! Aber nur freier – Er kömmt.

Da wird – noch konventionell, aber, dank der Beherrschung des rhetorischen *status*, frei und souverän variierbar – ein Spiel durchexerziert, das, fünfundzwanzig Jahre später – nun ins Weltläufig-Allgemeine gewendet – Nathan wiederholen wird, wenn's darum geht, dem Wahrheit fordernden Sultan die rechte Antwort zu geben:

> »Ich muß behutsam gehn! – Und wie? wie das? So ganz
> Stockjude sein zu wollen geht schon nicht. –
> Und ganz und gar nicht Jude, geht noch minder.
> Denn wenn kein Jude, dürft er mich nur fragen,
> Warum kein Muselmann? – Das war's! Das kann
> Mich retten! – Nicht Kinder bloß speist man
> Mit Märchen ab. – Er kömmt. Er komme nur!«

Hier wie dort, in den mit »er kömmt« abgeschlossenen »Einstellungs«-Überlegungen, einem Zwiegespräch und einem durch den Akt lauten Denkens akzentuierten Monolog, geht es um die Vorstellung jenes *berechenbaren*, in seinen Denk- und Handlungsweisen festzulegenden Mit-Spielers, dessen verläßlichen Opponenten-Standpunkt Lessing im 3. Abschnitt der »Gegensätze des Herausgebers« beschreibt: »Diese Consequenz, vermöge welcher man voraussagen kann, wie ein Mensch in einem gegebenen Falle reden und handeln werde, ist es, was den Mann zum Manne macht, ihm Charakter und Stetigkeit gibt; diese großen Vorzüge eines denkenden Menschen.«

So betrachtet, ist es nur folgerichtig, wenn Lessing, in der Bühnen-Szene und im theatralischen Spiel des Polemisierens, den Gegner gleichsam »festnagelt« – ich kenne dich und deine Gedanken. Hier ist dein Platz! –, um ihn hernach, gleichsam vor ihm hertanzend, zu provozieren: Der andere – immer er selbst. (Kein Wunder, er ist ja gefesselt und kann sich nicht rühren.) Lessing: in wechselndem Licht. Der andere: unflexibel und grimassierend. Lessing: im Tonfall spielerisch, in der Diskurs-Weise wechselnd, mal gelehrt und dozierend, mal witzig am Rand des Burlesken. Der andere: puppenhaft-starr. Lessing: Immer in Bewegung, unentwegt auf theatralische Schnurren bedacht: »Erwachen Sie doch, Herr Nachbar ... Schlafen Sie mir nicht wieder ein! Ha, Sie machen große Augen? O Zeter! Der Mann ist schon wieder eingeschlafen.« Also doch ein Kater? Natürlich! Aber einer, der eher aus Paris als aus Sachsen stammt und, à la Heine, mit seinen Enjouements, seiner Gaieté und seinen Saillies brilliert: immer auf Kosten der Mäuse, wie sich versteht, denen Lessing zu Leib ging, indem er, der Überlegene, in die Rolle seiner Spiel-Figuren schlüpfte, ihnen Gedanken und Rede verlieh, alleweil vorexerzierend, was sie hätten sagen können, wenn und falls und sofern ...

Nie ist Lessings Witz so treffend wie in jenen Passagen, an denen er sich's angelegen sein läßt, die Denkweisen seiner Kontrahenten vom ersten Entwurf bis zum Endresultat karikierend zu verdeutlichen. Nie feiert die Kombinationskunst eines Mannes, dem über Gedrucktem viel, über Erlebtem wenig einfiel, größere Triumphe als in imaginierender Nacherzählung: Welch ein Teufel, fragt Lessing in der »Hamburgischen Dramaturgie«, hat nur den unseligen Corneille veranlaßt, eine simple Geschichte, den Bericht vom Mord, den Kleopatra (die syrische, wie man weiß, nicht die ägyptische) an ihrem Gemahl verübte, derart zu verwickeln, daß statt des Gatten die Verliebte, Rodogune, auf der Strecke blieb – und zwar, wie Lessing betont, »auf eine ganz ausnehmende Weise«? Wie aber fängt Corneille das an? Handelt Kleopatra selbst? Viel zu einfach! Sie *läßt* handeln – durch einen Liebhaber also. Aber durch wen? »Laßt uns erdichten«, ruft Lessing aus und brennt Satz für Satz ein wahres Feuerwerk ab: Erdichten! Laßt uns erdichten, daß sich die Söhne des Buhlen in Rodogune verliebten; erdichten, daß Kleopatra denjenigen ihrer Söhne, der Rodogune ermordet, zum König zu küren verspricht; erdichten, daß Rodogune den Komplott durchschaut und ihrerseits zum Angriff übergeht; erdichten, daß jener Prinz ihr Gemahl werden dürfe, der sich – jetzt kommt der Gegenzug! – bereit erkläre, seine Mutter zu töten.

»Bravo!« ruft Lessing aus, während er dem um und umgedrehten Corneille wieder den Schädel zunäht: Was jetzt noch folgt, die Krönung des Ganzen, wird in Hamburg und nicht in Paris zubereitet. »Das nenne ich doch noch eine Intrige! Diese Prinzen sind gut angekommen! Die sollen zu tun haben, wenn sie sich herauswickeln wollen! Die Mutter sagt zu ihnen: wer von euch regieren will, der ermorde seine Geliebte! Und die Geliebte sagt: wer mich haben will, ermorde seine Mutter! Es versteht sich, daß es sehr tugendhafte Prinzen sein müssen, die einander von Grund der Seele lieben, die viel Respekt für den Teufel von Mama und ebensoviel Zärtlichkeit für eine liebäugelnde Furie von Gebieterin haben. Denn wenn sie nicht beide sehr tugendhaft sind, so ist die Verwicklung so arg nicht, als es scheinet; oder sie ist zu arg, daß es gar nicht möglich ist, sie wieder aufzuwickeln. Der eine geht hin und schlägt die Prinzessin tot, um den Thron zu haben; damit ist es aus. Oder der andere geht hin und schlägt die Mutter tot, um die Prinzessin zu haben; damit ist es wieder aus. Oder sie gehen beide hin und schlagen die Geliebte tot und wollen beide den Thron haben, so kann es gar nicht aus werden. Oder sie schlagen beide die Mutter tot und wollen beide das Mädchen haben, und so kann es wiederum nicht aus werden. Aber wenn sie beide fein tugendhaft sind, so will keiner weder die eine noch die andere totschlagen; so stehen sie beide hübsch und sperren das Maul auf und wissen nicht, was sie tun sollen, und das ist eben die Schönheit davon.« Pardon, ein langes Zitat – ich wollte es kürzen, aber es ging nicht. (Wie sagt Fontane, wenn es um einen Publizisten von – lessingschem – Witz geht? Er schreibt zu gut.) Gibt es, frage ich, einen Schriftsteller deutscher Sprache, der derart amüsant, geistreich witzig, maliziös, ja tödlich und dazu – »Rodogune« ist immerhin ein Drama von revolutionärer Amoralität – ungerecht nacherzählen kann wie, vor mehr als zweihundert Jahren, der Autor der »Hamburgischen Dramaturgie« und der Verfasser der »Briefe, die neueste Literatur betreffend«, der seinen Kontrahenten Wieland erledigt, indem er nichts weiter tut als den Inhalt des Dramas »Johanna Grey« zu referieren – auf Lessingsche Weise, wie sich versteht, karikierend also, in der Manier eines Lustspiels von besonderer Bösartigkeit.

Nein, *schonend* ist er nicht mit seinen Kontrahenten umgegangen, der Herr Magister aus Kamenz, eher moquant und überheblich, ohne Höflichkeit (darauf war er stolz), aber auch ohne Maß, Selbstkritik und Bescheidenheit (auf die er zu Unrecht pochte) – von Demut zu schweigen. Gotthold Ephraim Lessing, der Poet und Kritiker, der, es sei wiederholt, die ersten Polemiken schrieb, über die sich auch heute noch selbst genaue Kenner des Werks spontan und immer wieder vor Lachen ausschütten können, hatte das Glück oder – unter pädagogischen, die Selbstbescheidenheit fördernden Aspekten – das Pech, daß ihm, wenn er Fehler beging (es kam gelegentlich vor), kein genialer Lange oder Klotz in den Weg trat, kein ranggleicher Schriftsteller, der ihm mit Lessingschem Ingrimm die Passagen nachwies, Stelle für Stelle, in denen er die von ihm selbst aufgestellten Axiome einer humanen Kritik außer Kraft gesetzt habe: die These vor allem, der Kunstrichter dürfe ausschließlich von den Werken, nie aber von den Handlungen, von Moralität und Privatheit seiner Kontrahenten ausgehen. »Sobald (er) verrät«, heißt es zu Beginn des im Zeichen zeitgenössischer Literaturstreite plötzlich höchst aktuell gewordenen 57. antiquarischen Briefs, »daß er von seinem Autor mehr weiß, als ihm die Schriften desselben sagen können; sobald er sich aus dieser nähern Kenntnis des geringsten nachteiligen Zuges wider ihn bedienet; sogleich wird sein Tadel persönliche Beleidigung. Er höret auf, Kunstrichter zu sein, und wird (die Beckmesser im Christa-Wolf-Streit sind gebeten, genau mitzulesen!) – das Verächtlichste, was ein vernünftiges Geschöpf werden kann – Klätscher, Anschwärzer, Pasquillant.«

Abermals: ein nobles Bekenntnis, fair und, dazu, beherzigenswert bis zum heutigen Tag. Nur, daß Lessing sich in Sachen Klotz, den er als Ausschmierer und ekelhaften Heuchler wortwörtlich exekutierte (der Geheimrat war am Ende der Debatte endgültig erledigt), so wenig an seine Prinzipien hielt wie im Streitfall mit Wieland, dem er sein parfümgetränktes Christentum ankreidete. (Es gehörte schon die Souveränität eines Wieland dazu, um sich in einen dicken Mantel zu hüllen, den Regen tropfen zu lassen und – gottlob nicht vergebens – auf bessere Tage zu hoffen.) Wohlgemerkt, Lessing wäre der letzte gewesen, der einen Gegner als »Petrarca des Laubhüttenfestes« (Platen gegen Heine) oder einen »warmen Bruder« (Heine gegen Platen) etikettiert und dem Kontrahenten sein Stottern, seine Kurzhälsigkeit und sein jüdisches Sabbern (Kraus contra Kerr, Kerr contra Kraus) angemerkt hätte … und dennoch: Je länger sich der Leser mit Lessings – hier und dort dem von ihm aufgestellten und bis heute unantastbaren Regelkanon wahrer Kunstkritik eklatant widersprechenden – Invektiven beschäftigt, dem Niederschmettern der Unebenbürtigen (ein würdiger Gegner war einzig Goeze), dem Zurschaustellen von Wehrlosen, deren vermeintliche Gedanken er preisgab, aber auch der Selbstanpreisung (Motto: Hier ist der Ort, wo wir schnell noch ein Faust-Fragment einstreuen können, das wir nicht ausführen werden; aber in der Auseinandersetzung mit Gottsched *putzt* es, mit Thomas Mann zu sprechen, vortrefflich) … je genauer der Betrachter das Spiel des vermeintlichen Einzelkämpfers analysiert (der, trotz aller Gegnerschaft von Klerus und Hof, hoch angesehen und bei Kennern wohl gelitten war), desto mehr sucht er, imaginäre Gespräche ersinnend, nach *Partnern,* die diesen Namen verdienten: also keine »Strohmänner« sind, denen Lessing – was er Klotz vorwarf und selbst mit Enthusiasmus und aus Prinzip praktizierte, »seine Fechterstreite zeigte«. Winckelmann zum Beispiel, der wäre der Rechte: Ein Disput zwischen dem Buchgelehrten und dem Meister der Anschauungskunst hüben, dem Bibliothekar mit seiner hochmütigen Verachtung der Autopsie, und drüben dem Plastiker und Erotomanen, der schöne Körper beschreibt, als betaste er lebendige Haut. Welch ein Gespräch! Welche Gelegenheit für den Antiquar, Farbe zu bekennen und die Dialektik von Buchgelehrsamkeit und tiefer Befremdung angesichts der Realität mit ihren »Wonnen der Gewöhnlichkeit« kritisch zu analysieren: »Ich bin nicht in Italien gewesen, ich habe den Fechter nicht selbst gesehen! – Was tut das? Was kömmt hier auf das *selbst Sehen* an? Ich spreche ja nicht von der Kunst.«

»Sind Sie des Teufels, Herr Magister«, hätte darauf Winckelmann gesagt, »Kunstgeschichte ist ein Doppelwort so gut wie Literaturbrief und Kunstrichterei! Wollen Sie mir einreden, man könne das zweite betreiben und das erste vergessen? Wozu sonst, wenn es nicht um Kunst geht, Herr Antiquar, die Rettung Ihres Horaz vor Langes Streichen?«

Ein Jammer, daß sie einander nicht trafen, weil Rom für Lessing zu weit war und Deutschland für Winckelmann zu melancholisch; ein Jammer auch, daß Goethe seinen Vorsatz nicht in die Tat umsetzen konnte, den er, Charlotte von Stein gegenüber, am 20. Februar 1781, verriet: »Mir hätte nicht leicht etwas Fataleres begegnen können, als daß Lessing gestorben ist. Keine Viertelstunde vorher eh die Nachricht kam, macht ich einen Plan, ihn zu besuchen. Wir verlieren viel an ihm, mehr als wir glauben. Adieu Beste. Heut ist Conseil, ich will zu Hause essen und Sie nach der Komödie sehen. Ich habe gar nicht Lust hineinzugehen.«

Lessing und Goethe – ein Gespräch irgendwo im Thüringischen, in der Bibliothek zu Gotha zum Beispiel: Welch ein Streit-Diskurs wiederum, über den Werther und den Pistolen-Tod im Stil opulenter Historien-Malerei (Emilia Galotti als – leider nur literarisches – Bindeglied zwischen zwei Meistern, dem einunddreißigjährigen Glückskind bei Hofe und dem früh gealterten Witwer, der, zu seinem Unheil, nie auf einen Karl August traf); eine Disputation über christliche Erziehung als *prima causa* verbreiteter Todessehnsucht unter Männern, die, im Sinn des »Nathan«, schwärmten, statt vernünftig zu handeln, und der Seligkeit des Sterbens mehr als der *praxis pietatis* vertrauen.

Und dann, im Zentrum, ein Streit-Gespräch über Kritik und Produktivität, das Denken in Gegensätzen und das Bilden jener großen Synthese, die sich, auf Resultate als das allein Wichtige abzielend, weit entfernt wisse von aller Kampf- und Wegmetaphorik, wie sie sich in Lessings Satz manifestiere: »Das Vergnügen einer Jagd ist ja allezeit mehr wert als der Fang.«

Dagegen also, in entschiedener, wenngleich respektvoller Absage, Goethe: »Lessing hält sich« – Gespräch mit Eckermann am 11. April 1827 – »am liebsten in der Region der Widersprüche und Zweifel auf; das Unterscheiden ist seine Sache, und dabei kam ihm sein großer Verstand auf das herrlichste zustatten. Mich selbst werden Sie dagegen ganz anders finden; ich habe mich nie auf Widersprüche eingelassen, die Zweifel habe ich in meinem Innersten auszugleichen gesucht, und nur die gefundenen Resultate habe ich ausgesprochen.«

»Nur die gefundenen Resultate?«, hätte da Lessing gefragt, »gut und schön, aber *wie* gefunden, mit wessen Hilfe, und, dies vor allem, wo? Auf dem Schleichpfad, abseits von den großen Wegen, oder auf einer begangenen Straße? Auf dem Schleichweg doch wohl, lieber Goethe? Denn auf den Heerstraßen, hab' ich geschrieben, sind der Finder zu viel, und was man auf diesen findet, haben gemeiniglich zehn andere vor uns schon gefunden, und schon wieder aus den Händen geworfen. – Es geht ums *Finden*, Goethe, nicht ums Resultat!«

So ginge der Disput weiter und weiter, im Prunksaal jener Bibliothek zu Gotha, in der ein recht gemischtes Publikum einmal diesem, einmal jenem Redner applaudierte – ein Publikum, wie Lessing es im 51. antiquarischen Brief imaginierte: keine aufgeklärte Öffentlichkeit, kein Gremium von *connaisseurs*, keine Schar räsonnierender Bürger, denen, von fernher, Jürgen Habermas zuwinkte, *nur weiter so, Freunde*, sondern ein bunter Haufen, der sich weniger Goethes Faust (»hier ist des Volkes wahrer Himmel«) als Shakespeares Hamlet verpflichtet weiß (»thou cometh in such a questionable shape«).

»Alle Leser«, so Lessing an Klotzens Adresse, »auf die wir rechnen dürfen, sind hier und da, und dann und wann, irgend ein studierter Müßiggänger, dem es gleichviel ist, mit welchem Wische er sich die lange Weile vertreibet, irgend ein neugieriger oder schadenfroher Pedant, irgend ein sich erholen oder sich zerstreuen wollender Gelehrter, irgend ein junger Mensch, der von uns, oder mit uns, oder an uns, zu lernen denkt. Und diese Handvoll Individua haben wir die Impertinenz, das Publicum zu nennen? Doch wohl, wohl; wenn die das Publicum sind: so interessieren wir das Publicum gewiß!«

Mesdames, messieurs, faites votre jeu: hier Goethe oder Winckelmann (oder gar Schiller, im Disput, zwischen Sachsen und Schwaben, über Franz Moor und Marinelli, Nathan und Moritz Spiegelberg) und dort Lessing, brillierend, je nach dem vom Partner bevorzugten Ton, in Lakonismen oder weit ausschwingenden Perioden (denn *beides* macht seinen Stil aus: die Kürze à la Sallust und der Faltenwurf ciceronianischer Sätze), in zynischer Knappheit oder weitschweifiger Pedanterie, mal begeistert, mal philosophisch: vielfältig auf jeden Fall, wie er zu schreiben liebte – so vielfältig, daß man bisweilen, kennte man den Namen des Verfassers nicht, zweifeln könnte, das Tagebuch der Italienischen Reise und die »Hamburgische Dramaturgie« seien von der gleichen Feder geschrieben.

Heute so und morgen ganz anders, heißt Lessings Schlacht-Parole: Hauptsache bleibt, die Leute haben ihren Spaß an meiner Streitlust – und ich überlebe. (Drei Monate nach Evas Tod – eine antigoezische Schnurre geschrieben!) Ich überlebe, indem ich der Uniformität des Stils, wie ihn das Regiment (der Hof, die Geistlichkeit, die akademische Zunft) verlangt, mit meiner ureigenen, ständig wechselnden, zwischen Enthusiasmus und Räsonnement, der Iraszibilität und der kalten Beherrschung, hin und her pendelnden Diktion begegne – allen Fürsten, Kammerdienern, Hauptpastoren und Pasquillanten zum Trotz: ausgeschlossen, dank verweigerten Zeremoniells, von der Macht; scheel angesehen, wegen exzessiven Gebrauchs der Landessprache, von gelehrten und geistlichen Zirkeln, die auf die Exklusivität ihrer Arkan-Wissenschaft pochen, dafür jedoch im Bund mit einer *species humani generis*, die Lessing, wegen nachgewiesener Intelligenz, ohne Zweifel als ideale, weil unterhaltlich-kritische Zuhörerinnen bei seinen imaginären Gesprächen in der Gothaer Bibliothek hätte mit auftreten lassen, und zwar als Protagonistinnen, nicht als Staffage: die Frauen.

Die Frauen, dieses »nachgeordnete Geschlecht«, das er, der genui-

ne Kenner der Redekunst, insbesondere der Plädoyertechnik des
Verteidigers, durch eine von psychologischer Kühnheit und revolutionärer Sensibilität bestimmte Verhandlungsführung emanzi-
piert, indem er nachweist, daß seine Mandantinnen, dank ihres
rednerischen (und gestischen!) Einfallsreichtums beim Argumen-
tieren und Streiten sehr wohl den Hauptpart spielen könnten.
»Meinen Sie nicht, daß ich der Mädchen endlich zu viel mache?« –
Brief an Gleim vom 22. März 1772 –, »Sara! Minna! Emilia!« Frauen,
immer wieder Frauen in Lessings Werk, die den Männern überle-
gen sind, an Scharfsinn, witziger Streitlust und munterer Aktivität,
mitten in burleskem Hin und Her: Minna und nicht Tellheim macht
die Musik; *sie* geht mit offenen Armen auf *ihn* zu; er hingegen
weicht zurück; sie bestimmt, vorangehend, die Position (»Nun?
[indem sie ihm lächelnd ins Gesicht sieht] lieber Tellheim, waren
wir nicht vorhin Kinder?«), *sie* fällt *ihm* in die Arme, *er* küßt ihre
Hand, sie sagt: »Ich bin Ihre Gebieterin, Tellheim, Sie brauchen
weiter keinen Herrn«; *sie* ist die »große Liebhaberin von Vernunft«,
er eher ein Kunstmännchen, gebosselt aus nobler Beschränktheit
und wenig reflektierter Ehrpusselei; *sie* spricht wie Lessing, er im
besten Falle wie der schwermütig-wackere Ewald von Kleist und
ganz gewiß nicht in jenem an der Grenze von Urbanität und ein
klein wenig kokettem Mitleid angesiedelten Ton, auf den sich
Minna versteht: »Sie verabschiedet zu finden (Tellheim), das Glück
hätte ich mir kaum träumen lassen. – Doch Sie sind nicht bloß
verabschiedet, Sie sind noch mehr. Was sind Sie noch mehr?«
(schon hier das Laut-Denken in Nathans Art!) »Ein Krüppel: sagten
Sie? Nun, *[indem sie ihn von oben bis unten betrachtet]* der
Krüppel scheinet doch noch ziemlich gesund und stark. – Lieber
Tellheim, wenn Sie auf den Verlust ihrer gesunden Gliedmaßen
betteln zu gehen denken: so prophezeye ich Ihnen voraus, daß
Sie vor den wenigsten Thüren etwas bekommen werden: ausge-
nommen vor den Thüren der gutherzigen Mädchen, wie ich.«
In der Tat, wenn bei Lessing Männer und Frauen die Klingen
kreuzen, Minna und Tellheim, die Orsina und Marinelli, dann
triumphiert, in jedem Fall, Intelligenz, Witz und Kunst sprachlichen Nuancierens über das Starre und Unflexible maskuliner
Artikulation, einerlei, ob sie sich nun in steifer Gutherzigkeit oder

in der von aller Natur weit entfernten Sprache des plappernden
Hofmännchens Marinelli artikuliert: Herren auf jeden Fall sind –
die Frauen: »Hierher Ihr Auge, auf mich, Tellheim!« und »Kommen
Sie her (Marinelli)! Sehen Sie mich an! Steif an! Aug' in Auge.«
Freilich wäre bei so viel weiblicher Dominanz im großen Streit-
theater des Gotthold Ephraim Lessing auf der Männerseite immerhin noch Nathan aufzubieten – doch eben er, diese Gegen-Figur
zum inhuman-juvenilen Philotas, spricht nicht als *Mann*, sondern
als *Mensch*, als gütiger Vater und Schmerzensmutter zugleich. (Ich
werde den Augenblick niemals vergessen, als ich die große Schau-
spielerin Ida Ehre, kurz vor ihrem Tod, fragte, welche Rolle sie am
liebsten spielen möchte, und sie, ohne sich zu besinnen, antwortete: »Nathan, natürlich. Ernst Deutsch war gut; aber ich, eine alte
Jüdin – und Prinzipalin dazu – würde ihn noch besser spielen.
Nathan, das ist eine Rolle für eine Frau.«)
Vielleicht hatte sie recht, Ida Ehre, denn eins, auf jeden Fall, ist
gewiß: Wie es Abschied zu nehmen gilt vom deutschen Kater, der
mit den Mäusen spielt, bevor er sie würgt, so gilt es auch, dem
männlichen Poeten Lessing endlich die Tür zu weisen – dem
wackeren Kerl und holzgeschnitzten Recken aus Kamenz, der,
nach langem Irrflug durch ein ganzes Jahrhundert, in Thomas
Manns Gedenkrede, anno 1929 in Berlin gehalten, dort zur Mario-
nette erstarrte, wo von jenem Charakteristikum die Rede ist, »das
man als seine Männlichkeit oder seine Beschränktheit auf das
Männliche bezeichnen könnte. Das Maskuline liegt seinem Gestal-
tungstalent ungleich besser als das Weibliche; er zeichnet es
richtiger, tiefer und stärker. Man fand von jeher, daß Tellheim, in
seiner schwierigen Ehrliebe und Melancholie, als Figur die Minna
weit überrage. Vor allem ist er männlicher, als sie weiblich ist.«
Da kann man, nachdem die Verblüffung sich gelegt hat und der
Kult des Maskulinen dezent, durch einen Verweis auf Thomas
Manns Passion für alles Männliche, zumal Jung-Männliche, erklärt
worden ist, nur hinzufügen: Eben! *Weil* Minna mehr als weiblich
ist, spielt sie den Hauptpart und steht jenen Männergestalten
voran, unter denen Thomas Mann, als lessingnahe Figuren, neben
Odoardo ausgerechnet den Tempelherrn nennt, eine der »lebens-
vollsten Jünglingsgestalten des deutschen Theaters« … und das

mag er wohl sein. Aber lessingnah? Da halten wir uns, am Schluß eines Diskurses über ein Gesellschafts-Modell, das der Offenheit, Toleranz und Pluralität bedarf, um Streitkultur befördern zu können … da halten wir uns lieber an Minna von Barnhelm, die Tellheim mit einer intelligenten Zartheit bekehrt, als hieße sie Helene Altenwyl und er Kari Bühl, und an Eva König natürlich … zwei Frauen, die *sie selbst* sein möchten in einer Gesellschaft, die auf den von Männern festgelegten Rollen-Diktaten basiert – aber dies nur gleichnishaft tun können, im verschwiegenen, kaum artikulierten und schon wieder zurückgenommenen Geständnis des Briefs (»Mein Blut ist in solcher Wallung, daß mir die Hände wie Espenlaub zittern«: Eva an Gotthold, 25. September 1776) und in jenem großen Vorspiel auf dem Theater, in dem Lessing, formübergreifend, die schlechte Wirklichkeit mit der besseren Möglichkeit kontrastierte – indem er die Geselligen über die Eiferer, die Plauderer über die Monologisten, die Stilkünstler über die Akademiker und, von Lisette bis Nathan, die Ganz- und Beinahe-Frauen über Männer siegen läßt, die nichts sind als das.

Humanität statt Programmatik, lautet die Losung, familiäre Menschlichkeit statt jener autoritärer Strukturen, die es einem Patriarchen erlauben, den Disput zu verweigern und sich mit martialischer Voreingenommenheit zu begnügen: »Tut nichts. Der Jude wird verbrannt.«

Lessings ideale Gesellschaft: Das ist, durch Streit, Gespräch, Ironie und Satire bestimmt, die Gegen-Gemeinschaft zu jeder fundamentalistisch geprägten; eine bunte Sozietät, in der statt der Hauptpastoren und Potentaten die gelehrten Landstörzer, philosophierenden Frauenzimmer und hellsichtigen Außenseiterinnen das erste Wort haben (einen der genialsten Lessing-Sätze, »Wer über gewisse Dinge den Verstand nicht verliert, hat keinen zu verlieren«, spricht … die Mätresse Orsina!). *Sie* sind die Protagonisten *(utriusque generis)* einer Welt, die Lessing nicht nur vernunftmäßig, sondern in bedeutsamem Schritt-für-Schritt-Vorgang, erreichbar schien … auch und gerade in jenen Augenblicken allgemeiner und privater Resignation, in denen, so die Ankündigung zu »Nathan dem Weisen«, »man immer gern vergessen möchte, wie die Welt wirklich ist. Aber mit nichten: die Welt, wie ich sie mir denke, ist eine ebenso natürliche Welt, und es mag an der Vorsehung wohl nicht allein liegen, daß sie nicht eben so wirklich ist.«

Geschrieben im August 1778, und zweihundert Jahre später, in einer Epoche unreflektierten Verzichts auf ein Voraus-Denken und behutsames Antizipieren lessingscher Prägung, wichtiger denn je. Den Großen und Allgemeinen Streit über eine Gesellschaft, in der niemand unterdrückt ist, offenzuhalten, statt ihn, im Hinblick auf das Hier und Jetzt, für erledigt anzusehen (Utopie – *a dirty word*: Nathan hätte bei so viel inhumanem *nonsense* die Blicke zum Himmel gerichtet) ... den universalen Streit über eine Sozietät, die *überall* den Namen »menschlich« verdient, in widersätzlichem Diskurs neu zu entfachen, bedeutet, mit Nathans Worten, der »Wunder höchstes« nicht durch vorschnellen, dem Faktischen behend gelieferten Konsens zu verspielen, »daß uns die wahren, echten Wunder so alltäglich werden könnten, werden sollten«.

WOLFGANG AMADEUS MOZART

Das poetische Genie

Wolfgang Hildesheimer zum Gedächtnis

Ich stelle mir vor, in der Komischen Oper zu Berlin: an einem Ort, wo sich, der Tradition des Musiktheaters entsprechend, die Grenze zwischen der *opera seria* und der *opera buffa* als mühelos passierbar erweist ... ich stelle mir vor, in Walter Felsensteins und Harry Kupfers Reich seien, auf steilen, bis zum Schnürboden hinaufragenden Tribünen die Poeten vereint. Stückeschreiber und philosophierende Essayisten, handfeste Romanciers und zarte Lyriker, spekulative Geister und Librettoschreiber, um, zum Ausklang des Festjahrs, nach der gelehrten Analyse auch die produktive Meditation zur Geltung zu bringen: *Kollege Mozart* – was bedeutet er uns?

Und so säßen sie dann beieinander, in der Behrenstraße, die Schriftsteller aller Nationen und Epochen: Grillparzers Wienerisch gäbe einen aparten Kontrast zu Sartres elegantem Französisch – Sartre, der es zu Lebzeiten liebte, auf dem Klavier (nicht anders als Gide) mit Mozart die Kräfte zu messen.

Und wer fängt an? Richard Wagner natürlich: sächsisch und vorwitzig, von einem Sessel aufspringend. (Man hätte ihn übersehen können, weil er so klein war.) Wagner also, aber warum? Um über den Jubilar zu reden? Keineswegs. Die Verteidigung seiner, Richard Wagners, Bearbeitung der deutschen Don-Giovanni-Fassung stünde zur Diskussion. Doch kaum, stellen wir uns vor, habe Wagner begonnen, da unterbräche ihn auch schon ein anderer Sachse – Nietzsche: wer sonst? –, um – *ich melde Widerrede an* – ausführlich darzulegen, daß es Wagner keineswegs zustehe, ausgerechnet über Mozart zu reden: Schließlich sei er, ein Schauspieler und Rhetor von Natur mit all seinem bombastischen Pomp, der Allerletzte, der sich anmaßen dürfe, Mozart, diese »zärtliche und verliebte Seele« zu feiern, die, romantischer Verklärung fern, im achtzehnten Jahrhundert wurzle, umgeben von reiner und klarer Luft, Paris näher als Wien oder gar, man bitte um Entschuldigung, Leipzig. Wer einmal mit angehört habe, wie Wagner, ein »Meister des dramatischen Hochreliefs«, Mozart am Piano traktiere, gewaltig und auf pathetische Wirkung bedacht, der müsse sich fragen, ob solch ein Spiel »nicht ganz eigentlich eine Sünde wider den Geist« sei, den »heiteren, sonnigen, zärtlichen, leichtsinnigen Geist Mozarts«, dessen sanfte und gütige Bilder nun einmal »nicht aus der Wand herausspringen« wollten, »um die Anschauenden in Entsetzen und Flucht zu jagen.« »Oder meint ihr etwa«, riefe Nietzsche den Poeten zu (ein bißchen zögerlich, von den hinteren Reihen, wo die Lustspielschreiber sich versammelt hätten, riefe man »lauter!«) ... »oder meint ihr etwa, Mozartsche Musik sei gleichbedeutend mit ›Musik des Steinernen Gastes‹?«

»Gewiß nicht«, riefe darauf ein hageres Männchen, das zappelnd, wippend, auf und ab schnellend (mit Bewegungen, die ihm offenbar dazu dienten, in Mozarts Rolle zu schlüpfen), doch müsse er, Victor Eremita alias Søren Kierkegaard aus Kopenhagen, mit Nachdruck betonen, daß ihm die Don-Giovanni-Deutung des Kollegen aus Deutschland denn doch ein wenig harmlos erscheine: das Erotisch-Dämonische dieser Oper über allen Opern sei gründlich verkannt und derart zu wenig bedacht, daß Mozart mit seinem Don Juan in die kleine, unsterbliche Schar von Männern getreten sei, »deren Werke die Zeit nicht vergessen wird, sintemal die Ewigkeit sich ihrer erinnert«.

Und schon finge, stellen wir uns vor, Kierkegaard an, unbekümmert um alles Geflüster, Gelächter, ja schließlich Lärm rings um sich herum, die Sätze aus den »unmittelbar erotischen Stadien« zu wiederholen, die da lauten: »Ich bin jungmädchenhaft in Mozart verliebt, und ich muß es haben, daß er obenan steht, koste es was es wolle. Und ich will zum Küster gehen und zum Pfarrer und zum Probst und zum Bischof und ans ganze Konsistorium, und ich will sie bitten und beschwören, sie möchten mir meinen Wunsch erfüllen.« Wenn aber nicht, »so trete ich aus der Gemeinde aus, so bilde ich eine Sekte, welche nicht allein Mozart an die oberste Stelle setzt, sondern nichts anderes als Mozart hat. Mozart! Unsterblicher Mozart! Du bist es, dem ich alles verdanke, daß ich meinen Verstand verloren, daß meine Seele sich erstaunt, daß meine Seele sich erstaunt … Du bist es, dem ich es danke, daß ich nicht durchs Leben gegangen bin, ohne daß etwas imstande gewesen wäre, mich zu erschüttern. Du bist es, dem ich dafür Dank sagen muß, daß ich nicht gestorben bin, ohne geliebt zu haben.«

Søren Kierkegaard blickte sich um: Es sei still geworden, stelle ich mir vor, das Gelächter verstummt, und eine Stimmung breitete sich ringsum aus, in der Ergriffenheit sich mit peinlichem Beklommensein verbände: allzu weit, ins Persönliche hinein, habe sich der Philosoph aus Dänemark gewagt. (Er spürte es selbst und murmelte, während er sich setzte, Worte der Entschuldigung: Er wisse wohl, sein Plan sei etwas *backfischhaft*, im Grunde habe er nur sagen wollen, daß Mozart mit seinem Don Juan »in die Reihe jener sichtbar Verklärten« eingetreten sei, »die keine Wolke vor den Augen der Menschen hinwegnimmt« … doch vielleicht klänge auch das schon, gäbe er zu bedenken, allzu pathetisch.)

Gleichwohl gab es Beifall auf den Tribünen – lassen wir von nun an den Konjunktiv. Imagination macht der Wirklichkeit Platz –, ein Applaus, der freilich eher Mozart als Kierkegaard galt, in seinem feierlichen Unisono aber den Protest, genauer: den ironischen Einspruch eines Franzosen namens André Gide provozierte, der (ein wenig abseits stehend, er hatte sich offenbar verspätet) das Spielerische, Leichtfertig-Versatile, das *heute so und morgen so* im Werk Mozarts betonte: Ein Tänzer sei er gewesen, ganz (knappe, achtungsvolle Verbeugung) im Sinne Nietzsches: Man bestellte Opern – Mozart lieferte sie. Man bestellte Messen – er war zur Stelle. Wie sollte man da nicht vermuten, daß er das religiöse Gefühl seiner geistlichen Exerzitien lediglich spielte – auch – und gerade! – jenen jähen Ernst, der doch von dem anderer, sehr bewußt »olympischer« Partien seines Werks so verschieden nicht sei?

Versatil? Beliebig am Ende? Da war einer gefordert, in unserem

imaginären Zirkel der Komischen Oper – ein Mann, der, älter
werdend, ähnlichen Vorwürfen ausgesetzt war: Hugo von Hofmannsthal, Landsmann Mozarts und Librettist, der es sich angelegen sein ließe, gerade das Mozartsche Mit- und Gegeneinander
der Stile, den Umschlag von apollinischer Serenität in hochpathetischen Ernst, von Walzertändelei in den Höllenspaß des Furioso
als Ausweis des Genies zu deuten ... unterstützt, in diesem Punkt,
durch Thomas Mann, der, an musikalische Versuche seines »Doktor Faustus« erinnernd, ebenfalls auf die höchst moderne – von
Mozart antizipierte – Kongruenz zwischen dem raffinierten Spiel
und dem nicht minder artistisch ausgedachten Ernst verwiese:
Don Giovanni und Faust gehörten zusammen – hier die Hochzeit
im Schloß und das Bacchanal in Auerbachs Keller, dort Höllenfahrt
in doppelter Gestalt.

Bei diesen Worten waren aller – nicht nur Thomas Manns – Blicke
auf Goethe gerichtet, der, ehrenvoll postiert, in der Mitte der ersten
Reihe saß; aber der alte Mann winkte ab: erst später, am Schluß,
wenn's gefiele, dann freilich in gebührender Breite – eine Bemer-
kung, die seinem Nachfahrn aus Lübeck Gelegenheit gab, mit dem
Satz, daß die »himmlische Ratio Mozarts« sich erst in unserem
Jahrhundert »in vollkommen reiner Strenge und Lieblichkeit« aus-
singen könne (womit der Redner zu gleicher Zeit dem Genius
Mozarts wie – das war beabsichtigt – der Meisterschaft seines
Interpreten Bruno Walter Tribut zollte), einen Kontrahenten ins
Spiel zu bringen, Alexander Puschkin aus Moskau, der – »bei allem
Respekt, mein Herr!« – den Ausdruck *ratio* mit großem Ernst
zurückweisen müsse: Ob denn sein Vorredner die Tragödie in
zwei Szenen »Mozart und Salieri« nicht kenne – das Drama vom
Giftmord, das, leider ins Grobe verkehrt: ins Farcenhafte und
Wilde, im zwanzigsten Jahrhundert von einem Schweizer nachge-
macht worden sei. Er, Puschkin, habe Exemplare seines Stücks bei
sich: russisch, französisch, englisch, deutsch – möge sich jeder
bedienen, der wissen wolle, mit welchem Raffinement der Zweite
den Ersten, der Handwerker den Genius, der Verbrecher den
Gesandten himmlischer Mächte beiseite geschafft habe. Ratio?
Papperlapapp! Verstand? Den habe Salieri, dieser Neider mit dem
Mangel an Genie. »Du, Mozart, aber bist ein Gott und weißt es

selber nicht!« So stünde es in seinem Drama, und Thomas Mann sei herzlich gebeten, es in deutscher Übertragung zu lesen. (»Gewiß. Aber gewiß doch. Und bald.«)

In diesem Augenblick erhob sich, in der obersten Reihe, von den Rängen der Komischen Oper aus kaum zu erkennen, ein Mann, »da Ponte mein Name«, um gegen die aberwitzige Behauptung eines Dramatikers zu protestieren, dessen Werk bei der Premiere durchgefallen sei, und zwar mit Trompeten und Pauken: Salieri – ein Mörder? Albernes Geschwätz! Ein guter Freund vielmehr – und dazu hoch begabt, kein dumpfer Gesell, der die Harmonie nach den Gesetzen der Algebra bilde, sondern ein Künstler von Rang, kenntnisreich und gebildet: »No, no, no, signore, ich habe für Antonio Salieri nicht minder gern als für Amadeus Mozart geschrieben.«

Ja, so ging es hin und her, Stunde um Stunde in der Komischen Oper; E.T.A. Hoffmann kam zu Wort, im Streitgespräch mit Kierkegaard über Don Giovannis Aufstieg und Fall, Mörike wurde gebeten, verheddderte sich aber in umständlich-schwäbischer Rede. Wagner, der, als Nietzsche zum zweiten Mal sprach, beinahe handgreiflich wurde, formulierte Sottisen über Mozarts Freimaurerei. Hofmannsthal stellte Vergleiche zwischen dem Grafen Almaviva und Ochs von Lerchenau an (selbstkritisch, nicht zum Vorteil des zweiten); verschiedene Unbekannte, Kolportage-Schriftsteller offensichtlich, deren Namen selbst ihre Nachbarn nicht kannten, spekulierten über den Auftraggeber des »Requiems« und verwiesen auf längst verschollene Beiträge über den »grauen Boten«; Unruhe machte sich breit – genug mit dem Palaver! Im Orchestergraben stünden Musiker bereit: Musik wolle man hören! –, immer entschiedener wurde nach Goethe verlangt, der habe schließlich ein Wort zum Debattenende versprochen – und siehe, der Geheimrat, der während der Requiemdebatte eingenickt war, ließ sich nicht nötigen: In der Tat, er kenne Mozart gut, habe ihn sogar einmal gesehen, als siebenjährigen Knaben, wo er auf einer Durchreise ein Konzert gab, in Frankfurt. »Ich selber war etwa vierzehn Jahre alt, damals, und ich erinnere mich des kleinen Mannes in seiner Frisur und Degen noch deutlich.«

Da wurde es, auf einmal, sehr still im Toten-Olymp: Viele Poeten (auch einige Frauen darunter: Annette Kolb hatte über München und Salzburg gesprochen) hielten den Atem an, beugten sich vor, rechneten nach, überließen sich allerlei phantastischen Meditationen: Was wäre geschehen, wenn Mozart – sieben Jahre jünger als Goethe! – im Februar 1830 an Eckermanns Stelle in Weimar eingekehrt wäre: »Anno 1763, mein lieber Mozart, erinnern Sie sich?« Ja, was wäre geschehen, wenn der Komponist, alt geworden, erlebt hätte, wie der größte Dichter seiner Zeit, der von aller Welt bewunderte Goethe, ihm, in seiner Gegenwart, aufgezählt hätte, daß es auf drei Feldern, der bildenden Kunst, der Poesie und der Musik, drei gewaltige Genien gäbe, nach deren Maß sich alles Tun der Kleineren bestimme?

Totenstille, ringsum, als Goethe die Sätze sagte, sehr langsam, leise, wie in einer Art von Selbstgespräch: »Wenn man alt ist, denkt man über die weltlichen Dinge anders, als da man jung war. So kann ich mich des Gedankens nicht erwehren, daß die Dämonen, um die Menschheit zu necken und zum besten zu haben, mitunter einzelne Figuren hinstellen, die so anlockend sind, daß jeder nach ihnen strebt, und so groß, daß niemand sie erreicht. So stellten sie den Raffael hin, bei dem Denken und Tun gleich vollkommen war; einzelne treffliche Nachkommen haben sich ihm genähert, aber erreicht hat ihn niemand. So stellten sie den Mozart hin als etwas Unerreichbares in der Musik. Und so in der Poesie Shakespeare.« Welch eine Stille, noch einmal – auf der Bühne und auch unter uns, im Zuschauerraum: Mozart, kläglich gestorben, von Schulden gepeinigt, mißachtet unter den Wienern, vereinsamt und melancholisch, in kargem, endlich versiegendem Gespräch mit jenem Mann, der ein Leben lang sein großer Partner war, Vater Leopold – dieser Mozart wird, kein Menschenalter später, von dem verläßlichsten und unbestechlichsten Kenner, Goethe, an die Seite Raffaels und Shakespeares gestellt: so, als sei er nicht anno 1791, sondern, mittlerweile zum Klassiker unter den Klassikern gereift, Jahrhunderte früher gestorben.

»Was ist Genie anders« – so Goethe am 11. März 1828 in Weimar und so, am 15. Dezember 1991, bei unserer imaginären Mozart-Disputation in Berlin – »als jene produktive Kraft, wodurch Taten entstehen, die vor Gott und der Natur sich zeigen können und die

eben deswegen Folge haben und von Dauer sind. Alle Werke Mozarts sind dieser Art; es liegt in ihnen eine zeugende Kraft, die von Geschlecht zu Geschlecht fortwirkt und so bald nicht erschöpft und verzehrt sein dürfte.«
Siebenunddreißig Jahre nach dem Tod und raschem Verscharrtsein – Aufnahme im Pantheon! Einzug im Olymp! Und das nicht dank der entzückten Akklamation eines Sektenpredigers von Kierkegaards Rang, sondern mit Hilfe des Votums jenes Schriftstellers, der, wie kein zweiter, Mozarts Janus-Gesichtigkeit kannte, das Heitere im Bund mit Schauder und Monstrosität, das Seraphische, dem ein Entsetzen zugesellt ist, das, so Goethe zu Eckermann und unter den Dichtern, nur durch eine Musik im Charakter des »Don Juan« dargestellt werden könne – eine Musik, die das »Abstoßende, Widerwärtige, Furchtbare« enthalte, eine »Faust«-Musik also, wie sie nur Mozart hätte schreiben können. Goethes nahferner Freund, dessen »Zauberflöte« er in seinem Geist habe fortsetzen wollen, indem er versuchte, dem Komponisten das weiteste Feld zu eröffnen und sich »von der höchsten Empfindung bis zum leichtesten Scherz durch alle Dichtungsarten durchzuwinden«.
Goethes »Zauberflöte« – ein Text, den nur ein einziger hätte komponieren können: Der geheime Adressat jedoch war tot, als Goethe 1795 mit »Der Zauberflöte zweiter Teil« begann, der schauervollen Moritat vom Räuber Monostatos, die zugleich ein Märchenspiel ist, wie es burlesker sich nicht denken läßt: Papageno und Papagena sind verheiratet – aber die Kinder, die lieben Kleinen, wollen nicht kommen. (Jedenfalls nicht auf menschenübliche Weise: Die Vögel müssen es halt mit – Vögeln versuchen, sprich: es auf Vogelweise probieren … und das gelingt!)
Kurzum, der größte – und kenntnisreichste! – Mozart-Apologet seiner Zeit war kein Schwärmer, sondern ein Poet, der sich in *seinem* Feld aufs Wechselspiel von *tragedia* und *commedia* verstand: Bruder Goethe, der als Theaterdirektor seinen Mozart-Zyklus noch zu Lebzeiten des Komponisten am 13. Oktober 1791 mit der Inszenierung der »Entführung aus dem Serail« begann. Was wär' geschehen, stellen wir uns vor, wenn Mozart hätte dabeisein können: im Gespräch mit Goethe, zum Beispiel über das Finale im platonischen »Gastmahl«, in dem Sokrates erklärt, es sei Aufga-

be des Künstlers, zugleich Lust- und Trauerspiele zu schreiben? Und dann: »Kommen Sie bald wieder, lieber Mozart« – zum »Don Giovanni«, zur »Hochzeit des Figaro«, zur »Zauberflöte«, zu »Cosi fan tutte«, zum »Titus«: alles innerhalb eines einzigen Jahrzehnts inszeniert! »Kommen Sie wieder, zur Aufführung der »Zauberflöte« im Frühjahr 1799 zum Beispiel, dann werden Sie das Vergnügen haben, Frau von Goethe zu beobachten, wie sie sich Ihr Stück zum dreißigsten Male anhört … und, bei Gott, das ist nicht die letzte Aufführung in Weimar – 81 Reprisen!« (*Buchenswert, fürwahr*, hätte Thomas Mann hinzugefügt.)

Goethe und Mozart: ein Gespräch unter Kollegen – Disput zweier polyglotter, vom Deutschen ins Italienische und Französische wechselnder Künstler, die über den Wechsel der Tonarten, die berühmte *metabasis eis allo genos* ebenso kenntnisreich geplaudert hätten wie über die Inszenierungspraktiken des Musiktheaters, auf die sich Mozart wenig, Goethe hingegen vortrefflich verstand, wie, Januar 1794, seine Anweisungen an den Theaterschneider in Sachen »Zauberflöte« bezeugen: *Die Pfoten der Affen dürfen nicht so schlottern! Die Schuhe der Priester haben gleichfarbig zu sein! Es ist so bald wie möglich ein passender Schweif für Papageno zu machen! Farbe: dem Kleid entsprechend. Federn: angemessen zu färben. Gerippe: aus »schwankendem Fischbein«.* Kein Zweifel, der Komponist hätte, dem Theaterdirektor über die Schultern schauend, enthusiastisch Beifall geklatscht und ihm bei seinen Bemühungen um eine angemessene Bekleidung der Sänger (»Wie sieht es mit dem weißen Kleid aus, das für Tamino in der letzten Szene bestimmt war?«) nach Kräften geholfen.

Ich halte ein – das Gestern hat das Heute, die Realität den Traum längst vertrieben. Also Ende der Phantasmagorien? Abbau der Gerüste? Die Poeten verlassen die Bühne? Noch nicht! Kein Finale, bitte sehr, ohne die Hauptperson: den Dichter unter den Dichtern – Mozart, der geniale Sprachmeister und Epistolograph, unter den seinen. Schon tritt er auf, stürmt hinzu, eilig, in dem ihm einzig angemessenen Tempo, immer rasch, immer hastig, nie betulich und schlendernd, sondern außer Atem – alleweil gesprungen, gelaufen, in Bewegung, als gälte es, die Geisterspieler des dritten »Rosenkavalier«-Akts in einer einzigen Figur zu vereinen.

Ein Bruder Hurtig also. *Rasch, rasch, ich hab' nicht viel Zeit* – aber wie sieht er aus? Ein wenig dick geraten, früh schon in Jahren? Kurzer Leib, mächtiger Schädel, wulstige Nase? Blatternarben, Glotzaugen, mißgebildete Ohren: So wie Wolfgang Hildesheimer, kenntnisreich und präzise, einen Mann beschrieb, der schon zu Lebzeiten als »enorm benast« apostrophiert worden ist? Häßlich – nun gut; aber »dicklich«? Gewiß nicht. Ein Fettwanst hätte wahrlich nicht – in der »Figaro«-Zeit! – jene Akrobaten-piècen bewerkstelligen können, von denen eine, die es wissen mußte, die Schriftstellerin Karoline Pichler (auch sie: vertreten im Olymp, zu Füßen der Meister), Zeugnis ablegt: »Ward ihm ein Ding zuwider, so fuhr er auf und begann in seiner närrischen Laune ... über den Tisch und Sessel zu springen, wie eine Katze zu miauen und wie ein ausgelassener Junge Purzelbäume zu schlagen.«

Der Knabe Lustig im Kreis der Poeten? Tusch und strahlendes Entré, *standing ovations*, weit ausholende Geste mit beiden Armen und angedeuteter Kratzfuß? Nein? Aber wie dann? Ganz anders vielleicht? Der Auftritt eines schüchternen Burschen im grauen Rock, den bei Probenbeginn kein Musiker kennt? Ein Irrwisch, befremdlich, aber gutmütig? Ein Fex zwischen Klarinetten und Geigen, der sich vor den Aufführungen, behend, koboldartig und ein bißchen verlegen (dazugehörig und zugleich sehr fremd) die Zeit bis zum Konzertbeginn vertreibt: in flüchtigem Gespräch mit Ludwig Tieck, einem passionierten Zufrühkommer, dem er seinen Namen nicht nennt? »Er war klein, rasch, beweglich und blöden Auges, eine unansehnliche Figur im grauen Überrock. Er ging von einem Notenpult zum anderen und schien die aufgelegten Musikalien eifrig durchzusehen.«

Ja, aber wie sieht er aus, dieser Mozart? Wie hat er geredet, im Alter? Welcher Art war seine Konversation? Spielte er tatsächlich nur Rollen, wie behauptet wird, und war niemals ganz er selbst: *Hier! Ich! So müßt Ihr mich nehmen?*

Was hat er wirklich gedacht, beim Tod seines Vaters? Was, als Gerüchte aus Baden zu ihm drangen, so ganz genau nähme es Konstanze mit der Treue wohl doch nicht? Was, als Puchberg, der große Mäzen, das *jeu* des letzten Jahres mitspielte, ohne ein Wort dazu zu sagen: M. verlangt viel, P. gibt nur wenig ... aber gleichwohl genau das, mit dem der Schuldner rechnete, als er die erbetene Summe festsetzte: wohl wissend, daß der andere wußte, er, Mozart, wisse wiederum, daß ... und so weiter und so fort.

Ein Spiel auf der Bühne; Maskerade zwischen Kulissen; ein Rätsel von jener Art, wie Mozart – verkleidet bei Bällen: Botschaften chiffrierend, Fragespiele entwerfend – sie liebte.

Ein *homo ignotus* also beträte die Bühne der Komischen Oper, unter Millionen von *Anonymi* der berühmteste, den wir kennen ... ein Künstler, der sich über seinen toten Star verläßlicher ausließ als über Nachbarn und Freunde, ein Musiker und – grandioser Schriftsteller.

Ich stelle mir vor, Mozart sähe sich um, im Olymp, erkenne Goethe, traue sich aber nicht, ihn anzusprechen, begrüße Gellert, einen Freund seines Vaters, dessen Namen er mit *einem* l und eingefügtem h schrieb: *gelehrt* statt Gellert, so war es richtig.

Ja, und dann, auf einmal, würde er seinen lieben Wieland ausmachen – ganz der alte, immer noch! –, und schon ginge es los: »Ich hätte ihn mir nicht so vorgestellt, wie ich ihn gefunden ... eine ziemlich kindische Stimme, ein beständiges Gläselgucken, eine gewisse gelehrte Grobheit, und doch zuweilen eine dumme Herablassung. Mich wundert aber nicht, daß er sich in Weimar so zu betragen geruhet; denn die Leute hier sehen ihn an, als wenn er vom Himmel herabgefahren wäre. Man geniert sich ordentlich wegen ihm, man redet nichts; man gibt auf jedes Wort acht, was er spricht; nur schade, daß die Leute oft lange in der Erwartung sein müssen, denn er hat einen Defect in der Zunge, vermöge dem er ganz sachte redet, und nicht sechs Wort sagen kann, ohne einzuhalten. Sonst ist er, wie wir ihn alle kennen, ein vortrefflicher Kopf.«

Applaus, ringsum – von Wieland zuerst: Wenn er schon Lessing und Goethe ihre Sottisen nicht krummnahm – wie viel weniger Mozart! *Da capo*, Mozart: Ob er noch weitere Charakterogramme entworfen habe – witzig wie dieses? Aber gewiß doch! Hofrat Effele zum Beispiel – man kenne ihn nicht? Man wird ihn kennenlernen! »Stellen Sie sich vor« – schon kommt Mozart in Fahrt: Wettspiele, *concours* aller Arten, Kämpfe à la »Einer gegen den Rest der Welt« ... das war seit den Tagen, da er das Wunderkind spielen mußte, im Wirtshaus und auf den Märkten, kein eingedrilltes Exerzitium, sondern ein Pläsier, das ihn reizte, weil es seinem Sinn für musische Agone entsprach – »Stellen Sie sich vor, einen sehr großen Mann, ziemlich korpulent, ein lächerliches Gesicht. Wenn er über das Zimmer geht, so legt er beide Hände auf den Magen, biegt sich gegen sich, und schuppt sich mit dem Leib in die Höhe, macht einen Nicker mit dem Kopf, und wenn das vorbei ist, so zieht er erst ganz schnell den rechten Fuß zurück, und so macht er es bei jeder Person extra.«

Drei, vier Sätze – und schon erledigt, der Herr Hofrat, und die ganze höfische Etikette dazu! Applaus und Gelächter auf allen Rängen; selbst Kierkegaard, sonst kein Freund von Ausgelassenheit, schwenkte den Hut. Und weiter geht's! Mochte Mozart noch so energisch bestreiten, daß er zur Zunft der Poeten gehöre (»Ich bin kein Dichter. Ich bin ein Musikus.«), man ließ ihn nicht los – und schon geriet er in Entzücken, der Geist der Poesie überkam ihn, und er begann im Stil seiner Bäsle-Briefe zu reden, erfand Worte, spielte mit Stilen, Lauten und Reimen, Alliterationen und Rhythmen, wechselte Subjekt und Objekt, konjugierte die absurdesten Verben, sprudelte unendliche Reihen von Synonyma heraus, machte Sinn aus Unsinn und aus Unsinn Sinn, assoziierte, aber nicht unfreiwillig, sondern mit der Souveränität des Genies, in der Weise von Beckmessers Preislied, hob die Gesetze der Grammatik auf, erfand eine Mozart-Sprache, *variazioni con tema (con tema miracoloso!)*, improvisierte nach Herzenslust und hatte dabei alles, was nach Sekundeneinfällen aussah, wohl kalkuliert: »Wir sind alle spazierengegangen«, gegengen, gegiren, gegoren, gegungen«: Unsinn? Keineswegs! Operationen mit den Vokalen, in der Reihenfolge des Alphabets!

Längst waren, bei so viel Wortakrobatik und so viel vollendetem Spiel mit den Finessen der Syntax, die Dadaisten von ihrem Stuhl aufgesprungen, Hochmeister der geheimnisvoll evozierenden Rede und änigmatischen Sprachgebung folgten in Kürze, und nicht nur Joyce weinte vor Lachen, als Mozart, mehr und mehr ins Obszöne geratend, von *spuni cuni fait* zu reden begann: enträtselbar – nicht nur für Latinisten, die in Georges' Wörterbuch nachschlagen können, daß *cunnus* – so steht's da! – »weibliches

67

Glied« heißt. Und *fait?* fait steht für *thuen,* und das heißt: na, was wohl? Bliebe nur *spuni,* herausgespuckt und gezischt wie das stu!-stu!-stu!, das Mozart mit einem gewissen Nachdruck intonierte, wenn er Constanzes Bild wieder ins Futteral hineinrutschen ließ. *Spuni! Stu! Stu!* Und alles mit jenem *gewissen Nachdruck,* dessen Bedeutung dem Leser Mozartscher Briefe spätestens in jenem Augenblick offenbar wird, in dem der Herr und Meister die Szene betritt: das Bübchen. Wie schrieb man doch gleich, von brennendem Verlangen geplagt, an Constanze? »Richte dein liebes schönes Nest recht sauber her, denn mein Bübderl verdient es in der Tat … Stelle dir den Spitzbuben vor, dieweil ich so schreibe, schleicht er sich auf den Tisch … ich aber nicht faul und geb ihm einen derben Nasenstüber … (doch) jetzt brennt der Schlingel noch mehr und läßt sich fast nicht bändigen.«

Und so immer weiter, damals und jetzt, auf italienisch und salzburgisch (dazwischen, einmal, ein schwäbischer Satz: »Mädle, laß da sage, wo bist dan gwesa, he?«), in verballhorntem Latein, mit einem Superlativ »reichissimus« und einem Dativ »freilibus« (statt: den Fräuleins), mit Phantasienamen, die Nobilitäten in Bezirken ansiedeln, wo gebrunzt und geschissen wird, gefurzt und gekackt. Zurück ins Heute, zurück zum Spiel, nach Berlin! Luther klatscht in die Pranken, bei der Matinee in der Komischen Oper, weil er in Mozarts *»Arschbömmerl«* seine *»Arschhummel«* wiedererkennt, Goethe, der seinen Meister -iste freundlich apostrophierte und sich nicht scheute, das Wort »Trotze« höchst eindeutig zu reimen (mit drei Punkten allerdings), ruft den verhaßten Nazarenern ein »Da seht ihr! So wird's gemacht!« zu, und Thomas Mann, steht zu vermuten, wird beim Anhören Mozartscher Tiraden lind ums Dichterherz, wenn er sich seines Grigorius erinnert, zu dessen engelhaftem Wesen »im Niederen ein solcher Michel« sich nicht fügen will.

Und dann, auf einmal (stelle ich mir vor), wird es dunkel im Theater, und wenn das Licht wieder angeht, ist der Dichter-Olymp durch einen mächtigen Vorhang verdeckt, und im Vordergrund, am Rand des Orchestergrabens, stehen zwei Männer: allein, ein wenig verloren. Kein Goethe winkt, kein Wieland lächelt, kein Joyce macht, von oben her, freundliche Gesten: *Laß dich umar-*

men, Wolferl, das ist fast so gut wie mein Schlußmonolog im
»Ulysses«!

Nur zwei Männer sind übriggeblieben, ein Sohn und ein Vater,
Wolfgang und Leopold Mozart alias Trazom, wie sie ihren Namen
umzukehren pflegten: öffentlich und, mehr noch, in der ihnen
eigenen binnenfamiliären Geheimsprache, die, abkürzungsreich
und konnotativ: weite Zusammenhänge in knappen Formeln ein-
fügend, an die Diktion im Hause Mann erinnert, eineinhalb Jahrhunderte später.

Ja, da steht er nun neben dem Sohn, Leopold Mozart, auf der
Bühne der Komischen Oper und hat gelesen, was über ihn gesagt
worden ist, seit Wolfgangs Tod: Ein Pedant sei er gewesen, ein
Frömmler, ein Diener der Herrschaft, ein mediokrer Gesell, ein
larmoyanter Nörgler, Spießer und geiziger Greis. Und war doch in
Wahrheit hundertmal mehr – als genuiner Partner seines Sohns,
intelligent, präzise und voll Phantasie: fähig, in allen Fragen des
musikalischen Handwerks die Überlegungen Wolfgangs zu teilen.
Wenn Vater und Sohn über Details der »Idomeneo«-Komposition
miteinander parlieren, dann klingt das, als spräche Hofmannsthal
mit Richard Strauss.

Einerlei, ob Leopold musikalische Sequenzen oder, mit wahrhaft
homerischer Weitschweifigkeit, Details von Krankheitsverläufen,
Bestandteile der Arzneien oder Besonderheiten von Weinsorten
beschreibt: Sein Blick ist untrüglich, seine Diktion klar, seine
Lagebestimmung exakt. Ein Pedant? Eher ein Witzbold. Die Art
und Weise, in der Leopold die Musik seiner »Schlittenhochzeit«
oder das eheliche Zusammenleben der Familie Lotter in Augsburg
(das nächtliche *Geigen* zumal) interpretiert, zeigt einen Mann von
Urbanität bei der Arbeit.

Kein Zweifel, die auf dem Olymp versammelten Dichter würden
(wären sie noch ein wenig länger geblieben), wenn nicht Begeisterung (das gewiß nicht), so doch Interesse bekunden, wenn
Vater Leopold über pfälzischen Wein und betrunkene Adelige,
über im Main badende Engländer oder über aparte Klosetts meditiert: »Diese Cabinette sind übrigens die allerschönsten, die man
sich vorstellen kann… die Wände und der Fußboden von Majolo-
ca, auf Holländisch. Auf einigen dazu errichteten Stellen, die

lackiert oder von weißem Marmor oder gar von Alabaster sind, stehen die Pots de Chambres von dem schönsten gemalten und am Rand vergoldeten Porzellan, auf anderen … einige Gläser mit wohlriechenden Wässern gefüllt. Dabei befindet sich gemeiniglich ein hübsches Canapè, ich glaube für eine jähe Ohnmacht.«

In der Tat, je genauer der Leser die Briefe des Leopold Mozart studiert, mit all den gelehrten und exakten Notaten über Menschen und Städte (ein Kabinettstück: die Beschreibung der Militärstadt Ludwigsburg mit ihren marionettenhaft stolzierenden Soldaten!), über exotische Tiere und englische Teezubereitung, desto entschiedener macht er in diesen Sendschreiben an die Familie und die ehrenwerten Daheimgebliebenen zu Salzburg einen Epistolographen von Rang aus. Was, fragt es sich dann, wäre Mozart ohne seinen Vater geworden, diesen Logiker und Kalkulator, dessen Biographie immer noch aussteht, diesen Liebhaber alles Regulären, der sich gleichwohl auf Eskapaden versteht?

Ein Zuchtmeister seines Sohns? Gewiß. Aber hätte Mozart ohne väterliches Reglement je gelernt, »in Ketten zu tanzen« und die Normen derart perfekt zu beherrschen, daß er – wie bald! – mit ihnen zu spielen verstand? So gnadenlos Leopold in Sachen der Kunst war, so penibel in seinen Anweisungen, die dazu dienten, dem Sohn den Absprung ins Charakterfach zu erleichtern, will heißen: den Übertritt vom Wunderkind zum Komponisten, vom Ausstellungsstück zum Opernverfasser, und so erbarmungslos seine Imperative auch klingen, wenn es um kleine oder große Lebensvorschriften geht (»Mach um Gottes Willen keine Fehler in Fragen der Etikette! Wende dich an die richtigen Leute! Aber, bitte schön, in passender Kleidung! Hinterlasse, wenn du einen Ort verläßt, einen Zettel, damit die Post weiß, wo dich die Briefe erreichen! Denk immer daran: Ohne die Kommunikation bist du verloren! Du kennst die Leute nicht! Du bist zu gutgläubig!«) … so engherzig sich die Präskripte auch geben: Hatte Leopold nicht recht, wenn er – ein bewegendes Bild –, im Salzburgischen über die Landkarte Europas gebeugt, die Stationen seines Sohnes verfolgte, vor Umwegen warnte, vor plötzlicher Krankheit und hartherzigen Wirten? Hatte er nicht recht, wenn er dem Sohn, der ein Augenblicks- und Sekundenmensch war, ein Kind der fröhlichen

Träume und wilden Spekulationen, der Zukunftshoffnungen und Entwürfe unter den Himmeln, immer wieder Vorhaltungen machte: Du hast meinen Brief nicht gelesen! Du bringst alles durcheinander! Du trägst mir wieder lauter *Mischmasch* vor: Woran soll ich mich halten? Meinst du, ich wüßte nicht, wie einer sich einschmeicheln muß – aber nicht *kriechen*! –, der unterwegs ist?

Kurzum, so groß der Unterschied zwischen dem Genie und dem Vizekapellmeister auf den ersten Blick ist: Sie blieben Partner, die beiden, über die Jahre hinweg, bis hin zur Trennung im Zeichen der Verabschiedung Wolfgangs von Hieronymus Colloredo, dem »Mufti«, wie er ihn nannte, und zur Hochzeit mit Constanze, bei der Leopold nicht mehr gefragt war.

Nicht mehr gefragt, wirklich? Ich denke, sie blieben einander verbunden – noch in der Erbärmlichkeit jener Nicht-Kommunikation zwischen Salzburg und Wien, die gleichwohl die einander so Nahen vereinte – beide Liebhaber des großen Theaters und der Rede auf leerer Bühne: Ich bin so allein! Ich habe Schulden! Was soll aus mir werden?

Wie ähnlich werden sich die Getrennten im Zeichen der Todesmeditationen; wie eng rücken sie zusammen, der armselige Vater, der, statt über den Erfolg des Einzigen, nur noch über das Gedeihen des Enkelkinds nachdenkt – *der Leopoldl ist gesund* –, und der Sohn, dem, vor Mißerfolgen und Schulden, langsam der Atem ausgeht. Sie wußten voneinander, die beiden, mehr als jeder andere, und wenn der Sohn sich – oft genug! – verstellte und dem Vater ein Leben vorgaukelte, das erfolgreicher, reiner und geordneter war als die reale Existenz, dann fügte er die Worte in einer Weise, die dem Leser zeigt: Hier wird Maskerade gespielt; aber der Partner, eingespielt seit Jahrzehnten und mit allen Tricks und Volten vertraut, läßt sich nicht täuschen – und der Schreibende, der, ein paar Seiten lang, in eine Rolle schlüpft, weiß, daß er durchschaut ist.

The show must go on: Keine schlechte Devise für ein Paar, das aufeinander angewiesen war und in gewaltigen Rede-Schlachten, gelegentlich am Rand des Absurden (Vater und Sohn reden über die tote Anna Maria Mozart, als ob sie noch lebte), die Kräfte miteinander maßen, wobei die erste Rolle mehr und mehr dem

Sohn, die zweite dem Vater zukam – aber auch das wurde in der spektakulären und am Ende tieftraurigen Schau der beiden Mozarts überspielt ... einer Schau, die einmal in der Form eines dramatischen Dialogs reproduziert werden sollte. (*Leopold*: Deine Projekte machen mich noch wahnsinnig! *Wolfgang*: Ich bin in den letzten zwei Monaten ganze vierzehnmal im Wirtshaus gewesen. *Leopold*: Du hast keinen einzigen Freund. *Wolfgang*: Ich lebe ganz in der Musique. *Leopold*: Meine einzige Sorge gilt dir. *Wolfgang*: Ich brauche Aufheiterung, keine Trauergeschichten.)

Kein Wunder, so betrachtet, daß Mozart erst in jenem Augenblick, da ihm der Vater aus den Blicken geriet und der reale Partner zum – freilich niemals preisgegebenen – Gedanken-Freund wurde, seine Ausdrucksweisen, anders als früher, nicht mehr ordnen und in selbständiger Artikulation bändigen konnte: Die Sendschreiben an den Vater und die Bäsle-Briefe gehören, als Seria- und Buffa-Oper, zusammen; zwischen den Bettel-Arien an Puchberg und den Liebesschwüren an Constanze hingegen klaffen dramatische, die mangelnde Identität des Schreibers enthüllende Brüche.

Ein tristes Ende, fürwahr! Wolfgang – in Weimar verherrlicht, weit weg, und in Wien, im nächsten Umkreis, gemieden, mißachtet, und, wenn's gut stand, allenfalls in der Lage, auf *stillen Beifall* zu hoffen.

Die Stille: das letzte Band zwischen den beiden *maîtres grandparleurs*, Vater und Sohn: »Ich bin jetzt ganz alleine«, so Leopold am 3. September 1784 an Nannerl, »zwischen acht Zimmern in einer wahren Todesstille. Bei Tage tut mir's zwar nichts; aber nachts, da ich dieses schreibe, ist's ziemlich traurig. Wenn ich nur wenigstens den Hund noch schnarchen und bellen hörte.«

Und damit senkt sich der Vorhang in der Komischen Oper zu Berlin: wie eben vor den vielen, den Poeten, die im imaginären Olymp über Mozart, mit Mozart agierten, so jetzt vor den beiden einsamen Männern, dem hochberühmten und dem bis heute verkannten, dem – wir sind dessen sicher – sein Sohn, der, dies zuallererst, sein Schüler war, mit Goethes Worten nachgerufen hätte: »Wohl dem, der seiner Väter gern gedenkt.«

Applaus für Wolfgang! Und Salut für Leopold!

GEORG BÜCHNER

Plädoyer für die Barmherzigkeit

»O Teutschland, Teutschland, den Stab wirfst du von dir, der dich
stützen und leiten könnte, für fremden Tand, an den Brüsten der
Buhlerin nährst du dich und ziehst schleichendes Gift in deine
Adern, während du frische, kräftige Lebensmilch saugen könntest
aus deinem Busen. Du hast nicht mehr gegen außen zu streiten,
deine Freiheit ist gegen alle Anforderungen gesichert. Keines von
jenen reißenden Raubtieren, die brüllend in der Welt umherirren,
um die anerschaffnen Rechtsame eines freien Volkes zu verschlin-
gen, droht dir. Aber, Teutschland, darum bist du noch nicht frei;
dein Geist liegt in Fesseln, du verlierst deine Nationalität, und so
wie du jetzt Sklavin des Fremden bist, so wirst du auch bald Sklavin
der Fremden werden.« Das klingt, als hätte sich ein Nachfahr des
Sturm und Drang darangemacht, Fichtes Reden an die deutsche
Nation ins Hochpathetisch-Genialische zu übertragen – ein Kenner des jungen Schiller, der, mit einem Schulbuch der Rhetorik
unter dem Arm, in patriotischem Ambiente die hohe Schule des
genus grande, der herzbewegenden Schreibart, vorführen wollte.
Nun, der Autor, der seinen Landsleuten (»O über euch Teutsche!«)
die oratorischen Leviten liest, war kein erfahrener Stilist, sondern
ein knapp siebzehnjähriger Schüler – Alumnus eines Darmstädter
Gymnasiums, rhetorisch glänzend geschult und, schon als Kind,
in der Lage, auf lateinisch über das Thema »Vorsicht beim Genuß
des Obstes!« zu parlieren.
Der Sänger »Teutschlands«, Georg Büchner, ist ein Schüler gewesen, der, mit Hilfe perfekt gehandhabter Nachahmungskunst, die
Vorschriften der Rhetorik praktikabel machte, indem er mühelos
vom *fortissimo* der Lob- und Huldigungsrede ins Saloppe der

Umgangssprache wechselte – heute, mit Hilfe einer brillanten Anhäufung von anaphorischen Satzanfängen, den Heldentod wackerer Männer gepriesen und morgen, drei Ebenen tiefer, das Schinderhannes-Lied angestimmt: »Die da liegen in der Erden / Von de Würm gefresse werden, / Besser hangen in der Luft, / Als verfaulen in der Gruft.«

Nicht, wie gern und oft behauptet wird, Friedrich Schiller, sondern Georg Büchner ist in der Zeit des großen Umbruchs, zwischen 1789 und 1848, der Großmeister deutscher Beredsamkeit gewesen: Wer wissen will, wie die klassische Technik der *synkrisis*, der Gegenüberstellung zweier Personen mit dem Ziel wechselseitiger Erhellung, ins Zeitgemäße übertragen werden kann, lese die Rede des Selektaners Büchner »Kato von Utica« und bewundere die Kunstfertigkeit, die hier ein junger, des Lateinischen ebenso wie des Hessischen mächtiger Schüler aufbringt, um, in den Spuren des Sallust, Cato und Caesar miteinander zu konfrontieren.

Welche Seite immer man aufschlägt in Büchners Werk: Die Antithesen blitzen (Arm gegen Reich, Danton gegen Robespierre, der Fürst gegen die Bauern); die rhetorischen Paradestücke – St. Justs und Robespierres große Reden vor dem Konvent – verlangen Applaus; unter den Himmeln und in den Niederungen, wo die Armen zu Haus sind, operiert ein Sprachkünstler mit Metaphern, Metonymien, Synekdochen, Vergleichen und Bildern in einer Manier, die gelehrte Stilkenner auch heute noch den Hut ziehen läßt und sie veranlaßt, in Lausbergs »Handbuch der literarischen Rhetorik« nachzuschlagen, welche Stilfigur, in Teufels Namen, der Tausendsassa Georg Büchner verwendet, wenn er die »Staatsform« ein »durchsichtiges Gewand« sein läßt, das, an den Leib des Volkes geschmiegt, »jedes Schwellen der Adern, jedes Spannen der Muskeln, jedes Zucken der Sehnen« abdrückbar macht.

Und dann die schrillen Paradoxien (»Wie lange sollen wir noch Särge zur Wiege haben?«); das verwegene Gegeneinander von biblischem Pathos und nüchterner Belehrung im »Hessischen Landboten«, wo Jesajas Gottesknecht und der Autor der Verfassungsrede, Ferdinand Lassalle, einander zu einem Hessischen Totengespräch treffen; dann das *staccato* der Antithesen (Trommeln und Seufzer; Perlen und Schweiß: »Ihr habt Kollern im Leib, und sie haben Magendrücken«); und immer wieder das Gegeneinander von drückender Enge und weiter, durch die Meer-, Hafen- und Schiffsmotive verdeutlichter großer Welt.

Da wird, Gerhard Schaub hat's gezeigt, aus den scholastischen Doktrinen antiker Redekunst eine Fibel der Revolutionsrhetorik geformt, anschaulich, treffsicher und überzeugend, eine Fibel, deren zermalmende, die Reichen provozierende und die Armen tröstende Kraft dort am sichtbarsten wird, wo Büchner seine lateinische Suade zähmt und einen Menschen, Woyzeck, an der Grenze des Verstummens reden läßt; ein Kind des Volks, gedemütigt, überfordert und verhöhnt, das sich eher durch Gesten und gestammelte, wiederholungsträchtige Sätze (»Die Freimaurer!« »Immer zu! Immer zu!«), durch unbeholfene Versuche, Halluzinationen zu benennen, als durch konzise und bildmächtige Reden im Stil des »Danton« artikuliert.

Wenn je ein junger Mann sein Handwerk mit der Souveränität eines alten Meisters beherrschte, dann ist es Büchner gewesen – Büchner, Inbegriff eines *intelligenten* Schriftstellers, der die Kunst des Zitierens, Collagierens, Montierens von Quellen, weitweit vor der literarischen Moderne, auf ein Thomas-Mann-Niveau hob: immer darauf bedacht, historische Berichte (wie im »Danton«), Kranken-Anamnesen (wie im »Lenz«), Statistiken (wie im »Hessischen Landboten«), Gerichtsreportagen und Aussagen von Gutachtern (wie im »Woyzeck«) in eine Poesie umzuschmelzen, die das Einfache der »elementarischen Natur« in gleicher Weise wie das apokalyptische, auf das große Kreuz und die winzig kleine Erlösung abzielende Pathos benannte. Eingefangen in eine Sprache, die den Rhetor ebenso verrät wie den experimentierenden Naturwissenschaftler und geprägt ist von der Visionskraft eines Thomas Müntzer, aber auch von der politischen Hellsicht des Revolutionärs, der, geschult in der Gesellschaft der Menschenfreunde, seine Exerzitien einem einzigen Ziel unterordnete: mitzuhelfen, die Fremdbestimmung der überwältigenden Mehrheit zu beenden und Fronsklaven eine Schwelle überschreiten zu lassen, hinter der erst das Menschsein beginnt – ein Menschsein, dessen Würde *ex negativo* aus der Sicht des armen Woyzecks erscheint, der Perspektive eines Abgerichteten, der zum Beuteobjekt von Militär und Medizin, Jurisprudenz und Theologie geworden ist.

Mit politischer Nüchternheit und in einer Sprache, die mit den behandelten Sujets ihre Tonhöhe wechselt, hat Büchner – in einem Akt freiwilliger Selbstbeschränkung seiner rhetorischen Mittel – zumal im »Woyzeck« mit nüchterner Hellsicht beschrieben, wie Wissenschaft, deren Bestimmung es für ihn, gut brechtisch, war, die »Mühsal der menschlichen Existenz zu erleichtern«, als Element der Herrschaft in ihr Gegenteil verkehrt wird. Wo Gerechtigkeit für jedermann angezeigt sei, regiere die unheilige Allianz von Thron und Altar, und wo jesuanische Tröstung, Kompassion des geschundenen »Herrn«, der kein Herr gewesen ist, den Armen dienlich sein müsse, mache die Amts- und Macht-Kirche der Oberhofprediger, als Komplizin der du Thils und Co., ihr biblisches Vorbild zur Fratze – ein Vorbild, das allein noch in den Klagen der Geschundenen widerhalle: »Herrgott! Herrgott!« (ein Schrei der in der Bibel blätternden Marie) »Sieh mich nicht an … Herrgott! Herrgott! Ich kann nicht. Herrgott, gib mir nur so viel, daß ich beten kann.«

Da wird – sprachlich durch eine höchst bewußt eingesetzte Antirhetorik befördert – Pathos zu epigrammatischer Formel, vorgetragen von einem Mann, der sich auf Beobachtung und Analyse ebenso wie auf die Umsetzung von Experiment und Autopsie in eine Poesie verstand, die, an der Grenze von Dichtung und Wissenschaft angesiedelt, am Ende beide transzendierte.

Wo andere schwärmten und sich an revolutionärer Pathetik berauschten, sah Büchner, ein Poet, der vom Beruf des freien Schriftstellers nicht viel hielt, und ein Logistiker, der »Mitleid«, wir werden's noch sehen, als Zentralkategorie humanen politischen Handelns verstand … wo andere schwärmten, sah Büchner die Welt zunächst einmal an, wie sie war, berechnete Machtkonstellationen, verglich die schlechte Wirklichkeit mit einer Möglichkeit, die besser war, beschrieb politische Fernziele, ohne darüber die Mittel und Wege zu vergessen, die zu ihnen führten, und formulierte die Vision einer herrschaftslosen Gesellschaft, in der Woyzeck und Marie soviel gelten wie Leonce und Lena, ohne daß er sich dabei, was das *hic et nunc* anging, Illusionen erlaubte.

Ein Suppenhuhn, wußte er, der um 1830 die ein halbes Jahrhundert später vollzogene Bismarcksche Sozialgesetzgebung in ihrer herrschaftssichernden Struktur vorwegbestimmte ... ein Suppenhuhn im eigenen Topf werde der plebejischen Revolution den Garaus machen (der Mediziner B. spricht von »Apoplexie«), also hülfe nur Gewalt von unten, um der Gewalt von oben, der Gewalt der Herren »Sargnagel« und »Exerziernagel«, so reformistisch-»menschlich« sie sich gelegentlich auch zu tarnen beliebe, wirkungsreich zu begegnen.

Gewalt als *ultima ratio*? Wirklich? Georg Büchner – ein Schriftsteller, dessen Dossier heute so gut wie damals in den Dateien von Polizei und Verfassungsschutz stünde? Kein Zweifel: Der Autor des »Hessischen Landboten« sähe sich, *mutatis mutandis*, mit Sicherheit anno 1989 von Nachrichtendiensten aller Art observiert; sein Steckbrief wäre in den Computern von Koblenz zum Abruf bereit.

»Man wirft den jungen Leuten«, so ein Brief an die Familie vom April 1833, »den Gebrauch der Gewalt vor. Sind wir denn nicht in einem ewigen Gewaltzustand? ... Was nennt Ihr denn *gesetzlichen Zustand*? Ein Gesetz, das die große Masse der Staatsbürger zum fronenden Vieh macht, um die unnatürlichen Bedürfnisse einer unbedeutenden ... Minderzahl zu befriedigen. Und dies Gesetz, unterstützt durch eine rohe Militärgewalt und durch die dumme Pfiffigkeit seiner Agenten, dies Gesetz ist eine *ewige, rohe Gewalt*, angetan mit dem Recht und der gesunden Vernunft, und ich werde mit *Mund und Hand* dagegen kämpfen, wo ich kann.«

Mit *Mund und Hand*: Das ist eine Formulierung, die, 1989 nicht anders als 1833, halsbrecherisch ist – und dies auch dann noch bleibt, wenn der Autor der Gewalt-Thesen erklärt, er enthalte sich derzeit jeder politischen Einmischung, weil er es aufgegeben habe, in den Deutschen ein »zum Kampf für sein Recht bereites Volk« zu sehen.

Gewalt also und Absage, sie zu üben, »weder aus Mißbilligung noch aus Furcht«, sondern lediglich aus nüchterner Beobachtung der gegebenen Lage. Absage an Individualterror und den spontanen, ohne Sinn und Verstand Märtyrer schaffenden Aufstand; aber Absage nicht, *per se*, an den Gebrauch von Pistole und Blei: »Wenn in unserer Zeit etwas helfen soll, so ist es Gewalt« – nein, eindeutiger kann sich einer, dem es ernst mit jedem Wort ist, beim besten Willen nicht äußern.

Und trotzdem zeugt es von revoluzzierender Unverantwortlichkeit, wenn Intellektuelle heute darangehen, Büchners Thesen, unbekümmert um ihre Historizität, mit einem Salto mortale in die Gegenwart zu übertragen, so als regiere der Feudalismus noch immer unangefochten … und zwar in der Form eines Polizeistaats, der, zur Zeit Büchners, Folterrituale praktizierte, die, um konkreter Verdeutlichung willen, mit den sadistischen Methoden zu vergleichen sind, die heute in südamerikanischen – oder türkischen – Gefängnissen durchgeführt werden. Wäre Büchner im Lande geblieben – er wußte, warum er ins Ausland floh, kannte seine geringen Widerstandskräfte zu gut, um sich auf ein Martyrium einzulassen, und war sich, labil, sensibel und zur Schwermut neigend, jederzeit bewußt, daß er die Folter im »Loch« nicht durchhalten würde … wäre Büchner im Lande geblieben, dann hätte er Weidigs Schicksal geteilt: mehrtägiges Krummschließen mit Hilfe einer Kette, die das Sichaufrichten verhindert, Fesselung der gespreizten Arme und Beine an ein Eisenrohr, totale Isolation, Entzug der ärztlichen Versorgung, Entzug der Nahrung, Entzug der Post, tägliche Prügel.

Friedrich Ludwig Weidig: ein *writer in prison*, dessen Schicksal verdeutlicht, wie die Zeitläufe waren und was, während bei Hof getanzt und in den Kirchen für das Wohlergehn des hohen Herrn gebetet wurde, hinter den Mauern der Gefängnisse vorging. Half da nicht in der Tat, wo solche Gewalt herrschte, einzig die Gegengewalt?

Und dennoch, und dennoch. »Totgeschlagen, wer kein Loch im Rock hat«, »totgeschlagen, wer lesen und schreiben kann«, totgeschlagen, totgeschlagen: Das sind Parolen, die schon Büchner selbst als menschenverachtende Abstraktionen von Gewalt decouvriert wissen wollte. (Deshalb ihre Vorführung in Form von absurden Überspitzungen, die der Gefahr entgegenwirken sollen, situativ Gemeintes zu verabsolutieren: »Was? Er schneuzt sich die Nase nicht mit den Fingern? An die Laterne!«)

Georg Büchners Plädoyer für die Gewalt ist eine Anklagerede, die in stockendem Tonfall, mit vielen Wenn und Aber, gelegentlich unter Tränen und im klaren Bewußtsein vorgetragen wird, daß, wer Gewalt übt, und sei's um der gerechtesten Sache willen, ärmer an Humanität wird: »Wie lange«, ruft Danton aus, »sollen die Fußstapfen der Freiheit Gräber sein?«

So betrachtet ist es kein Wunder, daß Büchners eigentliche Sympathie nicht den revolutionären Tätern vom Schlage Dantons oder Robespierres, sondern den Opfern gilt: den kleinen Leuten, die nach Käse stinken (statt nach Champagner zu duften), den Sprachlosen und den Gemarterten, den Ausgegrenzten und den Preisgegebenen – den Millionen von Woyzecks, für die der Autor des »Woyzeck« Berufung einlegte, indem er für ihre aus Armut und Verzweiflung geborenen Taten nicht moralische Minderwertigkeit, sondern soziale Entwürdigung verantwortlich machte.

Umkehr der Geschichte, heißt Büchners Devise, Widerruf des Schuldspruchs an die Adresse der Armen und, statt dessen, Verurteilung derer, die im Namen des von ihnen gesetzten Rechts und der zu ihrem Nutzen eingesetzten Ordnung Massen-Mord praktizierten: Mord durch Hunger, Mord durch Indoktrination von Moral-Gesetzen, die den armen Mann überfordern, Mord durch Seelen-Vernichtung.

Wenn von Büchner etwas zu lernen ist in scheinbar aufgeklärter Zeit, da die Gesellschaft noch immer in Unternehmer und Unternommene zerteilt ist, in wenige Herrschende und Millionen von Abhängigen, die allmorgendlich am Fabriktor, wenn die Fließbandarbeit beginnt, ihre bürgerlichen Freiheitsrechte abgeben müssen und als Wirtschafts-Objekte vordemokratische Zeitläufe rekapitulieren ... wenn von Büchner etwas zu lernen ist in einer Epoche, in der die großen Täter von gestern luxuriöse Apanagen beziehen, während ihre Opfer, die KZ-Insassen, gezwungen sind, demütig um eine Kur nachzusuchen, die – vielleicht – ihre Spätschäden lindert ... einer Epoche, die, in Sachen Demokratie, so lange rückständig bleibt, als der gesellschaftliche Zentralbereich, die Wirtschaft, nicht demokratisiert ist: einer Epoche, die, mit Hermann Heller zu sprechen, entweder, den Vor-Verheißungen der großen bürgerlichen Revolution entsprechend, den liberalen Rechtsstaat in den Sozialstaat verwandelt oder aber, um der Erhaltung wirtschaftlich privilegierter Gruppen willen, am Ende auf Rechtsstaat *und* Demokratie verzichtet ... wenn von Büchner etwas zu lernen ist, im Angesicht einer Wirtschafts-Oligarchie, die immer unverfrorener auf ihre Priorität vor aller Politik pocht, dann *eine* Lektion: Ihr, Schriftsteller, habt zu bedenken, daß es eure vornehmste Aufgabe ist, nicht auf seiten der Hofprediger, der mit Menschen experimentierenden Mediziner und der Kronanwälte der Klassenjustiz, sondern auf seiten derer Posten zu beziehen, die in der Zeit des Nationalsozialismus Juden versteckten, Mithäftlinge trösteten, Preisgegebene aufrichteten und dafür heute von Konzernen, die für ihr Elend, direkt oder indirekt, verantwortlich sind, im günstigsten Fall eine »Abfindung« erhalten, wie sie schäbiger nicht auszudenken ist.

Wenn, noch einmal, von Georg Büchner etwas zu lernen ist, dann die Lektion: Über die Humanität eines Schriftstellers befindet die Emphase, mit der er sich für die Außenseiter der Gesellschaft engagiert; aber die Emphase allein tut es nicht. Poetische Parteinahme für Menschen, die im Dunkel sind und nicht im Licht, bedarf, um auch ästhetisch überzeugend zu sein, der Fähigkeit zu jenem blitzartig erhellenden Benennen von Tatbeständen, das Poesie über wissenschaftliches Erläutern hinaushebt, ohne ihm an Stringenz nachzustehen. Der Doktor aus dem »Woyzeck«, dank seiner Verweisungskraft ein präfigurierter KZ-Arzt, der mit Menschen experimentiert, ist zu gleicher Zeit, höchst real, ein Stellvertreter jenes Justus von Liebig, dem zu Büchners Gießener Zeit Soldaten als Forschungsmaterial zugeführt wurden ... und was die an Woyzeck vorgenommenen Erbsenversuche angeht, so sind sie ebenfalls nicht ohne zeitgenössische Experimente mit der Harnzusammensetzung von Fleisch- und Grasfressern zu denken, weisen aber zugleich, als Elemente einer poetischen Parabel, auf die Versuche voraus, die man in unserem Jahrhundert mit Rekruten unternahm, denen, um Reaktionsweisen zu testen, mitgeteilt wurde, sie würden dank der irreversiblen Folgen einer ihnen versehentlich verabreichten Injektion in einer halben Stunde nicht mehr leben.

Kurzum, wo die Wissenschaft beim Punktuellen verharrt, verdeutlicht Büchner, Mediziner *und* Poet, die *Signifikanz* der Vorgänge, indem er ihre gesellschaftlichen Voraussetzungen, Absichten und Ziele verdeutlicht und derart sichtbar macht, was es bedeutet, wenn die Mehrheit der Bevölkerung für die herrschende, mit ihr nach Lust und Laune experimentierende Minorität nur die Bedeutung von Nutztieren, von physisch und psychisch beliebig manipulierbarem Material und, schließlich, von Präparaten hat, an denen Medizinstudenten Schnittechniken erlernen. (Woyzeck, so steht zu vermuten, wäre im 20. Jahrhundert, Seit' an Seit' mit den Hingerichteten aus Konzentrationslagern, im anatomischen Institut einer deutschen Hochschule als Objekt von Demonstrationen unsterblich geworden – als Präparat wohlgemerkt, nicht als Mensch.)

Wer wissen will, was Hunger ist und wie er *bellt und hurt*, wozu er fähig macht und wie leicht er Menschen in Tiere verwandelt; wer die rüde Materialität des irdischen Daseins anschauen möchte *(schlafen, verdauen, Kinder machen)*; wem's um die Pathographie des Schmerzes und der Sinnlichkeit geht; wer Entgrenzungszustände mit einer Intensität erfahren und nachleben will, die ihm kein Lehrbuch gewährt: die Verlorenheit unter den Menschen, das grenzenlose Alleinsein, die Schwermut und das Stimmenhören, die vernichtende Angst und die Einsamkeit jener Nächte, die allen Tagen voraus sind wie der Schmerz dem Licht, der muß in Georg Büchners Schule gehen – die Schule eines Schriftstellers, dessen poetische Visionen, Punkt für Punkt, in Lehrbüchern verifizierbar sind. Von Griesinger bis Kraepelin, von Ideler bis Bleuler werden unter dem Stichwort deliröse Depression (nicht Schizophrenie!) Hunderte von Woyzecks beschrieben – und doch bleibt am Ende nur der einzige übrig, der, im Unterschied zu allen anderen, Stellvertretungscharakter beanspruchen darf: ein Mensch, der zum Gespött geworden ist, obwohl er – und nur er – den riesengroßen Riß gewahrt, der durch das Weltall geht, und den Donner unter den Himmeln vernimmt, den die scheinbar Normalen, Gesunden und Putzmunteren nicht hören, weil sie abgerichtet worden sind, die Zweiteilung der Welt in Jäger und Gejagte, Täter und Opfer zu ignorieren.

In der Tat, es ist Georg Büchners einzigartige Leistung gewesen, die Welt nicht nur, parteiisch, konsequent und human, aus der

Sichtweise derer zu sehen, die, wenn abgerechnet wird, die Zeche zahlen, sondern diese Perspektive der Zu-kurz-Gekommenen und sozial Deklassierten mit einer durch nichts zu beirrenden revolutionären Leidenschaft in Bild, Metapher und Formel zu beschreiben.

Wie denkt einer, der am Rande steht? Welche Sehnsüchte hat ein Ausgesetzter, der zu seinesgleichen zurückfinden möchte, es aber nicht kann? Wie findet einer Halt, inmitten einer toten Welt, deren Schmerzen den Gedanken an einen Schöpfer- und Vatergott blasphemisch sein lassen und die dennoch, erlösungsbedürftig, auf den Allerärmsten angewiesen bleibt, den Gottesknecht, von dem es, bei Jesaja 53, heißt: »Und man gab ihm sein Grab bei Gottlosen und Übeltätern ... obwohl er niemandem Unrecht getan hat und kein Betrug in seinem Mund gewesen ist.«

Seltsam und ergreifend zu sehen, wie sich bei Büchner, dem ersten Schriftsteller, der das Denken, Fühlen, Glauben der Armen an Leib und Geist, der Lenz und Woyzeck, der Lucile und der Marie so ernst nahm, daß er die Empfindungsweise der Gescheiterten als die einzig menschliche in unmenschlichen Zeiten verstand ... seltsam zu sehen, wie sich, im »Hessischen Landboten« so gut wie im »Woyzeck«, soziale Empörung und jesuanisches, auf die Erlösung aller Kreatur abzielendes Mitleid bruchlos miteinander verbinden. Im gleichen Maße wie der Herrgott, ein Kumpan der Herrschenden, ins Zwielicht gerät, gewinnt der Mit-Leidende, der am Kreuz einen traurigen Erlöser-Tod stirbt, an Tiefe und Transparenz – ein Schmerzensmann, der, bestimmt von der Büchnerschen Vorwegnahmekraft, auf den Bruder von Auschwitz verweist, den Gegenspieler des Doktors: Jesus, den Juden mit dem gelben Fleck, den Allerverachtetsten, der zum Gefährten jener Ausgestoßenen wird, in deren Namen der »Woyzeck«-Autor Gericht über die Richter hält. Georg Büchner war ein Anwalt der Armen, der es wagte, die Jahrhundertfrage der Poesie »Wie *handelt* ein Mensch?« in die Frage umzumünzen: »Wie entstehen, unter exakt zu beschreibenden Sozial-Bedingungen, *Gedanken* im Menschen, Ängste, Träume und Beunruhigungen?«, um schließlich mit der Frage der Fragen zu enden: »Wie denken jene, denen die Dichtung nicht die Treue hielt« – die kleinen Leute, die Gehetzten und von Panik Gejagten, die, nimmt man die beiden Größten aus, Dante und Shakespeare, vergessen wurden, weil die Drei-Stände- und die Drei-Stil-Lehre den Poeten geboten, daß die Proleten nur in burlesker Gewandung, unfeierlich und keiner Tragik würdig, auftreten dürften.

Und dagegen dann Büchner! Dagegen die Entschlossenheit, weit, weit vor Marx, die Welt vom Kopf auf die Füße zu stellen, will heißen auf den Schmerz, die Angst und die welterschütternde Passion der armen Kreatur, von der es, in der Büchner eigenen Verbindung von Pathos und Deskription heißt, daß sie erst Mensch werden könne, wenn sie, um der Millionen Unschuldiger willen, jenen Widersacher vertriebe, dessen Sünde im hybriden Aufstand gegen die gottgegebene Begrenztheit alles Irdischen läge: »Sehet, es kroch so nackt und weich in die Welt wie ihr«, heißt es im »Hessischen Landboten«, »und wird so hart und steif hinaus-getragen wie ihr, und doch hat es seinen Fuß auf eurem Nacken, hat 700 000 Menschen an seinem Pflug, hat Minister, die verant-wortlich sind für das, was es tut, hat Gewalt über euer Eigentum durch die Steuern, die es ausschreibt (und) über euer Leben durch die Gesetze, die es macht ...«

Dichtung als Gericht: geschrieben mit kaltem Pathos gegenüber den Regierenden und im Bund mit jenen, deren Befreiungs-Tag für Büchner ein Menschheits-Tag gewesen wäre – ein Mensch-heits-Tag, dem er als Poet, Pathograph und Sozial-Rebell vorarbei-tete, indem er – auch hierin seiner Zeit voraus und der unsrigen nah – eine genuin christliche, aber auch dem undogmatischen Sozialismus gemäße, wenngleich von roten Kardinälen allzulang verketzerte Tugend ins Zentrum seiner Überlegungen rückte: die Barmherzigkeit – das Erbarmen, das, wie's in Brechts »Nachtla-gern« heißt, auch dann konkrete Hilfe gebietet, wenn durch die Partial-Bekämpfung des Elends, durch Mitleid und tatkräftige Phil-anthropie der General-Umsturz der Gesellschaft ins Stocken gerät. Barmherzigkeit als erste Menschenpflicht: Wie bezeichnend, daß ein Gefangener über Camille Desmoulins, die humanste Figur des »Danton«, sagt: »Das sind die Lippen, welche das Wort ›Erbarmen‹ gesprochen.«

Erbarmen (im Text gesperrt gedruckt), Mitleidsfähigkeit, Barmherzigkeit: Das sind für Büchner die großen Gegen-Tugenden in einer Zeit gewesen, deren von der Wissenschaft beförderte Gewalt-Potentiale er, mit der ihm eigenen präzisen Imaginationskraft, derart vergrößert hat, daß sich »Dantons Tod«, »Lenz« und »Woyzeck« wie pathographische Exerzitien lesen, die im Zeichen von Hiroshima und Auschwitz formuliert worden sind.

Und die Barmherzigkeit, verlacht von Faschisten, als bourgeoiser Trug an den Pranger gestellt im Zeitalter Stalins – für immer erledigt? Der Büchnersche Vortraum von einer menschlichen, durch Kom-Passion und Erbarmen mit der Kreatur bestimmten Gesellschaft – *ad acta* gelegt? Im Gegenteil: Barmherzigkeit, von Diktatoren verketzert, gewinnt im Zeichen von Glasnost und Perestroika neue Bedeutung. Ein sowjetischer Romancier, Daniil Granin ist es gewesen, der anno 1987 in den Spuren Büchners (den er nicht nennt) das Hohelied der Barmherzigkeit sang, Puschkin folgend (»Und lang wird liebend mich das Volk im Herzen tragen, / Weil Edles ich erweckt mit meiner Leier Klang, / Weil ich die Freiheit pries in unsren strengen Tagen / Und Nachsicht mit den Opfern sang«), in entschiedener Absage an pseudosozialistisches Heroen-Pathos, für das Tragödien, Demütigungen, Beleidigungen von seiten der Rechtgläubigen tabuisiert waren, in Opposition gegenüber dem niederträchtigen Optimismus der Shdanow-Ära (»Es durfte nicht sein, daß von Leiden und unsäglichen Qualen berichtet wurde, die der Krieg mit sich brachte«) und, dies vor allem, in mutiger Bereitschaft, dem Wort »Erbarmen« (so der Titel des Graninschen Essays) wieder den Rang einer Zentraltugend zu geben, der zuallererst der Schriftsteller verpflichtet sei: »In unserer Nachkriegsliteratur findet sich keine Zeile des Mitgefühls für die Völker, die aus ihrer Heimat ausgesiedelt wurden, und nur ganz wenige, aus denen Mitgefühl spricht mit den Millionen, die, schuldlos an der faschistischen Okkupation, dafür leiden mußten, daß sie in Gefangenschaft gerieten. (Aber) ... der Literatur darf nicht das Recht zum Mitleid genommen werden.«

Büchners Vermächtnis, aufgenommen im Zeichen einer Umwertung aller Werte, die Heldenmut klein, Draufgängertum winzig, aber Mitleid und Barmherzigkeit riesengroß schreiben läßt ... aufgenommen in der Sowjetunion als ein Erbe, das eingeklagt werden will, wenn es gilt, unser Sein im Alltag zu vermenschlichen: »Wo aber waren die Werke über Menschen«, fragt Granin, »die der Mutlosigkeit und Verzweiflung verfielen? Wie viele davon gab es ringsum – die Literatur hat ihnen nicht die Hand gereicht, sie hat die Gestrauchelten, die zu Fall Gekommenen gebrandmarkt, verurteilt, abgestoßen.«

Georg Büchner, ein Schriftsteller, der kein einziges seiner Werke originalgetreu reproduziert sah, als geheimer Kronanwalt der Perestroika, in sein Amt gesetzt von einer Poesie, die sich wieder auf ihren ureigenen Auftrag besinnt, im Zeichen von Barmherzigkeit und, dies vor allem, gewaltlosem Widerstand gegen die Arroganz der Macht für die Rechte derer zu plädieren, denen Selbstbestimmung noch immer versagt ist ... Georg Büchner, ein Wortführer von Glasnost, neu entdeckt in seinem schlichten Habit (das *reinste Mitleid* habe er gehabt, erklärte einer, der es wissen mußte, der rote August, im Verhör vor Gericht).

Der Revisionsprozeß der Poesie, den Büchner angestrengt hat, kommt, nach 150 Jahren, ihm selber zugute. Wenn Geschichte von der Dichtung gedrängt wird und die Zeiten günstig sind, kann, tröstlich zu denken, am Ende doch einmal Gerechtigkeit herrschen, Vernunft und ein Vorschein von Humanität – einem Mann zu Ehren, dessen Testament sich mit Camille Desmoulins letztem Brief in elf Worte fassen läßt: »Ich war geboren, um zu dichten und die Unglücklichen zu verteidigen.«

RICHARD WAGNER

Erlösungszauber

»Wagner hat über nichts so tief wie über die Erlösung nachgedacht: seine Oper ist die Oper der Erlösung. Irgendwer will bei ihm immer erlöst sein: bald ein Männlein, bald ein Fräulein – dies ist *sein* Problem. – Und wie reich er sein Leitmotiv variiert! Welche seltenen, welche tiefsinnigen Ausweichungen! Wer lehrte es uns, wenn nicht Wagner, daß die Unschuld mit Vorliebe interessante Sünder erlöst? (der Fall im Tannhäuser). Oder daß selbst der ewige Jude erlöst wird, *seßhaft* wird, wenn er sich verheiratet? (der Fall im Fliegenden Holländer). Oder daß alte verdorbene Frauenzimmer es vorziehn, von keuschen Jünglingen erlöst zu werden? (der Fall Kundry). Oder daß auch verheiratete Frauen gerne durch einen Ritter erlöst werden? (der Fall Isoldens). Oder daß schöne Mädchen am liebsten durch einen Ritter erlöst werden, der Wagnerianer ist? (der Fall in den Meistersingern). Oder daß ›der alte Gott‹, nachdem er sich moralisch in jedem Betracht kompromittiert hat, endlich durch einen Freigeist und Immoralisten erlöst wird? (der Fall im ›Ring‹).« Friedrich Nietzsche, der im »Fall Wagner«, dem Sendschreiben des Jahres 1888, noch einmal die Fontänen sprühen läßt, mit witzigen Kaskaden, leuchtender Ironie und den Springbrunnen der Sottisen und Sarkasmen … Friedrich Nietzsche hat recht. Unmittelbar vor dem Verstummen, zeitgleich mit der Selbst-Apotheose der letzten Schriften sucht der Satiriker zu zeigen, daß er, anders als der »Grotesk-Künstler«, der sich «reif zum Welt-Erlöser« fühle, durchaus noch bei sich sei und als pointensicherer Entlarver seinen Freund und Gegner Wagner zu treffen wisse, den großen Histrionen, dessen Werk lehre, »daß man durch ein … Ballett zur Verzweiflung gebracht werden kann – *und* zur

Tugend! (nochmals der Fall Tannhäusers). Daß es von den schlimmsten Folgen sein kann, wenn man nicht zur rechten Zeit zu Bett geht (nochmals der Fall Lohengrins). Daß man nie zu genau wissen soll, mit wem man sich eigentlich verheiratet (zum drittenmal der Fall Lohengrins).«

Gezielt, abgedrückt – und getroffen! Erlösung hier, Erlösung dort, Erlösung oben, Erlösung unten: Aus den Wagnerschen *opera omnia* ließen sich seitenlange Erlösungs-Arien komponieren. Senta, die treue Frau, erlöst – im Tod, wie sich für Wagner von selbst versteht (Ausnahmen bestätigen die Regel) – den Meerfahrer, Odysseus und Ewigen Juden, Heinrich Heines Holländer ... erlöst ihn durch Treue und Opferbereitschaft von der Verdammnis, gibt ihm ein Grab in den Wogen und ein Stück Heimat im Unendlichen. Elisabeth erlöst ihren Tannhäuser und vollbringt derart eine Heilstat, die weder dem Vatikan noch der Venus gelingt. Zweimal die rettende Frau, zweimal der unselige Mann, zweimal der doppelte Tod beim Finale, zweimal Erlösung.

Und dann die Nietzscheschen Variationen, die Nuancierungen des Holländer-Tannhäuser-Modells zwischen Lohengrin und Parsifal: der vergebliche Erlösungsversuch Elsas (Lohengrin bleibt Ritter, Künstler, Genie und wird nicht als Mensch anerkannt, der sich dem Leben inkorporiert, ein Zeuskind in bürgerlicher Gewandung)! Die Doppel-Erlösung im zwiefachen Tod Isoldes und Tristans! (Wobei übrigens Vorsicht geboten ist, was die allzu rasche Bemühung Schopenhauers angeht: Tristans erzwungener Selbstmord wäre zuallerletzt nach dem Geschmack eines Philosophen gewesen, der den Suizid nicht als Verneinung, sondern als Potenzierung des Willens ansah.)

Und dann die – wiederum, wie im Fall Lohengrin, vergebliche – Befreiung des thanatophilen, dem sterbensbegierigen Holländer gleichenden Wotan durch eine Figur, Siegfried, die zu wenig frei und zu wenig menschlich ist, als daß ihr eine Erlösung gelingen könnte: Da muß Brünnhilde helfen, damit es zu Doppeltod und Apotheose am Schluß kommt – Brünnhilde, die, den Ring an die Rheintöchter zurückgebend, durch ihre »erlösende Weltentat« den naturhaften macht- und götterfernen Zustand des Kosmos wiederherstellt.

Und schließlich – die kühnste Variation des Modells – die zwiefache Erlösung im Parsifal: Eine alte, wenngleich immer noch verführerische Frau und ein kranker Mann werden durch den reinen Jüngling erlöst ... der *immaculatus* übernimmt die Rolle der Getreuen, evoziert Sentas Opferbereitschaft, bleibt aber, im Unterschied zu den Todesgöttinnen des Frühwerks, am Leben.

Erlösung also, wohin immer man blickt – und das nicht nur im ausgeführten Werk. Erlösung, an der Grenze von Vernichtung und Befreiung, auch in den Entwürfen, im »Jesus von Nazareth« und – »das Heiligste, die vollständigste Erlösung« (Wagner, 12. Juli 1856, an Liszt) – im Buddha-Drama »Die Sieger«: Die Protagonistin Prakriti – wiedergeboren als Tschandalamädchen, »um die Qualen hoffnungsloser Liebe zu empfinden, zugleich aber zu entsagen und der vollen Erlösung durch Aufnahme unter Buddhas Gemeinde zugeführt zu werden«. Da kommt, via Schopenhauer, ein Buddha ins Spiel, der »dem Ort seiner Erlösung« entgegenzieht und, von Gipfel zu Gipfel gleichsam, mit jenem Nazarener Zwiesprache hält, der, Erlöser, der er ist, im Erlöser Parsifal aufersteht. Wagners Behauptung, er habe beim Entwurf seines letzten Dramas »an den Heiland gar nicht gedacht« (Tagebucheintragung Cosimas vom 20. Oktober 1878), kann den Parsifal-Hörer nicht täuschen – und den Wagner-Leser erst recht nicht: »Den tiefen Sinn«, heißt es in einem Brief an König Ludwig II. vom 7. September 1865, »kann der Hellsehende sich selbst sagen. Adam – Eva: Christus. – Wie wäre es, wenn wir zu ihnen stellten: ›Amfortas – Kundry: Parsifal?‹« Die aufgestellte Gleichung spricht für sich selbst – und, darüber hinaus, für einen Autor, der ein Leben lang nicht müde wurde, ein raffiniertes, gelegentlich offenliegendes, häufiger aber erst mühsam zu entschlüsselndes Bezugsspiel zu inszenieren: ein Spiel, in dessen Zentrum die General-Chiffre Erlösung steht.

Erlösung der Prosa durch die Dramatik. Erlösung der Wissenschaft durch die Kunst. Erlösung des Juden durch Selbstvernichtung. Erlösung Richard Wagners durch den Stellvertretungs-Tod eines Sängers: »Das Opfer ist gebracht. Tristan ist erlöst«, Brief an den König vom 8. August 1865, »ich starb in meinem Freunde. Ruhe sanft, mein edler Ludwig Schnorr!«

Und weiter, bis ins Absurd-Beliebige hinein: »Heiliger! Erlöser! Ja, ich glaube, ich glaube! Nun werde ich heilig und selig« – das ist keine ekstatische Beschwörung des Erlösung gewährenden himmlischen Bräutigams Jesus, keine Nonnen-Vision, sondern die (wie wir seit der Publikation von Cosimas Tagebüchern wissen) wohlkalkulierte Anrede eines jugendlichen Monarchen von seiten eines finanziell auf ihn angewiesenen Künstlers.

»Erlöser«: eine Art von jederzeit verfügbarem Spiel-Wort, das Wagner – wie »erlösen« und »Erlösung« – als fromme Leerformel und pathetische Chiffre zur Bezeichnung unterschiedlichster Phänomene verwendet? Ein radikal säkularisierter, vom Biblischen ins Ästhetisch-Quasireligiöse übertragener Passepartout? Nun, nach einer ersten Durchmusterung der Wagnerschen Operntexte, theoretischen Schriften und Briefe hat es tatsächlich den Anschein, als paßten die »Erlösungs«-Formeln überall dort, wo ein Wandel, ein Übergang, eine Veränderung des Schlechten in ein Besseres poetisch geschmückt und fromm geweiht werden sollen.

Wie nüchtern hat, die Erlösung betreffend, demgegenüber Goethe formuliert; wie sorgfältig auf die Trennung von Metaphysischem und Säkularem geachtet. *Erlösen* heißt »befreien«, »ledig machen« *oder* »in den Gnadenstand versetzen«, aber nie beides zugleich; der »Erlöser« ist Jesus, aber kein Mensch; »Erlösung« bedeutet hier »Befreiung« von einem – eingebildeten oder realen – Übel (»Werther beschwert sich bitterlich, daß die Erlösung durch Hühnerblut so schlecht abgelaufen«) und dort die Entsühnung des Menschen in *saecula saeculorum*, exakt beschrieben und theologisch unzweideutig artikuliert: »Erlösung und Rechtfertigung« als Luthersche Formel.

Und Wagner? Wirklich nichts als Beliebigkeit, Schaumschlägerei, verwirrendes Flitterwerk? »Erlösung« – ein Begriff, der wie Swienegel für ein »ick bün all dor« steht und, dank seines bedeutsamen Schillerns, immer dann einzusetzen ist, wenn sein Benutzer, der Künstler-Demiurg Richard Wagner, mit präziser Argumentation nicht mehr weiterkommt? »Erlösung«, »Erlöser«, »erlösen«: wabernde Worte, die mehr verdecken als enthüllen und, zu Formeln zugespitzt (»Erlösung dem Erlöser«), Rätsel aufgeben, von denen fraglich ist, ob der Meister der Ambivalenz und Polysemie, der

Beziehungs-Künstler Richard Wagner, sie hätte auflösen können und wollen?

Nein! So ubiquitär die Erlösungs-Vorstellungen auch wirken: Sie haben dennoch Gemeinsamkeiten, werden vergleichbar abgeleitet und stehen für eine bestimmte metaphysische, politische und ästhetische Grundkonzeption, die herausgearbeitet sein will. Dabei zeigt sich sehr rasch, daß Wagner, ehe er, *therapierend*, Erlösung ins Spiel bringt, grundsätzlich, *diagnostizierend,* von der Heilsbedürftigkeit eines Hier und Jetzt ausgeht, dessen Not sich sowohl im Hinblick auf vergangene Größe als auch im Vorausschaun auf die Utopie eines künftigen Goldenen Zeitalters dramatisch verdeutliche. Dank seines strikt triadischen Geschichtsmodells (leuchtendes Gestern; Abstieg in die Niederungen der Gegenwart; Aufstieg zum futurischen Paradies, das im Kunstwerk der Zukunft – will heißen: von Richard Wagner – antizipiert wird) gelingt es dem Kulturkritiker zu Bayreuth, die Gott-Verlassenheit einer Epoche ins Blickfeld zu rücken, in der Menschen zu Industrieware, Kunst zu bourgeoisem Ramsch und Religion zu einem Herrschaftsinstrument der regierenden Klasse geworden sei, mit deren Hilfe man »den armen christlichen Arbeiter gerade nur so lange am Leben erhalte, bis himmlische Handelskonstellationen die gnadenvolle Notwendigkeit herbeiführten, ihn in eine bessere Welt zu entlassen«.

Vom schönen Gestern und freundlicheren Morgen aus sieht sich eine von Krieg und Ausbeutung, Machtwahn und Entfremdung, Eigentums-Fanatismus und Kultur-Verhökerei bestimmte Gegenwart entlarvt, die, so Wagner, allein durch eine Kunst erlöst werden könne, der es gelänge, die von der Kirche preisgegebenen Heilswahrheiten in undogmatisch-überzeugenden Visionen sichtbar zu machen. Nur die Kunst, zumal die christlichem Glauben gültig entsprechende Musik, könne wiedergewinnen, was Kirchen und Religionen, als Sachwalter der bestehenden Eigentumsverhältnisse, aufs Spiel gesetzt hätten: die Botschaft von einer in der Meditation ausgewählter Einzelner (buddhistischer Weg) und in der solidarischen Praxis der Armen (christlicher Weg) zu überwindenden, durch Entsagung und mitleidsgeprägtes Handeln transzendierbaren Welt – einer Welt, deren Aufhebung, vorscheinartig die Erlösung vom gegenwärtigen Joch signalisierend, die Magie der großen Kunst, als der genuinen Nachfolgerin und Vollenderin der Religion, anzeige: »Dieser Erlösung selbst glauben wir in der geweihten Stunde, wann alle Erscheinungsformen der Welt uns wie im ahnungsvollen Traum zerfließen, vorempfindend bereits teilhaftig zu werden«, heißt es im Traktat »Religion und Kunst«, »uns beängstigt dann nicht mehr die Vorstellung (eines) gähnenden Abgrunds ...: rein und friedenssehnsüchtig ertönt uns dann nur die Klage der Natur, furchtlos, hoffnungsvoll, allbeschwichtigend, welterlösend.«

Die martialische, durch Ausbeutung, durch Kanonen-Kulte, durch atavistische Rituale, durch Fleisch-Fresserei und kirchliche Götzendienste charakterisierte Gegenwarts-Stunde könne, dies ist Wagners erstes Erlösungs-Axiom – eine *ex negatione* entwickelte Formel –, nur durch eine konsequente Kampfansage, die sich auf erinnernde Besinnung und kühne Antizipation stütze, überwunden werden – und zwar dank einer Kunst, die sich in der Utopie des Wagnerschen Erlösungs- und Weihespiels aufhebe.

Dabei ist es für den Inszenator solcher Spiele nahezu ohne Belang, ob sich das Abschwören eher à la Schopenhauer, durch Weltverleugnung und Askese, à la Buddha, durch Eingehen ins Nichts und die durch den Tod garantierte *unio mystica*, oder à la Wagner vollzieht: durch die Beschwörung jener sinnlich-spirituellen Liebe, wie sie Elisabeth, Brünnhilde und Kundry vorlebten: die erste durch die Überwindung des Gegensatzes von *libido* und Geißlertum, die zweite durch das denkend-handelnde Transzendieren der Mord- und Machtwelt der Männer (»nicht Gut, nicht Gold«, so die entscheidende Variante des Götterdämmerungsfinales, »noch göttliche Pracht; nicht Haus, nicht Hof, noch herrischer Prunk; nicht trüber Verträge trügender Bund, nicht heuchelnder Sitte hartes Gesetz: selig in Lust und Leid – die Liebe nur sein«), die dritte schließlich, Kundry, durch das von Wagner während der Arbeit am Parsifal mitbedachte Ineinander von Keuschheit und sexueller Erlösung. »Zwiespalt in Kundrys Seele«, heißt es im ersten Prosaentwurf, »Hoffnung auf Erlösung durch ihre Besiegung: – dann aber wahnsinniges Verlangen nach einem letzten Liebesgenuß.«

Erlösung à la Wagner bedeutet zuallererst: *Erlösung* durch die

Liebe, nicht *Befreiung* von deren Allmacht. Mag der geniale Adaptionskünstler und – auf Thomas Mann vorausdeutende – »In-Spuren-Geher« sich noch so schopenhauerisch-buddhistisch aufführen, seine Figuren, Kundry voran, stehen, unterstützt durch die Musik, gegen den Ideologen der asketischen Willens-Verneinung auf und machen, wie Dieter Schickling exemplarisch gezeigt hat, dort humane Zwiespälte sichtbar, wo der Jünger Schopenhauers lebendige Figuren in fromme Marionetten des religiösen Welttheaters verwandelt. Der Praktiker Wagner, dies zeigt nicht zuletzt das Erlösungsproblem, war dem Theoretiker um mehr als nur eine Nasenlänge voraus; so daß – gottlob – aus dem tumben und furchtlosen, unmenschlichen Siegfried nie ein Erlöser herauskam und aus der janusgesichtigen Kundry keine Erlöste, im Sinn der Heiligenviten – wohl aber ein Mensch, dessen Schuld-Aufhebung als Station und nicht als Zielpunkt erscheint.

So betrachtet ist es keineswegs überraschend zu sehen, daß Wagner, dem Diagnostiker, die prozessuale Darstellung der – für eine unheilige Zeit stehenden – Sünder und Verbrecher, Nachtkinder und Todesbotinnen mit ihrer Erlösungs-Fähigkeit und ihrem Erlösungs-Bedürfnis so viel glaubhafter, weil widerspruchsreicher, gelang als die statuarischen *Erlösungs*-Schlüsse, in denen Phantasmagorien des Bühnenbilds oft genug dialektische *Lösungen* vorspiegeln müssen, während in Wahrheit die Antithesen unaufgelöst bleiben und die über die Akten hinweg angestauten Probleme eher weggekehrt als aufgehoben werden.

Sobald die leuchtende Apotheose beginnt, der dürre Stab zu grünen anfängt, der Göttersaal in Flammen steht, die Taube aus der Kuppel herabschwebt, Senta und Elsa der gleichen Verklärung verfallen und das große Sterben einsetzt, das wundersame und allen Erkenntnissen der Medizin Hohn sprechende, das die Wagnerschen Finale von den großen Schillerschen Abräumaktionen im fünften Akt, den Dolch- und Giftmoritaten, unterscheidet ... sobald Senta ins Meer geht, Tannhäuser an Elisabeths, Isolde an Tristans Leiche niedersinkt, Elsa in Gottfrieds Armen, Kundry vor Parsifal höchst stereotyp »entseelt zu Boden sinken« und Brünnhilde in den brennenden Scheiterhaufen springt, sehnt sich der Hörer, mit so viel dramolettgleichem Vernichtungs- und Erlö-

sungszauber konfrontiert, nach jenem einzigartigen Schluß, wo
die Überwindung der Konflikte unpathetisch, glaubhaft und
höchst konkret in lebendigem Spiel vorgeführt wird: wo Walther
von Stolzing überzeugt und nicht verklärt, Eva für den Alltag
geboren und nicht im Tod erlöst und Nürnbergs teurer Sachs, der
intelligente, keiner Erlösung bedürftige Künstler und Handwerks-
meister, ein Holländer und Lohengrin in bürgerlich-untragischem
Habit, schlichtweg gefeiert wird – umjubelt als ein Mann, dessen
weise Resignation, gepaart mit tiefer Einsicht in die Wahnwelt,
allem Erlösungszauber der Asketen, Täter und Todessehnsüchti-
gen voraus ist.

In Nürnberg wird weder Schopenhauer gelesen noch über
Buddha meditiert – kein Wunder, daß »Erlösung« in den »Meistersingern« sehr konkret, sehr goethisch und ganz und gar unroman-
tisch Befreiung vom Irrglauben und Los-Machen vom Trug (mit
Hilfe der Kunst, wie denn sonst?) heißt. Im gleichen Augenblick,
da Richard Wagner sich mit einer Figur vollkommen zu identifizieren vermag – mit Sachs, der Beckmesser und Stolzing zugleich
ist und darum mehr als jeder von ihnen: Original-Genie und
Regelkünstler zugleich –, wird Erlösung zum Handlungs-Konsti-
tuens im bürgerlichen Ambiente, unbedürftig jener angestrengten
Feierlichkeit, die Erlösung sonst, zumal in den Schlußszenen,
herstellen muß: im Finale, wo eine bestimmte Eigenschaft, die
Treue meistens, eher schematisch als individuell und unverwech-
selbar triumphiert. »Einzige Erlösung des fliegenden Holländers«,
Brief an den König vom 13. Mai 1882, » – die Treue! ... Wie
übermenschlich schwer diese Treue zu bewahren ist, mußte Elsa
an einem fast allzu grausamen und dennoch unabwendbaren
Schicksale erfahren! Treu und untreu: furchtbare Noth des Tristan!
Siegfried und Brünnhilde: Todeskampf um Treue! Letzte Erlösung
durch Glauben: Parsifal! Da schwindet alles Leiden, denn es wird
zur Wonne. – Und da nun sehe ich Ihn, meinen holden Lehnsherrn
in höchster Glorie! Treu im Glauben, anbetungswürdigstes, edel-
stes Wesen.«

Kein Zweifel, je positiver Wagner seine Gestalten, als Träger der
Erlösung und Befreite im Tod, bewertet, desto schematischer
geraten sie ihm: Ludwig II., ein Bruder Parsifals, beheimatet in

Neuschwanstein, dem bajuwarischen Montsalvat; je stärker er die
Figuren hingegen als Zwiegesichtige, Doppeltgesinnte, der Erlösung bedürftige Sünder darstellt, desto größer ist ihre Überzeugungskraft und desto sichtbarer die Tatsache, daß die Prozessua-
lität eines Erlösungsgeschehens durch die dogmatisch ein Fazit
ziehenden Schlüsse eher klischeeartig entstellt als überzeugend
auf den Begriff gebracht wird.
Das Wagnersche Finale – Da! Die Erlösung! Das Ende des alten,
der Beginn des neuen Äons! Die Inauguration des dritten Zeitalters! ... das Wagnersche Finale klingt selbst dort apodiktisch, wo
sich der Meister, wie im »Ring«, über den Sinn des Endes nicht ganz
im klaren war. Da triumphierte der junge Schiller über alle wider-
sprüchlich-geheimnisvolle Erlösungs-Philosophie: Die Leichen
her! Alle Beleuchter an Deck! Und gezaubert! Ohne Rücksicht auf
Folgerungen: Was wird aus Alberich? Der reine Tor, schuldig –
schuldlos, Erlösung bringend und erlöst: Parsifal – ist er wirklich
am Ziel? Wie ist das Finale eines Weihespiels zu verstehen, das die
Wagnersche Grundidee, stoffbezogen, am entschiedensten chri-
stianisiert? (Die Chiffre »Erlöser« bleibt im Parsifal strikt unzweideutig und konsequent Jesus Christus vorbehalten – mit Ausnahme
des Schlußworts, das den Begriff wieder ins Ambivalente, Gott-
Menschliche, transponiert. Erlösung dem Erlöser, Apotheose des
heilbringenden Mittlers, welcher Natur immer er sei: der eines
Gottes, eines Ritters oder eines genialischen, nur *sub specie reli-
gionis* begreifbaren Künstlers.)
Mit einem Satz: So überzeugend dem *Komponisten, Poeten* und
Bühnenpraktiker Richard Wagner die Diagnose seiner Zeit und
der sie repräsentierenden und transzendierenden Figuren gelingt,
vom Machtpolitiker Wotan bis zum Friedensbringer Parsifal, so
problematisch sind die (vor allem im Finale symbolisch-verkürzt,
wenngleich bühnenwirksam vorgetragenen) Philosopheme des
Theoretikers im Hinblick auf den Problemkomplex »Erlösung«.
Allzurasch, scheint es, werden da genuin christliche Vorstellungen
verallgemeinert, und zu behend müssen Versatzstücke, von der
Lanze bis zur Taube, vom Gethsemane-Becher bis zum Euchari-
stie-Kelch, herhalten, um Biblisch-Vorbildhaftes im Requisit zu
evozieren.

Im Requisit, nicht im Geist. Denn eine »Erlösung« (man muß trotz aller Anbiederungsversuche von sich modern gebender Seite aus dem protestantisch-katholischen Lager die schlichte Wahrheit, ohne Rücksicht auf Beifall von der falschen Seite, mit Entschiedenheit wiederholen) ... eine »Erlösung« im dezidiert christlichen Sinne verdankt sich ausschließlich der *Fremd*befreiung, dem »Loskauf« von der Sünde durch die Gnade jenes erhöhten Jesu, dessen Leben und dessen Verkündigung das Heil der Menschen verbürgt und dessen Leiden am Kreuz Versöhnung mit Gott und Befreiung von der Last des Todes bedeutet.

Sehr simpel ist das, sehr konsequent – und höchst unwagnerisch. Von Todessehnsucht keine Rede, im Umkreis des Neuen Testaments, von Sinnenfeindschaft, bei Jesus von Nazareth, ebenfalls nicht; von Lebensverneinung als der *conditio sine qua non* jeder Erlösung schon gar nicht. Kurzum: der »Erlösungs«-Jesus, den Wagner, vom Dramenentwurf »Jesus von Nazareth« bis zum »Parsifal«, imaginiert, ist ein Bild, das über Wagner viel und über Jesus (dessen Jude-Sein der Komponist übrigens nur marginal, in Berichtform, realisiert) nicht das Geringste aussagt. Der Wagnersche Jesus ist – *sit venia verbo!* – ein Opern-Erlöser, gebildet aus christlichen, maurischen, indischen, germanischen Ingredienzien, viel Schopenhauer dabei – und Ludwig II. natürlich, so daß der scheinbar zeitlose, von allen »alexandrinischen judaisch-römischen Verunstaltungen gereinigte und erlöste Erlöser« eher in Bayern als in Jerusalem beheimatet sein könnte: »Was ersann ich nicht alles an jenem letzten Karfreitage, hier in München – in der Nähe der höchsten Glorie meines Lebens, der Sonne, die in meine Nacht leuchten soll, des Erlösers, des Heilands meines Daseins!« Karfreitag – Nacht – Glorie – Erlöser – Heiland: nach Belieben, in Zürich, am Karfreitag, dem (vermeintlichen) »Empfängnistag« des Parsifal, ins Palästinensische oder, Jahre später, ebenfalls am Karfreitag, diesmal in München, ins Bajuwarische transponiert, wobei Jesus und Ludwig sich in ein und denselben Künstlerhimmel entrückt sehen. Nein, stimmig sind dergleichen beliebige Übertragungen von Schlüsselbegriffen am Ende wohl kaum – im Gegenteil, je vielfältiger sie zu verwenden sind, die General-Chiffren, jederzeit parat, jederzeit dienlich, desto mehr verlieren sie an

Stringenz. Wenn alles sich zu allem fügt, Maria Magdalena zu Kundry, Kundry zur Tizianischen Venus, der Erlöser der Welt, Jesus Christus, zum Erlöser Wagners, König Ludwig dem Zweiten, Christus zu Apollon (George, später, ist da nachgefolgt – freilich unter von artistischem Takt zeugender Auslassung Jesu: »Apollon lehnt geheim an Baldur«) oder auch, ein läßlicheres Versehen, die allgemeinen Erlösungstheorien der Romantiker (Bettine: »Wo zwei ineinander übergehen, da hebt sich die Grenze des Endlichen auf«; Friedrich Schlegel: »Aus der Vernichtung blüht das höchste Leben«) zu den Spezifika der Schopenhauerschen Philosophie und – die Reihe ließe sich beliebig fortsetzen – die Erlösung am Schluß der aischyleischen Orestie zur Erlösung im Zeichen des Kreuzes, dann werden »Denken« und »Wissenschaft« nicht, wie es im »Kunstwerk der Zukunft« heißt, in Poesie, sondern in Aberwitz »erlöst«. Ideenflucht stellt sich ein, wenn Jesus von Nazareth als Schopenhauerianer argumentiert: bestrebt, im Tod sein Ich in Nichts aufzulösen, oder wenn Parsifal – auch er im Zeichen universaler Erlösung – zu Richard Wagner konvertiert. Der Identifikations-Spaß eines versatilen Genies wird am Ende zur Monomanie. Da geraten schlecht aufgeführte Werke zu »erlösungsbedürftigen Gespenstern«; da sinkt, dank des Florierens des Bayreuther Unternehmens, »die Taube herab«; da wird Ludwig zu Parsifal und Richard – warum nicht auch das einmal? – zu Amfortas (»Ich bin von München vergiftet. Eine nagende und zehrende Pein, ein schleichendes Weh sind mir jetzt zu eigen«), und was das Söhnchen angeht, den kleinen Siegfried, so, erklärt man in Wahnfried, gliche er »dem Christuskinde der Sixtinischen Madonna«.

Ein Total-Arrangement also; Übertragungen christlicher Vorstellungen, Bilder, Dogmen und Texte in jene erlösungsbedürftige Welt des kapitalistischen Jahrhunderts, deren Diagnose Wagner, in Text und Musik, wie keinem zweiten gelang, zu deren »Heilung« mit Hilfe des Bayreuther Gesamtkunstwerks er jedoch eine synkretistische Erlösungs-Philosophie (oder Erlösungs-Dichtung oder Erlösungs-Religion) inaugurierte, die ihn dort von einem »allerchristlichsten Werk« sprechen ließ, wo in Wahrheit nur Schopenhauer und Ludwig II. Geisterdispute führten. Dies mit gebotener Schärfe zu sagen, gebietet der Respekt und nicht etwa die

Ehrfurchtslosigkeit gegenüber dem Genie Richard Wagner, einem Genie, das, anders als die humorlose Wagner-Gemeinde, nicht zuletzt die feierlichsten, erlösungsträchtigsten Szenen selbstironisch und witzig umschrieb. (Den hehren Zug der Gralsritter paraphrasierte er mit den Worten: »Ich werde nun bald meine Monsieurs mit dem Radetzky-Marsch ablatschen lassen.«)

»Wagner hat über nichts so tief wie über die Erlösung nachgedacht«. – Stimmt Nietzsches Satz wirklich? Ja, er stimmt, soweit es den Musiker, den Mystagogen in D-Dur, betrifft. Im Fall des Theoretikers hingegen täte man gut daran, das Wort »tief« durch das Adjektiv »viel« zu ersetzen, die »christliche« Konnotation der Vokabeln »Erlösung«, »Erlöser« und »erlöst«, wie Wagner sie praktizierte, rasch, als wilhelminisch-ludovicischen Synkretismus, dem großen und gerechten Vergessen zu überlassen und das ›parachristliche Amalgam‹ in seiner flitterhaften Feierlichkeit preiszugeben für jenen einzigen Goetheschen Satz, der da lautet: »Erlösung ist ein himmlisch leichter Zwang.«

Keine schlechte Formulierung, denke ich, nicht übel geeignet, den Sinn des »Tristan«, ja selbst des »Parsifal« zu enträtseln. Ein Kompliment also für Goethe, aber auch – und erst recht! – für den großen und problematischen Erlösungs-Compositeur Richard Wagner, der sehr wohl wußte, daß Erlösung im Bund mit Liebe und Entsagung eins, rigide Rechtgläubigkeit hingegen, wie sie die meistersängerliche Zunft der Gralsritter praktiziert, ein anderes ist. Wo Dogmatik ins Spiel kommt, sinistrer Fanatismus und Absage an jenes Mittlertum, wie es Sachs und – schon räumlich in der Mitte angesiedelt – Gurnemanz vertreten, die beiden gütigen alten Meister mit ihrer Sorge für den Kommenden (Stolzing, Parsifal), da stellt sich für den Hörer ein alles gar zu Feierliche konterkarierendes »Ablatschen« ein, und als der, abgesehen von Gurnemanz, kundigste Interpret jeder Form von Redemption erscheint ihm – Hans Sachs.

Erlösung? »'s war ein schöner Morgentraum.«

SIGMUND FREUD

Porträt eines Schriftstellers

Hans-Erhard Bock in dankbarer Verpflichtung zugeeignet

Am 31. März des Jahres 1909, einem Mittwoch, versammelte sich in der Wohnung Sigmund Freuds eine aus sieben Herren bestehende Sozietät (ihre Namen: Federn, Hitschmann, Rank, Steiner, Sadger, Stekel, dazu der Hausherr), um unter der Ägide des Kunstkenners Rank über ein Drama zu debattieren, Gerhart Hauptmanns »Griselda«, das drei Wochen zuvor am Burgtheater (gemeinsam mit der Lessingbühne zu Berlin) uraufgeführt worden war.

Griseldis – Griselda: eine Boccaccio-Moritat, die dank ihres Aufwands an Psychologie und seelischer Abstrusität der Aufmerksamkeit des Zirkels der Sieben aus dem Kreis der Wiener Psychoanalytischen Gesellschaft gewiß sein durfte. Ein Fürst, der – als berserkerhafte Renaissancefigur – das wilde Mädchen aus dem Volke zähmt, ihm, statt der Sense, ein Szepter gibt, um es hernach, eifersüchtig auf das Kind, das sie von ihm empfangen hat, brutal zu verstoßen (das Happy-End läßt auf sich warten): Kein Wunder, daß solche Geschichte, mit der verwegenen Cesare-Borgia-Natur und der zwischen Wildheit und Sanftmut schwankenden Frau, Intelligenz und Scharfsinn des Referenten und der Debattierer herausforderte.

Welch ein Stück! Welch eine Gelegenheit, ein psychopathologisches Exerzitium hohen Ranges zu präsentieren! Aber so groß die Aufgabe war – so bescheiden nimmt sich, von heute aus gesehen, ihre Bewältigung aus. Stekel, der, besten Willens, Hauptmanns Stück gegen allzu affektiv geratene Kritiken verteidigen wollte, begnügte sich damit, den Protagonisten als Neurotiker zu charakterisieren, der – hier sei der Kritik zuzustimmen – als ein »Fressen für die Medizin« eher in die Sorbonne gehöre als an einen adligen Hof: ein Sadist und Masochist sei dieser Herr und selbstverständlich auch seine Gemahlin, die nach der Hochzeit eine Wandlung zur mildtätigen Frau durchgemacht habe, eine Wandlung, die von den Herren Kritikern als unglaubwürdig dargestellt worden sei; aber das sei ein Irrtum: Man könne sie ganz gut gelten lassen, so Stekel, »wenn man erwäge, wieviel Talent zur Dirne, zur vornehmen Dame, zum Spielen der 'Gnädigen' in jedem Weib« stecke ...

Grund genug, um den Dichter gegen dreiste Attacken in Schutz zu nehmen, den sado-masochistischen Charakter der beiden Hauptfiguren als psychologisch wohlbegründet zu akzeptieren und dem Mannsbild seine Abneigung gegen jene Damen der Gesellschaft abzunehmen, denen gegenüber er impotent ist, weil sie ihm das Bild der Mutter vorzaubern. (»Er hat die Mutter geliebt und den Vater gehaßt, und dieser Haß ist ihm zu Erkenntnis gekommen. Im Kinde sieht er die Vergeltung des Schicksals über sich hereinbrechen.«)

Diese Eifersucht, so Stekel am Ende seines Referats, sei dem Dichter »psychologisch vollkommen gelungen«: schließlich seien ihm, Stekel, »einige solcher Fälle aus seiner Praxis bekannt«.

Eine *hommage à* Hauptmann also – sympathisch, wenn auch grobschlächtig: mit starrer Nomenklatur das Kunstwerk eines Dichters analysierend.

Ein Kunstwerk? Ein Dichter? Da war der wackere Stekel an den Falschen gekommen: Kaum, dürfen wir annehmen, hatte der Referent geendet, als der Hausherr, der – was durchaus nicht üblich war – als erster das Wort ergriff, zum Generalangriff gegen Gerhart Hauptmann ansetzte. Zwar habe er das Drama erst aus dem Vortrag kennengelernt, doch könne er, trotz seiner Unkenntnis, immerhin sagen, daß Hauptmann ein »unsympathischer« Kerl sei – ein Stückeschreiber, der es offenbar wieder einmal nicht fertiggebracht habe, ein psychologisch interessantes Problem in einer Manier vorzutragen, »die fesseln und anregen könnte«.

Von poetischen Schönheiten habe er, Freud, nicht das geringste bemerkt: »Der Held sei ein verrückter Hund, der ins Irrenhaus gehöre«, und was den Autor angehe, so habe er offensichtlich den Dichter mit einem Psychologen verwechselt – einem, der Probleme behandle und therapiere.

Die Kunst des Dramatikers bestünde hingegen darin, erklärte er, nunmehr zum Allgemeinen und, über den Fall Hauptmann hinaus, poetologisch Grundsätzlichen kommend, – die Kunst des Dichters bestünde darin, »dichterische Wirkung aus solchen Problemen zu gewinnen, und die Erfahrung zeigt, daß diese Probleme ... verkleidet sein müssen und daß die Wirkung nicht darunter leidet, wenn man die Probleme nur bloß ahnt und sich keiner der Leser oder Hörer darüber klarwerden kann, worin die Wirkung besteht ... wesentlich in der Verhüllung«.

Das Unbewußte dürfe nur andeutungsweise bewußt sein – nicht explizit erhellt, im Akt der Grenzüberschreitung von der Poesie zur Wissenschaft: »Es ist vom Dichter nicht recht«, so Freuds Fazit und Resümee, »unsere Analysen zu poetisieren« ... und das dazu noch so dilettantisch, daß eine Heldenfigur, aller Erfahrung zum Trotz, einerseits als »männlichster Mann und Sadist«, andererseits aber als neurotischer Schwächling dargestellt werde. Zu viel der Mühe, Herr Hauptmann: »Der Theatermensch muß eine einfache Charakterbildung mitbringen«, aber die habe jener Poet offenbar nicht, der sich in dem als Sadisten gekennzeichneten Schwächling wahrscheinlich selbst dargestellt habe: ein Zwerg aus Oberschreiberhau – ließe sich sagen – gemessen an einem Riesen wie Ibsen »mit seiner Geschlossenheit, Einheit, Vereinfachung der Probleme, mit seiner Kunst der Konzentration und des Verdeckens«, die ihn zu einem Großen seiner Zunft mache, »während Hauptmann der Neurotiker sei, der sich selbst darstellt«.

Starker Tobak, in der Tat, ein Totschlag im analytischen Ambiente, rasch getan und noch rascher erledigt. Ein Standgericht in der Berggasse, dessen unbekümmertes Verfahren sich im gleichen Augenblick zeigt, wo man die analytische Interpretation mit jener geistreichen Deutung vergleicht, die Alfred Kerr am 1. April 1909, also 24 Stunden nach der Session der sieben Aufrechten, publizierte: Auch hier »Griselda«, auch hier die Frage »Was ist Seelenzeichnung?«, auch hier die psychologische Analyse des Ulrich von Saluzza (dies der Name des Protagonisten) – aber mit welcher

Differenzierung, Sprachkraft und Variations-Lust! Der Fürst – ein liebestoller Mensch, der sich einer Magd zuwendet, »weil er mit Sternen, Lüften, Nächten, Wiesen verwachsen sei« und »wehende Röcke, barsche Brüste, windvolles Haar« höher schätze »als schwanke Treibhäuslichkeit« und mit seiner »Staniolseele, die sich im rauhen Jäger verberge«, um ein Weib werbe, unter »Morden und Lachen«, das ein Bauernluder von hoher Versatilität und Klugheit sei: »Einer freit mit Macht – und eine wird von erdhaften Tiefen in einer philosophischeren Welt heimisch.«

Kerr contra Freud, der Criticus von Professionalität hüben und drüben der auf dem Feld des Poetischen dilettierende Arzt: Das ist, so scheint es, ein wenig angemessener, ja ungerechter Vergleich – aber ist er es wirklich? Ich denke *nein*: wenn man sich überlegt, daß der rasche Verreißer aus Wien, ein nach Hörensagen urteilender Richter, zugleich ein Literaturkenner und geheimer Poet war, der es an Einsicht und Sprachkraft mit seinem Berliner Antipoden (den er nicht kannte und wenig geschätzt haben dürfte) durchaus aufnehmen konnte. Wenn Freud die Dichter attackierte, dann tat er es nicht, um sie, aus der Position des allwissenden Analytikers heraus, zu vernichten, sondern weil er sie für seinesgleichen hielt – nahe Verwandte, denen er eine Scheltpredigt hielt, weil er ihnen mit einem Sohn-Vertrauen zugesellt war, dessen Intensität sich nicht zuletzt im Artikulieren von Enttäuschungen äußerte: Der große Dostojewski, der, in den »Brüdern Karamasow«, neben Sophokles und Shakespeare eins der drei großen Vatermordstücke geschrieben habe ... der große Dostojewski – eine moralisch zwielichtige Figur, eher Iwan der Schreckliche als ein irenischer Geist, kein Befreier der Menschheit, sondern ein Verräter, der gemeinsame Sache mit den Kerkermeistern mache; kein Versöhner, sondern eine Zwielichtnatur, die heute über der Schändung armer Kreaturen in aller Welt Tränen vergieße und sich morgen, fußfällig, dem »Zaren und dem Christengott« unterwerfe. Sobald Freud auf die Artisten zu sprechen kam, die Poeten und Maler, war es um Souveränität und Kälte, um Distanz und jene Neutralität des Chirurgen, auf die sich auch der Analytiker zu verstehen habe, geschehen. Dann nahm man Partei, verwarf (selten) und bewunderte (häufig); dann hielten Resignation angesichts der stumpfen Handwerkszeuge, mit denen die Psychologie an Kunstwerke herangehen müsse (leider, so Freud, habe die Analyse vor dem Problem des Künstlers die Waffen zu strecken), und jene große Hoffnung einander die Waage, daß es, dank der Neu-Beschreibung des Unbewußten durch Sigmund Freud und seine Schule, am Ende doch möglich sein werde, Einblicke ins Zentrum dichterischer Schaffensmanier zu erhalten und die Seelentätigkeit der Künstler, zumal der Genies, an der Grenze von Vision, Gestaltung und Resultat zu beschreiben: Wie nah – dies erhellt zumal die Ansprache im Frankfurter Goethe-Haus bei Gelegenheit der Verleihung des Goethe-Preises (die einzige Auszeichnung, die Freud in seinem langen Leben erhielt, war *literarischer* Art) ... wie nah seien einander die Seelen-Erforschung der Dichter, die gewaltigen Psycho-Dramen der Weltliteratur und jene Lebensarbeit des Analytikers, des Spießgesells der Tagträumer poetischer Provenienz, die sich auf ein einziges Ziel eingestellt habe: »Ich beobachtete die feineren Störungen der seelischen Leistung bei Gesunden und Kranken und wollte aus solchen Anzeichen erschließen – oder, wenn Sie es lieber hören: erraten –, wie der Apparat gebaut ist, der diesen Leistungen dient, und welche Kräfte in ihm zusammen- und gegeneinander wirken. Was wir, ich, meine Freunde und Mitarbeiter, auf diesem Wege lernen konnten, erschien uns bedeutsam für den Aufbau einer Seelenkunde, die normale wie pathologische Vorgänge als Teile des nämlichen natürlichen Geschehens verstehen läßt.«

Anders als im Jahr 1909 hebt anno 1930 ein alter Mann darauf ab, nicht die Dichtung, wie im Fall »Griselda«, vor den Richterstuhl der Analyse zu ziehen (*gewogen und zu leicht befunden*), sondern, umgekehrt, die wissenschaftliche Seelenkunst zu zwingen, sich vor der Poesie zu rechtfertigen und die Frage zu stellen, wie *er*, (Goethe: kursiv gedruckt!) sich verhalten hätte, wenn sein für jede Neuerung der Wissenschaft aufmerksamer Blick auch auf die Psychoanalyse gefallen wäre ... *er*, der große Verhüller (»Das Beste, was du wissen kannst, darfst du den Buben doch nicht sagen«), dessen Seelenhaushalt nicht Freud selbst, sondern erst dessen Schüler aufzudecken versuchten.

Und der Meister? Alleweil nur mit den Interpretationen der *poetae minores* und ihrer Werke, der »Richterin« von Conrad Ferdinand Meyer oder der »Gradiva« von Wilhelm Jensen beschäftigt? Keineswegs. Nicht »das schwächliche Menschenmaterial«, so Sigmund Freud, sondern vor allem die großen Künstler reizten den Interpreten, der verfluchte Dostojewski vor allem, von dem er nicht loskam. (»Sie haben ... recht mit der Vermutung«, ließ er Theodor Reik wissen, »daß ich Dostojewski bei aller Bewunderung seiner Intensität und Überlegenheit eigentlich nicht mag. Das kommt daher, daß sich meine Geduld mit pathologischen Naturen in der Analyse erschöpft.«)

Aber dann Ibsen; dann – vor allem – die *Figuren* der Literatur und bildenden Kunst, Moses, Rebecca West, König Ödipus, King Lear und, zwischen 1897 und 1939 in immer neuen Anläufen interpretiert, Prinz Hamlet, der Sohn im Bannkreis des Vaters. Ein genialischer Neurotiker, der sich weigert, Ödipus' Doppeltat zu vollbringen, Mord und Inzest, weil er sich seiner schuldbringenden Kindheitsvisionen erinnert: Hamlet, der sein kindliches Begehren nie überwand, sondern, am Ödipuskomplex scheiternd, *sein* Werk nicht vollbrachte – Hamlet, dem sein *alter ego* Freud das eine voraushatte: *Er* konnte sich nach dem Tod des Vaters analysieren. Ergreifend zu sehen, wie man in Wien und, ganz spät, in London, vertraute Gestalten der Kunst zu Gesprächspartnern machte ... Kunstfiguren, in deren Inneres Freud sich mit einer Leidenschaft versetzte, als seien Rebecca und Hamlet Analysanden aus Floridsdorf und Kensington: Menschen, denen er, fasziniert von der Aufgabe, ihr Geheimnis zu lüften, auf die Spur kommen wollte. Darum die von langlanger Versenkung geprägte Beschreibung des *zornigen* Moses. Zeigefinger, Daumen, geknoteter Bart: Der Prophet sieht sich mit der gleichen Inständigkeit wie die scharf porträtierten Patienten aus der Praxis beschrieben, Elisabeth oder Dora; darum die imaginären Dialoge des Klinikers und Selbst-Analytikers mit dem dänischen Prinzen, der, immer als Annex-Figur zum sophokleischen Ödipus eingeführt, für Freud in Wahrheit der weit Interessantere war, gezeichnet durch moderne Nervosität.

Kein Zweifel, da gab einer, in der Konfrontation mit dem väterlichen Geist und der eifersüchtig gedemütigten Mutter, Geheimnisse preis, die auch der Analysand auf der Couch offenbart, wenn er in freier Assoziation jene Sperren der Rationalität mit ihren Zensur und Verdrängung bewirkenden Mechanismen durchbricht, deren Gefahren Freud, in einer der erhellendsten Passagen der »Traumdeutung«, nicht zufällig unter Hinweis auf einen Dichter beschrieb: Schiller war es, der, in einem Brief an Körner, auf die Notwendigkeit hinwies, daß *schöpferische Kräfte* gut daran täten, ihren Verstand zu veranlassen, »seine Wache so lange von den Toren zurückzuziehen, bis die Ideen hereinstürzten«, also nicht die vorschnelle Sondierung zu fördern, sondern erst spät, nach der Intoxikation der Phantasie durch die Visionen, zur Musterung des großen Haufens zu kommen.

Poet, Arzt und Patient in einem Boot; Dichtung und Dichtungsbetrachtung durch einen Artisten von Rang (in diesem Fall Schiller) als wegweisende Vorschrift für seelenzergliedernde Praxis: »Ein solches Zurückziehen der Wache von den Toren des Verstandes, ein derartiges sich in den Zustand der kritiklosen Selbstbeobachtung Versetzen (ist) keineswegs schwer«, so Freud im zweiten Kapitel der »Traumdeutung«, »die meisten meiner Patienten bringen es nach der ersten Unterweisung zustande; ich selbst kann es sehr vollkommen, wenn ich mich dabei durch Niederschreiben meiner Einfälle unterstütze. Der Betrag von psychischer Energie, um den man so die kritische Tätigkeit herabsetzt, und mit welchem man die Intensität der Selbstbeobachtung erhöhen kann, schwankt (freilich) erheblich je nach dem Thema, welches von der Aufmerksamkeit fixiert werden soll.« Kein Zweifel, daß hier ein Schriftsteller spricht, der sehr wohl wußte, daß er den Gipfel der Kunstfertigkeit nicht in »dogmatischer« Rede, sondern in jener »genetischen« Betrachtungsweise erreichte, die ihn Wissenschaft in den Dienst der Phantasie stellen und mit Hilfe der Vorstellungskraft Verdrängtes hervorholen, Angelegtes beleben und in Dämmer Verschwundenes ans Tageslicht bringen ließ.

Sigmund Freud war ein Poet, der sich sein dichterisches Vagieren nur ungern durchgehen ließ und eben deshalb die Schriftsteller, in ihrer Unbekümmertheit und treffsicheren Lust, oft genug beneidete, wobei er mit »Übertragungen« freilich keineswegs geizte: den Poeten zuschreibend – wortwörtlich, über die Jahre hinweg –, was er selber begehrte, Macht, Ansehen, Ruhm und, dies zuerst, Ansehen bei Frauen. Unfaßlich wäre es für den Analytiker gewesen, wenn ihm ein Kunstkenner vorexerziert hätte, daß es auch Schriftsteller gebe, einen Franz Kafka zum Beispiel, die Schreiben als »Form des Gebetes« verstünden und, auf Nachruhm verzichtend, auf Ehre *in saecula saeculorum,* die Verbrennung ihrer Hinterlassenschaft – »Schloß« und »Prozeß« immerhin – anordneten.

Freud, soviel ist sicher, war ein Bewunderer der Dichterkönige und Zelebritäten (auch wenn sie Spieler waren, zwielichtige Gestalten und Problemfälle auf dem Gebiet der Moral), von den Poeten im Dunkel hingegen wußte er nichts – nichts von Hölderlin im Tübinger Turm, nichts von Georg Büchner, dem Arzt und Poeten, und schon gar nichts von Trakl und Georg Heym. Er liebte Chaplin; Arnold Zweig und Thomas Mann standen ihm nah oder wollten es zumindest sein (was Freud, der Schmeicheleien nicht liebte, eher amüsierte als begeisterte: »Der Aufsatz von Thomas Mann«, hieß es 1929 in einem Brief an Lou Andreas-Salomé, nach dem Empfang der Studie »Die Stellung Freuds in der modernen Geistesgeschichte«, »ist ja sehr ehrenvoll. Er machte mir den Eindruck, als ob er gerade einen Aufsatz über die Romantik bereit hatte, als er die Aufforderung bekam, über mich zu schreiben, und so hat er diesen halben Aufsatz vorne und rückwärts mit Psychologie fourniert, wie die Tischler sagen: die Masse ist aus anderem Holz«) –. Freud liebte, vor allen anderen, Shakespeare und bewunderte die großen Heroen, die *durch* ihre Phantasie gewönnen, was sie vorher nur *in* ihrer Phantasie erreichten: Geltung in aller Welt.

Teufelskerle, diese Poeten, die, wie es im berühmten Brief vom 8. Mai 1906 an Arthur Schnitzler heißt, gleichsam spielerisch entdeckten, was der analysierende Wissenschaftler erst mit saurer Bemühung erkenne – die Zonen des Unterbewußten mit ihren Schonungen, Gehegen, Abgründen und Schlünden, ihrer erotischen Struktur und ihrem geheimen Doppelgesicht: »Verehrter Herr Doktor, seit vielen Jahren bin ich mir der weitreichenden Übereinstimmung bewußt, die zwischen Ihren und meinen Auffassungen mancher psychologischer und erotischer Probleme besteht ... Ich habe mich oft verwundert gefragt, woher Sie diese oder jene geheime Kenntnis nehmen konnten, die ich mir durch mühselige Erforschung des Objektes erworben, und endlich kam ich dazu, den Dichter zu beneiden, den ich sonst bewundert.« Kein Wunder also, daß Sigmund Freud, ungeachtet aller gelegentlich auftauchenden Distanz des Wissenschaftlers gegenüber den Tagträumern und Phantasiekünstlern aus der poetischen Zunft (»Wäre die Parteinahme der Dichter für die sinnvolle Natur der Träume nur unzweideutiger!«), auf eine *entente cordiale* zwischen gelehrten Seelen-Erforschern und jenen Dichtern abzielte, die »eine Menge zwischen Himmel und Erde wissen, von denen sich unsere Schulweisheiten noch nichts träumen lassen«: (»In der Seelenkunde gar sind sie uns Alltagsmenschen weit voraus, weil sie ... aus Quellen schöpfen, welche wir noch nicht für die Wissenschaft erschlossen haben.«)

Kooperation von Wissenschaft und Kunst, Analyse und Dichtung hieß, zumindest in der »romantischen« Phase, zwischen den Hysterie-Studien und dem Leonardo-Essay, die Freudsche Devise; der Dichter solle nicht dem Psychiater, der Psychiater nicht dem Dichter ausweichen, ohne daß es darum zu einer Leugnung bestehender Grenzziehungen kommen müsse: Ein Wissenschaftler habe Probleme zu behandeln, ein Poet sie, indirekt und andeutungsweise, eher zu verschleiern, als durch rüde Benennung ins Bewußtsein zu heben. Dichterische Psychiatrie blieb für Freud zeitlebens *nonsense*, eine ins Poetische transponierte Anna O. vom Range der Hofmannsthalschen Elektra nahm er noch nicht einmal zur Kenntnis: *Schuster, bleib bei deinen Leisten!*

Kurzum, so nachdrücklich Freud auf einer Konföderation von Wissenschaft, bildender Kunst und Dichtung bestand (die Musik war ihm, ungeachtet seiner grandiosen Schilderung einer »Carmen«-Aufführung, fremd), so nachdrücklich bestand er auf dem getrennten Marschieren der beiden zu vereintem Schlagen angetretenen Gruppen, deren gemeinsames Ziel die – zuerst von der Dichtung, hernach von der Psychologie Freudscher Manier beförderte – Erhellung unbewußter Seelenregungen war: So heißt es 1938 in einer später aus dem Nachlaß herausgegebenen Schrift, »Some Elementary Lessons in Psycho-Analysis«: »Der Begriff des Unbewußten pochte schon seit langem um Aufnahme an die Pforten der Psychologie. Philosophie und Literatur haben oft genug mit ihm gespielt, aber die Wissenschaft wußte ihn nicht zu verwenden. Die Psychoanalyse hat sich dieses Begriffes bemächtigt, ihn ernst genommen, ihn mit neuem Inhalt erfüllt.«

Man sieht, hier ist ein Gelehrter dabei, seinem Fach die Würde einer der Dichtung ranggleichen Disziplin zu verleihen; da grüßt ein Psycholog seine Herren Poeten (und die *eine* Sappho natürlich) vom anderen Ufer ... ein geheimer Kombattant, der trotz der Verachtung für alle großen und kleinen Hauptmänner in den Arealen der Poesie am Ende auch zur Zunft auf der anderen Seite gehörte: einer, der seine Moses-Studie ursprünglich einen »historischen Roman« nennen wollte; einer, der, nach Stekels glaubwürdigem Zeugnis, gelegentlich davon sprach, er schriebe Romane, indem er seine Erfahrungen als Analytiker nutze; einer, der seinen Leonardo als »halbe Romandichtung« etikettierte; ein Schriftsteller, der in seinen »autobiographischen« Schriften, mit der Darstellung seiner Träume, als Poet von Rang brillierte und Kabinettstücke schrieb, die, für sich genommen, als Pretiosen deutscher Prosa Eingang in die Schulbücher finden sollten, vom »Frühstücksschiff« über die »Liebesdienste« bis hin zur Legende vom Dachdecker im »Bruchstück einer Hysterie-Analyse«, die sich, kennte man den Zusammenhang nicht, eher wie eine Parabel von Kafka als wie ein Freudsches Exerzitium anhört: »Man stelle sich einen Arbeiter, etwa einen Dachdecker vor, der sich zum Krüppel gefallen hat und nun an der Straßenecke bettelnd sein Leben fristet. Man komme nun als Wundertäter und verspreche ihm, das krumme Bein gerade und gehfähig herzustellen. Ich meine, man darf sich nicht auf den Ausdruck besonderer Seligkeit in seiner Miene gefaßt machen. Gewiß fühlte er sich äußerst unglücklich, als er die Verletzung erlitt, merkte, er werde nie wieder arbeiten können und müsse verhungern oder von Almosen leben. Aber seither ist, was ihn zunächst erwerbslos machte, seine Einnahmequelle geworden; er lebt von seiner Krüppelhaftigkeit. Nimmt man ihm die, so macht man ihn vielleicht ganz hilflos; er hat sein Handwerk unterdessen vergessen, seine Arbeitsgewohnheiten verloren, sich an den Müßiggang, vielleicht auch ans Trinken gewöhnt.«

Da sehen wir, in der Freude am »Paradoxen« – *paradoxen* als Verbum – und im Spaß an Antithesen, der auf dem Durchdringen eines Vorganges bis zu seiner letzten, scheinbar absurden, in Wahrheit höchst konsequenten Pointe beruht – da sehen wir einen Schriftsteller am Werk, der sich in Traumdeutungen die schwerste Aufgabe stellte, die es für einen Sprachkünstler in seiner Zeit gab: die Verwandlung jenes bildlichen Zugleichs in ein verbales Nacheinander, von der die Rede in Lessings »Laokoon« ist, und die Nachzeichnung einer in Träumen halluzinatorisch arbeitenden Phantasie, mitsamt ihrer Vorliebe für das »Unangemessene, Übertriebene, Ungeheuerliche«. Die begriffslose Sprache des Vorbewußten in eine Diktion zu verwandeln, die das poetische Bild und den von der Umgangssprache ins Fachwissenschaftliche übertragenen *terminus technicus* (»Verdrängung«, »Übertragung«) untrennbar miteinander verband – das konnte nur ein Meister, der in zwei Sätteln zugleich zu reiten verstand und mühelos von rascher Assoziation zu innehaltender Begrifflichkeit wechseln konnte – einer Begrifflichkeit, in der klinische Erkenntnisse und, gefiltert durch Selbsterfahrung, kühne Metaphorik eine neue Meta-Ebene erreichten, jenseits eingefahrener, der neuen Lehre unangemessener Nomenklatur.

Aufdeckung, archäologische Schichten-Abtragung, Dechiffrierung und Geheimnis-Enthüllung einer *terra incognita* heißt die selbstgestellte Aufgabe Freuds, eine Aufgabe, die er zu lösen verstand, indem er – wie Platon im »Staat«, wie Augustin in den »Bekenntnissen« – die Gedächtnis-, Traum- und Erinnerungshöhlen der Phantasie in der Nachfolge seiner ihm vorausgehenden großen Bilder-Denker beschrieb: »Die Schöpfung des seelischen Reiches der Phantasie« – dreiundzwanzigstes Kapitel der »Vorlesungen zur Einführung in die Psychoanalyse« – »findet ein volles Gegenstück in der Einrichtung von ›Schonungen‹, ›Naturschutzparks‹ dort, wo die Anforderungen des Ackerbaus, des Verkehrs und der Industrie das ursprüngliche Gesicht der Erde rasch bis zur Unkenntlichkeit zu verändern drohen. Der Naturschutzpark erhält diesen alten Zustand, welchen man sonst überall mit Bedauern der Notwendigkeit geopfert hat. Alles darf darin wuchern und wachsen, wie es will, auch das Nutzlose, selbst das Schädliche. Eine solche dem Realitätsprinzip entzogene Schonung ist auch das seelische Reich der Phantasie.«

109

Die Seelenlandschaft als Biotop; die Bezirke der Imagination als Zonen, die Humanität vor dem Zugriff einer sich immer mehr im Anarchischen verlierenden Wirklichkeit retten: Man muß schon ein besessener Psycholog *und* Sprachkünstler sein, um, der Zeit weit voraus, Koinzidenzen zwischen den Bereichen zweier in gleicher Weise gefährdeter Zonen, der Innen- und der Außenwelt, beschreiben zu können – und dies in einem Stil, der nicht naturwüchsig war, sondern, wie die Fließ-Briefe zeigen, von Freud im Hinblick auf jene *Vollkommenheit* erarbeitet wurde, die sich in der Verbindung von lakonischer Knappheit, durchsichtiger Luzidität und unzweideutiger Signifikanz, von Witz und Ironie, von Pathos und dramatischer Bildlichkeit zeigte.

Der Schriftsteller Sigmund Freud, nachzulesen in seinen Briefen, kann sich schwebend und elegant, poetisch und anmutig wie in jenen großen epistolographischen Bemühungen (gerichtet an die Adresse der Braut Martha Bernays) äußern, die, um eine »Vermehrung der zärtlichen Adjektive« bemüht, mit »süßes Lieb« beginnen und, in Fontanescher Weise, nach Jahren der Ehe in einem »liebe Alte« zu bürgerlicher Verläßlichkeit kommen.

Aber der gleiche Freud ist auch in der Lage, die präzisesten Porträts von realen Personen, Kunstfiguren, Wohnungen und Städten zu zeichnen, mal im Fontaneschen Bummelstil, mal parodistisch im Gewand eines amüsant beschriebenen Dritten, mal pointiert, mal ausschweifend, mal imperativisch und zornig, mal lässig und permissiv, mal lakonisch, mal vom Hölzchen aufs Stöckchen geratend – niemals aber langweilig, sondern alleweil witzig, erhellend und von bezwingendem Amüsement: »Die Teilnahme der Bevölkerung ist sehr groß«, heißt es anno 1902, nach der Ernennung Freuds zum Professor, »es regnet ... Glückwünsche und Blumenspenden, als sei die Rolle der Sexualität plötzlich von Seiner Majestät amtlich anerkannt, die Bedeutung des Traums vom Ministerrat bestätigt, und die Notwendigkeit einer psychoanalytischen Therapie mit zwei Dritteln Majorität im Parlament durchgedrungen. Ich bin offenbar wieder ehrlich geworden, die scheu gewordensten Verehrer grüßen auf der Straße von weitem.«

Aber Freud, dies will mit Nachdruck betont sein, war nicht nur ein Meister der Prosa und des Porträts (sein Charcot im bürgerlichen

Gehäus könnte genausogut von Thomas Mann sein), sondern vor allem ein Stratege, Ordner und General-Disponent von Krankengeschichten, die ohne seine Gliederungskünste, von der Angabe der gewählten Technik und deren Probleme über die Erzählung bis hin zur Epikrise, austauschbare Fall-Studien wären – nicht aber Kunstwerke, die mehr und mehr zu entwickeln ihn das artistische Gewissen trieb: Kunstwerke, die auf dem Wechselspiel von Dialog und indirekter Rede, von epischem Fluß und autoritärer Unterbrechung, von fabulöser Darstellung und wissenschaftlicher Belehrung beruhen ... immer mit dem Äußeren, der Familiengeschichte und dem Erscheinungsbild der Patienten beginnend und, nach den Enthüllungsberichten im Zentrum, mit einer zugleich aus der Sicht der Kranken und vom »Newton point of view« des Analytikers vorgetragenen Rekonstruktion der nur in Bruchstücken vorhandenen Fall-Studie endend.

Freuds klinische Monographien sind Exerzitien, die der Technik des sophokleischen »König Ödipus« folgen: Seelenprozesse in langsamer Erhellung bis zur Erkenntnis der Wahrheit. Auf diese Weise werden, durch sorgsame Entwicklung der Fabeln und eine wohl auskalkulierte Vorführung der Szenerie mit ihren Haupt- und Neben-Figuren, ihren Vordergrund-, Hintergrund-Personen, ihren Protagonisten und Chargen, Krankengeschichten in Erzählungen verwandelt, die eher in Anthologien als in medizinische Aktenschränke gehören. »Krankengeschichten«, so die zentrale These, entwickelt auf einem Vortragsabend der Mittwoch-Gesellschaft am 21. April 1909, »können niemals als Einführungen wirken. Auch sei Stekel darin ... recht zu geben, daß verstümmelt mitgeteilte Krankengeschichten völlig ungenießbar seien. Es bleibt als einzige Möglichkeit eine gewissenhafte, aber ›künstlerische‹ Darstellung wie in der ›Dora‹.«

Wie in der Dora: Freud hatte gute Gründe, warum er gerade diesen *einen, seinen* Fall, über alle anderen stellte. Unter poetologischen Aspekten ist das »Bruchstück einer Hysterie-Analyse« deshalb unvergleichbar im Freudschen Gesamtwerk, weil es, mit dem Psychogramm eines pubertierenden Mädchens, zugleich ein viktorianisches Gesamt-Panorama entwickelt – ein Panorama mit Ehebrechern und lüsternen Gouvernanten, mit Männern und

Frauen, die, hinter dem Rücken der Betroffenen, Pakte schließen, um sie zu brechen; mit Bürgern, die von Moral reden und sich als zynische Machiavellisten gerieren und, das Entscheidende, mit einem Erzähler, der – wie die Studie von Stephen Marcus, »Freud and Dora: Story, History, Case History«, aufgezeigt hat – zugleich Protagonist ist, Berichterstatter und Hauptperson in einer Gestalt, scharfsinniger Analytiker und betroffener Mitspieler im makabren Ringelreihen der Gesellschaft, ein Mann, der, hier und nirgendwo sonst, indirekt verdeutlicht, daß er seine Analysandin nicht mag: nicht ihre Strenge auf sexuellem Gebiet, nicht ihre mangelnde Bereitschaft, auf die Wünsche des großen Zauberers zu Häupten der Couch einzugehen, und schon gar nicht ihren Entschluß, die Analyse abzubrechen und den Weg aus eigener Kraft weiterzugehen. (Dabei ist zu berücksichtigen, daß es Freud nach eigenem Bekenntnis im Fall Dora nicht gelang, »der Übertragung rechtzeitig Herr zu werden« und daß er »der Vorsicht (vergaß), auf die ersten Zeichen der Übertragung zu achten«.)

Was für ein Ibsen-Drama, dieser Fall Dora, in der ein geschlechtskranker Vater seine Tochter zuerst einem guten Bekannten ausliefert (um auf diese Weise ungestört mit dessen Ehefrau verkehren zu können) und sie später, als das Mädchen ernstlich erkrankt, Doktor Freud zur Behandlung überläßt – und beide Männer merkten nicht, daß hier ein Mädchen (zur Behandlungszeit dann eine junge Frau) sich preisgegeben fühlte, weil weder der Vater noch der Analytiker bereit waren, sie selbst und ihre Realitäts-Sicht für ernst und wichtig zu nehmen: weil sie dabei waren, die Patientin in die Ecke zu drängen; weil Freud und Doras Vater gemeinsame Sache machten, in ihrer Männerwelt, und weil der Arzt offensichtlich nicht spürte, wie unzureichend sein analytisches Instrumentarium war, in einem Fall, wo es um die Seelenregungen einer Vierzehnjährigen ging, die, bei heruntergelassenen Rolläden, von eben jenem Freund ihrer Familie, dem Doras Vater Hörner aufgesetzt hatte, überfallen, erpreßt, geküßt, entwürdigt worden war. Und dazu nun, scheinbar Spielleiter, in Wahrheit aber Hauptakteur, Sigmund Freud: »In dieser ... Szene ist das Benehmen des 14jährigen Kindes bereits ganz und voll hysterisch. Jede Person, bei welcher ein Anlaß zur sexuellen Erregung überwiegend oder ausschließlich Unlustgefühle hervorruft, würde ich unbedenklich für eine Hysterika halten.«

Arme Dora! Armes Mädchen, das, in drei affektuöse Bindungen verstrickt, Herrn K. *vielleicht*, ihren Vater *sicherlich* und Frau K. mit juveniler lesbischer Liebe *wahrscheinlich* liebend, in die Behandlung eines Analytikers geriet, der nicht begreifen konnte, daß ein unberührtes vierzehnjähriges Mädchen in einer Situation versagte, die, hätte sie »natürlich« reagiert, »eine deutliche Empfindung sexueller Erregtheit hätte hervorrufen müssen«.

Doch ebendies war nicht der Fall – und – darüber zeigte Freud sich verärgert. Je weiter die Analyse voranschritt (sie sollte nur wenige Monate dauern), desto barscher wurde sein Ton: »Sie haben nicht das Recht zu behaupten«; »Sie gestehen (also) zu«; »Sie haben sich eingebildet« – richterliche Zurechtweisung trat an die Stelle behutsamer Lenkung. Der Mann, der die Geschichte schrieb, begriff offenbar nicht, daß er in gleicher Weise von Zorn auf seine Patientin erfüllt war wie die Kranke auf ihn – doch gerade dieses Nicht-Wissen gibt, höchst modern, der Erzählung von Dora D. und Sigmund F. den Charakter einer »offenen« Geschichte, die gegen den Strich, will heißen, gegen die Intentionen des Autors gelesen sein will, einer Geschichte, wie sie nur im Zeitalter des Victorianismus formuliert werden konnte: den *chef de famille* schildernd, der als bürgerlicher Notabler eingeführt wird und in Wahrheit ein Hallodri ist, dem's offenbar nicht darauf ankommt, seine Gemahlin mit einer Gonorrhöe zu infizieren – diese arme Frau, für die Freud, im Unterschied zur warmherzigen Darstellung des Tabetikers, nicht eben viel Mitgefühl aufbringen konnte: »Nach den Mitteilungen des Vaters und des Mädchens mußte ich mir die Vorstellung machen, sie sei eine wenig gebildete, vor allem aber unkluge Frau, die besonders seit der Erkrankung ihres Mannes alle ihre Interessen auf die Hauswirtschaft konzentriere und so das Bild dessen biete, was man die ›Hausfrauenpsychose‹ nennen kann. Ohne Verständnis für die regeren Interessen der Kinder war sie den ganzen Tag mit Reinmachen und Reinhalten der Wohnung, Möbel und Gerätschaften in einem Maße beschäftigt, welches Gebrauch und Genuß derselben fast unmöglich machte. Man kann nicht umhin, diesen Zustand, von dem sich Andeutungen häufig genug bei normalen Hausfrauen finden, den Formen von Wasch- und anderem Reinlichkeitszwang an die Seite zu stellen.«

Und kein Wort des Mitleids für eine sexuell gedemütigte, betrogene Frau; keine Verurteilung, und sei sie noch so behutsam, des Manns auf der Gegenseite, der, wie Doras Vater, eben nur seinen Spaß haben wollte, und schon gar kein Vorwurf an die Adresse jenes Protagonisten, der seiner grandiosen Geschichte dergestalt ein *Tüpfelchen aufs i* setzt, daß er verdeutlicht: Ganz verstehe ich sie auch nicht, die Entwicklung jenes Zweikampfs zwischen mir und einem halbwüchsigen Mädchen, den ich, mit all seinen Brüchen, Widerständen, Gegenläufigkeiten und Ambivalenzen, seiner Dialektik von Schein und Sein, Verhüllen und Entdecken, niedergeschrieben habe, um mit mir selbst ins reine zu kommen. Aber gerade dies mißlang – in welchem Ausmaß, das verdeutlicht unsere Geschichte, die, vierundachtzig Jahre nach ihrer Publikation, so widersprüchlich bleibt wie die Offenbarung der Analysandin zu Beginn der Behandlung, die Freud mit den Sätzen begleitet: »Diese erste Erzählung ist einem nicht schiffbaren Strom vergleichbar, dessen Bett bald durch Felsmassen verlegt, bald durch Sandbänke zerteilt und untief gemacht wird.«

In der Tat, das nenne ich mir ein Musterbeispiel für eine Fremdbeschreibung, die in Wahrheit eine Selbst-Darstellung ist: Sigmund Freud erzählt Doras Geschichte und verschweigt, daß diese Erzählung, vielfach gebrochen und von unaufgelösten Ungereimtheiten strotzend, seine eigene ist, das Meisterstück eines Schriftstellers, der, ehrgeizig und konsequent, an seinen Fall-Studien feilte – immer unter dem Aspekt, das aus dem Abstand Niedergeschriebene so zu erzählen, daß der Leser – alleweil »gleichauf«, nie durch ein vorweggenommenes Fazit gelangweilt – in keiner Sekunde die Spannung verliert.

Work in progress, case in progress, analysis in progress hieß die Leitmaxime eines Erzählers, der während der Sitzungen zuhörte und niemals mitschrieb, aber dennoch den Fall immer so präsentierte, als ereigne sich das Beschriebene jetzt – in diesem Moment – und der Leser sei dessen Zeuge ... sei Zeuge eines Gesprächs von zwei Menschen, das – im Unterschied zu aller Medizin – auf die ergänzende Verwendung von Hilfsmitteln verzichte und allein durch das mächtigste, von Freud wieder und wieder in enthusiastischer Rede gefeierte Instrument akzentuiert werde: das Wort, mit dessen Hilfe sich der Sprung vom Unbewußten zum Vorbewußten vollziehe; das Wort, das Bewußtsein verbürge; das Wort als der große Versöhner und Vermittler unter den Menschen, aber auch als Zauberelement von einer Wirkung, die grenzenlos sei: »Durch Worte« – erste »Vorlesung zur Einführung in die Psychoanalyse« – »kann ein Mensch den« anderen selig machen oder zur Verzweiflung treiben, durch Worte überträgt der Lehrer sein Wissen auf die Schüler, durch Worte reißt der Redner die Versammlung der Zuhörer mit sich fort und bestimmt ihre Urteile und Entscheidungen. Worte rufen Affekte hervor und sind das allgemeine Mittel zur Beeinflussung der Menschen untereinander.«

»Wir werden also die Verwendung der Worte in der Psychotherapie nicht geringschätzen«: So bescheiden, beinahe demütig, endet der Hymnus eines Schriftstellers, der, mit der *einen* Ausnahme Luthers, unter den deutschen Schriftstellern der wortbesessenste ist – jeder kleinsten Verschiebung, jedem Versprechen, jeder Pointe, jedem Witz auf der Spur: wohl wissend, daß allein durch exakteste Wort-Analyse die langsame, Schicht für Schicht vorandringende *Archäologie der Seele* möglich sei, und die Eroberung neuer Kontinente nur dann gelingen konnte, wenn die freien Assoziationen der Patienten durch eine bündelnde, konzentrierende und auf Koordination des Disparaten bedachte Sprachgebung konterkariert wurden, deren Probleme, Analyse für Analyse, durch einleitende Methoden-Reflexionen neu bedacht werden wollten. »Ich bekenne«, heißt es in der Einleitung zu den »Bemerkungen über einen Fall von Zwangsneurose«, »daß es mir bisher noch nicht gelungen ist, das komplizierte Gefüge eines *schweren* Falles von Zwangsneurose restlos zu durchschauen, und daß ich es nicht zustande brächte, diese analytisch erkannte oder geahnte Struktur durch die Auflagerungen der Behandlung hindurch anderen ... sichtbar zu machen.«

War die tägliche Rekapitulation der Gespräche schon eine Aufgabe, die Freud oft genug an seiner Wiedergabe-Kunst verzweifeln ließ (»Nicht gut reproduziert, vieles von den eigentl. Schönheiten des Falles versäumt, verwischt«, steht in jenen Notizen zum »Rattenmann«, die verdeutlichen, wie kühn Freud, unter Auslassung vieler signifikanter Details, sein Analysen-Material stilisierte) … war die Verkürzung der Gespräche in der ersten Phase schon schwierig genug, so nahm sich die Abstraktion des stilisierten Prozesses, die zweite und entscheidende Redaktion in der Druckphase, als wahres Höllengeschäft aus: »Sie wird mir schwer, diese Krankengeschichte des ›Rattenmanns‹ «, ließ Freud C. G. Jung wissen, »übersteigt fast meine Darstellungskunst, wird außer dem Nächsten wohl niemand zugänglich sein. Was für Pfuschereien sind unsere Reproduktionen, wie jämmerlich zerpflücken wir diese großen Kunstwerke der psychischen Natur.«

Ach, hätte es doch schon vor fünfzig Jahren Phonographen gegeben; könnten wir Zeuge sein, wie Freud, dieser geniale Plauderer, den Fall des Rattenmannes in fünfstündiger freier Rede (nach vieren wollte er aufhören, aber das Auditorium zwang ihn weiterzusprechen) *coram publico* analysierte; könnten wir Zeuge sein, für eine Stunde, und jenen rhetorischen Exerzitien lauschen, in denen Freud aus seiner Zuhörerschaft eine Gesellschaft von Neurotikern machte, die auf ihren kleinen Hörsaal-Couchen, den sperrigen Sitzen, des Zuspruchs, der Ermunterung und jener alerten Einsprüche bedürfen, die auch Freuds Fall-Studien akzentuieren (»Bravo, kleiner Hans!«, »Der Vater fragt zu viel«; ›der Leser muß das kritisch sehen.«)

Ach, könnten wir leibhaftig mit anschauen, wie's im Publikum wirkte, wenn der Redner, scheinbar extemporierend, in Wahrheit wohl präpariert, seine Zuhörerschaft, Person für Person, bei der Hand nahm, um ihnen, in seiner liebsten Rolle, der eines erfahrenen Wegführers in bald gefahrvollen, bald freundlichen Zonen, die Strecke anzugeben, die bereits zurückgelegt worden wäre, und auf das Ziel vorauszudeuten, das immer noch weit sei – alles in einem Lessingschen Akt des lauten Denkens artikuliert: »Ist Ihnen das, was ich sage, nicht zu kompliziert?«; »Nun werden Sie gespannt sein zu erfahren, was dieser schreckliche Oedipus-Komplex enthält« (»Der Name sagt es Ihnen«); »Verwirre ich Sie nicht dadurch, daß ich so oft zurücknehme und einschränke, Gedankengänge anspinne und sie dann fallen lasse?«

Da betritt Sokrates, im Wiener Ambiente, die *rostra*, bezieht die

Zuhörerschaft in seine Überlegungen ein, formuliert Einwände, weist sie zurück, benennt Vorläufiges (»Ich will keine Überzeugungen wecken – ich will Anregungen geben und Vorurteile erschüttern«) und hat vor allem seinen Spaß daran, sich, weil's für einen Analytiker nun einmal allein so langweilig ist, gelegentlich Widerredner herbeizuzitieren, mit denen sich's dann genüßlich streiten läßt – genüßlich deshalb, weil die Kontrahenten am Ende – wie könnt's anders sein? – entweder kapitulieren oder sich, von Freuds zermalmender Rhetorik zu Boden gestreckt, in Torheiten verheddern wie jener als »Unparteiischer« eingeführte Interlocutor in dem Traktat »Die Frage der Laienanalyse«, der sich darauf einläßt, mit Freud die Rolle zu tauschen: »Darf ich Sie um etwas bitten? Wollen Sie mir schildern, wie Sie sich jetzt eine analytische Behandlung vorstellen?« »Nun, das kann gut werden … Also ich nehme an, der Kranke kommt zu mir und beklagt sich über seine Beschwerden. Ich verspreche ihm Heilung oder Besserung, wenn er meinen Anweisungen folgen will … Dann beginnt er zu erzählen, und ich höre zu. … Aus seinen Mitteilungen errate ich, was er für Eindrücke, Erlebnisse, Wunschregungen verdrängt hat, weil sie ihm zu einer Zeit entgegengetreten sind, da sein Ich noch schwach war … Wenn er das von mir erfahren hat, versetzt er sich in die Situationen von damals und macht es jetzt mit meiner Hilfe besser. Dann verschwinden die Einschränkungen, zu denen sein Ich genötigt war, und er ist hergestellt. Ist es so recht?« »Bravo, bravo! Ich sehe, man wird mir nie wieder den Vorwurf machen können, daß ich einen Nichtarzt zum Analytiker ausgebildet habe.« Sokrates triumphiert, Kasperle bleibt auf der Strecke, die Ironie vertreibt Anmaßung, Voreingenommenheit und plumpe Opposition, Poesie macht pedantischer Sturheit den Garaus – und Sigmund Freud, ein Schriftsteller, der wie kein Zeitgenosse auf den witzigen Stil seines geliebten Lessing eingeschworen war … Freud wird helle Freude gehabt haben an seinem kleinen Kunststück in platonischer Manier, so wie er seine Freude an der Porträt-Galerie gehabt haben muß, die er, wenn nicht geschaffen, so doch blank geputzt hat, seine Freude an den Kunst-Dialogen in Fall-Studien, Traktaten und Träumen: die Freude eines Mannes, der ein großer Schriftsteller war – ein großer, aber auch ein einsamer.

Kein Proust und kein Joyce, kein Hofmannsthal, ja nicht einmal, in Dialogen über die Jahre hinweg, ein Schnitzler hat ihn begleitet. So allein Freud unter den Zünftigen war, so einsam blieb er als Poet ... und ist es bis heute geblieben: Wo, fragen wir, ist das Freud-Buch, das seine Geschichten und Träume, seine Aperçus und Bonmots (»Wessen Lippen schweigen, der schwätzt mit den Fingerspitzen«) und seine Porträts erhielte, von Frau Elisabeth v. R. (»Ich finde eine noch jugendlich aussehende Gestalt, mit feinen, charakteristisch geschnittenen Gesichtszügen, auf dem Divan liegend, eine Lederrolle unter dem Nacken«) über den Wolfsmann (mit seiner »gefügigen Teilnahmslosigkeit«) bis hin zu Hamlet, dem Sohn, auf dessen Spuren Freud auch dann noch blieb, als er selber, nunmehr den großen Alten, Jakob und Moses, nachgehend, längst zum Vater gereift war – *Vater* Freud, wie Arnold Zweig ihn genannt hat: ein Vater, der, immer noch rasch, zügig und elegant schreibend (eine stockende Feder hielt er für prostatisch) bis ins hohe Alter hinein jene schönste poetische Gabe bewahrte, die seine Jugendzeit charakterisierte, die Gabe der Improvisation und die Fähigkeit, trotz aller Nüchternheit, Rationalität und Disziplin, aller Altersweisheit und goetheschen Serenität im Zeichen des Todes von Zeit zu Zeit die Wache von den Toren des Verstandes zu ziehen und, wenn's die Gelegenheit gab, im Sinne seines Briefs an Fließ vom 7. Juli 1898 dem Unbewußten nachzuschreiben – nach dem berühmten Prinzip von Itzig, dem Sonntagsreiter: »Itzig, wohin reitest Du?« – »Weiß ich, frag das Pferd.«

Unsere Erzählung von Sigmund Freud, dem Poeten, die mit der Beschimpfung eines unsympathischen Schwachkopfs namens Hauptmann begann, endet mit einem Juden und einem Zossen: Freud zu Ehren, dem nichts so verhaßt war wie Akklamation und pathetisches Toasten. Da hielt er es, ein raffinierter Zitierer und Mottoverwerter, lieber mit Goethe: »Mach es kurz! Am jüngsten Tag ist's nur ein Furz.«

Witz, mit Weisheit gepaart, und beides in provokantem Tiefsinn vereint: Salut für Sigmund Freud, den Poeten!

KURT TUCHOLSKY

Erbarmen und Menschlichkeit

»Diese Republik ist nicht die meine. Ich verachte (ihre) Verfassung nicht – ich verachte aber jene, die da glauben, dieser Lappen Papier würde irgendwo in Deutschland auch nur annähernd befolgt. In Wahrheit ist diese Verfassung weniger als eine Polizeiverordnung – sie hat den praktischen Wert einer moralischen, rein abstrakt gebliebenen Vorschrift, durchdringt aber nirgends Judikatur, Verwaltung, Exekutive ... Hat der Deutsche seine sogenannten verfassungsmäßig begründeten Rechte wirklich? ... Keine Geschichtsklitterung kann aus der Welt schaffen, daß Fritz Ebert mit den Generälen, Noske mit den Offizieren ... gemeinsame Sache gemacht haben, aus Angst, aus Charakterlosigkeit, aus Unfähigkeit zu begreifen, was eigentlich ›Revolution‹ ist. Revolution ist: Luftreinigung – ist: von vorn anfangen – ist: ›wohlerworbene Rechte‹ über den Haufen werfen – ist genau das Gegenteil von dem, was diese Republik in der Nachkriegszeit hat tun lassen«: geschrieben am 13. Oktober 1926 an einen Leser der »Weltbühne«; formuliert an der Grenze von Sachlichkeit und höhnischer Provokation; entworfen als Antwort an einen aufrechten Mann namens Klemisch (Vorname unbekannt), der für den Briefschreiber, Kurt Tucholsky, einen entscheidenden Makel hatte. Er war (»halten zu Gnaden«) kein Revolutionär.

Kein Revolutionär: Damit war weder der Barrikadenkämpfer gemeint, der sich, wenn's ernst wird, davontrollt, noch der linke Aktionist, dem seine rote Fahne auf den Straßen als säkulare Monstranz gilt. *Kein Revolutionär:* Das war in Tucholskys Augen ein Bürger, einerlei ob Kommunist, Sozialdemokrat oder parteiloser Republikaner, der darauf verzichtete, die Versprechen der

Verfassung des Deutschen Reichs vom 11. August 1919 in alltäglicher Praxis zu realisieren.

Kein Republikaner war die proletarische Frau oder der bürgerliche Radikaldemokrat, die aus dem Gesetz einen Papierlappen machten, weil sie die Formulierung der Grundrechte, von der Freiheit der Person bis zum Recht aller Deutschen, sich ohne Anmeldung oder besondere Erlaubnis friedlich und unbewaffnet zu versammeln, nicht für ein Postulat, sondern für Wirklichkeit nahmen.

Wie viel, so Tucholskys politisches Glaubensbekenntnis, wurde versprochen – und wie wenig eingelöst; wie aufklärerisch klängen die Formeln, diktiert vom Enthusiasmus der großen bürgerlichen Revolution (»Nachteile der Geburt und des Standes sind aufzuheben«) – und wie ekelerregend nähme sich, an der Willensbekundung von Weimar gemessen, jene politische Realität aus, deren Stimmführer für Tucholsky aus kaisertreuen Beamten, unbelehrbaren Offizieren und Juristen bestanden, deren Gegner nicht die Gesetzlosigkeit, sondern der Feind auf seiten der Linken sei – der Feind, der für Bagatelldelikte den Kopf hinhalten müsse, während man die eigenen von der militanten Rechten selbst im Fall von Kapitalverbrechen verschone. (Nachzulesen – von Tucholsky wieder und wieder zitiert – in Emil Julius Gumbels Traktat »Vier Jahre Mord«, eine republikanische Streitschrift über die Tatsache, daß nahezu vierhundert Morde, überwiegend von rechtsradikaler Seite begangen, in der Republik so gut wie ohne Bestrafungen blieben.)

Kurt Tucholsky war ein linker Bürger, der, wie Tausende seinesgleichen nach 1945, im Zeichen des revolutionären November von einem radikalen Neubeginn träumte, von allgemeiner Besinnung und Einkehr, von Trauerarbeit nach dem verlorenen Krieg, von einer großen Koalition der Demokraten – ein Citoyen war er, der zu realisieren hatte, daß statt der erstrebten Revolution auf allen Gebieten, der Basisdemokratie derer, die im Kriege gut genug waren, um als Kanonenfutter herzuhalten, die autoritären Strukturen, garantiert durch Altregierende, bruchlos vom wilhelminischen Gestern ins quasidemokratische Hier und Jetzt übergingen: »Sie glauben an den Sieg des republikanischen Gedankens?« heißt es im Brief an Klemisch. »Sagen Sie, was ist das eigentlich: der

120

republikanische Gedanke? Daß es keinen König geben soll? Als ob es darauf ankäme ... Liegt die Republik nicht machtlos *unter* dem wirtschaftlichen Finanzkoloß, der sie bedrückt – kann sie denn überhaupt etwas tun? *Kann* sie denn Fürsorgeerziehung, Schule, die überflüssige Reichswehr, die Landgüter, die Schande der polnischen Saisonarbeiter, die Gefängnisse, die verbürgerlichten Amts- und Landrichter – *kann* sie das alles bessern? Ja, *will* sie denn überhaupt?«

Kurt Tucholskys Überlegung war einfach, bitter (bis zu purer Verzweiflung) und, nehmt alles in allem, wahrhaftig: Statt der Opfer, der Kriegskrüppel und Witwen – so die Rechnung, die man in der »Weltbühne« aufmachte –, hatten die Täter das Sagen – geradeso, als sei nicht das Geringste geschehen, kein Massensterben, kein allgemeines Elend, keine Hungersnot; statt der kleinen Leute spielten, im Kasino und vor Gericht, die großen Herren zum Tanz auf, unter dem Applaus der Kriegervereine zwischen Westfalen und Pommerellen.

Ein Alptraum: diese Evokation eines Reichs, das, mit Fontane zu sprechen, in der Republik so »verassessort und verreserveoffiziert« war wie unter Wilhelm II.? Gewiß. Aber zugleich eine Schreckensvision, die auch behutsamere (mithin weniger der Parteilichkeit verdächtige) Schriftsteller artikulierten. Heinrich Mann zum Beispiel, der anno 1932 in der »Neuen Rundschau« zu Protokoll gab: »Niemals haben die Republikaner sich sicher gefühlt in ihrem eigenen Staat.«

Und dann, entschiedener noch, Hermann Hesse, mit seiner Erklärung – gleichfalls 1932 formuliert –, daß die wenigen guten Geister der Revolution (»die keine war«) massakriert worden seien (»unter Billigung von 99 % des Volkes«), daß die Gerichte korrupt, das Volk vergeßlich und die allgemeine Ignoranz beispiellos sei: »Von 1000 Deutschen sind es auch heute noch 999, welche nichts von einer Kriegsschuld wissen, welche den Krieg weder gemacht noch verloren, noch den Vertrag von Versailles unterzeichnet haben, den sie wie einen perfiden Blitz vom Himmel empfinden.«

Nein, Kurt Tucholsky war kein rabiater Linker, der sich, bar aller Fähigkeit zum Nuancieren und zu behutsamer Relativierung, in einem Sektierertum verlor, dem über der Schwarzweißmalerei die

Wirklichkeit, mitsamt ihrem hellen oder dunkleren Grau, aus den Blicken geriet; er war vielmehr, nicht anders als Loerke, Pacquet, Döblin (später auch Thomas Mann) ein Republikaner ohne Republik – ein Schriftsteller, der schon 1919 in seinem Pamphlet »Wir Negativen«, einer radikaldemokratischen Magna Charta von fünfeinhalb Seiten, den großen Traum von 1793 (mit dem berühmten, nicht oft genug zu zitierenden Paragraphen 34: »Die Gesamtgesellschaft ist unterdrückt, wenn auch nur ein einziges ihrer Glieder unterdrückt ist«) der tristen Wirklichkeit gegenüberstellte, in der das Volk ratlos, orientierungslos, fahnenlos dastände, während die alten Kameraden wieder Reveille zu blasen begännen – einer Wirklichkeit, die nicht poetischer Beschönigung, sondern sokratischer Decouvrierung, nicht des kompromißlerischen »Ja«, sondern des schonungslosen, auf radikale Anamnese abzielenden »Nein« bedürfe.

»Nein« im Namen eines republikanischen Ideals, das, von den »Geistigen« ins Hier und Jetzt übertragen, im Alltag sedimentiert werden solle: »Wir wissen wohl, daß man Ideale nicht verwirklichen kann, aber wir wissen auch, daß nichts auf der Welt ohne die Flamme des Ideals geschehen ist, geändert ist, gewirkt wurde. Und ... wir glauben nicht, daß die Flamme des Ideals nur dekorativ am Sternenhimmel zu leuchten hat, sondern sie muß hinieden brennen: brennen in den Kellerwinkeln, wo die Asseln hausen, und brennen auf den Palastdächern der Reichen, brennen in den Kirchen, wo man die alten Wunder rationalistisch verrät, und brennen bei den Wechslern, die aus ihrer Bude einen Tempel gemacht haben.«

Wenn Tucholsky auf den Grundgegensatz der verhaßten Scheinrepublik, die Antithese von unbelehrbaren Bürgern und ohnmächtigen, zwischen den beiden einander bekämpfenden Parteien der Linken hin und her gerissenen Proleten, zu sprechen anfing: das Widerspiel von Arm und Reich, von Hütte und Palast, dann gewann seine Rede, hymnisch und präzise, schneidend und barmherzig zugleich, das Pathos eines Sozialrebellen, der sich, wie Georg Büchner, auf die Bibel verstand und die Worte eines von seiner Kirche verratenen Herrn.

Hüben die Kommunisten auf dem Weg von Rosa Luxemburg zu

Joseph Stalin und die Sozialdemokraten, die sich auf Bebel beriefen und für Hindenburg stimmten – drüben die Paladine des von der Republik mit einer fürstlichen Apanage bedachten Kaisers im Exil. Das politische Panoptikum Tucholskys hatte wenige Helden, viele Schurken und Millionen von Opfern – Millionen Namenloser, denen seine Zuwendung galt: so als hieße er Büchner und die Leute vom Wedding und den sächsischen Arbeitervierteln wären Geschwister Woyzecks und seiner Marie.

Da gewinnt, Seite für Seite, eine plebejische Hölle Gestalt, in der, sehr literarisch, aber der Wahrheit (wie die Zukunft zeigen wird) keineswegs fern, Junker und *petit-bourgeois* das Feuer versorgen. Und der Himmel darüber? Bewohnt von einer Majestät außer Landes und einem Generalfeldmarschall außer Diensten, der seine Osterbotschaft anno 1925 mit den Worten begann: »Vaterländisch gesinnte Deutsche aus allen Gauen und Stämmen haben mir das höchste Amt im Reiche angetragen«, um mit dem Satz zu schließen: »Ich reiche jedem Deutschen die Hand, der national denkt«, und derart zu bekunden, daß, vom Olymp der Patrioten aus betrachtet, die Anwälte einer dem Geist universaler Humanität und menschlichen Miteinanders verpflichteten Republik vaterlandslose Gesellen seien: Verräter, unwürdig der österlichen Handreichung vom Himmel herab.

Hindenburg – ein illiterater Gesell, bewandert nur im Exerzierreglement und in den Gesangbüchern der Kadettenanstalten? Hindenburg, in Potsdam erwählt und von Weimar verachtet – ein Mann des Militärs, dem die Dichter mißtrauten? Gemach! Da gab es immerhin den Meister des *Geheimen Deutschlands*, der in seiner Dichtung »Der Krieg« jenen Sachwaltern, Händlern und Schreibern – unter der Formel »pfiff und zahl« subsumiert – den großen Einzelnen entgegenstellte, den Widerpart von Taumel und Wirrsal, Hannovers Hindenburg, der sich, reaktiviert, auf den Weg nach Tannenberg machte: »Da entstieg gestützt auf seinen stock farblosem vororthaus der fahlsten unserer städte ein vergessener schmuckloser greis ... der fand den rat der stunde und rettete was die geberdig lauten schließlich zum abgrundsrand gebracht: das reich.«

Hindenburg, beschworen in hymnischer Rede und niedersächsischem Ambiente, ein alter Mann, der, über den Krückstock gebeugt, sein tristes Heim verläßt, in trostloser Provinz, um das Reich zu bewahren: Die Demütigung des geistigen Deutschlands, der Kniefall zeitferner Poeten vor den Attributen von Macht und Militär sieht sich durch Stefan Georges hymnische Verklärung scheinbar signifikanter, in Wahrheit simpler Tatbestände auf den Begriff gebracht: Hindenburg als »vergessner Greis«, der sein Vaterland vom »Abgrundsrand« zieht – da wird Trivialität, festlich verklärt, zu handfester Ideologie.

Aber George, der Sachwalter des anderen Deutschlands in der Epoche des Wilhelminismus, stand nicht allein mit seiner Absage an den europäischen, ja weltbürgerlichen Geist des Goetheschen Weimar (Welt-Literatur wurde am Frauenplan als Beförderungsmittel unbeschränkter Kommunikation unter den Völkern verstanden), auch der erste Dichter der Republik – Thomas Mann, zu dessen Leidwesen, immer ein wenig voraus –, Gerhart Hauptmann, fand nichts dabei, nach der Wahl des Marschalls einen enthusiastischen Toast zu formulieren: »Hindenburg ist Reichspräsident: das ist ein Segen für das Reich ... Hindenburg ist Reichspräsident: er steht an der Spitze des Reichsgemeinwesens. Er hat einen Eid auf die Verfassung geleistet: leisten wir auch einen Eid darauf. Seien wir Eidgenossen, dem ersten Eidgenossen Hindenburg nacheifernd.«

Einmal Hannover und einmal die Schweiz, einmal die Leine und einmal die Urkantone: Einfallsreich waren die Apologeten des Heerführers nicht, wenn es galt, dem humanen Weimar, das, in aller Welt, Deutschlands Ehre verbürgt hatte, den Garaus zu machen. Die linken Bürger – von dezidierten Parteigängern der Kommunisten ist hier nicht die Rede – hatten, so erlaucht sich ihre kleine Phalanx auch ausnimmt, wenig Gefolgschaft; republikanische Schriftsteller, von Ossietzky bis Heinrich Mann, standen zwischen den Fronten; Europäer, wie Thomas Mann, der sich am 12. Januar 1933, im Brief an Adolf Grimme, als Sozialisten und Demokraten begriff, standen – wie bald! – auf verlorenem Posten: »Jeder Mensch von Gefühl und Verstand, auch jeder bessere Politiker weiß, daß die Völker Europas heute nicht mehr einzeln und abgeschlossen für sich zu leben und zu gedeihen vermögen, sondern daß sie aufeinander angewiesen sind und eine Schicksalsgemeinschaft bilden, die es anzuerkennen und zu verwirklichen gilt. Solcher Lebensnotwendigkeit irgendwelche völkische Natur-Romantik ... entgegenzustellen ist nichts als Quertreiberei.« – So Thomas Mann, in einer Adresse für den »Sozialistischen Kulturbund«, unmittelbar vor der Revokation Europas durch die »nationale Erhebung« am 30. Januar.

In der Tat, sie *waren* allein, die Republikaner – allein wie Ossietzky mit seinem Einigungsappell in letzter Stunde, erschienen in der »Weltbühne« vom 3. Mai 1932 (»Die Sozialdemokratie ist mit ihren opportunistischen Kniffen ebenso mit ihrem Latein zu Ende wie die KPD mit ihrem Treiben in die Weltrevolution. Primgeiger ist der Faschismus ... Ich frage euch, Sozialdemokraten und Kommunisten: – werdet ihr morgen überhaupt noch Gelegenheit zur Aussprache haben? Wird man euch das morgen noch erlauben?«).

Sie *waren* allein, die Republikaner, allein wie Heinrich Mann mit seiner Beschwörung in letzter Stunde: einer Republik den Spiegel vorhaltend, die weder im Sozialen noch im Internationalen ihre Pflicht getan und so den ihr gegebenen Auftrag verspielt habe, Menschen und Völker miteinander zu versöhnen. Sie *waren* allein wie Kurt Tucholsky, der den Bonzen auf der Linken und den Junkern auf der Rechten die Leviten las, aber verstummte – auch das will nicht vergessen sein –, wenn es um Hitler ging. Anders als ein Thomas Mann, der in seiner grandiosen Fremd- und Selbst-Analyse »Bruder Hitler« den nationalsozialistischen Führer als einen verkommenen, nicht unbegabten, aber faulen Scharlatan beschrieb, einen auf den Hund gekommenen Künstler, die Verhunzung jedes wahren Genies, konnten Ossietzky und Tucholsky *nicht schreiben, wo sie nur verachteten.* Den Nationalsozialisten und damit der »nicht identischen Identität« von großem Geld und Faschismus, Kapital und kleinbürgerlicher Massenbewegung gegenüber blieben sie stumm. Das schlechthin Amoralische, Massenmord in nationaler Drapierung, verschlug ihnen die Sprache.

Nein, Kurt Tucholsky war kein Publizist, der seine Thesen aus purem Spaß am Widerspruch vortrug, sondern ein Moralist, dem Haß verächtlich war, wenn er nicht mit Liebe für die Erniedrigten und Beleidigten, Mühseligen und Beladenen einherging; Haß aus Liebe – nachzulesen in »Wir Negativen« –, nicht Haß um des Hasses willen war seine Devise: Deshalb, ein Leben lang, der Verweis auf Ideale, die in der Wirklichkeit pervertiert worden waren; deshalb der Bezug zur Prophetie des Novembers, die im Alltag der Republik zur billigen Phrase verkam (»wo ist der November geblieben?«); deshalb die Invektiven gegen eine Kirche, die – Kriege verherrlichend, Waffen segnend, das Gebot »Du sollst nicht töten« durch den Befehl »Töte, wo du nur kannst« ersetzend – den Herrn – wie es George Grosz gezeichnet hat – zum zweiten Mal ans Kreuz nagelte, mit Gasmaske und zerschossenem Arm; deshalb die Beschwörung eines menschheitsumspannenden Liebesgebots immer dann, wenn Tucholsky sein eigentliches Anliegen gefährdet sah – das entschiedenste –, seinen radikalen Pazifismus: die konsequente Absage an jede Lösung nationaler Konflikte durch Gewalt.

Die Unität von Kreuz und Kaserne, Pfaffentum und Militarismus: Dies war das Gegenzeichen, das in der »Weltbühne« zugunsten einer radikalen Trennung von Kirche und Staat zur Liquidierung anstand, zu bewerkstelligen von einem Gemeinwesen, das sich durch konsequentes Demokratisieren sämtlicher Bereiche (Industrie und Armee, Justiz, Schulwesen und Klerus allen voran) als neue Republik etablierte.

Nun, der Traum war rasch vorbei; das Erwachen kam schnell. Die unbußfertige Kirche, die verbonzte Sozialdemokratie und die im Zeichen des russischen Nationalismus verkommende KPD wurden mehr und mehr zum Gegenstand der Verhöhnung – attackiert im Zeichen der Generalsünde, die, kaum war der Krieg vorbei, allgemeine Zustimmung gefunden habe – der Vergeßlichkeit im Angesicht des Völkermords. »Es wird mir vorgeworfen«, heißt es im Kapitel »Offizier und Mann« der Reihe »Militaria«, »ich schmähte mein eigenes Land. Das ist nicht mein Land. Das ist nicht unser Deutschland.«

Kriegsdienst als Pflichterfüllung? Töten als Ausweis nationaler Gesinnung? O, nein! Moral, so Tucholsky im Namen der republikanischen Linken – im Namen von Bürgern, die eines radikaldemokratischen Erbes gedachten, das es auch in Deutschland gab, in den Reihen der alten Achtundvierziger voran … Moral sei etwas anderes: »Worauf es uns ankommt, ist dies: den Deutschen, unseren Landsleuten, den Knechtsgeist auszutreiben, der nicht gehorchen kennt, ohne zu kuschen – der keine sachliche Unterordnung will, sondern nur blinde Unterwerfung … Nur durch völlige Abkehr von dieser schmählichen Epoche kommen wir wieder zur Ordnung. Spartakus ist es nicht; der Offizier, der sein eigenes Volk als Mittel zum Zweck ansah, ist es auch nicht – was wird es denn sein am Ende? Der aufrechte Deutsche.«

Solidarität der armen Leute in Georg Büchners Manier; Solidarität unter Sozialdemokraten, die Noske mißtrauten, aber ihrem August Bebel nicht; Solidarität unter den Angehörigen der Proletarierjungen, die man auf den Schlachtfeldern hinmordete; Solidarität der Ausgebeuteten, die ein Recht darauf hätten, die verheißenen Grundrechte endlich in politischer *und*, über 1789 hinausgehend, wirtschaftlicher Praxis einzuklagen; Solidarität der »Geistigen«, deren Würde sich danach bemesse, inwieweit sie bereit seien, ihr – Privilegien verdanktes – Wissen in den Dienst jener Unterdrückten zu stellen, die vor 1918 nicht in die Lage kamen, sich in den Besitz von allgemeiner Bildung, von Kunst und Wissenschaft zu setzen; Solidarität mit dem Ziel umfassender Demokratisierung der Gesellschaft: Das war das *eine*, für Kurt Tucholsky.

Das *andere*: Zivilcourage, Citoyen-Tugend. Bewahren der Verheißungen des Lessing-Jahrhunderts, die Erziehung des Menschengeschlechts betreffend. Eingedenken, über den Tag hinaus, zur Ehre der Toten. Wir Heutigen, im Land mit den vielen Hindenburgstraßen und den wenigen Plätzen, die sich nach ermordeten Antifaschisten benennen, nach den Studenten Alexander Schmorell, Christoph Probst und Willi Graf zum Beispiel, den hingerichteten Mitgliedern der Münchner Widerstandsgruppe »Die weiße Rose« … wir, mit unseren Kasernen, die den Namen nationalistischer Heerführer tragen, und den Häusern, an denen keine Tafel daran erinnert, daß hier einmal eine jüdische Familie wohnte, die in Auschwitz ins Gas gehen mußte; wir Vergeßlichen könnten von Tucholsky lernen, wie Erinnerung, ins Allgemeine und Verläßliche erweitert, aussehen könnte: »Hier lebte ein Mann«, heißt es am Ende des 1925 geschriebenen Traktats »Die Tafeln«, »ein Mann, der sich geweigert hat, auf seine Mitmenschen zu schießen. Ehre seinem Andenken!«

Kurt Tucholskys Deutschland: Das war nicht das Land der Sieger mit dem kurzen Gedächtnis und der Bereitschaft, statt »Nie wieder!« ein markantes »Allons!« zu sagen – »vorwärts für die Ehre der Bilanz des Vaterlands«; Tucholskys Deutschland war ein Gemeinwesen, in dem der Brechtsche Satz in Gültigkeit stand: »Unglücklich das Land, das Helden nötig hat« – ein Gemeinwesen, das *ex negativo* erhellt werden wollte, aus der Perspektive der Zuchthäuser und Kerker, der Hinterhöfe und Armenspitäler – erhellt in einer Sprache, die den inkriminierten Fakten jene – für Tucholsky in erster Linie den Tafeln und Fotografien zukommende – Überzeugungskraft verlieh, die in prägnanten Formeln, blitzartigen Paradoxien und überraschenden Pointen ihren optischen Impressionen ranggleiche Evidenz verlieh – eine Evidenz, die, nach rhetorischer Theorie, den Leser zum leibhaftigen Zeugen phantasievoll realisierter Geschehnisse machte: »Im Kriege stand in Berlin ein Blinden-Lazarett« – so Tucholskys Kurzessay »Fürstenabfindung«, eine seiner wenigen, von der Überschrift bis zur Pointe vom Geist Kleistscher Anekdoten bestimmten Parabeln –, »in dem lagen die unglücklichsten der Soldaten. Das besuchte von Zeit zu Zeit die Frau eines Hohenzollernprinzen, huldvoll lächelnd und stramm begrüßt von den klirrenden Stabsärzten. Die hohe Frau ging von Bett zu Bett und richtete Ansprachen an die Blinden. Gut, und was noch –? Sie verteilte. Nämlich –? Ihre Fotografie mit Unterschrift.«

Das ist Sarkasmus unter Tränen, das ist eine Invektive, die nichts verbirgt: Lukian trifft nur deshalb so genau, weil er auch zu weinen versteht.

Kurt Tucholsky, Pamphletist und Aufklärer mit einer spitzen lessingschen Feder (die Anti-Goeziana lassen grüßen, wenn man in der »Weltbühne« die Herren Wendriner zitiert) ... Tucholsky war zu gleicher Zeit ein altvorderlicher Poet – ein Mann, der den aufrechten Recken aus vergangenen Tagen seine Reverenz erwies: dem August Bebel, der ein Kerl gewesen sei, Georg von Ledebour, der seinen Genossen vorexerziert habe, was aufrechter Gang war, aber auch einem Gelehrten vom Schlage Ernst Robert

Curtius', der noch ans Objektive glaube und lieber geduldig be-
lehre, statt rasch zu verachten ... Tucholsky war ein Publizist, der
dem alten Deutschland, dem liberalen und weltläufigen goetheschen Maßes Respekt zollte und Fontane, dessen Bild in seinem
Arbeitszimmer hing, höher schätzte als die alerten Modernen mit
ihrer strammen Gesinnung.

Eine solide, fest fundierte Kultur war ihm wichtig, rasches Dem-
Zeitgeist-Frönen dagegen verächtlich: das flüchtige Lächeln, zarte
Humanität und eine Causerie, die sich unter tausend Zweifeln und
mit abertausend Zwischentönen artikuliere, verlange Applaus,
nicht markige Rede.

Kein Wunder, so betrachtet, daß der Autor der »Militaria« zugleich
die Sanften und Behutsamen pries, Chaplin, Polgar und, vor allen
andern, immer wieder Fontane: »Was diesen Mann uns unver-
gleichlich macht, das ist – wie bei Goethe – die Luft, in der er lebte
und die er atmete. Das ist jene Aura ... dieses Undefinierbare, das
Fontane zu einem Symbol macht, zu einem Symbol seiner Zeit,
und mehr: zu dem einer ganzen kleinen Welt. Sie ist dahin ... Es
war ein Gemisch, ein prachtvolles Gemisch von Lavendelduft und
neuer Zeit, wie er sie verstand, aus edelstem Menschentum und
jenem Schuß Ironie und Skepsis, die den Mann so anziehend
machten. In seinen Augen lag immer das gewisse leichte Zwin-
kern, der kleine berliner ›Plinzler‹, der die Möglichkeit zum Rück-
zug offenläßt, und der deshalb jedes Pathos erträglich macht – weil
man weiß: der bullert keinen Theaterdonner.«

Kein Zweifel, das ist ein Selbstporträt – Spiegelbild eines Mannes,
der die kleinen über die großen Bosheiten stellte, das Lichterchen
über den Scheinwerfer, die freundliche Ironie über den bei aller
Zielgenauigkeit biderben Sarkasmus, die Skepsis über die Recht-
haberei und die »hingehauchten Pointen«, die Salti à la Polgar und
Fontane, über die dramatischen Aphorismen, mitsamt aller Selbst-
gewißheit und dem doktrinären »So und nicht anders«.

»Aber was ist das alles«, heißt es in Tucholskys Hommage à
Fontane zum hundertsten Geburtstag des Meisters, »gegen den
Ton, den Hauch, den Takt, der ... (die Theater-)Aufsätze zu einem
der schönsten deutschen Sprachgüter macht! Da ist noch nicht der
grauenhafte österreichische Feuilletonismus neuer Obervanz,

auch nicht die silbrig französische Schreibart der Herren, die, frisch aus Paris zurückgekehrt, von den Boulevard-Blättern etwas mitgebracht hatten, das sie ebenso gut in Pinne hätten vorfinden können. Nein, dies ist Anmut, und alle Gesetze der Schwerkraft sind aufgehoben.«

Man stelle sich vor, Theodor Fontane und Kurt Tucholsky träfen einander im imaginären Olymp der Poesie: beide eher auf den unteren als auf den höchsten Rängen plaziert, Fontane, nah bei Wilhelm Busch, irgendwo zwischen Souterrain und Beletage, Tucholsky im Keller ... welch ein Disput, welch ein von Sottisen, Zitaten, Allusionen, Witzen und Paradoxen bestimmtes Gespräch ergäbe sich da, leise und unfanatisch von zwei Causeuren geführt, die zu gleicher Zeit passionierte Zuhörer waren. Welch ein Disput noch einmal: Einerlei, ob's um den Alten Fritz ginge, den Fontane liebte und Tucholsky nicht verachtete, um Bebel, den beide schätzten, um Bruder Parvenue und Mütterchen Neureich (Mißbilligung hüben und drüben), um den Sozialismus (Fontane, beim Stoeckertum verharrend, geriete da in Bedrängnis), um Judentum und antisemitische Fronde (zwei Herren klopfen sich an die eigene Brust) und um Berlin natürlich, dessen Stadtplan sich in einen Atlas verwandelte, angefüllt mit Meßtischblättern der Poesie, in dem Frau Jenny Treibel auf Rosa Luxemburg träfe, Lene Nimptsch, aus »Irrungen Wirrungen«, auf Tucholskys süße Berlinerin und Superintendent Koseleger auf jene Prälaten und Pastoren, die gemeinsam das Lied intonierten: »Gewehre rechts, Gewehre links, das Christkind in der Mitten.«

Da kämen die guten Geister der Mark und die bösen Berlins zueinander (»Gott, ist die Gegend heruntergekommen«), da würde über die Paläste der Piefkes und die Hängeböden der Dienstmädchen gestritten, debattierte man über Fontanes Formel »Unterklasse gut, Oberklasse gut, Mittelklasse nicht gut«, da würden Adlerstraße und Gesundbrunnen, das grüne Charlottenburg und der rote Wedding unter poetischen Aspekten neu kartographiert, und ehe man auseinanderginge, um das nächste Mal, mit Menzel und Liebermann (Zille keineswegs zu vergessen), nicht nur Berlin, sondern auch die Berliner zu porträtieren, würden die beiden Theatromane glanzvolle Exerzitien über Frau Jachmann-Wagner

130

und Clara Meyer (»Schade, daß Sie die beiden nicht mehr gekannt haben, lieber Tucholsky«) und über Kortner und die Bergner, Max Pallenberg und Fritzi Massary vortragen – und Claire Waldoff natürlich, mit ihrem Couplet »Hermann heest er«, das Tucholsky schon zu einer Zeit feierte, als Hermann Göring noch ein *nobody* war.

Ich denke, sie würden einander umarmen, am Ende ihres Gesprächs, der Mann der »Gartenlaube« und der Mann der »Weltbühne« – und das schon deshalb, weil der eine, am Ende seines Lebens zumindest, ein halber Rebell war (in schwarzweißem Preußenhabit, jedoch mit einem Faible für die Sozialdemokraten), während der andere, ungeachtet allen Jakobinertums, zeitlebens ein Schriftsteller blieb, der das Maskenspiel liebte ... ein Flaneur à la Benjamin, der Berlin oder Paris durchstreifte, vom Boulevard zum Hinterhof, von den Élysées in Mietskasernen und Büros, auf die Friedhöfe, in Apotheken und Kneipen, Cabarets und Etablissements aller Art (nur die Kirchen wurden gemieden) ... und alles, in raschem Wechsel, als ein Stück moderner Anonymität, in seinem bunten und fremden Durcheinander zur Kenntnis genommen: »Du mußt auf deinem Gang / durch Städte wandern; / siehst einen Pulsschlag lang / den fremden Andern. / Es kann ein Feind sein, / es kann ein Freund sein, / es kann im Kampf dein / Genosse sein. / Es sieht hinüber / und zieht vorüber ... / Zwei fremde Augen, ein kurzer Blick, / die Braue, Pupille, die Lider. / Was war das? / Von der großen Menschheit ein Stück! / Vorbei, verweht, nie wieder.«

War Fontane der Dichter der Mark, mit den Adligen und den Pastoren, so ist Tucholsky der Historiograph der Hauptstadt geworden: ein Archäologe, der – wie Sigmund Freud – die Schichten freilegte – hier »das alte gute Berlin«, da das »Berlin der Gründerjahre«, dort das »kriegerische wilhelminische Berlin« und schließlich das Berlin der *golden twenties*, mit dem kleinen Glück der Theater und dem großen Elend der Arbeitsämter, mit dem Palais der Wendriner und den Parks, in denen, nach Feierabend, während der *heure bleu*, die kleinen Leute ihren Freiheitstraum träumten.

Verhaßtes, verramschtes und – geliebtes Berlin: Weltstadt, trotz allem, und Kapitale, deren Urbanität und *laisser faire* Tucholsky immer dann faszinierte, wenn er sie, auf Reisen durchs Land, mit der Öde der Provinz konfrontierte, der schwarz-weiß-roten Spießerseligkeit, dem »Mief der ungewaschenen Füße« und der Verschlafenheit schleswig-holsteinischer oder ostpreußischer Städtchen, die noch immer im Kaiserreich lebten und in deren Bannkreis das gesamte Gemeinwesen sich aus einem einzigen Kriegerverein rekrutierte.

Vom total platten Land aus betrachtet, gewann Berlin für den ins wilhelminische Niemandsland verschlagenen Großstädter einen Hauch von Paris; die Wilhelmstraße und die Linden rückten dem Luxembourg so nahe wie der Tiergarten.

Die Hauptstadt oder das weite Land, Asphalt oder dänischer Himmel, das Frankreich Fragonards, die Provence (nicht Normandie und Bretagne), das verwunschene Reich von Rheinsberg und Gripsholm: Tucholsky war in *zweierlei* Reichen zu Hause, in der Metropolis oder der Idylle aus Fontanescher Zeit, nicht aber in einem *dritten*, der Provinz mit ihrem Anachronismus, die nie ein Impuls aus der Hauptstadt, nie ein republikanisches Lüftchen erreichte.

Wenn nicht der Hausvogteiplatz oder die göttliche Claire – dann, bitte sehr, weites Land, offene Horizonte und dänische Felder: »Da liegen sie, sonnenüberglänzter Wind geht darüber hin, die Grasbüschel werden hin und her gerissen, pflaumenblau ziehen sich da hinten die Wälder entlang. Die Chaussee läuft ein Stückchen bergan, dann ist sie von der Kuppe gerade abgeschnitten und führt in den Himmel.«

Kurt Tucholsky, man hat's oft vergessen, war ein janusgesichtiger Mann: ein Roter, der sich, das nie!, gewiß nicht schwarz, aber bisweilen sehr wohl grün geben konnte – mit seinem (Bismarck abgelauschten) Plädoyer für alte Bäume zum Beispiel, für die Natur, die nicht registriert werden dürfe, für die Erinnerungskraft der Blüten und Büsche inmitten des auf den Tag und die Stunde fixierten Lebens der Großstadt, für Freiheit und Wildwuchs als Gegenelemente von totaler Planung, Organisation und phantasielosen Vermessens: »Einen alten Baum umschlagen – das ist eine Art Mord. Nun ist kein Leben ohne Tötung – aber man mordet doch nicht zum Vergnügen, nur, um mit der Aufzeichnung der Mordprotokolle die Akten zu füllen. Doch, sie tun's. Sie haben nicht das leiseste Gefühl, daß das, was sie da zerstören, ein Stück Leben ist – es sind übrigens grad jene, die das Wort ›Deutschland‹ ununterbrochen im Munde führen, die es am wenigsten spüren. Was aber ist Deutschland, wenn nicht seine Wiesen, seine Wälder, seine Flüsse und seine Bäume? Hier ist der Urgrund jedes Landes – damit geht man nicht so um, wie sie es tun.«

Menschlichkeit, Tucholkys in der Weise Fontanes beschriebener Leitbegriff, bewährte sich für den Publizisten Berlins, den Korrespondenten von Paris und den einsamen Mann im schwedischen Exil nicht nur im Umgang untereinander, einer auf der Dialektik von Einsamkeit und Solidarität beruhenden Art des Kommunizierens, sondern auch, der Zeit weit voraus, im Eingehen auf die Bedürfnisse der stummen Kreatur und der gewachsenen Landschaft. Die Plätze, Straßen und Märkte, Karussells und lampiongeschmückten Häuser spielen mit, wenn das Volk am 14. Juli, befreit und losgelöst von den Zwängen und Zwecken des Alltags, auf den Straßen tanzt; wenn eine leichte und natürliche Menschlichkeit – Humanität gepaart mit Toleranz – in ihre Rechte gesetzt wird und, inmitten der Tanzenden, Parkett und Bühne ineinander übergehen: Da wird das Volk zum Akteur, und die Akteure reihen sich ein in die Menge.

Rideau! quatorze juillet: Auch dies ein kurzer Traum. Je genauer, nach 1924, Tucholsky Frankreich kennenlernte, die *grande nation* mit ihrem Tschingdarassabum, dem sinistren Klerus und den allmächtigen Conciergen, desto verhaltener wurde seine Diktion, desto kühler der Blick, desto geringer die Spanne zwischen dem Arc de Triomphe und dem Alex daheim … und dennoch blieb, noch in der Emigration, die Stadt jener Revolution, deren Geist Männer bestimmten, die wie Tucholsky die Personalunion eines Schriftstellers, Juristen und *homme de lettres* lebten, ein säkulares Abbild des himmlischen Jerusalems, wie es die johanneische Apokalypse beschreibt: »Wahrlich, ich sage euch«, heißt es in einem Brief an Walter Hasenclever (Paris, den 9. September 1939, postlagernd), »dieses ist – trotz allem – eine himmlische Stadt. Mensch, als ich diese Luft, gemischt aus Staub, Metall, Sommerwind, Benzin und Frauen wieder gerochen habe ... also das gibt es wirklich ... nur einmal.«

Wahrlich, ich sage euch und *Mensch Max*: Das ist noch einmal, geschrieben von einem Mann, der sich *Edgar aufgehörter Deutscher* nennt, der ganze Tucholsky: pathetisch und schnoddrig, hymnisch und keß, sehr sanft und sehr unsentimental.

Hier ist ein Mann am Werk, dessen Olymp nicht aus Heroen der Politik und Literatur, sondern aus Käuzen und Außenseitern, Melancholikern und behutsam auftretenden Kabarettisten bestand, den Liebenswerten und Langsamen wie Karl Valentin mit seiner »kleinen ängstlichen Seele« oder Otto Reutter: »Alles geht aus dem leichtesten Handgelenk, er schwitzt nicht, er brüllt nicht, er haucht seine Pointen in die Luft.«

Und dann Zille mit dem Klimperklavier oder Chaplin, dem, neben Thomas Mann und Sigmund Freud, auch Tucholsky zuwinkt, trauriger freilich, ergriffener und herzanrührender als die distanzierten Bewunderer des kleinen Mannes mit dem Hut und dem Stöckchen und der hohen Kunst der »absoluten Bewegung«: »Weißt du (Charlie Chaplin), daß wir Besseren hier versauern und nicht aus der ewigen Schule herauskommen können, aus dem Kasernenhof, aus dem Internat Deutschland? ... Weißt du, wie wir warten? Auf die Stunde; die in die Freiheit führt –? (Geschrieben 1923!) Draußen, da wären wir doppelt dankbar für deine ernsten Späße und dein lustiges Pathos – draußen würden wir noch einmal anfangen, zu leben, ... zu verarbeiten, und überhaupt wieder vorhanden sein. Wir warten. Aber keiner kommt. Und wir sind dir dankbar, Charlie Chaplin, weil du uns eine Ahnung davon gibst, daß die Welt nicht teutsch und nicht bayerisch ist, sondern ganz, ganz anders. Aus dem Keller, de profundis, sei gegrüßt –!«

De profundis: Kein Zweifel, daß Tucholsky die großen pathetischen Töne des *genus grande*, der von Emphase und Enthusiasmus geprägten Stilart, beherrschte: Ein Ankläger der Mörder, wie es Karl Kraus war, der die Deklamationskunst der Kainz und Moissi in den Vortragssaal brachte, hatte Anspruch auf Beifall, gewiß, aber wenn Maximilian Harden den Degen wegwarf, um mit dem Rapier die hohe Schule der leisen Vernichtung (nein, nicht Vernichtung: *Erledigung*) vorzuexerzieren, wenn statt pompöser Rede ein schwebender Stil à la Polgar die Szene bestimmte, treffsicher und leise, wenn das Grauen der Materialschlachten nicht, tautologisch, durch krasse Bilder, grelle Vergleiche und bombastische Metaphern abgebildet wurde, sondern der Massenmord sich durchs kleine Wort verfremdet sah, dann glaubte sich Tucholsky zu Recht in der Meinung bestätigt, daß die oft genug als zweitrangig betrachteten Gebrauchsformen, das Couplet voran, politisch wirksamer sein könnten als Tragödie und heroisches Epos ... wirksamer – und mühevoller zu schreiben ohnehin.

So wenig Tucholsky, abgesehen von eher allgemein gehaltenen Äußerungen über den Unsinn künstlerischer Kollektivs oder das Handwerk des Streichens, die poetologischen Grundlagen seiner Poesie und Publizistik bedacht hat – *eine* Maxime, zumindest, galt ihm als Leitsatz: Das Leichteste ist das Schwerste, Grazie will erarbeitet und Anmut sorgsam geprobt sein; das Chanson, so schwerelos es sich gibt, bedarf jener sauren Arbeit, die ty mit den Adjektiven *krumplig, schwerfällig, schwerflüssig* umschrieb; und die Kunst des Mimikrys, tys ureigene Domäne: die bis zur Perfektion gesteigerte Schlupfwespentechnik verlangt geradezu akrobatische Konzentration. (Ein einziger Sprung aus der Rolle – und der gesamte Text ist Makulatur!)

Gedanken, milieugetreu, in Sprache zu transponieren, Ideologie in Rhythmus und Tonhöhe der Worte zu denunzieren, Meinungen in Idiomen gerinnen zu lassen: Dies, vor allem war Tucholskys Intention – eine Absicht, die er, mit aufklärerischem Anspruch vorgetragen, bis zur Perfektion entwickelt hat – einerlei, ob Herr Wendriner sich 1930 über den Nationalsozialismus ausläßt (»schlimm ist das alles nicht«), ob ein Sprachwunder drauflosschwadroniert oder ein Besoffener in der Wilhelmstraße Shakespeares Totengräber auf berlinerisch überbietet, an Weisheit und Witz.

Vergessen wir nicht, daß Tucholsky – nicht anders als der von ihm wenig geschätzte Bert Brecht – zuallererst ein exakter Handwerker war, ein Artist, der den großen Meistern auf seinem Feld, Schnitzler und, in höheren Rängen, James Joyce, auf die Schliche zu kommen versuchte. Wie, lautet die Frage, gelingt es einem Schriftsteller, Gedankenschnelle durch verbale Imitation und verwegenes Assoziieren mit Hilfe einer zersplitterten Syntax ins Schriftbild zu bannen? Es ist ergreifend zu sehen, wie Tucholsky die Technik seines großen irischen Partners zuerst analysiert (»Freud hat eine Tür aufgestoßen, ich glaube, daß sie nach Freud nur noch angelehnt war«), um, in einem zweiten Schritt, die Schwierigkeit des simultanen Verfahrens zu illustrieren (»während ein schwerer Gedanke wie ein Glockenton in der Tiefe brummt, hüpfen oben die Affen der Assoziation auf und ab«) und schließlich, in einer dritten – schwierigsten! – Partie, einen Absatz lang Joyce zu einer Schachpartie einzuladen: »... so sieht es in einem menschlichen Gehirn aus.« (Nun kommt es: Jetzt wird *wirklich* Schach, und nicht mehr nur Mühle, gespielt.) »Zersplittert und hundsgemein böse und geil und niederträchtig und gut und gutmütig und rachsüchtig und ohnmächtig-feige und schmutzig und klein und erhaben und lächerlich, o so lächerlich! Nachts kommt das alles herausgekrochen, schlängelt sich in die Schwärze um das Bett, vergiftend und vergiftet, durch alle Poren kommt es heraus. Töte ihn! fressen! ich will ihn haben – er müßte mich ... gibt auch zu viel Geld aus – mein dicker Oberschenkel! müßte mal wieder zum Friseur gehen – und ...«

So exakt Tucholsky die Wirklichkeit mit ihren politischen Antagonismen beschrieb, so perfekt beherrschte er die Technik, von der ersten in die zweite Welt, von der Handlung zum Gedanken, von der Realität in die Möglichkeit, vom Indikativ in den Konjunktiv hinüberzuspringen: Ja, dieser Mann war besessen von der Passion, Fakten in verschiedener Modulation durchzuspielen, besessen von der Leidenschaft, das »ist« in ein »müßte«, das »müßte« in ein »könnte« zu verwandeln und Thesen durch Vermutungen, Reize durch ausschweifende Imaginationen in Frage zu stellen.

Variationen à la Tucholsky: Was schreibt welche Zeitung über den Frühling? Worin besteht der Unterschied zwischen einem völkischen und einem kommunistischen Lenz? Was macht die Besonderheit eines nationalsozialistischen Kochbuchs aus, im Vergleich zu sozialdemokratischen Rezepten? Was geschieht, wenn ein Witz erzählt wird? Worüber denken Frauen nach, wenn sie sich ausziehen? Wie gehen die Nationen – fragt der Autor der Meditationsreihe »Was wäre wenn« – mit Pointen um? (»Einmal wurde ein besonders unanständiger, besonders kniffliger Witz erzählt. Der Tscheche verstand ihn sofort, der Italiener gleich, der Holländer nach einer halben Stunde und die Dame aus Hamburg nie. Der Grieche kannte ihn.«)

Und dann, Jandl voraus, das Jonglieren mit künstlichen Sprachen in »Rheinsberg« und »Gripsholm«, das Erfinden von künstlichen Idiomen, in denen Aberwitz und Tiefsinn die Plattheit der Alltagsrede entlarven und der Witz (*Witz* in Lessings Sinn: kristallene Vernunft) eines Schriftstellers triumphiert, dessen Kunsturteil von ingeniöser Hellsichtigkeit zeugt: ob sich nun Lichtenbergs rasiermesserscharfer Verstand, Freuds poetische Technik oder Kafkas Übertragung Kleistscher Prinzipien in die technifizierte Welt des zwanzigsten Jahrhunderts knapp und dabei mit großer Verweisungskraft etikettiert sehen.

Aber so groß Tucholskys Kunst des Rollenspiels, so staunenswert seine Technik, in Masken zu schlüpfen, auch war: Vor dem absolut Bösen, ich sagte es schon zu Beginn, hat er kapituliert. Er machte Witze über Goebbels, verteidigte Röhm (den Homosexuellen, nicht den Führer der SA), verglich in einem etwas läppisch geratenen Schulaufsatz Goethe und Hitler und stellte, statt den Gegner *en face* zu attackieren, die Eigenen an den Pranger, die feigen Wendriner und später, im berühmten Brief an Arnold Zweig, der definitiven Absage ans Judentum – unter Tränen! Mit welcher Verzweiflung, welchem Übermaß an Selbstanklage, ja Masochismus! – die Assimilierten in Deutschland, die Leisetreter und Komplizen des Terrors: »Was sind Sie? – Angehöriger eines geschlagenen, aber nicht besiegten Heeres? Nein, Arnold Zweig, das ist nicht wahr. Das Judentum ist besiegt, so besiegt, wie es das verdient – und es ist auch nicht wahr, daß es seit Jahrtausenden kämpft. Es kämpft eben nicht ... Es ist nicht wahr, daß die Deutschen verjudet sind. Die deutschen Juden sind verbocht.«

Und kein Rabbiner im Lande, der zum Führer seines Volks geworden sei! Keine Rebellion gegen die Pogrome der frühen dreißiger Jahre (»nur ka Risches!«)! Kein solidarischer Aufstand gegen die allgemeine Demütigung in den Jahren der Weimarer Republik! Ein Wutausbruch? Ich denke, eher ein Verzweiflungsschrei – der Hilferuf eines Mannes, der am Ende allein war. Allein unter den

Deutschen, allein unter den Emigranten, allein unter den Juden – den Assimilierten, wohlgemerkt, den Männern vom Jüdischen Frontkämpferbund, den Deutsch-Nationalen – nicht den Zionisten, von denen Tucholsky nichts wußte, nicht den Rabbinern vom Schlag des großen Rabbi Prinz in Berlin, nicht den Aufrechten, die ihren Messias-Glauben behielten: so wie die kleine Schar der Gerechten unter den Christen, die später Juden versteckten und die Getauften mit dem gelben Stern beim Gottesdienst schützten ... so wie die kleine Schar aus den Reihen der *ecclesia sub cruce* ihren jesuanischen Glauben bewahrte: allen Bäffchen-Trägern, Zentrums-Leuten und Inszenatoren des großen Spektakels von Lourdes, wie Tucholsky es sah, Paroli bietend.

Wenn der Publizist der »Weltbühne« der Geschäftskünstler im Gefolge eines wundergläubigen Mädchens, der unheiligen Allianz von Thron und Altar oder der Demoralisierung einer verkommenen Judenheit gedachte, wurde seine Stimme schrill: Zu groß, immer noch, selbst für einen Mann, der aus dem Judentum ausgetreten war, schon 1911 ... zu groß der mosaische Schatten, zu groß das Zeichen des Kreuzes, als daß die Kumpanei der Gläubigen mit der regierenden Macht anders als ekelerregend interpretiert werden konnte.

Aber der Haß, dem keine Liebe beigesellt war, blieb, bei aller Wut und geheimen Selbstbezichtigung, plakativ und steril. Der *Künstler* Kurt Tucholsky tritt erst dann hervor, wenn die Opfer den großen Hänsen zum Fluch-Gericht werden; wenn die Düsternis der Stunde durch eine Gegenwelt konterkariert wird, die das Düstere, statt es zu verschleiern, doppelt benennt; wenn das Flüstern das Schreien und die Sprache des Erbarmens die Kommandos lächerlich macht; wenn, dem kruden Hier und Jetzt zum Spott, das Wunder einer fünften Jahreszeit erfunden wird, erfüllt von Sanftmut und Melancholie: »Nun ruht es. Die Natur hält den Atem an ... Nun ist alles vorüber; geboren ist, gereift ist, gewachsen ist, gelaicht ist, geerntet ist – nun ist es vorüber ... Das Räderwerk steht still. Es ruht. Mücken spielen im schwarz-goldenen Licht ... tiefes Altgold liegt unter den Buchen, Pflaumenblau auf den Höhen ... kein Blatt bewegt sich, es ist ganz still ... Boot, das flußab gleitet, Aufgespartes wird dahingegeben – es ruht.«

Geschrieben im Herbst 1929 – drei Jahre vor dem Verstummen –, formuliert zu einer Zeit, als die Attacken, im Zeichen wachsender Resignation, weniger zielsicher wurden, die Buchkritiken und Schnipsel wichtiger, die Prankenhiebe seltener, die Gedichte routinierter. Das Ende kam langsam und von sehr weit her: *Ich bin einmal ein Schriftsteller gewesen*, heißt es am 19. Dezember 1935, im Abschiedsbrief an Mary – dem Testament eines Mannes, dessen Bücher die Nationalsozialisten auf dem Scheiterhaufen verbrannten, weil sie Grund hatten, den Mann zu fürchten, der sie geschrieben hatte und nicht nur ein Republikaner *sui generis*, sondern auch ein großer Schriftsteller war.

Es ist bewegend, daß Tucholskys letzte Worte – wiederum der Zeit weit voraus – eine Vision verdeutlichen, die im Zeichen von Glasnost die Sozialisten den Christen, die Christen den Sozialisten nahe sein läßt: eine Vision, die sich den leisen Worten *Erbarmen* und *Menschlichkeit* verpflichtet weiß.

Die drei Abschiedsworte, unmittelbar vor der Einnahme des Gifts niedergeschrieben, lauten: »Und soll verzeihen.«

MAX FRISCH

Der »Notwehr-Schriftsteller«

»Das Fremdeste, was man erleben kann, ist das Eigene, einmal von
außen gesehen«: Dieser Satz, Quintessenz einer Überlegung, die
der Bühnendarstellung des Dramas »Die chinesische Mauer« gilt,
bezeichnet mit der Exaktheit einer Formel das Kunst-Ziel des
Schriftstellers Max Frisch: das Eigene als etwas Fremdes zu erleben
und dann zu beschreiben; das Private zu inszenieren: also artistisch zu verarbeiten; das Persönliche von sich fortzurücken, um
es zum Zweck der »authentischen«, will heißen, von einem Ich
verbürgten Objektivation zu verfremden.

Hier spricht jemand in Tagebuch, Roman und Drama unaufhörlich
von sich selbst, protokolliert ureigene Erfahrungen, kundschaftet
subjektive Reaktionsweisen aus, umkreist ein Ego namens Ich-Fa-
ber-Stiller-Kürmann, schreibt, wie er sagt, zu dem einzigen Behuf,
»sich selbst lesen zu können« – und ist bei alledem der diskreteste
und zurückhaltendste Autor der Welt. Wer glaubt, er kenne ihn,
da doch im Werk dieses Max Frisch alles so schön enthalten sei –
»Mit seinem Vater hat ihn offenbar wenig verbunden«, oder »Der
Tod seiner Mutter ist ihm nachgegangen«, oder »Wie das mit seinen
Frauen war, darüber wissen wir Bescheid« … wer glaubt, er kenne
Max Frisch, der irrt sich gründlich. Was wir vor uns haben, auf
diesen Tausenden von Seiten, die er geschrieben hat, das sind
nicht verwertbare Daten, ja, das sind noch nicht einmal Tatsachen,
von denen sich, nach Beseitigung aller poetischen Verrätselun-
gen, guten Gewissens sagen ließe: »So also ist es wirklich gewesen.«

Wirklich und wahrhaftig: Mit diesen Begriffen kommt man einem
Mann zuallerletzt bei, in dessen Werk die Grenze zwischen *fiction*

und *faction* aufgehoben ist – einem Werk, in dem das *Er* fundene nicht minder real – ja oft wirklichkeitsträchtiger – als das *Ge* fundene ist, die scheinbar verläßliche Außenwelt, auf der anderen Seite, nicht sicherer als die Innenwelt mit ihren Widersprüchen, ihrem Dunkel, ihrer Rätselhaftigkeit.

»Jeder Mensch«, so Max Frisch in einem Gespräch, »erfindet sich früher oder später eine Geschichte, die er, oft unter gewaltigen Opfern, für sein Leben hält, oder eine Reihe von Geschichten, die mit Namen und Daten zu belegen sind, so daß an ihrer Wirklichkeit, scheint es, nicht zu zweifeln ist. Trotzdem ist jede Geschichte, meine ich, eine Erfindung. Und daher auswechselbar. Man könnte sich mit einer fixen Summe gleicher Vorkommnisse, bloß indem man ihnen eine andere Erfindung seines Ichs zugrunde legt, sieben Geschichten nicht nur erzählen, sondern leben.« Bekenntnis eines Artisten: keine Beichte und keine private Konfession. Freunde des intimen Journals kommen, im Fall Max Frisch, keinesweg auf ihre Kosten. Voyeurismus wird nicht bedient: Hier liegt einer weder auf der Couch, noch hockt er im Beichtstuhl. Hier wird vielmehr, mit einer Fülle von Volten, Kniffen und Tricks (das ist positiv gemeint) die Grenze zwischen »Ich« und »Er« gesprengt, ist der Analysierte zugleich der Analysierende, das Beichtkind zugleich Beichtiger – wobei, dies eben ist das Vertrackte bei Frisch, die Ich-Erzählung »objektiver« sein kann als der Er-Bericht aus der vermeintlichen Distanz. (Nachzulesen im zweiten Tagebuch, wo die von Kalkül und Kontrolle zeugende Ich-Form mit der allzu arglosen, ein »Kneifen« des Autors anzeigenden Er-Form konfrontiert wird.)

Ich zu sagen, Privatestes ins Spiel zu bringen, Betroffenheit nicht zu leugnen, sondern im Gegenteil dramatisch zu akzentuieren und dennoch wie ein Musilscher »Monsieur le vivisecteur« zu schreiben – ich kenne keinen Schriftsteller, der dies Max Frisch nachmachen könnte: Leidenserfahrungen wie historische Ereignisse zu formulieren. Man lese in der Erzählung »Montauk« die Passagen über seine – nein, nicht *seine,* sondern des Ich-Erzählers Liebe zu Ingeborg Bachmann, mit dem Beginn in grauen Pariser Morgenstunden: öffentliche Bänke, die Hallen (»am Nebentisch die Metzger mit den blutigen Schürzen, diese zu plumpe Warnung«), mit dem Fortgang in Zürich (»Die Verstörte am Bahnhof; ihr Gepäck, ihr Schirm, ihre Taschen«), mit der wilden, herzzerrei-ßenden Eifersucht in Rom (»Der Preis von meiner Seite; ich zahle ihn voll«), mit dem Ausgeliefertsein, der Hörigkeit und dem me-lancholischen Ende (»Wir haben es nicht gut bestanden, beide nicht«): Das ist die Beschreibung einer Liebesbeziehung, bestimmt von gnadenloser Offenheit, Konfession auf offenem Markt, hin-ausgeschriene Selbstbezichtigung, um mit sich selbst und der Welt ins klare zu kommen – und das ist zu gleicher Zeit, abgeho-ben von allem Persönlichen, die Analyse eines Mannes, der, ausgeliefert an die Liebe zu einer Frau, seine Würde bewahrt – nicht trotz, sondern wegen dieses Ausgeliefertseins … aber dieser Mann, der hier, an der Grenze von realer Person und Kunstfigur, Gestalt gewinnt, ist eben kein Herr F. aus Z., sondern ein Jeder-mann, und weil das so ist, wird der Leser nach hundert Jahren, der nichts mehr von Privatissimis weiß oder dem sie so gleichgültig sind wie die Amouren Seiner Exzellenz, des Ministers von Goethe, dafür dankbar sein, eine klassische, alles Persönliche tranzendie-rende Liebesgeschichte lesen zu können. Umschlag des Eigenen ins Fremde und Allgemeine: Das ist hier gelungen – und das hat zur Folge, daß ich, der ich den einen, den Schreibenden, kenne und die andere, die Beschriebene, gekannt habe, nicht den ge-ringsten Vorsprung gegenüber »naiveren« Lesern habe. Konfron-tiert mit einer Konfession, die dem Singulären den Rang des Exemplarischen gibt, hat jeder die gleiche Chance, das ergreifen-de »Es war einmal«, unberührt durch Zufalls-Biographica, auszu-machen.

Und da glaubte der junge Max Frisch einmal, nur die noch nicht geschilderte Außenwelt sei, als *terra incognita,* des Beschreibens wert – und da es »Räume unerfahrenen, unbekannten Lebens« in der alten Welt nicht mehr gäbe, könnten allein die Romanciers der jungen Völker noch Neuland entdecken, die europäischen Epiker hingegen hätten keinerlei Chance mehr, einen Kosmos darzustel-len, dessen verbindliche Benennung im Roman unser Weltbild entscheidend verändere; nur Nebengipfel seien noch zu erobern: Europas Poeten als frustrierte Schweizer Bergsteiger! Gottlob, daß Max Frisch dieses ebenso kecke wie falsche Theorem Lügen gestraft hat: daß er seine Sentenz widerlegte, mit deren Hilfe er dem Leser einreden wollte, episch sei allein die Mitteilung, das sagenhafte Fabulieren und das reflexionslose Schildern, nicht aber die Auseinandersetzung. Als ob es, beim heiligen Dostojewski, nicht auch eine *terra incognita* des Inneren gäbe, eine unbeschriebene, von der Epik, in Bericht *und* Analyse zu erhellende Seelen-Zone: eine Region, die der Praktiker Frisch, dem Theoretiker Paroli bietend, darzustellen nicht müde geworden ist – wobei er übrigens, indirekte Bezüge zwischen dem Ich und der Gesellschaft, die es leiden läßt, herstellend, »politischer« als mancher Oberflächenbeleuchter von sozialen Makrostrukturen schreibt. Es gehört schon eine gehörige Portion Verbohrtheit dazu, nicht zu erkennen, daß Frischs *expressis verbis* geäußerte politische Einstellung (sein Bekenntnis zum demokratischen Sozialismus; seine Invektive gegen die vom Geist der *upper ten* getragene Ausbeutungsstrategie der Vereinigten Staaten, nicht nur im Vietnamkrieg) sich auch, vermittelter natürlich, im poetischen Werk niederschlägt: in der Parteinahme für das allem Sinnstiftend-Sozialen entfremdete Ich so gut wie im Bekenntnis zu *seinem* Klientel der *outcasts* und Gezeichneten, der Nichtintegrierten und von den erfolgreich-cleveren Beiseitegedrückten. Strahlende Helden gibt es in diesem Werk nicht, noch nicht einmal Schelme, die, dank ihrer List und ihres Witzes, am Ende obsiegen: vielmehr Opfer aller Couleur, Sterbende, Gelangweilte, Verzweifelte, Gescheiterte, Dahinlebende, Trinker … Menschen allesamt, deren Schicksal ihr Autor mit einem Maximum an Engagement und Exaktheit protokolliert: als Seelen-Registrator, als richterliche Instanz, die ein Tagebuch führt (mal unter eigenem, mal, wie im »Stiller« und »Homo faber«, unter angenommenem Namen) – als Poet in jedem Fall, der in Bereichen Inventur macht, wo gemeinhin nur orakelt und geraunt wird, und dessen Kunst auf der nüchternen Preisgabe tabuisierter Tatbestände beruht.

Preisgabe. Das Wort ist – Überlegungen, die Jürgen Schröder in seinem Aufsatz »Spiel mit dem Lebenslauf« über das Drama Max Frischs angestellt hat – mit Bedacht gewählt: Preisgabe im Sinn von Verrat allgemein akzeptierter Gesellschafts-Regeln und zugleich im Sinn von Selbst-Verrat als der Form öffentlich angemeldeten Protests, die dem Schreibenden Würde und verbindliche Existenz garantiert. Preisgabe als Selbst-Auslieferung, befördert mit dem Ziel, Wirklichkeit und Weltbezug zu gewinnen. »Beim Lesen der Jesus-Geschichte«, heißt es in »Mein Name sei Gantenbein«, »hatte ich oft das Gefühl, daß es dem Jesus, wenn er beim Abendmahl vom kommenden Verrat spricht, nicht nur daran gelegen ist, den Verräter zu beschämen, sondern daß er einen seiner Jünger zum Verrat bestellt, um in der Welt zu sein, um seine Wirklichkeit in der Welt zu bezeugen.«

Ohne den Überlieferer keine Überlieferung: Das von Karl Barth auf Judas gemünzte Wort ist übertragbar auf den Schriftsteller. Nur wer zur Auslieferung des Geheimnisses bereit ist – und damit zur Selbstauslieferung! –, nur wer »es« und zugleich »sich« verrät, indem er nichts unterschlägt, sondern sein – in poetischer Formel erkennbares Mehrwissen denjenigen, die hören wollen, überantwortet; nur wer sich preisgibt, so Max Frischs Gedanke, hat die Chance, zu jener selbstbestellten Instanz zu werden, die dafür bürgt, daß Schreibender und Beschriebene »in der Welt sein« können. Der Poet, das ist der sich selbst zum Verrat meldende Mann aus Iskarioth: ein *Judas redivivus*, der dafür sorgt, daß ans Licht gebracht wird, was anders als durch eine bis zur Selbsterniedrigung gehende Preisgabe nicht zu enthüllen ist.

Paradidonai: dieses schillernde griechische Wort, für mich das erregendste, weil geheimnisvollste des Neuen Testaments, ist, unter diesen Aspekten, ein Schlüsselbegriff des Œuvres Max Frischs. Immer geht es um den Geheimnisverrat und Enthüllung (Apokalypse könnte der Roman »Homo faber« auch lauten), um Auslieferung (an sich selbst, an eine Frau, eine Idee), um Preisgabe (des »man« auf dem Wege zum »ich«), um Überantwortung (ein »Andorra«-Thema), auch um die Schilderung von Menschen, die sich selbst überantwortet sind und mit dieser Bürde nicht leben können – so, wie's in Judas' Bahnen der Puppenspieler Marion stellvertretend bezeugt. (Das erste Tagebuch schildert das Ende eines Künstlers, der sich als »verworfen« empfindet – auch das gehört zum Motivkreis des *paradidonai*: der Verworfene und Überantwortete als Abbild des den Menschen ausgelieferten, zum Opfer bestimmten Jesus: Unter diesem Aspekt gewinnt Andris

Rollenannahme – der Christ nimmt sich für den, der er nach der
Meinung der Leute sein soll: als Juden – eine neue Bedeutung;
auch der Herr am Kreuz hat die ihm oktroyierte Rolle, Opfer und
Judenkönig zu sein, angenommen; auch Judas, Christi Bruder am
Holz, die ihm zugewiesene Funktion, als Überlieferer, Jesu Überlieferung zu ermöglichen, akzeptiert: um den Preis des Verwor-
fenseins!)
Die theologische Dimension des Œuvres Max Frischs ist – von
Ausnahmen wie dem großen Schröderschen Essay abgesehen –
noch unausgelotet; und dabei liegt doch auf der Hand, in wie
produktiver Weise biblische Weltentwürfe und Lebensanweisun-
gen, das »Du sollst Dir kein Bildnis machen« allem voran, Max
Frisch immer wieder zur – oft die Vorlagen negierenden – Stel-
lungnahme herausgefordert haben, einerlei, ob er nun seinen aufs
Zwergmaß eines Haarwasserfabrikanten heruntergekommenen
Jedermann, der vor den Höllenschergen kuscht und an den
»Knechtlein« sein Mütchen kühlt, in einen theologischen Unter-
welt-Disput verwickelt, oder ob er, jetzt tödlich-ernst, Ludwig
Anatol Stiller eine herzbewegend-trunkene Rede über Opfer und
Gnade, über die Blinden und die Tauben, den Hochmut und die
Glaubenslosigkeit anstimmen läßt: Aufschrei im Zeichen der
Angst und des Tods – »und seine Lippen zitterten«.
Dieser beinahe verwegene Ernst, ein Pathos, wie's sonst kaum
noch ein Schriftsteller riskiert, die Moralität, die, wie in »Andorra«,
das Schwarz-Weiß-Zeichnen zum Prinzip erhebt, dazu die holz-
schnitzartige Strenge, die an wenigen herausgehobenen Stellen
sich in gemeißelter Sprache, einem lateinisch-spröden Deutsch,
manifestiert (»Wir stehen heute nicht mehr vor der Wahl zwischen
Frieden und Krieg, sondern vor der Wahl zwischen Frieden oder
Untergang. Den Politikern, die das noch nicht wissen, erklären wir
mit Entschiedenheit, daß die Völker den Frieden wollen«) ... dieser
Ernst, das Pathos, die Moralität und die Strenge haben ihren Platz
aus gutem Grund im Werk Max Frischs: Blocksteinartig zäsurieren
sie jene Spiel- und Witz- und Kombinations-Passagen (Etüden
eines besessenen Handwerkers, der's immer neu und anders
macht), an die einer zuerst denkt, wenn ihm der Name Frisch
einfällt.

Variierte *Themen* (ein Mann, mal trotzig, mal demütig vorgehend, in der Auseinandersetzung mit seiner Rolle – Öderland, Stiller, Don Juan, Andri ... übrigens keine Frau dabei: Adam, dem Eva nur als Beförderin leidvoller, oft vergeblicher Selbstverwirklichung dient, bleibt bei Frisch der Erstgeborene: undenkbar, daß Lila sich einen Gantenbein erfände!); variierte *Szenen* (das fröhliche Volk auf den Straßen: *Festa dell'uva* in Florenz; Feier des *Quatorze Juillet* in Paris – grandiose Evokationen eines Republikaners, die in jedem Lesebuch stehen sollten, als Beschreibungen von Menschen, die im Zustand festlicher Enthobenheit zeigen, was Freiheit, würde sie im Hier und Heute des Alltags verwirklicht, an Sprengkraft enthielte); variierte *Motive* (Vaterschaft – »Wir haben ein Kind«, »Ich bin beim Arzt gewesen« – und Inzest: mehrmals, in aufeinander verweisenden Wendungen, durchgeführt); variierte *Details* (das Mädchen mit dem Fuchsschwanz, dem blonden der Tochter Sabeth, dem roten der Freundin Lynn – einmal baumelnd und einmal pendelnd): *Schaut her,* bedeutet Max Frisch seinen Partnern, den Lesern, *so mache ich das, Ihr könnt mir über die Schulter sehn bei der Arbeit, hier wird nichts verborgen, hier kann jeder nachmessen, vergleichen und überprüfen – und weitermachen, natürlich, an einem Werk, das der Ergänzung bedarf: Dies macht sein Wesen aus* ... und das tut der Leser, herausgefordert durch die Architekten-Prosa, die öffentlich ausgelegte, dann auch, indem er Geschichten weitererzählt (die deutsche Frau und der russische Oberst; Isidor und Rip van Winkle, Professor Burri und der pseudomoribunde Gantenbein: Oh, da kann man schon Fortsetzungen schreiben), indem er neue Motivationen erfindet, die Schlüsse anders formuliert, die Perspektive verändert (Frauen ihr Recht gebend: Soll doch Julika einmal Tagebuch führen und Stiller, dieser redselige Adam, aus ihrer Rippe entspringen), indem er die Details umfiguriert und, angesichts des auf heller Bühne inszenierten Disputs, mit entschiedenem *pro* und *contra* Partei nimmt – wobei sich die Stellungnahme freilich im Laufe der Jahre verändert. Im Zeichen der alternativen Bewegung liest sich die Moritat von dem aus bürgerlicher Langeweile ausbrechenden Grafen Öderland anders als Jahre zuvor. Gleiches gilt für die Geschichte jenes Don Juan, der – auch er gelangweilt – einmal

»alternativ« leben möchte: Schach spielen und nicht immer nur Frauen umarmen.

Es spricht für die poetische Hellsicht des Autors Max Frisch, daß er, in der Parabel der Poesie, Tatbestände antizipierte, die später, in brutaler Eindeutigkeit, Realitätscharakter gewannen: Hier hat einer Bücher geschrieben, die nicht veralten, sondern sich, in Bezug zu neu gewonnener Erfahrung gesetzt und von ihr beleuchtet, frisch – und wie zum ersten Mal lesen lassen. Öderland nach dem Pariser Mai: eine andere Figur! Andri im Zeichen des Holocaust: künftiges, nicht gestriges Opfer! (Der Antisemitismus aller Couleur, vierzig Jahre nach Auschwitz wieder im Vormarsch.) Deutschlands Totenstädte nach dem Zweiten Weltkrieg – unvergeßlich im Tagebuch 1946–1949 beschrieben –: im Zeichen drohender atomarer Katastrophen, durch tollkühne Nachrüstungsbeschlüsse befördert, auf einmal wieder, wortwörtlich präsent. (*»Genossen«*, sagte Frisch auf dem Hamburger SPD-Parteitag zu den Delegierten, im Tonfall seines alten Manifests: *»Wir erklären den Politikern, daß die Völker den Frieden wünschen.«*)

Die Berichte dieses Schriftstellers, Konfessionen, Skizzen, Geschichten, sind nicht Artefakte, die zwar durch ihr So-und-nicht-anders-Sein einschüchternd wirken, unantastbar in ihrer Geschlossenheit, aber eben dadurch auch rasch langweilig werden und am Ende ruhmlos veralten: Frischs Etüden – »Versuche« auf höchstem, brechtschem Niveau – gleichen Angeboten, deren Funktion es ist, die Phantasie des Lesers mit Hilfe appellativer Entwürfe mit ins Spiel einzubringen.

Keine *Einschüchterung durch Klassizität*: Statt der eindimensionalen Heroen, bei deren Auftritt einer nur mit dem Kopf nicken kann, betreten Möglichkeitsmenschen die Szene: Kunstwesen, die, einmal aus dieser und einmal aus jener Einstellung beleuchtet (in jähem Perspektivenwechsel, dazu in Zeitsprüngen – das letzte zuerst, das erste zuletzt – nicht festgelegt, sondern auseinandergenommen), ihre Polyvalenz unter Beweis stellen – fähig, immer neue Rollen zu spielen, und derart in der Lage, jenen Satz zu widerlegen (er steht im Drama »Biografie«: Kybernetiker Krolevsky hält seinem Universitätskollegen Kürmann *privatissime et gratis* ein Einführungskolleg auf dem Felde der Logik), dessen Aufhe-

bung Max Frisch, der Schriftsteller und Humanist, mit nimmermüdem Elan zur Voraussetzung menschlicher Selbstverwirklichung
erklärt: *Ab posse ad esse valet, ab esse ad posse non valet.* (Von der
Möglichkeit zur Wirklichkeit: Das geht in Ordnung. Von der
Wirklichkeit zur Möglichkeit: Das geht nicht in Ordnung.)
Gerade umgekehrt! (Postuliert Max Frisch.) Anders, weil einzig
menschenwürdig! Heraus aus der Fatalität des Ein-für-allemal,
heraus in Sonderheit aus einer Welt der Fremd-Bestimmung, in
der selbst Franz von Assisi gezwungen wäre, seine Bilanz vorzu-
legen. Vom *esse* (das in Wahrheit kein Sein, sondern ein Schein-
Sein ist) zum *posse*. Dies ist das der Poetik Max Frischs zugrunde
liegende Axiom.
»Finde deine Identität«, heißt die Devise, »aber bedenke, daß solch
ein Finden beides zugleich bedeutet: man selbst zu *sein* und ein
anderer *werden* zu können.« Darum das ständige Bemühen, mit
Hilfe von durchgespielten Entwürfen die Phantasie wieder in ihre
Rechte zu setzen. Darum, da das Erfundene in der Lage ist, die
Tatsachen Lügen zu strafen, die Aufhebung der Grenze zwischen
Wirklichkeit und Fiktion. Darum die Übertragung der Brechtschen
Verfremdungstechnik in den Raum der Epik. Darum das Spiel mit
dem Spiel. Darum die Provokation des Lesers und dessen Dupie-
rung durch überraschende Schlußpointen am Ende langer, scheinbar in erwarteten Bahnen verlaufender Erzählungen (Musterbeispiel: Der Bericht vom Goldschmied im zweiten Tagebuch): *Denk
künftig nach! Und lies nicht wieder so romantisch* !
Was andere, bei Gelegenheit von Festreden, gern leutselig-herab-
lassend konzedieren: daß sie mit ihren Lesern Dialoge führten ...
Max Frisch tut es wirklich. Er ist angewiesen auf jene Mit-Denker,
die ihn korrigieren (»Das kann einer nur sofort akzeptieren«, sagte
er einmal zu mir, als ich ihm die von Studenten angefertigte
Korrektur der Faberschen Zeitrechnung vorlegte), angewiesen auf
Sympathisanten, die, wie ich, so weit mit ihm gehen, daß sie oft
nicht mehr wissen, ob sie die Mondnacht von Portofino, die
Wiener Dämmerungsstunde oder die nächtliche Todesfahrt der
Akrobatin Camilla Mayer (alles beschrieben im ersten Tagebuch)
erlebt oder »nur« gelesen haben – Leser also, die, im niemals
abreißenden Dialog mit Max Frisch, nicht zwischen Primär- und

Sekundär-Erfahrungen (gelebten und gelesenen) trennen – beides ist gleich wichtig für sie! Leser, die beim Studium der großen, mit Emphase und Gelassenheit geschriebenen Ehe-Dispute in die Hände klatschen (»er schreibt *zu* gut«, heißt's bei Fontane) und die ihr Veto einlegen – »das müßte anders formuliert werden«, wenn Frisch im zweiten Tagebuch unter den angeführten Gründen, dankbar zu sein, auch den frühen Tod seines Vaters erwähnt.

In jedem Fall stehen, hier zustimmend und dort Einspruch erhebend, die lesenden Rollenspieler auf gegen den Magister Ludi in Zürich – eingereiht, auf den hinteren Bänken, in die Riesenschar schachspielender Max-Frisch-Figuren.

In ihrem Namen sagt ein Leser Dank, der, bei ständig wiederholter Lektüre, an seiner unterschiedlichen Reaktion auf Passagen der Tagebücher, der Romane und der Dramen (wobei ihm, etwa im Fall des »Don Juan«, das Nachwort gelegentlich mehr bedeutet als das Stück, die Exegese mehr als der Traktat) sein Älterwerden realisierte. Dank an Max Frisch – einen Schriftsteller, der, vor mehr als dreißig Jahren, zum Thema »Autor, Buch und Leser« folgende Überlegung notiert hat: »Was uns am meisten fesselt, sind die Bücher, die zum Widerspruch reizen, mindestens zum Ergänzen: es fallen uns hundert Dinge ein … Vielleicht gehört es zum Genuß des Lesens, daß der Leser vor allem den Reichtum seiner eigenen Gedanken entdeckt. Mindestens muß ihm das Gefühl erlaubt sein, das alles hätte er selbst sagen können. Es fehlt uns nur die Zeit oder wie der Bescheidene sagt: Es fehlen uns nur die Worte. Und auch das ist noch eine holde Täuschung. Die hundert Dinge, die dem Verfasser nicht einfallen, warum fallen sie mir selber erst ein, wenn ich ihn lese? Noch da, wo wir uns am Widerspruch entzünden, sind wir offenbar die Empfangenden. Wir blühen aus eigenen Zweigen, aber aus der Erde eines anderen.«

Was, in aller Demut, der Leser Max Frisch im Jahre 1950 notierte, sei dem Autor Max Frisch anno 1981 ins Gedächtnis gerufen. Seine Sätze waren prognostisch. Die Beschreibung jenes imaginären Anderen, des Bücherschreibers von bezwingender Appellationskraft, der, Spuren legend und Wege weisend, die Leser auf Fährten setzt, die sie ohne ihn niemals entdeckt hätten, hat sich als Selbstbeschreibung erwiesen: *Er* ist es jetzt, Max Frisch, und kein Irgendwer, aus dessen Boden die Zweige der von ihm Angerührten, der Ergänzenden, Ausdeutenden, Widersprechenden, blühen.

Ein Autor für mündige Leser, nehmt alles in allem – für jene zumal, die – so Fontane – »Lust und Fähigkeit haben, auf die hundert, und ich kann dreist sagen, auf die tausend Finessen« zu achten, die am Ende ein Kunstwerk ausmachen.

Ein Kunstwerk vom Schlage des Œuvres jenes Max Frisch, der, für jede Überraschung gut und deshalb vielen Jüngeren noch immer voraus, sich (ohne darum Alter, Erfahrung und gewonnene Sicherheit im Metier der Poesie zu leugnen) ständig neu in Frage stellt – bereit, an jedem Tag von vorn zu beginnen: «Wenn man das Wort nicht mißbrauchen will, würde ich mich zur Gattung der Notwehrschriftsteller rechnen« – in der Tat, der Satz läßt, wie die Zeiten sind, noch manches erwarten und erhoffen, natürlich. Wir werden ihn brauchen, diesen Max Frisch.

(Geschrieben 1981 – und heute, 1992, so gültig wie vor elf Jahren.)

FRIEDRICH DÜRRENMATT

Reflexion und Poesie

»Ich zähle zu den Gedankenschlossern und -konstrukteuren, die
Mühe haben, mit ihren Einfällen fertig zu werden, deren Einfälle
ihre Konzepte, aber auch ihre Bekenntnisse immer wieder durch-
kreuzen; zu jenen Schriftstellern, die nicht von der Sprache her
kommen, die sich vielmehr mühsam zur Sprache bringen müssen.
Nicht weil ihre Sprache ihren Stoffen nicht gewachsen wäre: Ihre
Stoffe sind der Sprache nicht gewachsen, außerhalb von ihr ange-
siedelt, im Vorsprachlichen, noch nicht genau Gedachten, im
Bildhaften, Visionären. Nicht meine Gedanken erzwingen meine
Bilder, meine Bilder erzwingen meine Gedanken«: Das Präludium
von Friedrich Dürrenmatts Lebenswerk- und Denksumme, der
»Stoffe I–III«, zeigt einen Mann bei der Arbeit, der, in Kierkegaards
Weise, Philosophie und Kunst, Reflexion und Poesie, Bild und
Formel zu einem Traktat zu vereinen sucht, in dem Beschreibung
und Abstraktion einander bedingen.

Transzendierung der situations- und personenbezogenen dramatischen Parabel zugunsten einer freien Prosa, die das Unberechenbare der aus den Fugen geratenen Welt durch sprachliche Brüche,
Umschwünge und den ständigen Formen- und Stilwechsel einzuholen vermag, heißt Dürrenmatts Devise seit dem Ende der siebziger Jahre.

Vom einzelnen her, dem Privaten und Subjektiven, das als einziges
in einer längst nicht mehr durchschaubaren Welt zumindest einen
winzigen Rest von Freiheit und Vernunft bewahrt, gilt es, dem in
Bruchstücke zerfallenen, von Zufällen, Unwägbarkeiten und Paradoxien bestimmten Universum den Spiegel vorzuhalten und
Newtons »Hypotheses non fingo« durch den Satz umzukehren: Ich

erfinde, im Gegenentwurf zur totalen, des Sinns und der Planung entbehrenden Destruktion rings um mich her, ein Individuum, das »Welt« begründet, indem es sich selber begegnet. Ich erfinde ein Spiegel-Ich, das, bildhaft reflektiert, zu lernen beginnt. Ich erfinde ein Hirn, für das es keine Außenwelt gibt – ein Hirn, das Welten schafft, indem es die Grenze von Denken und Fühlen, dem Kalkül und der Imagination aufhebt – ein Hirn, das, vor aller Evolution, noch einmal ganz von vorne anfängt und derart die Region der Wirklichkeit, einen kümmerlichen, durch die Brutalität des »so und nicht anders« bestimmten Landstrichs, ins Riesenreich der Möglichkeiten einmünden läßt, deren Gott nicht aufs teleologische Denken, sondern auf Erfindungsreichtum und Phantasie schwört. So betrachtet steht Dürrenmatts späte Prosa – nein, nicht Prosa: Bekenntnis jenseits aller durch vorgegebene Muster eingeschränkten Aussage, verläßliche Handreichung und Rede vom Himmel herab! – für den Versuch, dem Zuwachs an Gedanklichem durch eine überbordende, Grenzen sprengende Sprache beizukommen und, an der Grenze von Formel und Bild, die Empfindungen eines Subjekts zu bezeichnen, das im Kleinsten und Größten zugleich zu Hause ist: im Emmental und unter den Sternen, eingemeindet in der überkommenen Welt der Kirchen und Bahnhöfe, im Ambiente der Bauern, Lehrer, Pastoren und Schulkinder und zu gleicher Zeit den Gestirnen ausgesetzt, den Mythen und Träumen. Herakles hält seinen Einzug vor den Toren von Bern, der Minotauros könnte, wenn ihm der Sinn danach stünde, Schwyzerdütsch sprechen. Himmel und Erde, Welt und Gestirn gehören für einen Schriftsteller untrennbar zusammen, dessen poetische Absicht zeitlebens der Veranschaulichung des kopernikanischen Bewußtseins galt.

»Ich bin nie Ptolemäer gewesen«, lautet Friedrich Dürrenmatts Glaubensbekenntnis, und das heißt: Ich habe Menschen zu schildern, die, einerlei, ob sie in einer Alpenprovinz, in Tibet, in der Wüste, in einem kretensischen Labyrinth oder im Städtchen Güllen zu Hause sind, Partikel von Welträumen sind, Bewohner eines winzigen und höchst peripheren Planeten im Kosmos … und diese Doppeltheit, die auf dem Wechselspiel von Gewußtem und Gefühltem besteht, genauer: auf der Diskrepanz zwischen kopernikanischem Denken und ptolemäischem Fühlen ... diese Diskrepanz zu beschreiben, die unsere Befindlichkeit ausmacht, hat den Denk-Spieler und Bilder-Logiker Friedrich Dürrenmatt, nach der großen, ins Offene führenden Wende, wieder und wieder fasziniert: in einem Ausmaß, daß er, um dem Stoff, der allen seinen späten Versuchen zugrunde liegt, gewachsen zu sein, eine neue Sprache erfinden mußte. Die Sprache der Bilder, die sich konsequenter Abstraktion verdankt; die Diktion von Gleichnissen, die dem Unanschaulichen des naturwissenschaftlichen Denkens abgerungen sind; die Ausdrucksweise eines Schriftstellers, dem es – vielleicht als einzigem in unserer Zeit! – gelungen ist, Wahrheit ins Bild zu setzen und die fremde Welt, deren Strukturen nur noch die Wissenschaftler erkennen, in Parabel und Spiel wieder verfügbar zu machen – verfügbar durch das Neubedenken alter Mythen und die Eingemeindung von Figuren, die, scheinbar längst erledigt, durch einen distanzierenden, Abgründe nicht verschweigenden, aber dennoch frischen und parteilichen Blick jene »zweite Zeitgenossenschaft« gewinnen, die das Nahe fern, das Ferne nah sein läßt.

Unio poetica ist die Leitmaxime Dürrenmatts: Entwurf von Modellen, Gleichnissen, Phantasmagorien, Denkbildern und Spiegelungen, die das Widerspruchsvolle der modernen Existenz verdeutlichen: das In-zwei-Welten-Leben, mit den sekundenschnellen Brüchen zwischen wissenschaftlich-wahrhaftiger (aber in alltäglicher Praxis nicht zu realisierender) Gedankenarbeit und sinnfälligem (aber wirklichkeitsfernem) Existieren im Tag und der Stunde. Da gilt es, inmitten rapide zunehmender Parzellierung noch einmal das Große Gesamt sichtbar zu machen: ein Zugleich, in dem die Shakespeare-Welt der Könige und Narren, dieses geliebte britannische Theaterreich, das von Schurken und Heiligen, Wahnsinnigen und Spaßmachern aus dem Arsenal des Friedrich Dürrenmatt strotzt, mit einem Jean-Paulschen Blick vom Weltall herab angeguckt wird. England rückt an die Sterne heran, und das Weltall mit den entzückt und kenntnisreich beschriebenen »Planeten, Galaxien und Quasaren« türmt sich auf über dem Nächsten, den Dörfern und Bergen der Schweiz.

Wie nah wird da plötzlich, am Fernrohr eines Zauberers herbeigeholt, der Kosmos – wie durchschaubar das Miteinander der »Leptonen, Mesonen und Baryonen«, und wie rasch entfernt sich, dank des Doppel-Blicks der Poesie, das scheinbar Vertraute und Verläßliche; wie überfallartig wird, was Sinn und Verstand zu haben scheint, ins Absurde und Unberechenbare getrieben ... und ins Phantastische dazu! So groß die Diskrepanz zwischen dem Mann des Theaters und dem freien Gedankenspieler auch ist – eins bleibt konstant: das Faszinosum der Einfälle, die Besessenheit, das Schlimmste im Burlesken anzusiedeln und mit Hilfe der Komik zu analysieren. Nur der Witz – dies bleibt Dürrenmatts Glaubensbekenntnis – ist in der Lage, das Tragische in seine Rechte zu setzen; nur der Kontrast der Farce, nicht die verdoppelnde Wiedergabe des Schreckens durch Pathos und Klage wird den Opfern gerecht: Nicht Tautologie, die hinter der Wirklichkeit zurückbleibt, so schriller Mittel sie sich auch bedient, sondern die Dissonanz rückt das Grauen ins Zentrum. Wie Dante, der sehr genau wußte, warum er die *divina commedia* wählte, wo es galt, das Inferno zu inszenieren, so wählt Dürrenmatt Monstermoritat und Groteske, um Mord und Hinrichtung, Apokalypse und Höllenfahrt als Spektakel vorzuführen, dem zuzuschauen bedeutet: *Hier wird etwas gespielt, das, wortwörtlich, zum Totlachen ist.*

Das Inferno als Ort des Gelächters – kein Zweifel, Dante winkt tatsächlich von ferne herüber, hält aber, bewegend zu sehen, plötzlich inne im Winken; denn die unterste Hölle, wo der Widerruf der Genesis praktiziert wird, ist auch von der frömmsten Komödie nicht mehr erreichbar. Nie, denke ich, gibt Friedrich Dürrenmatt mehr von sich preis, von seinen Ängsten, Skrupeln und der großen Resignation, als in jenem Augenblick, wo er, der Nachfahr aller großen Komödianten in der Literatur, plötzlich die Achseln zuckt und derart verdeutlicht, daß, anders als zu Dantes Zeit, der Witz heute nur die Niederungen der *Vor*hölle erhellt: Der *unterste* Kreis hingegen ist nicht mehr beschreibbar; vor Auschwitz hat auch die verwegenste Phantasie ihren Bankrott zu erklären: »Die Landschaft des Todes ist grün«, so die letzten Sätze des letzten Buchs, »der Ort wurde weder von meinem fingierten Hirn ausgedacht oder geträumt, weder vom Hirn des Gottes mit Bart, noch von jenem des Gottes ohne Bart, der in Jamaika im Bademantel auf dem Bett dem Schreibmaschinengeklapper Gabriels, dem Rauschen des Regens und dem Schleifen der Palmblätter zuhört, und auch ich habe ihn nicht erdacht oder geträumt. Er ist undenkbar, und was undenkbar ist, kann auch nicht möglich sein, weil es keinen Sinn hat. Es ist, als ob der Ort sich selber erdacht hätte. Er *ist* nur. Sinnlos wie die Wirklichkeit und unbegreiflich wie sie und ohne Grund.«

Das sind Sätze, die dem Betrachter den Atem verschlagen: Da tritt ein großer Demiurg plötzlich zur Seite und erklärt in einem Augenblick, da er mit seiner Sprachkunst so weit wie nie zuvor gekommen ist, fähig, das Denken selbst zu verbildlichen und den Bewegungen des reinen Geists eine Anschauungskraft zu verleihen, die bis dahin der Beschreibung von Gefühlen, Seelenregungen und Empfindsamkeit aller Arten vorbehalten war ... da erklärt der Zauberkünstler ausgerechnet in einem Moment, da er in Bilderfolgen formulieren kann, was Kierkegaard das *konkrete Denken* genannt hat (»wo die Existenz dem existierenden Denker den Gedanken, Raum und Zeit gibt«) ... da erklärt Friedrich Dürrenmatt: Es gibt heute Regionen, zwischen Himmel und Erde, die, von keiner Poesie erreichbar, nur noch auf sich selber verweisen: »Gelände, da hat die Kunst nichts zu suchen.«

Doch dieser Satz eben, der dort Schweigen einklagt, wo nichts mehr zu reden ist, verbürgt die Verläßlichkeit einer Poesie, die im Spätwerk immer mehr gewiß nicht christliche, wohl aber metaphysische, genauer: religiöse Züge im Sinne Kierkegaards präsentiert.

»Während ästhetische Existenz wesentlich Genuß ist, ethische Existenz wesentlich Kampf und Sieg, ist religiöse Existenz Leiden und nicht als Durchgangselement, sondern als ständige Begleitung« – das ist ein Satz, der, in Kopenhagen geprägt, auch in Neuchâtel hätte formuliert werden können – als Motto der Erzählung »Der Auftrag« zum Beispiel, in der das Motiv des Beobachtens und Beobachtetwerdens und Beobachtens des Beobachtetwerdens und so weiter und so fort sich, mit einem jähen Umschlag in ein anderes Feld, vom Politischen ins Religiöse übertragen sieht: Könnte, fragt Dürrenmatt, der Mensch auf die Dauer existieren, wenn er, ganz und gar nur mit sich selbst beschäftigt, sich nicht

von irgendwoher beobachtet wüßte? Ein Leben ohne das Bewußtsein: *Einer jedenfalls schaut dir zu* – ist das nicht gleichbedeutend
mit der puren Negation – also, bis zur letzten Konsequenz weiter-
gedacht, ein Nie-mehr-Sein, wie es in Birkenau praktiziert worden
ist?

Kein Zweifel, die Einsamkeit ist dominant geworden in Friedrich
Dürrenmatts Welt: das wilde Treiben à la Balzac, die grelle Ausgelassenheit der *comédie humaine*, weicht der Monotonie von
Schnee- und Wüstenlandschaften, dem Einerlei und Immerso
fiktiver Regionen, in denen Menschen Zwiegespräche führen, die
sich auf einmal als Monologe erweisen: Denk-Spiele mit sich
selbst inmitten einer Welt, die labyrinthisch ist, weil in ihr die
Wissens-, Erfahrungs- und Denk-Vorräte aller Zeiten aufbewahrt
sind: gewaltige Arsenale und Magazine, deren Reservoirs alle
gleich wichtig, also, in ihrer Summe, absurd sind.

Resignation also? Ein »Wozu das alles?« als Epilog? Im Gegenteil.
Je konsequenter Dürrenmatt die Situation der Isolierten, Verstreu-
ten und Sich-selbst-abhanden-Gekommenen beschreibt, desto
weiter wird, in entschiedener Gegenbewegung, sein Kosmos;
desto entschiedener die Zurücknahme der Reduktion; desto mar-
kanter der poetische Ertrag, der sich, Kafka folgend (und – dem
nicht genannten – Freud erst recht!) in der Versinnlichung des –
wie es in den »Stoffen I–III« heißt – »Vorgeistigen, Vorreligiösen,
Vordenkerischen, Vorliterarischen« manifestiert.

Erst der späte Dürrenmatt, dessen Entdeckung lange Jahre dauern
wird, hat das Denken thematisiert. Nicht zufällig werden die
beschriebenen Stoffe 1965, im »Dokument«, *verwandelte Eindrük-
ke* genannt (»Sterne sind Konzentrationen von interstellarer Mate-
rie, Schriftstellerei die Konzentration von Eindrücken«), während
sie sich, fünfzehn Jahre später, als *Resultate meines Denkens*
beschrieben sehen (»Spiegel, in denen, je nach ihrem Schliff, mein
Denken und damit auch mein Leben reflektiert werden«), ehe,
abermals ein Jahrzehnt später, auch das in Fabeln resultierende
Denken in Frage gestellt wird, da das Schreiben ihm nicht nachgekommen sei.

Einspruch, Friedrich Dürrenmatt! Einspruch im Namen der Leser,
die beweisen können, Satz für Satz, daß gerade die letzten Arbei-

ten von der Identität zwischen Sujet und Sprache bestimmt sind: so sehr, daß in einer Variation des Kafka-Satzes »Ein Vogel ging, seinen Käfig zu suchen« gesagt werden könnte: Die Stoffe, diese Ergebnisse geronnenen, wirklichkeitsbestimmten und erfahrungsgesättigten Denkens, gingen aus, ihre Sprache zu suchen und haben sie an einem Ort gefunden, wo – ein letztes Mal Kierkegaard! – das abstrakte Denken konkret wird, weil das Ich die Logik des Systems durch die »leidenschaftliche Innerlichkeit« des Existierenden überwindet.

Nicht Objektivität, Abrundung und systematische Perfektion bestimmen Dürrenmatts Werk, sondern, im Gegenteil, Widersprüchlichkeit und Ambivalenz eines Entwurfs, der niemals »fertig« ist. Darum die Distanz gegenüber der parabolischen Geschlossenheit der Dramen, die dem Schreibenden Weltruhm eintrugen; darum das Naserümpfen über das Lessingsche »Erstochen und geklatscht« im klassischen Drama; darum das Insistieren auf ständigem Neubedenken, Weiterarbeiten, Transponieren, Umschreiben und Interpretieren von Arbeiten, die *works in progress* und keine Kunstwerke sein sollten, die, kaum beendet, sich als unantastbare Schöpfungen gerierten. Deshalb das unermüdliche Spiel mit Nachworten und Nachworten der Nachworte; deshalb der Aufweis von Kongruenzen zwischen eigener Dichtung und Malerei (beide einander wechselseitig erschließend: in niemals endendem Diskurs); deshalb die Verzweiflung im Angesicht der unwiderrufbaren Faktizität (»hinter Glas Berge von Brillen, Schuhen, Kleidung, eine wirre Ansammlung von Krücken und Prothesen, ein Saal voller Koffer mit Anschriften der Besitzer, dann zusammengeschüttet Kinderschuhe«); deshalb schließlich der Wille, niemals festgelegt zu sein, nie im Bannkreis fixierter Systeme und Ideologien zu verharren, sich nie ästhetischen Normen zu fügen, sondern von Mal zu Mal anders, neu und unverbraucht, zu schreiben. Heute in epigrammatisch geprägten Stichomythien und morgen in kapitellang ausgefächerten Sätzen; hier in sentenziöser Verknappung, dort im Faltenwurf der Perioden ... immer als Redner, der, wie Schiller, dieser Kriminalschriftsteller, Rhetor und mit Kniffen und Tricks operierende Dramatiker, den Dürrenmatt wie kaum ein zweiter verstand, sich aufs

Publikum einläßt – einerlei, ob er durch den Mund seiner Figuren oder im eigenen Namen spricht, einerlei, ob er eine Festgesellschaft oder einen einzelnen anspricht: sehr langsam und nachdenklich, sanft dialektbestimmt (so, denke ich mir, hat Goethe hessisch gesprochen; aber Schiller nicht schwäbisch; denn der beherrschte das Hochdeutsche nicht, wenn er in Rage geriet) – Sätze wie Perlen aneinanderreihend, Preziositäten – mit Alltagsware vermischt – und das aus gutem Grund. Hier werden von einem Mann, der nicht müde geworden ist, die Rede gegen ihre Kritiker zu verteidigen, die Rede Schillers, aber auch die Rede des Pfarrers zu Flötigen vor den leeren Bänken seiner von der Gemeinde verlassenen Kirche ... hier werden von Dürrenmatt keine »goldenen Worte« geprägt, sondern ins Offene verweisende, des Einspruchs und der Weiterführung bedürftige Gespräche mit dem Ich, mit der Welt, mit dem Partner geführt: Gespräche an der Grenze zwischen Evidenz und graziöser Vieldeutigkeit; Gespräche eines Mannes, der – immer anders, immer er selbst – unermüdlich Auskunft gab über das Denken und Schreiben in einer Welt, der er Kontrast-Entwürfe entgegenschleuderte, um sie am Ende dennoch zu *seiner* zu machen – und der gleichwohl wenig preisgegeben hat von sich. Konfessionen waren Dürrenmatt verhaßt, und ich bin sicher, daß er, der bei »Gullivers Reisen« und »Moby Dick« (und Homer erst recht) nicht aus dem Staunen geriet, eingeschlummert wäre bei der Lektüre Augustins und Rousseaus: erstaunlich genug, wenn er, der, wie sein Schiller, »populär und fremd« zugleich geblieben ist, *einmal*, verborgen hinter den Figuren des Mythos, den Schleier lüftet und unvermittelt auf sich selbst verweist, indem er, einen Halbsatz lang, preisgibt, daß nicht nur der Akteur das Labyrinth, den Ort der Selbstbegegnung im Zeichen des Todes, freiwillig betreten müsse, sondern »auch der, welcher es unternimmt, das Labyrinth darzustellen« ... und, fügen wir hinzu, den Blick nicht abzuwenden, wenn der Ariadne-Faden zerreißt und die Mauern sich schließen.

Wäre ich ein Pfarrer, dann würde ich den Satz aus der Dankrede nach der Verleihung der Buber-Rosenzweig-Medaille anschließen: »Sich in dieser Welt nicht zu fürchten ist vielleicht *die* Botschaft, die uns nicht die Vernunft, sondern nur jene verheißungsvolle Fähigkeit geben kann, die wir – etwas verlegen – Glauben nennen.«

Aber ich bin kein Pfarrer, und darum sage ich nur: Das Gespräch mit Dürrenmatt, ein niemals endender Dialog, wie er ihn, jahrzehntelang, mit Shakespeare, Kierkegaard oder Schiller geführt hat, insistierend und demütig, lernbereit, provozierend und trotzdem zum Eingeständnis des Scheiterns bereit – dieser Dialog ist nicht zu Ende; er beginnt erst, und wir werden Mühe haben, in Friedrich Dürrenmatts mächtigem Schatten, ihn zu bestehen.

II. WERKE

ARTHUR SCHNITZLER

Die Erzählungen

»Ein frisch gefülltes Glas Champagner stand vor ihm. Er trank es in einem Zug aus – mit Lust, fast mit Begier. Der Klavierspieler phantasierte über Themen aus Wagners Opern in parodistischem Walzertempo. Irgend etwas längst Vergangenes zog durch Roberts Sinne. Vor vielen Jahren, zu Beginn seiner Ehe, war er einmal während einer Tristan-Aufführung mit seiner jungen Gattin in der verdunkelten Loge sehr zärtlich gewesen. Es war ihm nun in der Erinnerung, als hätte er sie damals unendlich geliebt.« Das sind Sätze aus Arthur Schnitzlers letzter großer Novelle, »Flucht in die Finsternis«, zuerst erschienen wenige Monate vor dem Tod des Autors, in der »Vossischen Zeitung«. Eine gnadenlose Geschichte, formuliert mit vivisektorischer Exaktheit: Wie ein Beamter, der Sektionsrat Robert, langsam dem Irrsinn verfällt; wie ein Hypochonder zum Wahnverfolgten, ein Wahnverfolgter zum Verrückten, ein Verrückter, am Ende eines Prozesses rapider Selbst- und Welt-Entfremdung, zum Mörder wird. Ein Mann kommt sich selbst abhanden; seine Liebschaften, mit dem armen Mädel so gut wie mit der jungen Dame aus vornehmem Haus, erweisen sich als vergebliche Müh – vergeblich, wo es gilt, dem Wahnsinn und dem Tod Paroli zu bieten.

Die kleine und große Liebe im Zeichen des kleinen und großen Todes; die letzte Seligkeit vor dem Finale; Geigen-Soli, gespielt in einem Augenblick, wo der Mann mit den Trommelschlegeln sich schon bereit macht, den Kehraus zu markieren: *Schluß jetzt, das Stück ist aus, der Vorhang fällt* – das Ineinander von Liebe und Tod, die Verschwisterung von Ekstase und Verfall ist das Generalthema Schnitzlers, der Grundakkord, den er ein Leben lang, in Dramen und Geschichten, variiert.

Hommage à Richard Wagner heißt die Devise, Wiederholung des Tristan-Motivs im literarischen Werk. Schnitzler war schon mündig, einundzwanzig Jahre alt, als Wagner starb, Thomas Mann erst sieben; aber beide, der Wiener versteckt und der Lübecker offen und in enthusiastischer Huldigung, sind schon deshalb »Wagnerianer« geworden, weil sie beim Musiker eine Technik vorgeformt fanden, die Technik des Leitmotivs, deren Ergiebigkeit für die Epik beide, jeder auf seine Art, erkannt haben.

Liebe und Tod: das Thema des »Tod in Venedig«, des »Zauberberg« oder des »Faustus« ebenso wie der Geschichten »Sterben«, »Der Andere« oder »Frau Beate und ihr Sohn«. Ein Thema, das von einer Fülle der Verweise, Anspielungen, geheimen Durchblicke und verschlüsselten Wiederholungen umspielt wird. Immer wieder, bei Schnitzler, das Bild der beiden Herren, die unvermittelt, wie Todesboten, die Bühne betreten; immer wieder, oft nahezu stereotyp eingesetzt, das Motiv der Liebes-Illusion: Witwer entdecken, nach dem Tod ihrer Frau, daß ihr Leben auf Lüge gebaut war; daß sie ein Hahnrei sind, gefoppt vom Nebenbuhler, der häufig noch ein guter Freund des Betrogenen war.

Schnitzlers Themen- und Figurenarsenal ist bescheiden – staunenswert aber, was er aus den sechs oder sieben Urmodellen seiner Erzählungen macht, wie er mit den Mustern »Traum und Wirklichkeit«, »Treue und Untreue«, »Prophetie und Erfüllung«, »Zynismus des Mannes, Sentimentalität der Frau«, »Monolog und Dialog« spielt. Ganz wenige Topen (»Sterben«, »Duell«, »Verführung«, »Grenzüberschreitung«) ganz wenige Archetypen, die Atmosphäre betreffend (herbstliche Sonnen, die schläfrige Schwüle des Sommers, Sternennächte, das *leuchtende* Licht in den Prachtstraßen und das *traurige* in der Vorstadt) – und welch eine Kraft und artistische Meisterschaft in der immer neuen Schattierung der vorgegebenen Muster, die hier abgerufen, dort überraschend variiert, hier Punkt für Punkt entwickelt und dort durch wilde Umschwünge und abrupte Gegensätze dramatisiert werden – aber immer die *eine* Handschrift verraten.

Schnitzler, das wird oft vergessen, hat, in Sujet und Stil, eine

Eigenart entwickelt, die Thomas Manns unverwechselbarer Manier nicht nachsteht. Eine halbe Seite genügt, um zu erkennen: Ja, das hat Schnitzler geschrieben. Dieses Landhaus, diese kalte, freche Sonne im Spätherbst, dieser Pratergarten, dieser Mond über dem kleinen Gasthof, irgendwo nicht weit von der Hauptstadt: Das ist *sein* Wien, *seine* Landschaft, *seine* Stimmung.

Kein Wunder, bei alledem, daß sich ein »Who is who in Arthur Schnitzler« nicht minder amüsant und ergiebig ausnehmen würde als das – bereits geschriebene – »Who is who in Balzac«. Ein Lexikon von außerordentlichem Reiz käme zustande, und der Leser hätte Gelegenheit, ein Hin und Her, ein wohlkalkuliertes Bezugsspiel innerhalb der Geschichten, aber auch – und vor allem – Verweise zwischen Werk und Werk auszumachen.

So betrachtet sind Schnitzlers epische Unternehmungen Teile *einer* unendlichen, nie zu Ende erzählten, immer erneut variierbaren Geschichte. Einer melancholischen, tieftraurigen Geschichte, in der die Menschen einander verfehlen und foppen, betrügen und betrogen werden, maskiert einherschreiten und sich dann doch durch andere, besser verkleidete Figuren dupiert sehen.

»Der Reigen«: Das ist nicht nur Titel eines Stücks, sondern zugleich Bezeichnung der Schnitzlerschen Prozessionen, deren Teilnehmer einander in akkuraten Tänzen begegnen, sich trennen und wieder begegnen. Zu rauschhafter Improvisation, kühner Durchbrechung des gesellschaftlich sanktionierten Rahmens kommt es so gut wie nie, da die Personen wie Marionetten agieren, die nur über eine begrenzte Zahl von Bewegungen verfügen.

Einsam sind sie, die Puppen-Menschen aus der Werkstatt des Arthur Schnitzler; Männer, die auf dem Diwan liegen oder am Schreibpult Papiere durchblättern, Gourmets mit einem obszönen Hang zum Plebejischen, den »Wonnen der Gewöhnlichkeit« und der Lust, sich im Huren- und Kaschemmen-Milieu selbst zu erniedrigen.

Und dann die Frauen, die fast immer große Dame und Dirne zugleich sein können; Schöne und Reiche, die sich in Träumen, schamlosen Manifestationen einer zweiten, bedrohlichen und ersehnten Wirklichkeit, wilden Ausschweifungen und verbotenen Lüsten hingeben: die brave Ehefrau verletzt, in Wunsch-Phantasmagorien, Anstandsgesetze ihrer Klasse, die sittsame Witwe schenkt einem jungen Strizzi die Gunst, die gute, liebenswerte, unnahbare Mutter feiert einen Inzest.

Trunkene Spiele, die Schnitzler an der Grenze von hohem Pathos und Kitsch inszeniert – viel wagend, *zu* viel hier und dort, und auf diese Weise der Melodramatik von Jahrmarktgeschichten verfallend: Mutter und Sohn »war es, als triebe ihr Kahn, der doch fast stille stand, weiter und weiter, in wachsender Schnelle. Wohin trieb er sie? Durch welchen Traum ohne Ziel? Nach welcher Welt ohne Gebot! Mußte er jemals wieder ans Land? Durfte er je? Zu gleicher Fahrt waren sie verbunden, der Himmel barg für sie in seinen Wolken keinen Morgen mehr; und im verführerischen Vorgefühl der ewigen Nacht gaben sie die vergehenden Lippen einander hin. Ruderlos glitt der Kahn fort, nach fernsten Ufern, und Beate war es, als küßte sie in dieser Stunde einen, den sie nie gekannt hatte und der ihr Gatte gewesen war, zum erstenmal ... (Sie) zog den Geliebten, den Sohn, den Todgeweihten, an ihre Brust. Verstehend, verzeihend, erlöst schloß er die Augen; die ihren aber faßten noch einmal die in drohendem Dämmer aufsteigenden grauen Ufer, und ehe die lauen Wellen sich zwischen ihre Lider drängten, trank ihr sterbender Blick die Schatten der verlöschenden Welt.«

Kein Zweifel, daß Schnitzler an Stellen wie dieser die Grenze zur Kolportage durchbricht, daß er in den Stil der Schauermoritat verfällt, den er sonst, noch bei den »gewagtesten« Passagen kalt und wohlüberlegt formulierend, vermeidet: ein Arzt, der sich hütet, Souveränität aufs Spiel zu setzen, deren er nirgendwo mehr als dort bedarf, wo gestöhnt und geschrien, gebettelt und verflucht wird, im Kindsbett, auf dem Totenlager, in der Sterbekammer eines Spitals.

Und trotzdem, selbst die plötzlichen Ausbrüche ins Pathetisch-Sentimentale erweisen sich dann als verständlich, wenn man bedenkt, wieviel Schnitzler aufs Spiel setzte, wie groß der Einsatz für den Schriftsteller war, sobald er daranging, die großen Tabu-Themen seiner Welt, das Thema der Sexualität in allen Schattierungen voran, in einer ebenso riskanten wie couragierten Kunstprosa zu verdeutlichen.

Wenn Sigmund Freud seinem Kollegen Breuer vorwirft, er habe zu früh innegehalten und das Geheimnis mit seinen Schrecken und seinen verborgenen Erkenntnissen nicht gelöst, weil er den Schlüssel fallen ließ, der die Tür zum Reich der Mütter geöffnet hätte, dann steht Schnitzler nicht auf der Seite des zaghaften, von scheinbar unübertretbaren Tabus geängstigten Breuer, sondern operiert, kühn, ja rücksichtslos, wie zur gleichen Zeit Sigmund Freud, hält nicht *inne*, läßt sich von Dämonen *nicht* schrecken, sondern lüftet den Schleier und macht offenkundig, wie nah Sittsamkeit und Laszivität, Korrektheit und Sehnsucht nach Ausschweifung, der keusche Tempel und das Freudenhaus beieinander sind.

In einer Manier, die spannend, atemberaubend, ja gelegentlich reißerisch ist, macht Schnitzler die Leser zu seinen Komplizen, läßt sie zittern mit dem zuerst besonnenen, dann halsbrecherisch Kopf und Kragen riskierenden Spieler, öffnet in seinen durch inneren Monolog und erlebte Rede bestimmten Erzählungen die Gehirnschalen seiner Akteure, macht ihre Denkweise sichtbar und gelangt dabei in Zonen, die vor ihm der Literatur nicht zugänglich waren: Wie sittsam und ehrsam-altvorderlich nehmen sich Fontanes Ehebruch- und Leichte-Mädchen-Geschichten aus – verglichen mit Schnitzlers zupackend-insistierender Beschreibung der lüsternen Männerspiele und der Gedanken-Operationen keuschlasziver Frauen! Wie unbarmherzig legt er das Komödiantische, Maskenspielartige von Ehebeziehungen frei, wo beide wissen, daß der (oder die) andere ihn im Tun oder in Gedanken betrügt … und dennoch tut man so, als sei im Allerheiligsten der großbürgerlichen oder adligen Wohnung, dem ehelichen Schlafgemach, alles in schönster Ordnung.

Da wird von Tugend gesprochen und zugleich eine Offenbachiade, wirbelnd und von Doppeldeutigkeiten strotzend, in Szene gesetzt; da erkennen redliche Ehemänner durch das Testament eines Freundes, der Junggeselle war, an dessen Totenbett, daß der Verstorbene es mit ihren Frauen getrieben hatte, den Schönen und Reinen und Holden; da ehebrücheln die Herren mit Dirnen, Mamsells und Klavierlehrerinnen, und die Damen tun's ihnen nach, im Traum und in halb realen, halb imaginären Begegnungen mit

blonden Jünglingen und liebreizenden Knaben; da liebt der reiche
Herr, als Dandy verkleidet, die Mizzi oder Pepi oder Steffi, und die
vornehme Dame, als Mizzi oder Steffi oder Pepi verkleidet, liebt
einen Dandy: Doppel-Maskerade! Doppelter Trug! Der Epiker
Arthur Schnitzler ist ein Meister in der Erfindung von Grenzsitua-
tionen, wo der Traum schon fast Realität ist und die Wirklichkeit
sich beinahe im Imaginären verflüchtigt: wo das Ersehnte wahr
und das vermeintlich Gewisse zur Imagination wird.
Nichts ist fest und verläßlich in der Schnitzlerschen Welt; jeden
Augenblick kann sich ein Umschlag, ein schauerlicher Salto mortale vollziehen, kann der Ball der *high society* sich ins Fratzenhafte
des Totentanzes verwandeln, kann die normgeprägte Welt der
Herren Offiziere anarchoide Züge annehmen, erweisen sich Eh-
renmänner als miese Betrüger, Honoratioren als Erpresser, Tänze-
rinnen aus den Kreisen der Hochwohlmögenden als Betrachterin-
nen eines Schauspiels, das für sie, während sie tanzen und
schweben, den Charakter eines Possenspiels annimmt, das Ekel
erregt.
Der Salon neben der Gosse, die pure Niedertracht eines Rituals,
dessen auf Höflichkeit und Urbanität ausgerichtete Regeln längst
obsolet geworden sind. Hermann Brochs »fröhliche Apokalypse«,
Stefan Zweigs auf Lug und Trug und Doppelmoral aufgebaute
»Welt von gestern«, Joseph Roths Pandämonium, in dem der Tod,
während die Menschen noch spielen und tanzen, über den Poka-
len schon die Knochenfinger hält ... diese Trug- und Traum- und
Scheinwelt im Österreich des alten Franz Joseph, der das Gute
wollte und das Schlechte gewähren ließ, wird von Schnitzler auf
den poetischen Begriff gebracht. *Danse macabre* in Kanzleien und
Schenken, vor Waldlichtungen, den Schauplätzen morgendlicher
Duelle, und auf den Kieswegen, die von herrschaftlichen Villen
hinunter ans Seeufer führen.
Madame et monsieurs, faites votre jeu, nehmt teil am großen
Totentanz mit seiner Seligkeit und Süßigkeit und den Küssen auf
den wilden Lippen. Kohabitation allüberall, schamlos-obszöne
Paarungen, aparte Vereinigungen in Logen und Kutschen: Arthur
Schnitzler wird nicht müde, die Verlockungen der Sünde, hier mit
zartem Griffel gezeichnet, dort grell ausgemalt, kunstreich zu

illustrieren. Liebe und Tod, das Wagnersche Geschwisterpaar, im kakanischen Milieu à la Robert Musil. Wie eng beide zusammengehören, gieriger Rausch und hier furioses, dort erbarmenswürdiges Finale, das verdeutlicht Schnitzler am Beispiel alternder Gourmets und trauriger Witwer, lebenslustiger junger Mädchen und leichtsinniger Offiziere – am Beispiel all jener, die auf der Strecke bleiben, weil kein Suizid sie davor bewahrt, sich am Ende, statt souverän zu sterben, sterben lassen zu müssen.

Und doch, welch ein Kampf wird da vom Mediziner und Poeten Arthur Schnitzler, einem »Monsieur le vivisecteur« im Sinn Robert Musils, dem Leser vor Augen geführt – dem Leser, der, wiewohl er den Ausgang kennt, doch mit den Todgeweihten der Geschichten hofft und bangt und oft genug schon nach wenigen Seiten »hinten« nachschaut, ob's denn wirklich gar so schlimm endet wie zu befürchten. (Ein Autor, dessen Erzählungen man, mehr als ein halbes Jahrhundert nach ihrer Entstehung, immer noch wie Kriminalromane liest, mit dem vorwitzigen Blick auf den Schluß und die Lösung des *plot*: Läßt sich für einen Klassiker begeistertere Zustimmung denken?)

Und wie das gemacht, berechnet, gebaut ist – dieses Duell mit dem Tod: wie in der Sekunde der Gewißheit, sterben zu müssen, die Welt auf einmal in nie geahnter Schönheit aufleuchtet, dem großen Glanz, den nur die Abschiedsstunde sichtbar machen kann, und wie sich von da an – geschildert in der Novelle »Sterben« – die Lebensgier des Moribunden vom gelassenen In-der-Welt-Sein der Gesunden abzuheben beginnt; wie die große Vision vom gemeinsamen Sterben sich in kleine, alltägliche Münze verwandelt: Der eine geht, die anderen bleiben!

Nichts Schöneres unter der Sonne, als unter der Sonne zu sein – der Satz Ingeborg Bachmanns könnte als Motto über vielen der Schnitzlerschen Geschichten stehen, die von einer Liebe handeln, die sich in Zeiten des Todes als bescheiden, ja als jämmerlich erweist, da – abermals »Sterben« – die eine Person sich im gleichen Maße ihres Alleinseins, ihres Flanierens unter gesunden Menschen zu erfreuen beginnt, wie die andere auf sich zurückgeworfen wird; von Tag zu Tag mehr.

»Sie blieb auf dem Balkon zurück und starrte tränenlos auf die glitzernde Wasserfläche. Felix war ins Schlafzimmer gegangen und hatte sich auf sein Bett geworfen. Er schaute lange zur Decke hinauf. Dann biß er die Lippen zusammen, ballte die Fäuste. Dann flüsterte er mit einer höhnischen Bewegung der Lippen: ›Ergebung! Ergebung!‹ Von dieser Stunde an war etwas Fremdes zwischen sie gekommen.«

Im Unterschied zu vielen Autoren, die, von Tolstois »Tod des Iwan Iljitsch« bis zum Bericht über den Tod ihrer Mutter, verfaßt von Simone de Beauvoir, die Not des *Sterbens*, die Foltern der Schmerzen und die Angst vor immer neuer, entwürdigender Pein beschrieben haben, gehört Arthur Schnitzler zu jenen wenigen, denen es in ihrem Werk gelang, die Angst vor dem *Tod* darzustellen – die Furcht vor dem Nichts, dem Ende, das in Augenblicken bis ins Unermeßbare wächst, wo die Qual der Sterbenden durch das Glück, das winselnd und bettelnd beneidete Glück von Angehörigen potenziert wird, die Pläne über den Tod des Betroffenen hinaus verfolgen und sich, in den heimlichen Momenten des Alleinseins und Unbeobachtet-Fühlens, ihrer Lebendigkeit erfreuen, während der Sterbende, auch er ein Egoist, vom Selbstmord, der die Geliebte befreien könnte, träumt, aber, wenn's dann ernst wird, plötzlich erkennt, daß er, ein vermutlicher Altruist, nicht anders Komödie spielt als die Gesunde an seiner Seite.

»Wäre es ihm ernst gewesen mit jenem Wunsch, ihr das kommende Elend zu ersparen, so hätte er wohl am besten getan, einfach von ihrer Seite zu verschwinden. Es hätte sich schon ein stilles Plätzchen finden lassen, um dort in Ruhe zu sterben. Er wunderte sich selbst, daß er diese Dinge mit völligem Gleichmut überlegte. Als er aber begann, über die Ausführung dieses Planes nachzudenken, als er in einer fürchterlich langen, durchwachten Nacht die Einzelheiten der Ausführung vor seine Seele brachte: Wie er im nächsten Morgengrauen auf und davon wollte, ohne Abschied, in die Einsamkeit und in den nahen Tod und Marie zurücklassen inmitten des sonnigen, lachenden und für ihn verlorenen Lebens, da fühlte er seine ganze Ohnmacht, fühlte tief, daß er es nicht konnte, nimmer können würde.« Immer wieder beschreibt Schnitzler die *eine* Sekunde der Wahrheit, den Augenblick, in dem die Liebenden einander entgleiten, der eine sich hierhin, der

172

andere sich dorthin wendet, so daß von nun an alles anders wird, kein Verlaß mehr ist auf die Schwüre des Partners, keine Sicherheit in den belanglosesten Dingen des Alltags, ja, keine Möglichkeit mehr, zumindest die Vergangenheit als gemeinsam und verläßlich zu verstehen. Der *eine* Augenblick, zeigt Schnitzler, läßt nicht nur Gegenwart und Zukunft, sondern auch das Gewesene in neuer, unsicherer, irritierender Beleuchtung sehen. Vage Vermutungen werden plötzlich zur Gewißheit, Alpträume und Ängste regieren, wo bisher jene Gelassenheit herrschte, die sich aus übereinstimmender Deutung einer gemeinsamen Vergangenheit ergibt.

Statt dessen regiert, von einer Sekunde zur anderen, Mißtrauen; nie für möglich gehaltene Verdächtigungen machen sich breit: Der Argwohn, einmal geweckt, zerstört auch das, was war. Da wird fintiert geflunkert und die halbe Wahrheit anstelle der ganzen gesagt; da entzieht man sich einander, indem man, in Anspielungen, geheimen Winken und Fast-schon-Geständnissen, das Eigentliche eben doch nicht preisgibt. Da wird auf schwankendem Boden gefochten, Abgründe lassen schaudern, Untiefen stolpern, ausgelegte Fußangeln plötzlich erschrecken.

Arthur Schnitzlers Arena: Das ist der Kampfplatz, wo Liebe und Tod miteinander ihre Fehden mit von vornherein absehbarem Ausgang bestreiten; aber die Arena ist auch das Ehegemach oder der Ballsaal, wo alte Bindungen sich plötzlich als brüchig, neue als verlockend und scheinbar verläßlich erweisen. Nirgendwo Sicherheit, überall Ambivalenz. Kein Verlaß, nur Vermutungen. Vieldeutigkeit selbst in der Sekunde des Liebesrauschs, ja, da am allermeisten: In Wien wird Götterdämmerung gespielt, Brunhilds und Siegfrieds kleinere Nachfahrn probieren die Tarnkappen aus.

»Wenn in schwülen Nächten der matte Zauber des Nebeneinanderseins ihn in Beatens Arme gedrängt hatte, so war es von allen Lügen die schlimmste und niedrigste gewesen, denn an ihrer Brust, sie wußte es, hatte er der andern, all der andern in lüsterner Tücke gedacht. Warum wußte sie es mit einemmal? Warum? Weil sie nicht anders, nicht besser gewesen war als er! War es denn Ferdinand gewesen, den sie in Armen hielt, der Komödiant mit der roten Nelke, der oft genug erst um drei Uhr morgens, nach

Wein riechend, aus der Kneipe nach Hause kam? ... Nein, den hatte sie niemals geliebt. Der, den sie liebte, war nicht (der Schauspieler) Ferdinand Heinold gewesen; Hamlet war es, und Cyrano und der königliche Richard und der und jener, Helden und Verbrecher, Sieger und Todgeweihte, Gesegnete und Gezeichnete.« Es ist ein ebenso leiser wie gnadenloser Kampf zwischen den Geschlechtern, verlogenen Männern und versklavten Frauen, Strizzis und Sitzengelassenen, den Schnitzler in seinen Geschichten inszeniert – und wenn kein Kampf, so doch zumindest ein Schlagabtausch, Einander-Verwunden und Einander-hernach-wieder-Trösten, ein Sich-aneinander-Verlieren und Sich-wieder-Finden, ein Austausch im Halbdunkeln, Vagen, Angedeuteten, der es ermöglicht, der Witwe eines im Duell Gefallenen nicht als Überbringer einer Schreckensnachricht, sondern als heimlicher Geliebter zu nahen, als Hermes, der den Gott spielt, bevor er den Boten herauszukehren beginnt.

Die Jeunesse dorée aus der Vorweltkriegszeit, umgeben von älteren Chargen, tanzt im Hell-Dunkel, Zuckend-Zwielichtigen auf dem Vulkan und beneidet dabei jene Kleinen und Schlichten, in deren Bezirken ein Ja noch ein Ja und ein Nein noch ein Nein ist, beneidet sie und möchte doch mit ihnen nicht tauschen – es sei denn, sie seien vom Tod schon gezeichnet, so wie es Leutnant Willi ist, der an seinem letzten Lebenstag mit ebensoviel Sehnsucht wie Sentimentalität von der Kutsche aus die »ebenerdigen grauen, wenig gepflegten Häuschen« gewahrt, in denen am frühen Morgen das Leben erwacht – das Leben in seiner Normalität. »In einem kleinen Vorgarten begoß ein hemdsärmeliger alter Mann das Gesträuch; aus seinem früh geöffneten Milchladen trat ein junges Weib in ziemlich abgerissenem Kleid mit einer gefüllten Kanne eben auf die Straße. Willi verspürte ... Neid auf beide, auf den alten Mann, der sein Gärtchen begoß, auf das Weib, das für Mann und Kinder Milch nach Hause brachte. Er wußte, daß diesen beiden wohler zumute war als ihm.« Arthur Schnitzler erzählt traurige, doppeldeutige, unheimliche Geschichten, Erzählungen an der Grenze von Schein und Sein, von Wirklichkeit und Möglichkeit – und erzählt sie in einer Manier, als hieße er Joseph Conrad.

Da gewinnt, durch das spannungsreiche Arrangement der Er-und-Sie-Positionen, das Geheimste, Zwielichtigste, so oder so Deutbare: das Seelische in seinen Widersprüchen und Sprüngen die Bedeutung einer höchst realen Moritat und die Zeichenhaftigkeit der Haupt- und Staatsaktion: *Da! Schaut her! Was da geschieht!* Auf diese Weise gelingt es dem Autor, in Bezirke vorzudringen, die jahrhundertelang tabuisiert waren und, derart, den hübschen, aber längst zerfetzten Schleier von Szenerien zu entfernen, die sich nun in ihrer schauerlichen Größe, aber auch in ihrer herzbewegenden Menschlichkeit zeigen.

THOMAS MANN

Der Erwählte

»Der Erwählte ist endgültig fertig« – Tagebuchnotiz vom 25. November 1950 –, »der Augenblick wäre gekommen, wo ich, wie schon Mai 43 die Felix-Krull-Papiere wieder hervorzog, nur um mich, nach flüchtiger Berührung damit, dann doch dem ›Faustus‹ zuzuwenden«: Ein Werk ist, wieder einmal, getan (oder, wie Thomas Mann zu sagen pflegte, »vollbracht«) – aber von Hochstimmung, befriedigter Rückschau und Zuversicht, die von Gelassenheit und Stolz bestimmt ist *(voilà, das wär's)*, kann keine Rede sein.

Die Arbeit war mühsam, langwierig und zäsurenreich; zumal der Schluß, mit der Erkennungsszene zwischen Mutter und Sohn (alias Mann und Frau), erwies sich als schwierig, da der Doppelsinn von »erkennen« Anlaß zu allerhand waghalsigen, weit ins Metaphorische ausufernden Allusionen gab, die (wer weiß?) zwischen klassischer Anagnorisis und geheimer Lust, Wiederbegegnung im Stil der griechischen Tragödie und rekapitulierender Sinnlichkeit, lokalisiert worden wären: Auf jeden Fall war die Eintragung vom 26. Oktober 1950 irrig (»Halb 12 Uhr: Schrieb die letzten Zeilen von ›Der Erwählte‹ und das Valete«); das Finale, mit dem von der Sünde zum Segen führenden Happy-End des Romans, mußte »bastelnd« neu formuliert, der »zarte Begriff« des Erkennens präziser als zuvor behandelt werden.

Keine Hochstimmung also nach dem berühmten »ich bin fertig«; doch dies war nichts Neues für Thomas Mann: Abschluß (einerlei, ob es sich um die Vollendung einer Arbeit oder um große Politik handelte – die Kapitulation der Deutschen im Mai 1945 zum Beispiel) hieß für den Schriftsteller T. M. nie »dixi, finitum est«, sondern: »Et nunc?« Kaum war der Schlußstrich gezogen, da ging es, unter Bedenken und Bangen, unverzüglich ans Nächste, wurden die Karten neu gemischt, und das Spiel begann von neuem – meistens von der Erwägung begleitet: »Gestern konnte ich's noch – so wie bisher immer, doch ob ich's morgen noch können werde, ist höchst ungewiß.«

Ein altes, ein vertrautes Spiel, dieses Aneinanderfügen von letztem Satz und erster Meditation, von »Lebt wohl« und »Gott zum Gruß«.

Und dennoch war's anders, *ganz* anders im Herbst 1950 als dreieinhalb Jahre zuvor, nach der Vollendung des »Faustus«: Damals hatte der neue Plan feste Konturen, war, vorbereitend, im Roman durchexerziert worden; die knappe, den »Gesta Romanorum« nachempfundene Geschichte vom seligen Papst Gregor wartete auf detaillierte Explikation – so wie die Tragödie der Höllenfahrt nach dem Satyrspiel, der gottvergnügten Erlösungsgeschichte, verlangte.

Doch was kam jetzt – welcher Stoff war würdig, Katabasis und Anabasis, Sturz in die Unterwelt und Erhebung auf die von aller Welt verehrte *sella apostolica* verläßlich fortzuführen, den einmal erhobenen Anspruch, Metaphysik und Jokus miteinander verbinden zu können, gut Hegelsch aufzuheben: zu überwinden, zu bewahren und zu erheben?

Was immer er tat, Thomas Mann – mußte Künftiges nicht weit zurückbleiben hinter dem, im Trauer- und im Lustspiel, selbstgesetzten Ziel? Wo ist der Stoff, so die Überlegung vom 25. November 1950, der dem einmal Geleisteten standhalten könnte: der »Felix Krull« etwa – eine Hochstaplergeschichte nach der Beschwörung von Hölle und Himmel? »Der Versuch der Wiederanknüpfung muß, rein um Beschäftigung, eine vorhaltende Aufgabe zu gewinnen, gemacht werden. Ich habe sonst nichts; keine Novellen-Ideen, keinen Romangegenstand. ... Das Jugend-Buch ist originell, komisch und mit Recht berühmt. Aber ich blieb stecken, war überdrüssig, auch wohl ratlos, als es weitergehen sollte ... Wird es möglich sein, neu anzugreifen? Ist genug Welt und Personal, sind genug Kenntnisse vorhanden? Der homosexuelle Roman interessiert mich nicht zuletzt wegen der Welt- und

Reiseerfahrungen, die er bietet. Hat meine Isoliertheit genug Menschen-Erlebnis aufgefangen, daß es zu einem gesellschaftssatirischen Schelmenroman reicht? Alles, was ich weiß, ist, daß ich unbedingt etwas zu tun, eine Arbeitsbindung und Lebensaufgabe haben muß. Ich kann nicht nichts tun. Doch zögere ich, das alte Material wieder vorzunehmen, aus Besorgnis, es möchte mir nach all dem inzwischen Getanen nichts oder nicht genug mehr sagen, und ich möchte gewahr werden, daß mein Werk tatsächlich getan ist.«

Also der »Krull« – ein Opus (für Thomas Mann eher ein *opusculum*), das, zumal nach der Begegnung mit dem Pagen Franzl im Sommer 1950, dem »Abschied von der ganzen geliebten Gattung«, gewiß seine Reize hatte und thematisch mancherlei Apartes, vor allem Gelegenheit zu versteckten Selbstbekenntnissen bot: Felix und Madame Houpflé – wie lockend mochte das Inversions-Spiel – zumal vor dem Hintergrund der berühmten Proustschen Vertauschung von Albert und Albertine – für den Rollenspieler Thomas Mann sein ... und doch: zu leicht befunden.

Der »Krull« – ein *chef-œuvre?* Zur Zeit von »Mario und der Zauberer«: allenfalls. Aber ein Roman von Gewicht, diese Manolescu-Moritat, geschrieben nach dem Teufelspakt Leverkühns und der Geschichte vom sündig-begnadeten Papst? Undenkbar! Hier war einer zu weit ausgefahren, schon in der Joseph-Tetralogie, als daß er – so sehr die Aufgabe reizte, über vier Jahrzehnte hinweg einen Bogen zu schlagen – in eher harmlose Jugendgefilde hätte zurückkehren können. Stand nicht von vornherein fest – bald sollte sich's zeigen, bei verdrossenem, durch die Arbeit an der »Betrogenen« nur flüchtig unterbrochenem Werken –, daß das Geleistete dem Geplanten (oder zögerlich Neuformulierten) voraus war? An der Geschwister-Moritat aus dem »Erwählten« zum Beispiel nimmt sich die Krull-Szene, Bruder und Schwester am Balkon, eher wie eine routinierte Rekapitulation aus ... gekonnt geschrieben, aber ohne jene »Zu- und Angriffigkeit«, die – Tagebucheintrag vom 4. Juni 1954 – »beim Faustus, noch beim Erwählten lebendig war«. Und nach dem Finale der frommen Sünder-Geschichte? Verloren gegangen, der Schaffenselan. (»Meine Gedanken sind rückwärts gewandt und richten sich vorwärts auf makabre und zweifelhafte

Feierlichkeiten. Freuen könnte ich mich nur auf neues u. verhei-
ßungsvolles Werk-Unternehmen. Aber wo ist es? Ich leide
sehr ...«).

Seltsam, höchst seltsam! Da hatte Thomas Mann, während der
Arbeit am »Erwählten«, in Brief und Notat, alles nur Erdenkliche
getan, um die Geschichte, was Rang und Anspruch anging, her-
unterzuspielen: Ein »Faustus« sei das Büchlein gewiß nicht (»aber
den schreibt man eben nicht alle Tage«), eher unterhaltlicher
Jokus, spaßhaftes Experiment und fromme Groteske; doch als es
dann fertig war, das serene Nachspiel zum großen *Lebens-Roman*:
ein Postludium voll »verschämter Späße«, da wurde das kleine
Buch, ungeachtet einiger marginaler Auslassungen, die es, als eine
Art von *Paralipomenon* in die Nähe der »Betrogenen« rückten
(»überhängende Nachträge schon unnotwendig«), zu einem Werk,
das, dem »Faustus« verbunden, in die Spätzeit jener kreativen
Epoche gehöre, die von Souveränität und gelassenem Arbeiten an
großen, ins Hochmoralische, ja Metaphysische zielenden Entwürfen bestimmt sei.

Hernach aber habe man sich überlebt. (»Was ich jetzt führe«, heißt
es in einer Tagebuchnotiz vom 6. Juli 1953, »ist ein Nachleben, das
vergebens nach produktiver Stütze ringt. Den Krull als einen Faust
aufzufassen, den es zu beenden gilt, ist schwer möglich.«)

So betrachtet war für Thomas Mann die Arbeitszeit am »Erwählten«,
begleitet vom »Noch einmal« der Liebe zu einem höchst belanglo-
sen, aber von ihm in der Manier Platens und Michelangelos
ausgezeichneten Wesen, geprägt durch ein Werk, das mit dem
Anspruch des »Letzten«, »Endgültigen« und »Unwiederholbaren«
(bezogen auf die abschließende Rekapitulation eines abendländi-
schen Mythos) auftrat. Noch einmal selbstgewisse und (sofern
man bei dem zeitlebens von Skrupeln geplagten Romancier überhaupt davon sprechen kann) ungebrochene Schöpferkraft ... in
welchem Ausmaß, das macht der in den Tagebüchern des alten
Mannes immer wieder durchscheinende Vergleich mit Richard
Wagner deutlich – Wagner, dem »siechen Gralshüter«, dem »Zer-
brechenden«, dem alten Sünder, der, so eine Formulierung vom
19. August 1954, in Wahrheit einer der »größten *Vollbringer* der
Welt« gewesen sei, ein »Werk-Mensch, Werk-Held sondergleichen

– und ach, wie liebe und bewundere ich das Vollbringertum, das
Werk – jetzt zumal, im Alter, wo es damit für mich aus ist. Ich kann
von Glück sagen, daß ich doch mit 25, mit 50, mit 60 und 70 Jahren,
mit ›Buddenbrooks‹, ›Zauberberg‹, ›Joseph‹ und ›Faustus‹ etwas wie
einen kleinen Vollbringer abgeben konnte. Wahrhaftig, ich war
nicht groß. Aber eine gewisse kindliche Intimität meines Verhal-
tens zur Größe brachte in mein Werk ein Lächeln der Allusion auf
sie, das Wissende, Gütige, Amüsable heute und später erfreuen
mag.«

Eine problematische Notiz, sicherlich; ein rasches Wort, das nicht
verallgemeinern will – schon wegen der Auslassung des »Erwählten«, der sich sonst, wie gesagt, gern im Verwandten-Verhältnis
zum »Faustus« etikettiert sieht – ein wenig niedriger eingestuft,
aber doch zur Familie der Vollkommenen zählend.

Auch ließen sich, zum andern, unschwer Passagen in Tagebuch
und Brief ausfindig machen, die mit dem gesamten Leben auch
die späten Jahre unter das Signum Goethescher Auserwähltheit
und Begnadung stellen – aber trotz solcher Einschränkungen ist
nicht zu bezweifeln, daß der »Erwählte« für Thomas Mann die letzte
Arbeit war, auf dem Gebiet der Epik, zu der er sich guten Herzens
bekannte, weil die Geschichte vom begnadeten Gregorius, in ihrer
frommen und spaßhaften Komik, seine eigene war. Die Erzählung, der, trotz aller Altersschwermut und Freudlosigkeit (die am
Ende zur Manie gesteigerte Abhängigkeit von fremdem Lob und
äußeren Ehren nicht zu vergessen … jeder Trottel war willkom-
men, sofern er sich kniefällig nahte!) – die Erzählung, der die
Zustimmung des nahezu Achtzigjährigen galt, weil sie von der
Auserwähltheit eines Angefochtenen und der Begnadung des
vielfach Stigmatisierten handelte, ist ein Stück apartester Autobio-
graphie.

Thou cometh in such a questionable shape und *Glockenschall,*
Glockenschwang supra urbem: Das gilt für Gregorius und für
seinen Autor. »Ich mache viele Scherze« – Brief an Albrecht Goes,
Pacific Palisades, 21. April 1951 –, »aber mit der Idee der Gnade ist
es mir recht christlich ernst – sie beherrscht seit langem mein
ganzes Denken und Leben. Ist es denn nicht auch die reine Gnade,
daß ich nach dem verzehrenden ›Faustus‹ noch dies in Gott heitere

Büchlein – heiter in seiner Gnadengabe, der Kunst – hinbringen konnte?«

Kunst als praktizierte Gnadengabe: bezeugt, ein letztes Mal (trotz der »Betrogenen«) durch den »Erwählten« – ein Werk, von dem sein Schreiber nicht ohne Absicht gesagt haben wird – zumal nicht einem evangelischen Pfarrer! –, er habe es »hinbringen« können. *Hinbringen*, das verlangt nach einem Objekt: Wem, ist zu fragen, soll das *in Gott heitere* Buch hingebracht worden sein? (Ich denke, wir überlassen die Antwort dem Adressaten Albrecht Goes: Der wird sie schon kennen.)

Ein *geliebtes* Buch also, für Thomas Mann: Fausti Erhebung in mittelalterlicher, freilich ins Moderne und Universale gekehrter Umgebung – nicht ungern geschrieben, mit viel Passion für den trauernden Knaben, von dessen realem Bild der Autor eher ironisch Abschied nahm, während der Arbeit, mit einem geträumten Blick »in seine braunen Augen, die er schmelzen lassen konnte« (worauf hinzugefügt wird – *metabasis eis allo genos* –, von der Idylle zur Satire: »Übrigens hatte er den zu dicken Kopf der oberbayerischen Rasse«).

Kein Zweifel, daß hier, nehmt alles in allem, ein Erwählter den »Erwählten« schreibt – aber das *Valete*, dies wurde in Pacific Palisades schon wenige Tage nach der Vollendung der Tragikomödie erfahren, war (nahezu) definitiv, und die Korrekturen wurden – auch deshalb – mit durchaus gemischten Gefühlen niedergeschrieben. *Auch deshalb*, wohlgemerkt, aber *nicht nur*: Welcher Autor empfände sein Opus, wenn er es, in verfremdendem Spiegel, gedruckt sieht, *nicht* als Makulatur? (So viel Aufwand, so viel Glaube an ein Gelingen … und nun solch ein Debakel.)

Hier der jahrelange *effort* und dort die rasch abmeßbare Diskrepanz zwischen Traum und Realität: Thomas Mann hat, wie jeder andere Schriftsteller, unter der Crux der Poeten gelitten; er war, wie seine Antwort auf die – viel zu wenig bekannte – Umfrage der »Literarischen Welt« von 1929, »Zur Physiologie des dichterischen Schaffens«, zeigt, der Arbeit sterbensmüde, wenn sie getan war, fürchtete sich vor Verbesserungen, las Geschriebenes nur ungern, mit saurer Studienrätlichkeit, durch und empfand erst Jahre später, wenn das Werk längst abgetan war, neben Scham und Entsetzen *(mein Gott, wie konntest du?)* gelegentlich ein Gefühl von *eigentlich gar nicht so schlecht, wie?*

Die Korrektur also war, auch im Fall des »Erwählten«, alles andere als ein reiner Genuß; die Reaktionen aber: das Pro und Contra von außen, wurden, in der Leere der fünfziger Jahre (»Mein Leben ist ausgelebt. Angenehm war es nicht«) und der Verzweiflung am unernsten, dem Alter und der gewonnenen Höhe nicht mehr angemessenen »Krull« (vom Olymp aus betrachtet eher ein hanseatischer Süllberg) ... die Reaktionen wurden, in der Epoche zunehmenden Außengelenktseins, noch begieriger als früher erwartet – und fielen zwiespältig aus. Freunde und Weggefährten, alte Kombattanten (die Angehörigen des »Hofs« ohnehin) lobten herrlich und laut, Reisiger sprach von einem »herzerwärmenden Werk«, Bruno Walter zeigte sich »erfüllt«, Maurice Boucher schrieb »warm und anhänglich« (Kalifornischer Kommentar, knurrend und mürrisch: »Sollte in Deutschland und der Schweiz gelesen werden«), Kerényi gab Preisendes von sich, aber auf der anderen Seite gab's auch die Deutschen, die »Pedanten, Hohlköpfe, Giftnickel und Schurken«, die Holthusen, Sieburg *e tutti quanti,* deren maliziöse Beckmesserei (Stichwort: *Greisenlüsternheit)* aus dem Tagebuch bisweilen ein Klagebuch macht: »Kollektion deutscher Kritiken, scheeläugig, hämisch und ordinär« (9. April 1951); »gräuliche Lektüre, die halsstarrige Unempfindlichkeit, der auflauernde böse Widerwille sind monströs« (9. Mai). (Und in der Tat, ein törichterer Titel als – ausgerechnet auf den »Faustus« bezogen! – »Die Welt ohne Transzendenz« läßt sich nicht denken.)

Gewiß, es gab auch positive Stimmen, viele sogar; Hymnus und Verwerfung hielten einander am Ende die Waage, so daß Thomas Mann bereits im Juni fragen konnte: »Hat je ein solcher Widerspruch geklafft zwischen Reaktionen auf ein Buch? Helles Entzücken und speiender Widerwille stehen einander unbegreiflich schroff gegenüber« ... und auch an Ehren fehlte es nicht. Robert Schuman dankte handschriftlich für das ihm gewidmete Exemplar; der Book-of-the-Month-Club nahm den »Erwählten« in die Reihe der illustren Zwölf des Jahres 51 auf (»bedeutet gewiß 25 000 Dollar und ist sehr angenehm, auch sonst erfreulich«) – und

trotzdem, die Widrigkeiten! Das Mäkeln der »Literarischen Welt«
und der Verriß in der »London Times«! Die wunderlichen Quellen-
analysen der gelehrten Forschung, germanistoide Pedanterie allen
Orts, bedrückendes Spuren-Entziffern, in dem Scharfsinn sich mit
barem Unverstand verband: Das Jonglieren mit Stilen – wurde je
ein artifizielleres Deutsch geschrieben als im »Erwählten«? ... interpretiert als *Emigranten*-Stil! (Dazu Thomas Mann, ein Diktum
Hermann J. Weigands betreffend: »His Sprachgefühl is slipping –
ist ja auch Missingsch.«)
Und das alles, vom höhnischen Verriß bis zur mikrophilologischen
Unterweisung, in einem Augenblick zur Kenntnis genommen, da
man in Pacific Palisades wieder und wieder dabei war, den ganzen
Kram hinzuwerfen: »Der Entschluß zum Abbrechen« – des »Krull«
– »wahrscheinlich achtbarer als die zwangvolle Vollendung.«
Und nirgendwo Trost und hilfreicher, über die Krise des Tags
hinausführender Zuspruch? O doch: Zu Beginn der fünfziger Jahre
ereignete sich, die Rezeption der Thomas-Mannschen Opera betreffend, etwas Unvergleichbares: Christen traten auf den Plan und
nahmen Partei für einen Autor, der jahrzehntelang eher als Komödiant und unverbindlicher Artist abgetan worden war – ein Poet,
dem eine homoerotische Novelle so wichtig sei wie die jokose
Aufarbeitung biblischer Geschichten: Stoff, der eine und der andere – beliebig zu adaptieren und, ohne Rücksicht auf größere
oder geringere Moralität (ganz zu schweigen von Glaubens-Strin-
genz und kanonischer Vorbildlichkeit) ins Hier und Jetzt übertragbar.
Und nun auf einmal die entschiedenen Parteinahmen von Interpreten beider Konfessionen; der Enthusiasmus Albrecht Goes',
Reinhold Schneiders und, zwei Jahre später, Ernst Steinbachs mit
seinem Essay »Gottes armer Mensch«. (»Gilt«, so, am zweiten Weih-
nachtstag des Jahres 1953, das Tagebuch, in Erlenbach formuliert,
»hauptsächlich dem ›Faustus‹ und dem ›Erwählten‹ ... Vollkomme-
ne Liberalität, erstaunlich künstlerisch und psychologisch orientiert, ergreifende Anerkennung der Religiosität, nach der die Frage
›in jedem bedeutenden Werk der Dichtung enthalten ist‹. Trotz
manchem ähnlich Vorangegangenen eine bewegende Überraschung.«)

Ja, das ist höchst überraschend: Während viele Kritiker von Profession den höchste artistische Brillanz bezeugenden Wechselbezug zwischen Sünde und Gnade, Verworfenheit und Entsühnung für ubiquitäre Spielerei hielten – nach Goethe und Nietzsche im »Faustus« nun Hartmann von Aue als beliebig variationsfähiges Modell –, sahen – Ausnahmen bestätigen die Regel – literaturbeflissene Geistliche im »Erwählten« eine höchst nachdenkenswerte, das Zentralproblem der Zeit (»Sind, im Zeichen von Auschwitz, Gnade und Erlösung überhaupt noch vorstellbar?«) – gleichnishaft verfremdende Dichtung ... und, siehe, Thomas Mann fühlte sich verstanden, notierte mit Wohlgefallen die »Sympathie« christlicher Blätter und den Zuspruch »mancher sogar beamteter Theologen protestantischer wie katholischer Konfession« und ... tat noch mehr als das, weit mehr, indem er, der bisher Erlebtes, Erfahrenes, Erlittenes (vor allem, selbstverständlich, auch Erlesenes) *ex post* literarisiert hatte, von den »Buddenbrooks« bis zum »Faustus«, nunmehr, am Anfang der fünfziger Jahre, Poesie Realität vorwegnehmen ließ und Papst Pius XII. zum *alter ego* des heiligen Gregor erwählte, als das »andere« Oberhaupt der katholischen Christenheit.

Wie Napoleon für Goethe »mein Kaiser« blieb, so gewann der zwölfte Pius trotz aller Germanophilie und aller bellizistischen Rage gegenüber dem atheistischen Osten die Bedeutung *seines* geistlichen Vorbilds, des Vorbilds eines ins Spirituelle und Zart-Humane erhobenen »Ernährers«, dessen Leid Thomas Mann teilte, dessen Krankheiten er mit brieflichen Genesungswünschen begleitete, dessen Geschichte er ins Poetische transponierte (»Ein portugiesischer Cardinal berichtet« – Tagebuch, 15. Oktober 1951 –, »dem Papste Pius sei während des anno santo dreimal die Jungfrau Maria erschienen. Gemahnt erheiternd an Gregorius«) und – das Entscheidende! – um dessen Gunst er sich bemühte: »Spiel mit dem Gedanken, eine Privat-Audienz beim Papst nachzusuchen« (20. Mai 1952).

Und siehe, es gelang. Eine Audienz fand statt, geführt von zwei Deszendenten erlauchter Patriziergeschlechter, wie sie »gregorianischer« beim besten Willen nicht hätte ausfallen können: Pius in den Spuren des »Erwählten«, sein Dichter auf der Bahn einer postfigurierten Sibylla; die Audienz zu mittelalterlicher Zeit, beschrieben im letzten Kapitel des gottvergnügten Romans – rekapituliert und eingelöst am 29. April 1953 in der Tagebucherzählung beginnend mit dem Satz: »Rührendstes und stärkstes Erlebnis, das seltsam tief in mir nachwirkt«, danach in der Maxime gipfelnd: »Verwandtes Verhalten zur katholischen Kirche wie zum Kommunismus. *Gegen* beides kein Wort! Mögen andere eifern und Theokratie und Censur fürchten«, um – ein letztes Mal den der Wirklichkeit vorausgeschriebenen »Erwählten« evozierend – mit den Sätzen zu schließen: »O seltsames Leben, wie es ebenso noch keiner geführt, leidend und ungläubig erhoben, Elend, Begnadigung.« *Noch keiner geführt?* Nicht ganz! Es gab sehr wohl einen Mann, einen Protestanten, wie es der Autor des »Erwählten« war – einen Schriftsteller namens Winckelmann, der – ebenfalls in Rom – als ein von den Großen der katholischen Kirche zu ihresgleichen Erhobener (freilich auch Konvertierter) gleichfalls Zeugnis über sein wundersames, weit über das Dasein aller Gefährten von einst hinausführendes Leben ablegte: *staunenswert, wunderbar, gesegnet.*

Hier Winckelmann aus der Altmark, dort Lübecks Thomas Mann: Hüben wie drüben geht es um Gnade und Erhobenheit jenseits von Außenseitertum, geheimer Entwürdigung und großer Gefährdung: um Versöhnung am Ende (die dem einen zuteil wurde, dem anderen, Winckelmann, nicht) und um die Überwindung der Tragik in einem Leben, das von Arbeitsethos und Glanz, Versagung und Segnung bestimmt ist.

Nicht auf schroffe Eindeutigkeit, sondern auf vermittelnde Ironie, Dialektik im Poetischen und, dies vor allem, ein Happy-End – und sei es noch so vermittelt – ist die Epik Thomas Manns zeitlebens angelegt. Der Ausklang hat, wenn nicht harmonisch, so doch freundlich-verweisend zu sein: Nicht das sinistre Begräbnis nach dem Tode des kleinen Hanno, sondern der kraftvolle Triumph einer »vor Überzeugung bebenden Prophetin« markiert das Finale der »Buddenbrooks«; nicht Verdun und Langemarck, sondern der Traum von einer Liebe, die über alle Fieberbrünste triumphiert, steht am Ende des »Zauberbergs«; nicht mit einem bedrückenden, sondern mit einem erlösenden Schluß senkt sich der Vorhang über

»Mario und der Zauberer« (»War das auch das Ende?‹ Wollten [die Kinder] wissen, um sicherzugehen ... ›Ja, das war das Ende‹, bestätigten wir ihnen. Ein Ende mit Schrecken, ein höchst fatales Ende. Und ein befreiendes Ende dennoch – ich konnte und kann nicht umhin, es so zu empfinden.«)

... *and my ending is despair?* Nicht im Roman! Wenn schon kein genuines Happy-End wie in der »Königlichen Hoheit« (»Das soll fortan unsere Sache sein: beides, Hoheit und Liebe – ein strenges Glück«); wenn schon keine Evokation einer »schönen Geschichte und Gotteserfindung«, wie in »Joseph und seine Brüder«, dann – »Tod in Venedig« – zumindest kein schaurig-entwürdigendes Ende, sondern der abschließende Verweis auf eine »respektvoll erschütterte Welt«; und wenn schon keine Versöhnung in der Realität, dann jedenfalls – »Lotte in Weimar« – Harmonie in der Verbindung des Traums ... und sei's bei Gelegenheit einer imaginären Fahrt in der Kutsche, ehe Portier Mager, vorm »Elefanten« zu Weimar, Werthers Lotte in eine Wirklichkeit zurückexpediert, die zwar nicht gerade heiter, aber nach dem geträumten Tête-à-tête während der Droschkenfahrt immerhin weniger trist ist als an Goethens von steifer Kammerherrn-Pedanterie bestimmter Mittagstafel.

Aber der »Faustus«, wird man einwenden, die Höllenfahrt und der Wahnsinnsausbruch ... wo bleibt da der versöhnliche Schluß? Nun, wer so fragt, verkennt, daß das Romanende eben nicht aus einem grellen Debakel, sondern – dem »Zauberberg« verwandt – aus einer Frage besteht: »Wann wird aus letzter Hoffnungslosigkeit, ein Wunder, das über den Glauben geht, das Licht der Hoffnung tagen?« Und dann, den »Zauberberg« in der sehr behutsamen, sehr sanften Wendung des späten Thomas Mann zu dem transzendierend, was Christen *Gnade* nennen (»Gnade ist es, was wir alle brauchen«, heißt es 1953 in der Ansprache vor Hamburger Studenten, wobei Thomas Mann nicht verfehlte, jenes ›Gnade sei mit euch‹ zu gedenken, »mit dem in der Lübecker Marienkirche allsonntäglich die Predigt begann«) ... und schließlich die allerletzten Zeilen des »Faustus«, die kein Ende markieren, sondern Hoffnung jenseits der Hoffnungslosigkeit aufleuchten lassen, in einem Vorschein, der zur Gebetsform gehört: »Ein einsamer Mann faltet seine Hände und spricht: Gott sei euerer armen Seele gnädig, mein Freund, mein Vaterland.«

Kurzum, mag man's Happy-End nennen, freundliches Finale oder besänftigenden Ausklang nach grellem Crescendo – Hannos und Aschenbachs Tod, das Ende des Zauberers, Adrians Tribut an den Satan, Lottes Demütigung: Gewiß ist auf jeden Fall, daß Romane und Novellen allesamt auf ein mildes Decrescendo abzielen – einen zarten Abgesang, der, nachklangartig, noch den letzten Satz der »Betrogenen« akzentuiert: »Rosalie starb einen milden Tod, betrauert von allen, die sie kannten« und in der Nachschrift jenes Chronisten Clemens kulminiert, der, kommende »hohe Flüge« des Begnadeten vorausträumend, mit den Worten schließt, vor dem *Valete:* »Zum Lohn für Warnung und Rat bitte ich euch um die Gefälligkeit, mich einzuschließen in euer Gebet, daß wir alle uns einst mit ihnen, von denen ich sagte, im Paradiese wiedersehen.« Erstaunliche Sätze: fromm und weit entfernt von aller Ironie, erfüllt von jenem *manemus in aeternum*, in Ewigkeit gehen wir nicht verloren, das an den Abschied der Traumfigur Goethe erinnert, dort, wo den »teuren Bildern« (*Bild*: eine Thomas-Mannsche Chiffre für schöne Gestalten und ansprechende Begegnungen am Weg) eine Auferstehung, nach langlangem Ruhen, zugesagt wird: »Welch freundlicher Augenblick wird es sein, wenn wir dereinst wieder zusammen erwachen.«

Versöhnung über den Tod hinaus: eine konkrete Liebes-Utopie, die alle Vergänglichkeit aufhebt – dieses (durch das epische Finale jeweils signifikant betonte) Lebens-Thema Thomas Manns gewinnt seine letzte Gestalt in der irdisch-frommen Apotheose des »Erwählten« (»Die Welt ist endlich und ewig nur Gottes Ruhm«). Später – das zeigt das Holterdiepolter-Finale der »Betrogenen« mit der Beschwörung einer Natur, die ihrem Kinde Liebe erwiesen habe (in Gestalt eines Ovarien-Karzinoms, wie hinzugefügt werden muß) –, später, nach 1951, mißlingt die Synthese, ein über die Handlung hinausführender, abschließender und zugleich verweisender Endpunkt ist nicht mehr zu finden; der »Krull« kann irgendwo und überall enden, im Zuchthaus, in Amerika oder – »Die Audienz«, dritter Teil – im Vatikan; alles ist möglich, nichts zwingend: Man möge es drehen und wenden wie immer – dem Roman fehle, so Thomas Mann noch im April 1955, »ein irgendwas Kräftiges aussagender Schluß«.

»Der Erwählte«: das letzte Werk mit einem genuinen Thomas-Mannschen Happy-End – Kulmination und abschließende *all-pervadingness* im Zeichen der Gnade? Die letzte sinnstiftende Konzentration im »frömmsten« Buch? Die letzte Synthese – gewiß; aber die allerletzte nicht.

Das Thema der Themen – Versöhnung, die das Sterben ein Element der Wandlung sein läßt – bleibt dominant, ja es wird für den Achtzigjährigen wortwörtlich zu einer Frage auf Leben und Tod: Ergreifend zu lesen, wie Thomas Mann, im Februar des Abschiedsjahrs, das »Unirdische« der großen Schillerschen *unio caelestis*, der Hochzeit des Herakles mit Hebe im Olymp beschwört; faszinierend und bewegend schließlich, wie das leuchtende *per aspera ad astra* und *tamen gratia plenum* im Tagebucheintrag vom 23. Juli 1955, dem letzten, nachklingt: »Lasse mir's im Unklaren, wie lange dies Dasein währen wird. Langsam wird es sich lichten.«

ROBERT MUSIL

Die Verwirrungen des Zöglings Törleß

»Robert Musil ist in Südösterreich geboren, fünfundzwanzig Jahre
alt, und hat ein Buch geschrieben, das bleiben wird. Er nennt es:
›Die Verwirrungen des Zöglings Törleß‹. Der Wiener Verlag bringt
es heraus«: Mit diesen Sätzen begann ein hochberühmter Kritiker,
Alfred Kerr, am 21. Dezember 1906 die Analyse eines Buchs, dem
er Ruhm und Haß, literarisches Renommée und außerordentliche
Gefährdung auf dem Gebiet der Moral voraussagte: »In diesem
jungen und wohl bald verrufenen, verzeterten, bespienen Werk,
das auf den Index ornatloser Pfaffen gesetzt wird, wenn ein halbes
Dutzend Menschen es nur erst gelesen hat, sind Meisterstrecken.
Das Starke seines Wertes liegt in der ruhigen, verinnerlichten
Gestaltung abseitiger Dinge dieses Lebens, die eben doch in
diesem Leben sind. Die unser Hexenprozeßverfahren heute straft.
›Nachtseiten‹ sagt der Feuilletonist; also Nachtseiten. Für jeden sind
sie nicht vorhanden: insofern sein Leib oder die Konjunktur des
Schicksals es mit sich brachten, daß er in keine dieser Nebenwel-
ten je geriet; aber vorhanden sind sie.«
Kein Zweifel, da redet ein Kritiker, der sich mit den Intentionen
des jungen Talents Robert Musil rückhaltlos identifiziert: Bewun-
dernswert sei es, so Kerr, mit welcher Hellsicht und Kälte der Autor
das »unabgesteckte Reich des Schauervollen und Brauchlosen« mit
den dazugehörenden Schreckens-Ritualen, dem Sadismus und
Seelen-Terror, veranschaulicht habe: »Nicht alles kann ich nach-
prüfen. Der Schwerpunkt dieser Dinge liegt mir so fern wie die
Menschenfresserei der Südsee: aber ich weiß doch, daß es Menschen in diesem Drange gibt. Ich hab' es bisher nicht geglaubt:
jetzt glaub' ich es. *Ecco*.«

Der Schwerpunkt dieser Dinge: Gemeint ist damit die Zerstörung einer scheinbar geordneten, unverrückbaren moralischen Normen folgenden Bürger-Welt, gespiegelt in den sadistischen Spielen einer Reihe von Internatszöglingen aus den oberen Schichten, die sich einem der ihren gegenüber (einem sozial schlechter Gestellten, der zum Dieb wird) wie Experimentatoren in einem Konzentrationslager aufführen – anno 1906, wohlgemerkt! (»Reiting, Beineberg«, wird Musil später in seinen Tagebüchern über die juvenilen Sadisten schreiben, »die heutigen Diktatoren in nucleo.«)

»Die Verwirrungen des Zöglings Törleß« – das ist keine Pubertätsgeschichte, kein Pendant zu Wedekinds »Frühlings Erwachen«, Emil Strauß' »Freund Hein«, Hesses »Unterm Rad« – hier wird vielmehr, am Beispiel von vier jungen Menschen, des charmanten Sadisten Reiting, des Mystagogen und eleganten Folterers Beineberg, des erniedrigten Opfers Basini und des Registrators Törleß, der sich auf die Folterungen einläßt, um, in der Rolle des Musilschen »Monsieur le vivisecteur«, neue, ungeahnte, bis dahin verbotene Erkenntnisse auszukosten ... hier wird die Geschichte eines Quasimords aus der Perspektive des Ästheten geschildert, dem gerade das Grauenhafteste der Beförderung seines Denk-, Fühl- und Erkenntnisvermögens zu dienen hat. Nicht die Faktizität, das krude »Was«, sondern das »Wie«, die gedankliche Bewältigung der sadistischen Spiele auf dem Dachboden, ist für Musil entscheidend: Wobei es charakteristisch ist, daß die wirklichen Geschehnisse in der Vorstellung des Helden auf der gleichen Realitätsebene wie Philosopheme oder mathematische Gleichungen liegen. Das Auspeitschen eines Menschen, Kants Philosophie, imaginäre Zahlen: Alles hat für den jungen Törleß ein und dieselbe Bedeutung. Wirklichkeit und Traum, die Sache und das Nachdenken über die Sache gehören untrennbar zusammen: Nicht nur Reiting und Beineberg – auch Törleß ließe sich, vierzig Jahre nach seiner Präsentation durch Robert Musil, auf der Seite philosophierender Scharfrichter denken: angeekelt zwar von einfallslosen Brutalitäten, aber zu gleicher Zeit erfüllt vom Lustgefühl des Ästheten, dem Hochverrat des Geistes am Geist Tribut gezollt zu haben.

Eine hellsichtige Geschichte, der »Törleß«, und eine sehr persönliche dazu. Musil kannte sich aus in der von ihm beschriebenen Welt, hatte die Militär-Unterrealschule in Eisenstadt, später die Oberrealschule im Mährisch-Weißkirchen besucht, auch sie eine Militäranstalt: Das Entsetzen der Eingeweihten über die kecke Preisgabe pädagogischer Interna (und familiärer dazu) muß gewaltig gewesen sein um 1906. Sadomasochistische Exzesse an einer kaiserlich-königlichen Unterrichtsanstalt; die Familie des Autors durch geheime Bezüge zwischen einer Hure namens Božena und Törleß' Mutter verunglimpft, und das um so mehr, als der Lebenswandel Hermine Musils, einer geborenen Bergauer, in der Tat zu mancherlei Bedenken Anlaß gab, da neben Vater Alfred auch Hausfreund Heinrich, ganz zu schweigen von einem gewissen Matthias oder Eduard, im Domizil der Dichtereltern ein und aus gingen.

Die Musil-Forschung, akkurat und detailfroh wie sie ist, hat manches zutage befördert, was mit bürgerlichen Moralvorstellungen um 1900 gewiß nicht in Einklang zu bringen ist: Musil, der wegen etlicher Affären der Frau Mama in die Kadettenanstalt geschickt werden mußte, übte subtile Rache, könnte man denken, als er sein erstes Buch mit den Worten abschloß: »Und er prüfte den leise parfümierten Geruch, der aus der Taille seiner Mutter aufstieg.«

Nein, realitätsfern sind die »Verwirrungen des Zöglings Törleß« gewiß nicht; es verrät schon einigen Mut, mit welcher Unbekümmertheit Musil, wie Karl Corino gezeigt hat, aus der Wirklichkeit genommene Figuren in den Roman übertrug: Vieles, ließ der Autor wissen, sei nur wenig verändert, besonders Namen: Beineberg hieß in Wahrheit Richard Freiherr von Boineburg-Lengsfeld, Basini hieß Alexander Baksy von Szent Istvan-Baksa, Reiting hieß Jarto Reising von Reisinger, und Törleß hieß – Musil.

Und trotzdem, ungeachtet so vieler nachlässiger Verschlüsselungen, kein Skandal. Warum? Nun, der Autor wußte sich zu tarnen und war sorgsam darauf bedacht, nicht, in der Weise Thomas Manns, literarische Porträts zu schaffen, deren Urbilder jedermann schon dank ihres Äußeren auf der Straße erkannte. Aussehen, Gehabe, naturalistische Stimmigkeit des Geschilderten: für Musil ohne Belang!

»Kurze Zeit ehe ich die *Verwirrungen des Zöglings Törleß* zu schreiben begann«, heißt es in einer autobiographischen Skizze, »etwa ein Jahr vorher, habe ich diesen ›Stoff verschenkt‹, d. h. alles, was in der Geschichte an ›Milieu‹, an ›Realität‹, an ›Realismus‹ vorkam. Ich war damals bekannt mit zwei begabten ›naturalistischen‹ Dichtern, die heute vergessen sind, weil sie beide sehr jung starben. Ihnen erzählte ich das Ganze, das ich mit angesehen (es war in entscheidenden Dingen anders, als ich es später darstellte), und trug ihnen an, damit zu machen, was sie wollten. Ich selbst war damals ganz unbestimmt, ich wußte nicht, was ich wollte, und wußte bloß, was ich nicht wollte, und das war ungefähr alles, was zu jener Zeit für das galt, was man als Schriftsteller tun sollte. Als ich ein Jahr später selbst nach dem Stoff griff, geschah es buchstäblich aus Langeweile. Ich war 22 Jahre alt, trotz meiner Jugend schon Ingenieur und fühlte mich in meinem Beruf unzufrieden.«

Dichtung und Wahrheit, wie häufig bei Musil, bunt durcheinandergemischt: Es stimmt, daß der Autor den Stoff an zwei Schriftsteller verschenkte, und es stimmt auch, daß er die Atmosphäre von Eisenstadt und Mährisch-Weißkirchen konsequent verfremdet hat, indem er aus des »Teufels Arschloch« mit seinem Unteroffiziersdrill, seinen widerwärtigen Abtritten und dem ganzen österreichischen Spartanerdrill (»Fußlappen, alte Stiefel«) eine eher aristokratische Anstalt machte, wo unter den sich blasiert und weltmännisch gebenden Reinen und Feinen der oberen Zehntausend Schöngeisterei, gepaart mit dem ausgeklügelten Reglement der *exercitia terroris*, immerhin in gewissem Ansehen stand.

Musil hatte also recht, wenn er 1906, am Tag des Erscheinens von Kerrs Kritik, in einem Brief verlauten ließ: »Der Zusammenhang mit dem Institut (von Mährisch-Weißkirchen), in dem ich aufwuchs, ist ein äußerlicher. Die Erinnerung lieferte mir nur das Motiv, und ich bemühte mich, möglichst zu verschleiern. Tatsächlich stimmen auch Äußerlichkeiten nicht überein.« Trotzdem blieb, von den Namen angefangen, Befremdliches genug in dieser Seelenschilderung einer »Anormalität und Abnormität«: Kein Wunder, daß Musil, der übrigens – hier beginnt die *Dichtung* – zur Zeit der Niederschrift seines »Törleß« keineswegs so gelangweilt gewesen sein wird, wie er den Leser glauben machen will: Schließlich schrieb er damals nicht nur über »Die Beheizung der Wohnräume« oder »Die Kraftmaschinen des Kleingewerbes«, sondern las auch in den Werken zweier Schriftsteller, ohne die der »Törleß« nicht denkbar ist: Ernst Machs und Maurice Maeterlincks ... kein Wunder bei so viel Befremdlichkeit in Stoff und Stoffbehandlung, daß die Verlage zögerten, den Erstling (dessen mühevolle Geburt Musil übrigens, wie wir heute wissen, gewaltig übertrieben hat: Der »dumme Roman« kam rascher voran, als sein Autor später zugeben wollte) – kein Wunder, ein letztes Mal, daß alle angeschriebenen Verlage zögerten, das Buch in ihr Programm aufzunehmen ... und da kam der unbekannte Schriftsteller, Ingenieur, Doktorand und Belletrist auf einen verwegenen Einfall: Er schickte sein Opus 1 an den ersten Kritiker der Nation – und der las, akzeptierte, verbesserte und brachte derart das Buch unter die Leute.

Freilich, ob er das Manuskript wirklich Zeile für Zeile durchgearbeitet hat, Alfred Kerr, erscheint selbst dann ein wenig zweifelhaft, wenn man in Rechnung stellt, daß der Rezensent, was das Vermeiden von Sentimentalitäten angeht, nicht gerade ein Meister war. Aber Sätze wie die folgenden hätte er, bei penibler Zeile-für-Zeile-Korrektur, gewiß nicht durchgehen lassen: »Es war fünf Uhr vorbei, und über die Felder kam es ernst und kalt, wie ein Vorbote des Abends.« Oder: »In ... (Törleß') Innern war eine Heiterkeit, die er sonst nicht an sich gekannt hatte ... Das mußte sich wohl unter den Einflüssen der letzten Zeit in aller Stille entwickelt haben und pochte nun plötzlich mit gebieterischem Finger an. Ihm war zumute wie einer Mutter, die zum ersten Mal die herrischen Bewegungen ihrer Leibesfrucht fühlt.« Oder auch: »Es war die heimliche, ziellose, auf niemanden bezogene, melancholische Sinnlichkeit des Heranreifenden, welche wie die feuchte schwarze, keimtragende Erde im Frühjahr ist und wie dunkle, unterirdische Gewässer, die nur eines zufälligen Anlasses bedürfen, um durch ihre Mauern zu brechen.«

Ja, es gibt sprachlich viel Mißlungenes in diesem Erstling (und nicht nur dort: Stilsicherheit à la Thomas Mann ist nie Musils Stärke gewesen): pathetisch vorgetragene Klischees, ein Gemengsel von

Poesie und Amtssprache, vages Drumherumreden statt exakter Benennung. Musil selbst kannte die sprachlichen Ungeschicklichkeiten des »Törleß« genau – und auch über den oft unbeholfenen Wechsel der Perspektive, übers räsonierende Dreinreden des Autors, über die mangelnde Integration der Szenen »Im Café« oder »Bei Božena« wird er sich – so gut wie Alfred Kerr – im klaren gewesen sein: Geschenkt, verehrte Rezensenten, vergessen wir das.

Und, tatsächlich, man *kann* sie vergessen, die Fülle notierbarer Unstimmigkeiten, wenn man sie mit den Qualitäten des Buchs konfrontiert: der ringkompositorischen Struktur (am Anfang und Ende die Bahnhofsszene), der leitmotivischen Handhabung der Schlüsselbegriffe (Garten, Uhr, Spiegel), der exakten, zugleich realistischen und symbolträchtigen Beschreibung der Lokalität: unten die Klassenzimmer, in der Mitte die Schlafräume, oben die geheimnisträchtige Bodenkammer – Aufstieg vom Alltäglich-Normalen in die Zonen des Verboten-Exzentrischen. Der Acheron: angesiedelt in witziger Paradoxie hoch oben auf dem Olymp!

Und dann das Eigentliche: Zum ersten Mal in der Weltliteratur gelingt es einem Schriftsteller – im Alter von fünfundzwanzig Jahren! –, nicht nur den Seelenhaushalt von Jugendlichen zu beschreiben, die bis um 1900 immer nur als halbe Erwachsene dargestellt werden konnten, sondern, was weit schwerer ist, die Denkweise junger Menschen zu analysieren ... und das nicht in gelehrter Prosa, der Weise Ernst Machs zum Beispiel, der Musils eigentlicher, ihm das Problem »Wie kommen Erkenntnisprozesse zustande?« eröffnender Lehrer gewesen ist, sondern sinnlich, anschaulich und konkret.

Intellektuelle Zustände sehen sich durch eine Prosa »vivifiziert«, vergegenwärtigt, fühlbar gemacht, die das Ziel verfolgt, am Beispiel des Weltverständnisses von Jugendlichen ein dichterisches Modell des Denkens schlechthin zu entwickeln. »Der Sechzehnjährige«, heißt es in Musils Tagebüchern, »ist eine List. Verhältnismäßig einfaches und darum bildsames Material für die Gestaltung von seelischen Zusammenhängen, die im Erwachsenen durch zuviel anderes kompliziert sind, was hier ausgeschaltet bleibt.«

Das lebendige Denken und das gedankenträchtige Fühlen: das

Wechselspiel von Un-, Vor- und Halbbewußtem hier und hoher Rationalität dort auf den poetischen Begriff gebracht zu haben, ist die eigentliche Leistung des Schriftstellers Musil, eines fünfundzwanzigjährigen Poeten, der sich im »Törleß« als genuiner und eigenständiger Partner Sigmund Freuds erwies: nicht, das wäre denn doch zu wenig, wegen der Schilderung des Sadomasochismus in der Adoleszenz, auch nicht allein wegen der Fähigkeit, »die Triebgrundlage des Dritten Reichs« – so Musil im Gespräch – visionär vorauszubeschreiben, sondern wegen der exemplarischen Verdeutlichung von Denkvorgängen, die, in direkter Beschreibung, unmittelbar und, durch die Darstellung korrelierender Vorgänge, Naturereignisse und Stimmungen, mittelbar dargestellt werden – das Denken und Fühlen von Menschen durch einen Doppel-Zugriff erfaßt!

Doppel-Zugriff: durch ein genaues Charakterogramm des Subjekts und durch den Aufweis erhellend wirkender objektiver Korrelate! Doppel-Zugriff: durch die Technik, das »nicht Ratoide«, wie Musil sagt, mit Hilfe einer Schreibweise, die von mathematischer Exaktheit ist, faßlich zu machen, »moralische Phantasie« und »kontemplatives Verhalten« ins Licht poetischer Begrifflichkeit zu heben und, auf der anderen Seite, das Denken zu versinnlichen.

Der junge Törleß, ein janusgesichtiges, von verwegenen Erfahrungen und tollkühnen Gedankenaufschwüngen gezeichnetes Ich: Er ist für mich der erste moderne Mensch in der deutschen Literatur, dem Hofmannsthalschen Lord Chandos oder dem Rilkeschen Malte Laurids Brigge oder Thomas Manns Hanno Buddenbrooks um ein halbes Jahrhundert voraus. Weshalb? Weil sich bei Musil die unheilige Allianz von Ästhetizismus und Terror, gedanklicher Unbedingtheit und moralischer Neutralität am Beispiel eines Menschen beschrieben sieht, dem jedes Mittel recht ist, das tauglich sein könnte, ihm, den aus allen Zusammenhängen Herausgenommen, zu neuer Natürlichkeit und neuem Vertrauen in eine Weltordnung zu verhelfen, in der die Dinge, anders als er es erfährt, wieder vernünftig und verläßlich benannt werden können. Eine Weltordnung, die, in ihren Tag- und, mehr noch, ihren von Alfred Kerr beschworenen Nachtseiten – nur von jenen erfahren werden kann, die »einen Sinn mehr als andere haben«: den Ästheten vom Schlage Törleß', wie ihn Robert Musil beschrieb.

Törleß, aus dem alles werden kann, ein hellsichtiger Aufklärer am Rande des Abgrunds, aber auch ein Faschist – beides ist möglich, je nachdem, wie die »auf die Schärfe eines Nadelstichs konzentrierte Inkubation«: die jähe Erkenntnis, welche bis zur Perversion des Humanen ins Unmenschliche gehenden Erniederungen in der Welt möglich sind, ihren Niederschlag findet.

Wo hätte dieser Törleß wohl gestanden, 1933 – auf seiten Klaus Manns, als Emigrant in Paris, oder Seit' an Seit' mit Gottfried Benn in Berlin? Törleß – einer, der zu sich selbst gekommen wäre (»eine Entwicklung war abgeschlossen«), ein für allemal gefeit? Oder einer, der bedroht bliebe, jederzeit bereit, den Teufelspakt (wenn auch mit der gebotenen *reservatio mentalis*) zu erneuern? (»Die Erinnerung, ... daß fiebernde Träume um die Seele schleichen, die festen Mauern zernagen und unheimliche Gassen aufreißen, – auch diese Erinnerung hatte sich tief in ihn gesenkt ...«)

So oder so: Er bleibt Zeitgenosse, der sechzehnjährige, von einem fünfundzwanzigjährigen Schriftsteller beschriebene Zögling. »Das Leben liegt vor ihm«, hat Alfred Kerr 1906 geschrieben – und das gilt auch heute noch von diesem Möglichkeitsmenschen, der in seiner Vielschichtigkeit, seiner Widersprüchlichkeit, seinem Hermaphroditen-Wesen, wirklichkeitsmächtiger als seine Zeitgenossen bleibt, die tatsächlich gelebt haben.

»Es schien damals, daß er überhaupt keinen Charakter habe«: Und trotzdem, achtzig Jahre danach, quicklebendig!

III. PROBLEME

ÜBER DIE FREUDE

Und der Engel sprach zu Zacharias: »Fürchte dich nicht. Dein Gebet ist erhört, und dein Weib wird dir einen Sohn gebären, den du Johannes nennen sollst. Und du wirst Freude und Wonne haben, und viele werden sich seiner Geburt freuen.« Das Lukas-Evangelium, kaum begonnen, kulminiert, wegweisend und zeichensetzend, mit einem Crescendo der Freude: Glück wird sein, Jauchzen und Triumph, Frohlocken und Jubel. Der Tenor ist enthusiastisch, die Verheißung überwältigend. Zur sanften Seligkeit, der tiefinneren Freude, dem Gewißsein in Gott, gesellt sich die Begeisterung, die sichtbar werden wird vor allem Volk. Zufriedenheit im Herzen verbindet sich mit dem Glücks-Ausbruch in der Gemeinschaft; die griechischen Worte »froh sein« und »unaussprechlicher Jubel«, behutsames »von Freude erfüllt sein« und strahlendes Jauchzen, Entzücken und Enthusiasmus, das zarte Für-sich-Behalten und die Preisgabe des Glücks, in »orientalischem Gesang«, der die »Zunge jubeln« läßt und jedermann zum Teilhaber der Großen Freude macht, ergänzen einander.

Die Evangelien – die lukanischen Schriften, in denen sich ein Viertel aller neutestamentlichen »Jubel«- und »Freude«-Worte nachweisen läßt ... die Evangelien sind kein erbaulicher Traktat, kein pietistisch-puritanisches Andachtsbüchlein zum Trost des inneren Menschen, sondern ein Dokument, in dem zur Verheißung der Erlösung in Gott der Verweis auf einen Welt-Bezug kommt, der durch Dankbarkeit und eine ebenso demütige wie souveräne Zuversicht charakterisiert wird.

Verhaltenheit paart sich mit einem Pathos, das auch dramatische Akzente nicht scheut: Da *hüpft* – statt behutsam anzuklopfen – ein Kind vor Freuden im Leib seiner Mutter; da *jauchzt* Jesus, begeistert und gotterfüllt, im Geist; da wird, mit gewaltiger Stimme im

Zeichen eines neuen, freudebestimmten Äons, Friede vom Himmel verkündet; da vertreibt der Engel die Furcht: »Siehe, ich verkündige euch große Freude, die allem Volk widerfahren wird.«

Strahlende Präsenz, wohin immer man blickt; Vergegenwärtigung des Jubels in munterem Sich-Umtun und in weltlicher Geschäftigkeit: Wenn der verlorene Sohn heimkehrt, läßt der Vater das schönste Kleid, einen kostbaren Reif und neue Schuhe herbeischaffen, befiehlt, ein gemästetes Kalb zu schlachten, ruft: »Laßt uns essen und fröhlich sein« und tröstet den ältesten Sohn mit behutsamem Wort: »Du solltest froh sein und voll guten Muts … denn dein Bruder war verloren und ist wieder gefunden.«

Freude, mitten im Leben, unter dem Dach der Versöhnung. Freude aber auch im Zeichen des Todes: »Solches rede ich zu euch, auf daß meine Freude in euch bleibe und eure Freude vollkommen werde«, bedeutet der zum Sterben bereite Jesus seinen Jüngern; Freude im Zeichen des Abschieds und Freude im Zeichen der Heimkehr: »Nun aber komme ich zu dir«, betet Jesus, die Augen zum Himmel erhebend, im hohenpriesterlichen Gebet, »und rede solches in der Welt, auf daß (die Menschen in aller Welt) meine Freude haben – vollkommen.«

Das Neue Testament: *the book of joy*, wie man, ein bißchen grobschlächtig, aber nicht falsch, heute in Amerika sagt. *Joy* im Kleinsten und Größten: Der Schäfer freut sich, wenn er das verlorene Schaf wiederfindet, und die Jünger frohlocken in einem Augenblick, da, in Bethanien, Zeit und Ewigkeit sich miteinander verschwistern: »Und es geschah, da er sie segnete, schied er von ihnen und fuhr auf gen Himmel. Sie aber beteten ihn an und kehrten wieder gen Jerusalem mit großer Freude.«

Chairein kai agallian, fröhlich sein und frohlocken, der Zufriedenheit im Herzen inne werden, dem Geborgensein in Gott, und laut (doch fern aller Überheblichkeit) triumphieren, im Akt einer dramatischen, mimisch-gestisch unterstrichenen Glückspräsentation: eins nicht ohne das andere! Beides zusammen ist Ausdruck jener Dankbarkeit, die, vom Innigen der lukanischen Gleichnisse in gleicher Weise getragen wie vom poetischen Pathos des zweiten Philipper-Kapitels … beides zusammen ist Manifestation jener

Dankbarkeit, die um Gottes Wirken in allen drei Zeiten, der Vergangenheit, der Gegenwart und Zukunft, weiß: Freude im Hinblick auf das »Immerdar«, das »Hier und Jetzt« und das »Künftige«, in dessen Zeichen das von jeher Angelegte, allen sichtbar, seine festliche Präsenz gewinnt. »Halleluja! Auf! Freut euch und jubelt! Frohlockt voll Entzücken! Denn gekommen ist der Hochzeitstag des Lamms, und bereit gemacht hat sich die Braut und darf sich hüllen in leuchtendes Linnen.«

Jüdische Apokalyptik, verbunden mit Welt-Heiligung: Freude manifestiert sich im Fest, das die Grenzen zwischen Innen und Außen sprengt. Das Individuum preist Gott in der Gemeinschaft; seelisches Glück gewinnt Anschaulichkeit in Prozession und Tanz und liturgischem Kult, der das Gottesgeschenk der Freude sinnfällig macht. Da wird das Mahl zur großen Festivität, der Gesang zum Lobpreis, den, verleiblicht in der Gemeinde der Frommen, die gesamte Schöpfung anstimmt. Da werden, in Palästina nicht anders als in Griechenland, die heimkehrenden Erntewagen und die Krüge besungen, deren Trauben kostbare Getränke versprechen. Fest des Herrn und Fest des Landes, Fest des Menschen und Fest aller Natur: »Ich freue mich im Herrn«, heißt es beim Propheten Jesaja, im 61. Kapitel, »und meine Seele ist fröhlich in meinem Gott; denn er hat mich angezogen mit Kleidern des Heils, und mit dem Rock der Gerechtigkeit gekleidet, wie einen Bräutigam, mit priesterlichem Schmuck gezieret, und wie eine Braut, die in ihrem Geschmeide pranget. Denn gleich wie Gewächs aus der Erde wächst und Same im Garten gehet, also wird Gerechtigkeit und Lob aufgehen … aus dem Herrn.«

Die biblische Freude, das lehrt die Summe der Zeugnisse, ist erfüllt von hoher Spiritualität, aber auch von Sinnlichkeit, leuchtender Diesseits-Freude und einer Lust, die den ganzen Menschen, seine Seele und seinen Körper, ergreift. Das Hohelied der Liebe wird nicht nur unter den Himmeln, sondern auch bei der Weinlese, am Brunnen und, zuallererst, auf jenem hochzeitlichen Bett angestimmt, das von saurer ehelicher Pflichterfüllung wenig, aber von Inbrunst und Leidenschaft, dem Liebesspiel und der Ekstase sehr viel weiß. Thomas Manns Beschreibung des Beilagers von Jaakob, Lea und Rahel, beschrieben in der »Joseph«-Tetralogie, ist alttestamentlicher Lust und biblischem Liebes-Entzücken mit Gewißheit näher als die kopflastige Transposition der Theologen, die morgenländische Lebensfreude in fromme Geistbeseeltheit verwandeln.

Pure Verzweiflung stellt sich ein, Kopfschütteln zuerst und dann Wut, wenn man, über zweieinhalb Jahrtausende hinweg, die Geschichte der Ent-Leiblichung biblischer Freude verfolgt: diese ebenso bösartige wie feinsinnige Kastration, vorgenommen in Klöstern, Betstuben, Bibliotheken und, zwischen Andacht und Andacht, an bürgerlichen Familientischen. Was, in der Bibel, von Weltlichkeit strotzt, real und präsent ist, gelegentlich – nahezu exhibitionistisch – nach außen gewandt: *Da, schaut her, die bunte Welt!* – das sieht sich in einem Prozeß, der mit Paulus begann, über Augustin und Thomas von Aquin führte und, bezogen aufs Medienjahrhundert mit seinen Dallas- und Denver-Heiligen, heute, unter der Losung »Rettung des Geistes und Bewahrung Gottes« kulminiert.

Die Freude, scheint es, ist dabei auf der Strecke geblieben: verloren im Verlaufe eines Gefechts, das zumal die Christen, nehmt alles in allem, mit wachsendem Ingrimm gegen jene Weltkinder führten, die sie am Ende allein ließen – sie mit ihrer Lust und ihrem Diesseits-Rausch. Ein makabres Spektakel, in der Tat! Ein Spektakel, inszeniert von – nicht selten zum »Heil« bekehrten – Theologen: einerlei, ob Paulus die Sexualität verteufelt, die Sinnlichkeit der Eva-Töchter und den Frevel gleichgeschlechtlicher Liebe; einerlei, ob Augustin die Freude um ihrer selbst willen verdammt, die Freude, die über der Gabe den Geber vergäße, einerlei, ob der Kirchenvater die Freude – das glückliche Selbstwertgefühl allem voran – unter die Sünde einreiht und Gott einen Lobgesang singt, weil ER aller Freude in dieser Welt ein Gran von Bitterkeit beigemischt habe; einerlei, ob Thomas von Aquin, in strikter Konfrontation, Lust und Freude, Befriedigung bei zufälliger Gelegenheit *und* Verlangen nach dauerhaften Werten trennt, Verfallenheit an die Zeit und Augenblicksvergnügen gegen geistig-konstantes Entzücken ausspielt und dem blinden und auswechselbaren Lusterlebnis der Tiere die sublimierte, weil vernunftgeleitete, sich im Horizont der Gotteserfahrung, also in der Dimension der Ewigkeit,

vollziehende Geistes-Lust als wahre, reine, tiefe Freude gegenübergestellt – einerlei, einerlei!

Die Grundstruktur der Opposition ›niedere Lust contra Geistes-
Glück‹ ist offenkundig. Wer den Abstand zwischen dem unge-
mischten Freude-Jubel auf Erden und unter den Himmeln, wie er
sich vor allem im lukanischen Evangelium präsentiert, und jener
ins Geistig-Geistliche verkürzten Freude ermessen will, die zumal
(aber keineswegs ausschließlich) von der katholischen Amtskir-
che auf den Begriff gebracht wird, der tut gut daran, unmittelbar
nach intensiver Propheten-Lektüre das apostolische Schreiben
Papst Pauls VI. »Über die christliche Freude« zu studieren: veröffentlicht am 9. Mai 1975.

Wieviel redliches Bemühen um die Sorgen und Nöte der Welt wird
da offenbar, welch rührendes Streben nach Vergeistigung einer
aus den Fugen geratenen Zeit – und welche Blässe, Schemenhaf-
tigkeit und fade Spiritualisierung einer Freude, die es aufgegeben
hat, sich im Hier und Jetzt zu bewähren: »Die technische Gesellschaft«, läßt der Papst wissen, »konnte die Gelegenheit zum Vergnügen *(oblectamentum)* vervielfachen, aber die Übel sind zu
zahlreich, als daß Freude aufkommen könnte. Denn die Freude
erwächst aus anderen Gründen. Sie ist etwas Geistiges. An Geld,
Komfort, Hygiene und materieller Sicherheit mangelt es oft nicht;
aber dennoch bleiben Überdruß, mürrische Stimmung und Traurigkeit unglücklicherweise das Los vieler.«

Gewiß ist im Sendschreiben *gaudete in domino* auch von Lebens-,
Arbeits- und Opferfreude, vom Glück des Daseins, der Bezaube-
rung durch die Natur und die Stille, von lauterer Liebe und vom
lichten Glück des Tages die Rede – aber dies alles, das ist entscheidend, hat, so überschäumend es sich geben mag, nur vorläufig-
vorbereitenden Sinn: »Der Gegenstand dieses Schreibens«, so Paul
VI., »zielt in größere Tiefen, denn das Problem scheint uns in erster
Linie auf der Ebene des Geistes zu liegen.«

Freude: sehr wohl – aber immer in bezug auf erhabenere Wirk-
lichkeiten, die allein den Anlaß kleiner Entzückungen zu adeln
verstünden. Freude: Wer möchte sie tadeln – sofern er (jetzt: die
unabdingbare Einschränkung!) bei allem, was er an Entzücken
und Beseligung erfährt, in jeder Sekunde bedenkt, daß die Freude

hier auf Erden »immer ein gewisses Maß schmerzlicher Prüfung enthalten wird«.

Man sieht, da wird Freude zugleich zugestanden und in Frage gestellt; *gaudium*: ein Gut, das dem Individuum nicht zu eigenverantwortlichem, souveränem Gebrauch überlassen sein darf, weil der Mensch seine eigentliche, am Ende allein wesentliche, im Adjektiv *spiritualis* ausgedrückte Bedeutung nicht ermessen könne: um *gaudium* in der *vita activa* zu verwirklichen, bedürfe die christliche Herde, so die Quintessenz des apostolischen Schreibens, der Lenkung durch die geistliche Hierarchie: »Das Gottesvolk kann nicht ohne Führung auf seinem Weg voranschreiten. Es gibt daher die Hirten, die Theologen, die Lehrmeister des geistlichen Lebens, die Priester ... Ihre Sendung besteht darin, ihren Brüdern zu helfen, den Weg der geistlichen Freude einzuschlagen, inmitten der Gegebenheiten, die ihr Leben bestimmen und denen sie nicht aus dem Weg gehen können.«

Adiuvare fratres, ut vias evangelici gaudii ineant: Der Weg von der – den ganzen Menschen und alle Welt umfassenden – großen Freude, dem Glück der Welt und des Himmels, zur Geistes-Seligkeit von Christen, die den Weg, der zum erfüllten Dasein führt, nur mit Hilfe der Obrigkeit zu finden vermöchten – dieser Weg, wir sehen es, ist weit: »Und du wirst Freude und Wonne haben, und viele werden sich seiner Geburt erfreuen«, das klingt, bei der Lektüre des päpstlichen Schreibens, wie die Verheißung von einem anderen Stern. Die große Freudens-Vision, die auf der Identität von Lust und zarter Beglückung, der festlichen Ekstase und dem Beseligtsein, tief im Innern, beruht, ist verlorengegangen; die Lust hat, wie in mittelalterlicher Zeit, wieder den Charakter der *niederen*, die Freude die Auszeichnung der *hohen Minne* gewonnen.

Ein Debakel christlicher Anthropologie? Triumph von Askese und Puritanismus? Makabrer Triumph des Biblizismus über die Bibel? Freiwillige Preisgabe einer – bei Thomas von Aquin noch sichtbaren! – Leib-Geist-Strukturierung des Menschen? Wie immer man's wendet und dreht: An der im Sendschreiben Pauls VI. beispielhaft erkennbaren Verkürzung der Freude aufs kleine (dazu sacerdotal zu bestimmende) Maß des *gaudium spirituale* ist nicht zu zweifeln ... und damit wird nicht nur die biblische Ganzheitsvorstellung, sondern auch jene große Synthese in Frage gestellt, die im Jahrhundert der beginnenden Emanzipation des Menschen von religiösen, sozialen und familiären Zwängen, Bevormundungen und Indienstnahmen, im Jahrhundert der Aufklärung also, Lust und Freude, Enthusiasmus und Seelenglück, auf neuer Ebene vereinte.

Wo das Barockzeitalter Frömmigkeit und Freude an der Welt, die Emphase des »Ein feste Burg ist unser Gott« und den wilden, ganz und gar diesseitigen Sensualismus miteinander konfrontierte, suchten die zwischen 1750 und dem Ende der Weimarer Klassik lebenden Generationen, will man ihren Fürsprechern *in litteris* glauben, Religiosität – im weitesten, von Herder definierten Sinn – mit dem Glauben an eine vernünftig zu ordnende und human zu verwaltende Welt zu vereinen und, wichtiger noch, eine Balance zwischen Innen- und Außenwelt, dem Bereich der Seele und dem Kosmos des Sozialen herzustellen: Ich und Welt, verbunden im Zeichen der Göttin *Freude*, deren versöhnende Kraft die Harmonie der Welt befördern werde ... Harmonie im Sinne eines Ausgleichs der Extreme, der Mikro- und Makrokosmos in gleicher Weise beträfe.

Glück als Zentrum der Humanitätsidee und Inkarnation jener Vernunft, deren Wesen es sei, zwischen Verstand und Gefühl zu vermitteln: Anders als im Mittelalter und der frühen Neuzeit gewinnt *Freude* im 18. Jahrhundert, zwischen Frühaufklärung und Romantik, die Bedeutung der großen, Humanität in ihr Recht setzenden Wirkungs-Macht in allen Bereichen – als kleine Freude im Privatesten nicht minder signifikant wie, als Freude über allen Freuden, in aufgeklärten, von liberaler Christianität und freimaurerischer Weltbürgerlichkeit bestimmten Gesellschafts-Visionen.

Freude, so das Programm der Glückseligkeitslehre, werde sich einstellen, sobald die Partikularität, die sich in der Trennung von Individuum und Gesellschaft, von Nation und Nation spiegele, im Zeichen der Überwindung von *solitaire* und *solidaire* (mit Albert Camus zu sprechen) transzendiert worden sei. *Freude* als Inbegriff der Harmonie, hier eher scherzhaft, dort hochpathetisch, hier anmutig-spielerisch, dort mit religiöser Feierlichkeit besungen: als *Göttin edler Herzen* und als *Grazie der Vernunft*, als *Schwester der Menschlichkeit* und als *Königin der Weisen*, als *Himmelskind* und *Tochter des großen Vaters*, als *Schwester der Zufriedenheit* und, natürlich, *Tochter aus Elysium* – Freude in vielfachen, vor allem weiblichen Verwandtschaftsverhältnissen unermüdlich gefeiert, gewinnt im Deutschland des 18. Jahrhunderts, individual- *und* sozialpsychologisch, eine Spannbreite und Ausdehnungskraft, die für alle Beschäftigungen mit dem Phänomen »Hedonie« (will heißen: umfassendes Gestimmtsein auf den Grundtenor der Freude, die im Kleinen und Privaten so gut wie im Großen und Allgemeinen realisiert werden will) verbindlich sein müßten.

Freude ist Humanität, Humanität ist Freude: Unter diesem Aspekt haben Herder und Schiller, Goethe und Jean Paul die biblische Ganzheitsvorstellung säkularisiert und ins Soziale erweitert. Daß bei solcher Ausdehnung, auf dem Feld der Seelenkunde so gut wie in den Bezirken der Ökonomie (friedlicher Handel als Element freundlichen Austauschs), der Begriff Freude mit zunehmender Synthetisierung mehr und mehr zu schillern begann, ist selbstverständlich – und nicht zu beklagen; denn gerade seine Ambivalenz gibt ihm die Fähigkeit, sich auf unterschiedlichstem Gebiet zu bewähren; einmal skurril und spaßig gekleidet, ein anderes Mal in der Robe der Königin aller Völker.

Freude – eine Vokabel, die, dank ihrer Offenheit, so unterschiedlich auszudeuten war, daß ein Autor sie gestern in gewaltiger Beschwörung evozieren konnte, um sie heute, beim Wiederlesen der Evokation, erheblich niedriger, eher im Biotischen als im Reich der Regentschaft, zu lokalisieren: Friedrich Schiller, wie man weiß, war bei seiner hochgestimmt-revolutionären Feier der Freude, deren sanfter Flügel angeblich alle Menschen Brüder werden ließ, ein paar Jahre nach der Niederschrift der Ode an die Freude eher mürrisch zumute – von Emphase keine Spur.

»Die Freude ist nach meinem jetzigen Gefühl durchaus fehlerhaft«, so Schiller, am 21. Oktober 1800, an seinen Freund Körner, »und ob sie sich gleich durch ein gewisses Feuer der Empfindung empfiehlt, so ist sie doch ein schlechtes Gedicht und bezeichnet eine Stufe der Bildung, die ich durchaus hinter mir lassen mußte, um etwas Ordentliches hervorzubringen. Weil sie aber einem fehlerhaften Geschmack der Zeit entgegenkam, so hat sie die Ehre erhalten, gewissermaßen ein Volksgedicht zu werden.«

Nun, Schiller hat sich geirrt. Mochte sich die Vision von den umschlungenen Millionen und den Menschen, die Brüder würden, nach dem Debakel der Französischen Revolution ein wenig weltfremd ausnehmen (»exaltiert«, sagte Schiller): Der Traum vom Freudenreich einer humanen Gesellschaft blieb gleichwohl in Kraft und wurde, zu Recht, von Beethoven im letzten Satz der 9. Symphonie musikalisch konkretisiert; nach dramatischem Zusammenstreichen der Schillerschen Ode und in entschiedener Auseinandersetzung mit jenen heiteren Vertonungen des Lieds an die Freude – darunter, 1816, auch eine Schubert-Komposition –, die aus dem Gedicht, seinen Intentionen durchaus entsprechend, eine Art von Kommers- und Logengesang gemacht hatten: an fröhlicher Tafel zu singen.

Kein Wunder, daß Beethoven, dank seiner ganz anderen, politisch-religiösen Schiller-Interpretation, nicht reüssierte. Der Volksgesang von gestern als furioses Finale – undenkbar. Schillers Gedicht war zum Gassenhauer geworden – und Beethovens Hymne ein Gespött, an dem übrigens, fast einundeinhalbes Jahrhundert später, auch der Komponist Hanns Eisler partizipierte, als er Odysseus, der sich, um dem Sirenengesang nicht zu verfallen, an einem Mastbaum festbinden ließ, mit einem Banker verglich: »Wie ein echter Bankdirektor wollte er a) die Musik genießen, b) nicht in Gefährdung kommen … Das wäre ungefähr so, als wenn sich ein Bankdirektor beim letzten Satz der 9. Symphonie an den Sitz binden lassen müßte, um nicht seinen Nachbarn zu umarmen: ›Alle Menschen werden Brüder.‹«

Schiller – Beethoven – Schubert – Hanns Eisler: Vier verschiedene (mit Schillers Revokation sogar fünf) Variationen eines *einzigen*, um die Vision der *Freude* kreisenden Gedichts: Die unterschiedlichen Interpretationen erhellen, *wie* vielfältig, polysem, unterschiedlichen Deutungen verfügbar die Vorstellung der *Freude* seit dem 18. Jahrhundert, eben wegen ihrer Spannbreite!, ist – hier machtvolles Gefühl, dort stille Seelenregung, hier Ekstase, dionysischer Rausch, Schöpfungselan, dort sanftestes Sich-

Bescheiden, titanischer Jubel und Gedenken ans Glück im Winkel.

Läßt sich, um äußerste Punkte auf der »Freuden-Tafel« zu benennen, ein größerer Gegensatz denken als die schroffe Antithese zwischen Schillers Freude-Ode, in Beethovens Komposition, und der Beinahe-Idylle Jean Pauls, ›Leben des vergnügten Schulmeisterlein Maria Wutz in Auenthal‹? Eine Idylle, die – eine Pflichtlektüre für Psychiater aller Couleur – auf der Meditation über eine einzige Frage beruht: Was bedeutet Freude für ein Lebewesen, das, verlassen und vergessen von der großen Welt, im Verborgenen und Allerbescheidensten lebt? Die Antwort Jean Pauls: Einzig die Freude ist es, und keine andere Gabe, die den Geprügelten, Niedergedrückten und durch gnadenlose Erziehung Gehänselten am Ende überleben läßt – so wie aus dem »gezüchtigten« und »morifizierten« Alumnus Wutz ein sanfter, liebenswerter, verliebter, freilich allzufrüh dahinsiechender Mensch wird, ein Narr in Gott: weil er sich freuen kann.

»›Vor dem Aufstehen‹, sagt’ er, ›freu’ ich mich auf das Frühstück, den ganzen Vormittag aufs Mittagessen, zur Vesperzeit aufs Vesperbrot und abends aufs Nachtbrot – und so hat der Alumnus Wutz sich stets auf etwas zu spitzen‹ … Im fieberfrostigen Novemberwetter (labte) er sich auf der Gasse mit der Vormalung des warmen Ofens und mit der närrischen Freude, daß er eine Hand um die andre unter seinem Mantel wie zu Hause stecken hatte. War der Tag gar zu toll und windig … so war das Meisterlein so pfiffig, daß es sich unter das Wetter hinsetzte und sich nichts darum schor; es war nicht Ergebung, die das *unvermeidliche* Übel aufnimmt, nicht Abhärtung, die das *ungefühlte* trägt, nicht Philosophie, die das *verdünnte* verdauet, oder Religion, die das *belohnte* verwindet: sondern der Gedanke ans warme Bett wars. ›Abends‹, dacht’ er, ›lieg’ ich auf alle Fälle, sie mögen mich den ganzen Tag zwicken und hetzen, wie sie wollen, unter meiner warmen Zudeck und drücke die Nase ruhig ans Kopfkissen, acht Stunden lang.‹«

Eine trostreiche Idylle? Gewiß nicht – *wenn*, dann unter Tränen geschrieben – einem Mann zu Ehren, der mit seinem kleinen Freuden-Manual und seinen winzigen Glücksvisionen die Niedertracht einer in wenige Herrschende und viele Beherrschte zerteilte

Welt ergreifender entlarvt, als es der entschiedenste Rebell tun könnte.

»Wie war dein Leben und Sterben so sanft und meerstille, du vergnügtes Schulmeisterlein Wutz.« Mit diesen Sätzen beginnt ein Schriftsteller den Bericht über die ungewöhnlichste Erziehung, die sich denken läßt (und die menschlichste dazu). Die Pädagogik, die nur ein einziges Lernziel hat: Entfaltung von Freude – Jean Paul, ein Schriftsteller, der sich, wie viele aus seiner Zunft, bis hin zu Nietzsche, André Gide und Thomas Mann, ein Leben lang abmühte, seiner Existenz unter dem Signum »Freude« Sinn und Würde zu geben, wußte sehr genau, daß für einen Künstler »leben« und »sich freuen können« – sich freuen in der Plenipotenz biblischer und säkular-aufklärerischer Natur – Synonyme sind.

Darum – von Germanisten und Psychiatern bis heute unerschlossen – der Jean-Paulsche Traktat »Freuden-Büchlein oder Ars semper gaudendi« vom Frühjahr 1811, ein Fragment leider nur; darum der Versuch, in dieser Schrift eine Art von poetischer »Heilmittellehre« zu formulieren (»Rotte das Unkraut aus, so kommen von selber die Blumen«); darum das Bemühen um eine Klimatologie der Seele (»Ein schlechter Regentag nimmt nichts; aber ein heller Sonntag gibt alles«); darum die Analyse der Vorfreude als einer spirituellen, Lust verdoppelnden Glückseligkeit.

Ergreifend, am Ende, zu sehen, wie viele Künstler, auf der Suche nach der ungeteilten, einzig Kreativität verbürgenden Freude (auch der unter Tränen natürlich), versucht haben, Freuden-Arbeit zu treiben, sich – so Nietzsche – kleine Freuden gegen große Schwermut zu verschreiben ... ergreifend zu sehen, wie gerade die Schriftsteller auf der Suche nach der dreifachen Freude, der *präsentischen*, der *künftigen*, visionär vorweggenommenen, und der *vergangenen*, aber glücklich erinnerten (*emotion collected in tranquillity*, wie es bei Wordsworth heißt) – ergreifend zu sehen, wie jene, für die »atmen« und »schreiben« ein und dasselbe ist, und die ohne Freude nicht schreiben können, also auch nicht mehr atmen möchten, die Kunst der Freude zu lernen versuchten (und es immer noch tun).

Freude: das Gegenelement zur Schwermut, die nicht nur die

Freude selbst vertreibt, sondern sogar die Hoffnung zerstört, man werde sich je wieder freuen, also arbeiten, also leben können.

Freude, am Rand der Melancholie; Lust und geheimes Entzücken, der Freuden-Taumel und das Herzklopfen machende Entzücken, das den Depressionen abgerungen sein will (ein Generalthema Nietzsches!); das Glück der wiedergewonnenen Arbeits- und Lebens-Freude nach dem Verstummen in Schwermut und Trübsal: Das ist, jenseits der Grenze von Dunkel und plötzlicher Helle, von Erstarrung und eissprengender Freude, für den Künstler ein Zustand, mit dem Leben beginnt, das diesen Namen verdient: Ohne ein Minimum von Freude ist die Qual, seine Qual nicht benennen zu können, unüberwindbar.

Unter diesen Aspekten, so peripher sie auch sein mögen (sie sind's in Wahrheit *nicht*), sollte Freude, ungeschmälert und unamputiert: Freude zwischen Seelenrührung und ekstatischem Triumph, wieder in ihre Rechte treten, sollten *exempla gaudii*, Zeugnisse der Propheten und der Künstler voran, mit Nachdruck – und verbürgter Hoffnung auf reichen Gewinn – von uns gelernt und beherzigt werden: »Die Freude Mozarts, eine Freude, die man als dauerhaft empfindet«, heißt es, 1893, in André Gides Tagebuch, »die Freude Schumanns ist fiebrig, man fühlt sie zwischen Schluchzen aufsteigen. Die Freude Mozarts ist aus überlegener Heiterkeit gemacht … seine Einfachheit ist … ein kristallisches Gebilde; alle Empfindungen (dieser Welt) spiegeln sich darin, aber wie schon ins Himmlische übertragen.«

Ein Rückgriff, ein Sich-Versichern, ein Halt-Gewinnen im Bezirk der Kunst – um des eigenen Werks willen; Freude-Arbeit im Hinblick auf ein Leben, das nur durch unermüdliche, nie endende Tätigkeit gerechtfertigt sei – darum Gides, und unzähliger seiner Gefährten, Quintessenz: »An die Freude denken muß mein fortwährendes Bestreben sein.« (Die wahre Freude, wohlgemerkt, ist hier gemeint: die sich verschenkende Lebens-Freude, abgehoben von ihrer Verkehrung ins Hämische, der Schaden-Freude.)

Seltsam, so viele Studien und Florilegien es gibt, in deren Zentrum die Melancholie steht, die Schwermut mitsamt ihren Gegen-Mitteln, von der Kavaliersreise bis zur Musik, so sehr fehlt es auf der anderen Seite an einer Anthologie der Freude als des großen

Post-Depressivums jenseits der akuten Anhedonie – einer Anthologie, auf deren Seiten die Saturnier und Geist-Geschlagenen über die zwischen Heiterkeit und Lust ausgebreitete Freude debattierten: Hölderlin im Gespräch mit Jean Paul, der ihn über den Unterschied zwischen der kleinen bekömmlichen Schwarzbrot-Freude und der großen, giftig nachwirkenden Zuckerbrot-Freude belehrte; Nietzsche, der genialste Kenner der Seelenregungen an der Grenze von Depression und Manie, über die »Große Dreifaltigkeit der Freude« dozierend; Peter Weiß, Poet, Marxist und Kenner der Psychoanalyse: die Dialektik zwischen dem Sich-Öffnen im Zeichen der Freude und dem Sich-Verschließen im Bannkreis der Schwermut als Spezifikum einer Kunst definierend, die, ständig von der Gefahr bedroht, im Unnennbaren zu versinken, der Bereitschaft bedürfe, sich, interessebestimmt, auf die äußere Welt einzulassen. Und dann Baudelaire bei der Analyse des Begeisterungs-Taumels und schließlich (ich kehre zum Anfang meiner Überlegungen zurück; der Ring schließt sich) … schließlich die Christen, Freunde der Musik, in der sich Freude am allerbesten ausdrücken läßt (»Jauchzet! Frohlocket!«), Hymnologen des Neuen Testaments, geschart um Paul Gerhardt (»Fröhlich soll mein Herze springen«), in leidenschaftlicher Debatte mit Autoren, die, wie Proust, Freude allein in evozierender Erinnerung sehen, oder Marxisten, für die, im Sinne Ernst Blochs, Vorfreude auf die künftige Heimat, wo noch niemand war und sich die Genesis am Ende ereignet, das wichtigste ist.

Die Freude historisch und systematisch in inspirierender Kooperation von Poetologen und Psychiatern zu erhellen: Das, denke ich, wäre ein Projekt, das für beide Seiten überraschende Erkenntnisse verspräche. Es sollte angepackt werden – dem Thema entsprechend mit Lust und Elan.

ÜBER DIE VERGÄNGLICHKEIT

Der 90. Psalm

Ein rätselhafter Text: widersprüchlich und dunkel, hoffnungsreich und düster, erbarmungslos und sanft. Sterbelied und Lebensspruch – ein Psalm, der von Furcht und Vertrauen, vom großen Tod und zarter Freundlichkeit, von Klage und Preis, dem zornigen Ins-Gericht-Gehen und dem hymnischen Lob in gleicher Weise bestimmt ist. Ein gnadenloses und ein von Verläßlichkeit kündendes Lied, das Martin Luther mit dem Satz umschrieben hat: »Dieser Psalm ist ein kurz, fein, reich, voll Gebetlein, darin Moses beschreibet das mühsame Leben und ängstliche Sterben der Menschen, und wo solche Angst herkommen und wo wir, beide im Leben und Sterben, sollen Trost suchen, nämlich bei dem ewigen barmherzigen Gott.«

Ein Gebetlein: wirklich? Nicht eher eine verzweifelte, in der Dunkelheit nach dem Exil der Juden formulierte Anklage, die in gleicher Weise dem unendlich fernen, ohne eine Spur von Güte und mildtätiger Zuwendung waltenden Gott wie dem ohnmächtigen Menschenkind gilt, das im Zeichen eines gnadenlosen Zorns dahingerafft wird wie eine Blume, die am Morgen blüht und wenn es Abend wird, schon verwelkt ist?

Fein, reich und voll: tatsächlich? Nicht eher dramatisch, hochpathetisch, offen in seiner Ambivalenz und appellativ in seiner Dunkelheit? Ein Sterbelied, in dessen Verlauf ein Gott, der, aus riesiger Distanz, gelassen zuschaut, wie die Menschen – bald und rasch – zur Grube fahren, sich in den freundlichen Vater wandelt, der den Kindern dieser Welt seine Herrlichkeit zeigt?

Ein dunkles Lied auf jeden Fall, ausgelegt in unterschiedlicher Weise – ein Text für scharfsinnige Exegeten, die einander so eklatant widersprechen, daß dem schlichten Leser des 90. Psalms, dem, unter den blitzenden Analysen gelehrter Hebraisten, Hören und Sehen vergeht, so daß ihm, wie dem ratlosen Sokrates in der »Verteidigungsrede« des Platon, schwarz vor Augen wird. Grund genug, denke ich, um den Rätsel-Text Schritt für Schritt zu verfolgen – unter Anleitung der Schriftgelehrten, wie sich versteht, aber auch mit dem frischen Sinn dessen, der sich kein X für ein U ausgeben läßt, sondern die Widersprüche, statt sie zu glätten, in aller Schroffheit stehenläßt ... und dies von Anfang an, beginnend mit dem ersten Vers, in dem als ein Gebet des großen Moses ausgegeben wird, was in Wahrheit erst Jahrhunderte später, in nachexilischer Zeit, formuliert worden ist, aber gleichwohl, durch den Rückgriff auf den Mann vom Sinai und dem Berg Nebo, den Anspruch erhebt, hier werde mit der Autorität, der Wissens-Summe und der Erfahrungskraft des Einen und Einzigen gesprochen, dem Gott unter Rauch und Feuer und bei Posaunengetön auf dem Berg Sinai die Gebote verkündigte. (»Und alles Volk wurde Zeuge von dem Donner und Blitz und dem Ton der Posaune und dem Rauchen des Berges.«)

Ein Gebet des Mose, des Mannes Gottes: Das soll heißen, hier wird Vollmacht beansprucht; hier geht ein einzelner, einer, der klagt und beschwört, jammert und betet, wie Moses seinem Volk voran, sagt nicht »Ich«, sondern vertritt, in Moses' Spuren, das Kollektiv der Geschlagenen, die trostbedürftig sind, vor Gott und spricht, stereotyp in hymnischer Beschwörung beginnend, sein Gebet: »Herr, du bist unsere Zuflucht für und für.«

Das Schmerzenslied beginnt sanft und voll Vertrauen, in der Weise des Wallfahrtslieds im 125. Psalm: »Die auf den Herrn hoffen, werden nicht fallen, sondern ewig bleiben wie der Berg Zion.« Aber kaum ausgesprochen, wandelt sich, dem Grundduktus des zwischen Preis und Klage, Lob und Gestöhn hin und her getriebenen Lieds entsprechend, der hymnische Anruf in die unbarmherzige Be-Zeichnung eines Gottes, der dem Flüchtigen keine Zuflucht gewährt, weil er zu groß und zu fern ist, als daß er, dieser granitene Un-Vater, von den Menschen überhaupt je erreicht werden könnte.

Mehr als zehn Verse lang, bis weit über die Mitte des Textes hinaus, gibt sich der Psalmist wie der Prediger Salomon, der die Eitelkeit und das Vergängliche alles menschlichen Tuns vor dem Horizont dessen beschreibt, der kein freundlicher Retter, sondern ein Koloß von einem anderen Stern zu sein scheint, noch nicht einmal ein Schöpfer, sondern ein Numen, das vor aller Schöpfung ist.

Als die Welt in Wehen lag und die Berge gebar, schaute Gott zu und ließ sie gewähren – als ein großer Meister, der bereits in jenem NICHTS zu Hause war, das der Geburt des Planeten Erde so weit voraus war, wie die Ewigkeit alle Zeit übersteigt. *Adonai*: Das ist für den Psalmisten ein Demiurg, dessen Unsterblichkeit durch das Flüchtige, Hinfällige und Begrenzte der Menschen seine plastische Gestalt gewinnt und der Ewigkeit *e contrario* – *da schaut, wie klein sie sind! Wie vergänglich, die Menschen!* – zur Schau stellt.

Ein gleichgültiger Gott, selbstbezogen und herrisch? Nicht so rasch! Immerhin heißt es von *Adonai*, der zehn Verse später *Jahweh* gerufen wird, er habe den Menschen bedeutet: »Kommt wieder, Kinder!« – und das könnte, wie die Hebraisten gezeigt haben, sehr wohl meinen, daß der Niederschmetternde zugleich der Aufrichtende ist: der Zerschlagende zugleich der Zusammensetzer ... und wenn nicht das, so doch zumindest ein Gott, der die Gestorbenen, in einem angedeuteten Bilde, zu sich zurückkehren läßt, heim in die Ewigkeit.

Doch bei genauerem Bedenken des Textes im Psalm-Zusammenhang sind beide Deutungen so gut wie unmöglich. In Wahrheit heißt das »Kommt wieder, Menschenkinder« nur: Es wird, in permanenter Rigorosität, immer neues Leben geschaffen, ein Geschlecht ans andere gereiht, jedes gleich flüchtig, jedes bestimmt von vergeblichem Mühen, jedes winzig vor einem Gott, der, als der ganz andere, von Zeile zu Zeile mehr an Überlegenheit gewinnt. Je kleiner die Menschen, desto größer ER; je jämmerlicher die Vergänglichkeit, desto glorioser – für Gott selbstverständlich, aber für die Menschen voller Qual – die schauerliche, im Maß des zeitlichen Verstehens nicht zu begreifende: also wahrhaft unmenschliche Ewigkeit.

Gott, ist mit dem Verfasser des Hiob-Buches zu sagen, der unserm Psalmisten so nah steht wie der Prediger Salomon – Gott hat keine

Augen und sieht nicht, wie ein Sterblicher sieht, Gottes Zeit ist nicht des Menschen Zeit (Hiob 10, V. 4 und 5); Gott ist der Widerpart des Sterblichen: »Der Mensch«, ruft Hiob aus, »vom Weibe geboren, lebt kurze Zeit und ist voll Unruhe, geht auf wie eine Blume und fällt ab, flieht wie ein Schatten und bleibt nicht.« Immer wieder dominiert, in den Klageweisen der Zeit nach dem Exil, die zugleich poetische und realistisch-bittere Blumenmetapher: »Wie ein Gras sind die Menschen, das am Morgen blüht und sproßt und des Abends welkt und verdorrt.«

Da wird, zwei Jahrtausende vorweg, das große Motiv *vanitas vanitatum*, alles ist eitel, durchgespielt, das die Lieder der deutschen Barockzeit bestimmt: Hiob, Salomon und Psalmist als Ahnherren des Andreas Gryphius – alle drei von dem *einen* Gedanken bestimmt, daß das Leben nichtig, das Planen umsonst und, inmitten von Paradoxien und Widersprüchen der menschlichen Spottexistenz, einzig der Tod gewiß und sicher sei: »Meine Tage sind vergangen« – wiederum Hiob, in der Klageweise des 90. Psalms, »zerrissen sind meine Pläne, die mein Herz besessen haben. Nacht will man mir zum Tag machen: Licht sei näher als Finsternis. Wenn ich auch lange warte, so ist doch bei den Toten mein Haus, und in der Finsternis ist mein Bett bereitet. Das Grab nenne ich meinen Vater und die Würmer meine Mutter und meine Schwester. Worauf soll ich denn hoffen? Und wer sieht noch Hoffnung für mich? Hinunter zu den Toten will sie fahren, wenn alle miteinander im Staub liegen.«

Ein »kurz, fein, reich, voll Gebetlein«? Nein, ein verzweifelter Klagegesang über das menschliche Elend und die Ferne eines Gottes, der nicht mehr im Hier und Heute präsent ist: gegenwärtig, leibhaftig, ein Beistand für Israel, der, beim Kampf der eigenen gegen die Fremden, aufs Leben verweist und den Tod aus den Blicken jener jüdischen Heroen rückt, von deren Mut und Frömmigkeit das politische Schicksal des Volkes abhängt.

Wie anders dagegen unser Psalmist: Ihm geht es nicht mehr um Krieg und Bedrängnis, um Flucht und Verfolgung, vor seinem Auge werden weder Wüsten durchschritten noch Zinnen unter dem Beistand des lebendigen Gottes erobert; ihm ist es um die stellvertretende Beschwörung des Elendsloses eines ins Exil verschlagenen Volkes zu tun, dem Gott ferngerückt ist; er artikuliert ein Lebensgefühl, das von Schwermut bestimmt ist. Von Melancholie und der Erfahrung jener Gottesferne, die auch die große, universale, auf die Höhen der Abstraktion emporgetragene Klage des Predigers bestimmt – eine ungeschichtliche Beschwörung des Unabänderlichen. Die Menschen – im Exil; Gott – in der Ewigkeit; statt des Miteinanders der Heroenzeit: Differenz und unaufhebbare Trennung. »Es begegnet dasselbe dem einen wie dem andern« – Prediger 9, Vers 2 ff. –, »dem Gerechten wie dem Gottlosen, dem Guten und Reinen wie dem Unreinen, dem, der opfert, wie dem, der nicht opfert. Wie es dem Guten geht, so geht's auch dem Sünder. Wie es dem geht, der schwört, so geht's auch dem, der den Eid scheut. Das ist das Unglück bei allem, was unter der Sonne geschieht, daß es dem einen geht wie dem andern.«

Traurigkeit ist in die Herzen der Menschen gezogen, im ausweglosen Einerlei des Exils; das Auf und Ab, heute so und morgen ganz anders, sieht sich durch das triste Einerlei abgelöst, die Tristesse des Alters, dem keine Zukunftserwartung, kein Hoffen auf eine jähe Wendung zum Guten beigesellt ist, sondern nur noch das finstere Bedenken jenes Todes, dessen Nah-Sein der Prediger in einer der grandiosesten, vom Glanz großer Poesie bestimmten Passagen des Alten Testaments ausgemalt hat, das Nahsein »zur Zeit, wenn die Hüter des Hauses zittern und die Starken sich krümmen und müßig stehen die Müllerinnen, weil es so wenige geworden sind, und wenn finster werden, die durch die Fenster sehen, und wenn die Türen an der Gasse sich schließen, daß die Stimme der Mühle leiser wird, und wenn sie sich hebt, wie wenn ein Vogel singt und alle Töchter des Gesangs sich neigen; wenn man vor Höhen sich fürchtet und sich ängstigt auf dem Wege, wenn der Mandelbaum blüht und die Heuschrecke sich belädt und die Kaper aufbricht; denn der Mensch fährt dahin, wo er ewig bleibt, und die Klageleute gehen umher auf der Gasse; ehe der silberne Strick zerreißt und die goldene Schale zerbricht und der Eimer zerschellt an der Quelle und das Rad zerbrochen in den Brunnen fällt. Denn der Staub muß wieder zur Erde kommen, wie er gewesen ist, und der Geist wieder zu Gott, der ihn gegeben hat. Es ist alles ganz eitel, spricht der Prediger, ganz eitel.«

Hüben der ferne Gott, der am Anfang steht und am Ende, aber nie Gegenwart schaffend und sinnerfüllte Tätigkeit gewährend, in der Mitte des Lebens, und drüben der Mensch, dessen triste Existenz im Alter auf den Begriff gebracht wird: So, könnte es scheinen, hat auch der Psalmist, dieser Beschwörer einer universalen Schwermut, gedacht – aber es *scheint* nur so, denn so konsequent der Sänger seines Volks, der sich auf Moses beruft, die tausend Menschenjahre mit einem einzigen Gottestag vergleicht und so inständig er die *saecula saeculorum* der Sterblichen in einer einzigen, rasch und zügig verbrachten Nachtwache gerinnen läßt, der knappen göttlichen Tätigkeit zwischen Abend und Morgen, kaum begonnen, schon beendet, und so plastisch er die nachexilische Sinnlosigkeit, in ihrer Mischung aus Trauer und Langeweile, mit einem Schlaf identifiziert, einem Beinahe-schon-tot-Sein, so nachdrücklich unterscheidet er sich vom Prediger, aber auch vom Verfasser des Hiob-Buchs durch seinen Willen zur Rebellion gegen den fernen Mann ohne Güte (ich folge der Deutung von Hans-Peter Müller), zum Aufstand gegen den zornigen Herrgott über den Sternen, der, in seiner Wut, die Menschen dahingehen läßt wie das Vieh und sie auslöscht, ohne daß sie Gelegenheit hätten, auch nur einmal ihr Licht leuchten zu lassen.

Und warum die Wut? Warum der Zorn? Warum das Spiel mit der Vergänglichkeit eines Volks: eines »wir«, das, anders als ein betrübtes Subjekt, kollektiv und universal leidet? Warum das vergebliche Mühen ganzer Geschlechter? (»Wir fahren alle unsere Tage dahin durch deinen Zorn. Wir bringen unsere Jahre zu wie ein Geschwätz.«) *Weil Gott die Menschen nicht liebt*, weil er seine Freude daran hat – nicht sein Pläsier natürlich, sondern die bejahende Begründung seines Handelns und Richtens –, sich am Beispiel menschlicher Missetaten seines Rechts zu vergewissern, einerlei, ob die Vergehen den Menschen bewußt sind oder nicht; weil Gott, als sei er inquisitorischer Richter und nicht »Zuflucht« der Sterblichen, mit kleinlicher Pedanterie menschliche Verschuldungen sucht, um, in einer Art von Selbstreflexion über das Problem der Theodizee, das Unheil, das er über die Welt bringt, zu rechtfertigen und seinen gnadenlosen Zorn zu begründen: geradeso, als ginge der Mensch voran und Gott folge ihm nach – ein Rächer, der den Unseligen zuruft: »Da! Schaut nur hin, ihr seid ja selber schuld!«

Wie groß wird da, in Gottes zornigen Meditationen, der winzige Mensch: ein erster Täter, den der Allmächtige vor sein Antlitz ruft, um – so, als sei er Staatsanwalt und Richter in einer Person – Schuld und Verfehlung auszubreiten und um hernach den ohnehin Schwachen, mit fadenscheiniger Begründung für sein zorniges Tun, noch erbarmungswürdiger zu machen, als er ohnehin ist, in seinem vergeblichen Mühen und dem Elend seiner Existenz.

Dem vielfachen Elend! Denn was da stolz zu sein scheint, in einem menschlichen Leben, was Gegenstand des Rühmens sein könnte und die Auszeichnung des einen, sichtlich Hervorgehobenen unter den andern bewirkt – auch das ist in Wahrheit nur Plackerei und fluchbeladene Fron, Mühsal und Arbeit, sofern man »Arbeit« so versteht, wie die Vokabel zur Lutherzeit begriffen sein wollte: als »Maloche« im Schweiß des Angesichts und nicht als fröhliches, eine sinnvolle Existenzführung gewährendes Tun. (Nicht zufällig sagt Luther einmal »arbeitselig«, wo er »mühselig« meint.)

Das scheinbar Köstliche, so und nicht anders will der Vers 10 des 90. Psalms übersetzt werden, ist in einem langen, siebzig oder gar achtzig Jahre während Leben Ausdruck vergeblicher Mühe. *Labor et dolor, kopos kai ponos*: Last und Schmerzen bestimmen das menschliche Leben und machen die Köstlichkeit zum Gespött.

Jahrhundertelang gefeierte protestantische Werkfrömmigkeit, Heiligung des Daseins durch saures Bemühen und Schuld-Bezahlung mit Hilfe von Fleiß und arbeitsreicher Askese finden im Text keine Begründung; das Puritanertum, aufs Hohelied gottgefälliger Arbeit verweisend, mag sich auf Luther berufen, den zwischen 1528 und 1531 plötzlich die Lust zum poetischen Paraphrasieren überkam, so daß er ein hebräisches Hauptwort, *rohbam* (das heißt: »Was Gegenstand des Rühmens ist«) in einen Konditionalsatz verwandelte (»und wenn's köstlich gewesen ist«) – der hebräische Text des 90. Psalms aber versagt sich dem protestantischen Streben nach Werkheiligung, wie's die neuzeitliche Geschichte, zum Nachteil von freier Zeitverfügung und von besonnener Heiligung alltäglicher Sabbath-Stunden, bestimmt hat: dem dumpfen Tätigkeits-Ernst und der verbissenen Wut des Werkelns zunutze, aber der urbanen, unfanatischen und Geselligkeit fördernden Muße zum Nachteil.

Hier der bittere, dem Ernst und der Würde des Lebens vermeintlich angemessene Fleiß des Menschen nach dem Sündenfall – »Im Schweiße deines Angesichts sollst du dein Brot essen, bis du wieder zur Erde werdest, davon du genommen bist«– und dort das heitere Sich-Ergehen nach des Tages Last und Mühen: *humanitas* im Sinne von Nachdenklichkeit unter Freunden, auf Ciceros Landgut, in den Gärten des Lorenzo de Medici oder im Bannkreis einer Bibliothek, wo Erasmus von Rotterdam sein Antike und Christentum umspannendes »Komm, heiliger Sokrates, und bitte für uns« formuliert – Fron und Freizeit, dialektisch aufeinander bezogen: Das ist für den Psalmisten in der Finsternis, die sein Volk umgibt und, dazu, in seiner melancholischen, dem Spruch »alles ist eitel« folgenden Weltsicht, ein fremder Gedanke.

Dem Nachfahrn Davids, der den Sinai-Gott nur noch in unendlichen Fernen erlebt, ist *alles* menschliche Tun vergebliche Mühe, kurzlebig und eitel: »Denn es fähret schnell dahin, als flögen wir davon.« Fast scheint es, als hätte die Einsicht in die verzweifelte Lage jener Gemeinschaft der Sterblichen, die weiter reicht als das Volk Israel und *jeden* einzelnen, welcher Nation, welchen Geschlechts und Alters immer er sei, umfaßt ... fast scheint es, als hätte das Wissen um die Vergänglichkeit des Irdischen, im Verlauf der bitteren Meditation, ein solches Ausmaß erreicht, daß die zornige Anklage des an aller Mühsal schuldigen Gottes sich in Resignation, universalen Pessimismus, ja in Verzweiflung verwandelt: »Wer glaubt's aber, daß du so sehr zürnest, und wer fürchtet sich vor dir in deinem Grimm?«

Nicht Rebellion gegen den Zorn, sondern Sich-Fügen ins Unvermeidliche, Hinnahme des Ingrimms heißt jetzt die Losung; Demut und Ergebenheit sind an die Stelle des Trotzes getreten: Der Weise, so der Psalmist, bedenkt die unbesiegbare, durch keine Auflehnung zu mildernde Kraft des göttlichen Zorns und rechnet das Elend unter den Menschen, die Vergänglichkeit und das vergebliche Tun, nicht zufälligem Versagen oder dem Verfehlen selbstgesetzter Ziele, sondern der unaufhebbaren Bedrückung aller gefallenen Kreatur durch Gottes Grimm zu.

Da werden, unter dem Zeichen *alles ist eitel vor Jahweh, dem Herrn* Gedanken des 49. Psalms wiederholt: »Ein Mensch in seiner Herrlichkeit kann nicht bleiben, sondern muß davon wie das Vieh«; da ist in Gedanken eine Grenze erreicht, an der das Leben, dieses hoffärtig-absurde Tun in Qual und Verlassenheit, als Not und der Tod als Gewinn erscheint; da grüßt der klagende Hiob von fernher herüber, und sein Schrei hallt wider in der Resignation des Psalmisten: »Warum« – Hiob 3, 11 ff. – »bin ich nicht gestorben bei meiner Geburt, warum bin ich nicht umgekommen, als ich aus dem Mutterleibe kam? Warum hat man mich auf den Schoß genommen, warum bin ich an den Brüsten gesäugt? Dann läge ich da und wäre still, dann schliefe ich und hätte Ruhe mit den Königen und Ratsherren auf Erden, die sich Grüfte erbauten, oder mit den Fürsten, die Gold hatten und deren Häuser voll Silber waren; wie eine Fehlgeburt, die man verscharrt hat, hätte ich nie gelebt, wie Kinder, die das Licht nie gesehen haben ... Warum gibt Gott das Licht den Mühseligen und das Leben den betrübten Herzen ... dem Mann, dessen Weg verborgen ist, dem Gott den Pfad ringsum verzäunt hat? Denn, wenn ich essen soll, muß ich seufzen, und mein Schreien fährt heraus wie Wasser. Denn was ich gefürchtet habe, ist über mich gekommen, und wovor mir graute, hat mich getroffen.«

Läßt sich eine Klage denken, die schriller und verzweifelter ist als Hiobs Schrei? Ja, sie *läßt* sich denken: An dem tristen Einerlei gemessen, von dem der Psalmist spricht, an der All-Vergeblichkeit irdischen Tuns im Zeichen des göttlichen Zornes, ist das Auf und Ab Hiobs, der Wechsel von Seligkeit und Verdammnis, der Umschlag von Glück und Pein, Gottgesegnetheit und Bettelfron ein buntes, von großem Schauspiel und gewaltigen, hier heiteren, dort tragischen Spektakeln erfülltes Geschehen.

Und eben deshalb ist die Wendung von der Klage zur Bitte, vom Entsetzen über die große Misere der Kreatur zur Hinwendung an den *anderen*, den helfenden und rettenden Gott, der freundlich ist und unberührt von Zorn und Grimm, um so dramatischer: »Herr, lehre uns, daß wir lernen, unsere Tage zu zählen, auf daß wir klug werden. Herr, kehre dich doch endlich wieder zu uns, und sei deinen Knechten gnädig!«

Es ist bewegend zu lesen, ergreifend und rührend, wie der Psalmist sich in der äußersten Verlorenheit nicht an die Menschen, sondern an Gott wendet: Er allein kann lehren, die Tage zu zählen und nicht an den Tod, der gewiß, sondern an das Leben zu denken, das ungewiß ist und sinnvoller Ordnung bedarf. Während die *Sterblichkeit* unwidersprochen hingenommen wird, sieht sich die *Vergeblichkeit* menschlichen Tuns in Frage gestellt: *Sie* kann durch einen gnädigen Gott, den Widerpart des zornigen Wesens im Weltall ... sie kann durch den Bekümmerten, den Menschen Zugewandten in humane Tätigkeit verwandelt werden; sie kann aus flüchtig-vergänglichem Tun zu einer verantwortbaren Arbeit werden, die Bestand hat, weil, anders als zu Beginn des Psalms, der Gott, der seinen Knechten gnädig ist, und der Mensch, der aus Zwiesicht und Klage zur Einsicht des Weisen gelangt, dem jede ihm geschenkte Stunde wichtig ist ... weil Gott, der Gebende, und der beschenkte Mensch, hüben der Riesengroße und drüben der Winzige, als geheime Ko-Operateure erscheinen: zusammenwirkend bei einem Werk, in dem der Freundlichkeit unter den Himmeln das fröhliche Rühmen auf der Erde entspricht. »Stille uns in der Morgenfrühe mit deiner Gnade, daß wir, über die Tage hinweg, frohlocken und jubeln. Erfreue uns wieder, nachdem du uns solange plagtest, in den Zeiten, da wir unglücklich waren. Zeig deinen Knechten deine Werke und deine Herrlichkeit ihren Kindern. Und der Herr, unser Gott, sei uns freundlich und fördere das Werk unserer Hände bei uns. Ja, das Werk unserer Hände wollest du fördern!«

Nun, auf einmal, am Ende eines Psalms, der kein Sterbe- und Begräbnis-Lied, sondern ein Gedicht ist, das auf der jähen Umwandlung von Zorn in Freundlichkeit droben und drunten von eitler Vergeblichkeit und vergänglichem Geschäft in ein Arbeiten, das froh und sinnvoll ist, beruht ... nun, auf einmal, wo der abweisende zum zugewendeten Gott wird, der – endlich! – seinen Knechten wieder Gnade erweist, nun, auf einmal, wo die Freude des Lebens und die Fröhlichkeit der Arbeit sichtbar werden – nun, auf einmal, beginnen sich die Wege des auf den *anderen* Gott und

den *neuen* Menschen vertrauenden Psalmisten und des von trüb-
seliger Fron gequälten Hiob zu trennen – in einem Maße, daß der
Leser meinen könnte, der 90. Psalm, mitsamt seinem großen Finale
vom gnadenvollen Gott und vom Menschen, der dank der Güte
des Herrn die Vergänglichkeit seines Tuns transzendiert, sei eine
Antwort auf die im 7. Kapitel des Buchs Hiob erhobene Klage über
das Sklavenleben der von Gott Geschlagenen: »Muß nicht der
Mensch immer im Dienst stehen auf Erden, und sind seine Tage
nicht wie die eines Tagelöhners? Wie ein Knecht sich sehnt nach
dem Schatten und ein Tagelöhner auf seinen Lohn wartet, so hab'
ich wohl ganze Monate vergeblich gearbeitet und viele elende
Nächte sind mir geworden. Wenn ich mich niederlegte, sprach ich:
Wann werde ich aufstehen? Bin ich aufgestanden, so wird's mir
lang bis zum Abend, und mich quält die Unruhe bis zur Dämme-
rung … Eine Wolke vergeht und fährt dahin, so kommt nicht
wieder herauf, wer zu den Toten hinunterfährt; er kommt nicht
zurück, und seine Stätte kennt ihn nicht mehr.«
Er kommt nicht zurück: Das ist ein gemeinsamer Gedanke des
Verfassers der Hiob-Geschichte und des Psalmisten – ein Gedanke, der den Meditationen aller Gläubigen in den biblischen Erzählungen zugrunde liegt: Unsterblichkeit und Menschsein schließen
sich aus. *Und seine Stätte kennt ihn nicht mehr:* Diesem Diktum
des Hiob-Meisters hingegen widerspricht der Psalmist, indem er,
am Ende seines Lieds, nach dem dramatischen Umschlag von Zorn
in Freundlichkeit, auf die Beständigkeit gottgesegneten Tuns und
die Überwindung eines eitlen Lebens in jener segensreichen Tätigkeit verweist, die nicht Plackerei, sondern gelassenes, der Gemeinschaft nützliches und von der Herrlichkeit Gottes zeugendes
Tun ist, also kein Mühen, das, als solches, köstlich genannt werden
könnte, sondern eine Existenzweise, die sich, im Wissen um die
Endlichkeit und Begrenztheit des Menschen, als sinnvoll, dauernd
und verläßlich erweist.
Der 90. Psalm, der als Klagelied einsetzt, sich zur zornigen Anklage
steigert, in verzweifelter Resignation zu enden scheint, gewinnt
am Ende Weite und Tiefsinn einer Meditation über die Einheit von
göttlichem Handeln und ihm respondierenden menschlichen Tun.
So betrachtet ist der allzu lange – als von Luther geformtes Arbeits-

und Todes-Lied – mißdeutete Psalm ein von raschem Wechsel und blitzartigen Kehren bestimmtes Gebet, mit dem sich leben ließe, wenn nicht, trotz der Wende ins Versöhnlich-Heitere am Schluß, das Bedenken bliebe, daß der Mensch, als Geschöpf des zornigen oder freundlichen Gottes, zu klein geraten sei, als daß wir uns in einem Augenblick, da wir, zum ersten Mal in unserer Geschichte, in der Lage sind, uns selbst zu vernichten und Gottes Schöpfung zu widerrufen, mit einem Wesen identifizieren könnten, das, in der Sicht des Psalmisten, eher Zwerg ist als Demiurg, eher ohnmächtiges Geschöpf als selbsttätiger Schöpfer.

In dieser Lage ist es nötig, denke ich, nach Auschwitz und Hiroshima, nach Dresden und Vietnam, zur kritischen Ergänzung des 90. Psalms jenes Chorlied aus der sophokleischen »Antigone« hinzuzunehmen, das mit den Worten beginnt: »Ungeheuer: viel. Aber ungeheurer als der Mensch: nichts«, um am Ende in dem Satz zu gipfeln: »Weit über Erwarten begabt mit Können und Geist schreitet er einmal zum Guten (der Sterbliche), einmal zu Schlechtem.«

Nicht die Zwergenhaftigkeit der Menschen vor Gott, müßte die Gegen-These lauten, die das – unabdingbare – Streitgespräch mit dem Psalmisten einleitete, sondern ihre Ambivalenz gibt ihnen jene Un-Geheuerlichkeit, die zugleich Größe *und* Schrecken, Macht *und* Dämonie, Gewalt und Unheil bedeutet und, derart, die Sterblichen zu Spiegelbildern jenes Gottes macht, der, unbekümmert um die Nächsten, die Urkraft seines Zorns auslebt *und* zugleich der Freundliche sein kann, der, Solidarität mit aller Kreatur übend, ein solidarisches Tun unter den Menschen ermöglicht.

Einspruch, davidischer Psalmist, Einspruch im Geist des Reformators, der ein demütiger, aber auch ein kritischer, parteiischer, ja gelegentlich zorniger Leser biblischer Geschichten war. Einspruch, weil der durch unüberschreitbare Abhängigkeit definierte Mensch nie jenes Podest erklimmen könnte, auf dem er jetzt steht: charakterisiert durch eine Fallhöhe, die ihn, den hoch empor Gestiegenen, so tief stürzen läßt wie niemanden zuvor und bestimmt durch das Gegeneinander von technischer Omnipotenz und moralischer Hinfälligkeit.

Welch ein Menschenbild! Jenseits des alttestamentlichen Wichts, den Gottes Grimm zu Boden schnaubt, mit wütender Gewalt, aber jenseits auch des Herren-Wesens griechischer Sophistik, die den Sterblichen, sofern er im Besitz vollkommener technischer und politischer Einsichten ist, gleichsam autark sein läßt, beginnt für den griechischen Dichter, der um die Doppeltheit des Begriffes *anthropos eon* wußte (das heißt *voilà un homme* und *nichts als ein Mensch*), das Problem dort, wo es für den über Endlichkeit und Vergeblichkeit grübelnden Psalmisten wie für die vom blinden Fortschrittsglauben begeisterten Philosophen endet: an einem Punkt, wo der so hoch wie nie Erhobene so tief wie nie hinabstürzen kann, ins Verderben, ja in den Untergang seiner Gattung, weil seine Moral dem Wissen, sein Ethos der Verfügungsgewalt, seine Reflexionsfähigkeit der unfrommen, von keinem »Du lässest uns dahinfahren wie einen Strom« begleiteten Perfektion im Technischen nicht nachgekommen ist.

Die Natur hat er sich gefügig gemacht, der allbewanderte und zugleich unbewanderte Mensch, das Prinzip »Herrschaft« als scheinbar unumstößlich erwiesen, die Zukunft beherrschbar gemacht: »Weit über Erwarten begabt mit Können und Geist« – und eben deshalb ist er von dem blinden Übermut dessen erfüllt, der das »Du *kannst* alles machen« in ein »Du *darfst* alles machen« erhebt, um damit ein Menschsein zu verspielen, das auf der Achtung vor allem Mitgeschaffenen, den Menschen, den Tieren, der Natur und – dies vor allem! – Gott, dem Schöpfer, beruht.

Einspruch also, nach der Lektüre des 90. Psalms mit seinen verwirrenden Antinomien, Einspruch nicht allein gegen den zu groß geratenen Gott, wie er sich in den Versen 2 bis 10 manifestiert; Einspruch nicht nur gegen den Zornig-Fremden, dem schon Schleiermacher den Gehorsam versagte; Einspruch nicht nur gegen ein Wesen, das nie die Trauer berührte, nie Bekümmernis über Sterbliche, die ihre ihnen gegebene Freiheit zur Zerstörung des Geschaffenen mißbrauchten; Einspruch auch gegen Menschen, die, zu klein geraten, der Dialektik des Un-Geheuren entbehren; Einspruch schließlich gegen Menschen, die es als Mangel und Versagen empfinden – und nicht als Auszeichnung –, daß sie, von der Zeit berührt und in Schranken gehalten, keinen Anteil an der Ewigkeit haben. »Was hat der Mensch für Gewinn von all seiner Mühe, die er hat unter der Sonne?« – Prediger Salomonis, Kapitel 1, Vers 3 f. – »Ein Geschlecht vergeht, das andere kommt ... Alle Wasser laufen ins Meer, doch wird das Meer nicht voller; an den Ort, dahin sie fließen, fließen sie immer wieder.« Wäre es denn wirklich ein Gewinn, müssen wir fragen, ein Gewinn für den Menschen, wenn er unsterblich wäre, statt – wie bald! – zu *vergehen* und *plötzlich dahin zu müssen?*

Wäre es ein Gewinn für ihn: nicht in der Zeit zu sein, sondern unvergänglich wie – vielleicht – ein Stein oder ein ferner Stern? Liegt nicht gerade in der Vergänglichkeit, und, vor allem, im Wissen darum, seine ihn auszeichnende unvergleichliche Kraft?

Einspruch, noch einmal, gegen Überlegungen des Psalmisten, die dem Menschen sein Janus-Gesicht nehmen, seine Größe *und* Fallhöhe, sein Sterben *und* sein Wissen um die Begrenztheit irdischen Tuns.

Wir haben, im Bestreben, die Vision des dichtenden Psalmisten zu ergänzen (nicht: sie zu widerlegen, in ihrer Würde, ihrer Trauer und ihrem Ernst), einen Dichter aufgeboten, Sophokles, um jene Un-Geheuerlichkeit ins Blickfeld zu rücken, deren Ausmaße erst unser Jahrhundert leidvoll erkennt, und wir fordern, am Schluß unserer Überlegungen, die, statt rasche Antworten zu geben, immer weitere Fragen provozieren (»unter deinen steigenden Füßen«, hat Franz Kafka gesagt, »wachsen die Treppen aufwärts«) ... wir fordern noch einmal einen Poeten, und keinen Theologen, in die Schranken, um jene Würde der Endlichkeit zu erhellen, die der Psalmist, bedrückt unter der Last des von Ewigkeit zu Ewigkeit herrschenden Gottes, aus den Augen verliert.

Wir rufen, als dritten und letzten Zeugen, nach dem Urenkel Moses' und dem attischen Tragiker, einen Poeten unseres Jahrhunderts auf, Thomas Mann, der auf die Frage, woran er glaube oder was er am höchsten stelle, antwortete: die Vergänglichkeit. »Aber Vergänglichkeit«, so Thomas Mann, »ist etwas sehr Trauriges, werden Sie sagen. – Nein, erwidere ich, sie ist die Seele des Seins, ist das, was allem Leben Wert, Würde und Interesse verleiht, denn sie schafft *Zeit* – und Zeit ist ... die höchste, nutzbarste Gabe, in ihrem Wesen verwandt, ja identisch mit allem Schöpferischen und Tätigen, aller Regsamkeit, allem Wollen und Streben, aller Vervollkommnung, allem Fortschritt zum Höheren und Besseren ... Wo nicht Vergänglichkeit ist, nicht Anfang und Ende, Geburt und Tod, da ist keine Zeit – und Zeitlosigkeit ist das stehende Nichts.«

Die Menschheit – eine Episode in der Unendlichkeit des Alls; der Mensch, ausgezeichnet vor aller Natur durch das Wissen um Anfang und Ende und beauftragt, die Zeit, die ihm gegeben sei, zu heiligen im Akt der Selbstvervollkommnung und in hilfreich-solidarischem Tun: Dies sind Gedanken, die, wie die Vision des sophokleischen Chorlieds vom doppelgesichtigen Menschen, hinzugefügt werden sollten, wenn es gilt, den 90. Psalm im Licht unserer Erfahrung zu deuten: »Die Beseeltheit des Seins von Vergänglichkeit«, so Thomas Mann im Essay »Lob der Vergänglichkeit« und, ähnlich, im Gespräch zwischen Felix Krull und Professor Kuckuck über das Getümmel der Milchstraßen und die Episode des Lebens, »gelangt im Menschen zu ihrer Vollendung. Nicht, daß er allein eine Seele hätte. Alles hat Seele. Aber die seine ist die wachste in ihrem Wissen um die Auswechselbarkeit der Begriffe ›Sein‹ und ›Vergänglichkeit‹ und die große Gabe der Zeit. Ihm (allein) ist es gegeben ..., dem Vergänglichen das Unvergängliche abzuringen.«

So Thomas Mann, in einem gewaltigen Totengespräch mit Sophokles und dem Psalmisten – einem imaginären Dialog, der, nach kontroverser, hitziger und leidenschaftlicher Debatte, am Ende zu einer Übereinstimmung geführt haben könnte: dann, wenn die beiden Mitunterredner den Satz des Psalmisten, mit Überzeugung und gutem Gewissen, nachsprächen: »Und der Herr, unser Gott, sei uns freundlich und fördere das Werk unserer Hände bei uns.«

DEUTSCHLAND UND DIE
FRANZÖSISCHE REVOLUTION

»Wie es zuletzt noch, in aller Helligkeit der neueren Zeiten, mit der Französischen Revolution gegangen ist, jener schauerlichen und, aus der Nähe beurteilt, überflüssigen Posse, in welcher aber die edlen und schwärmerischen Zuschauer von ganz Europa aus der Ferne her so lange und so leidenschaftlich ihre eigenen Empörungen und Begeisterungen hineininterpretiert haben, *bis der Text unter der Interpretation verschwand*; so könnte eine edle Nachwelt noch einmal die ganze Vergangenheit mißverstehen und dadurch vielleicht erst ihren Anblick erträglich machen. Oder vielmehr: Ist dies nicht bereits geschehen? Waren wir nicht selbst diese ›edle Nachwelt‹? Und ist es nicht gerade jetzt, insofern wir dies begreifen – damit vorbei?«

Hier geht ein Mann daran, ein »freier Geist«, wie er sich nennt, eine für ihn abgelebte Zeit endgültig *ad acta* zu legen; hier schickt sich, nahezu hundert Jahre nach der großen Revolution, Friedrich Nietzsche an – Sils Maria, Oberengadin, Juni 1885 –, jene Epoche der Demokratie zu widerrufen, die er mit Pöbelherrschaft und Gleichmacherei, mit Mittelmaß und Moralität, mit christlicher Askese und der Herrschaft der Schwächlinge identifizierte, eine Epoche, die, von Rousseau eingeleitet, sich dank Robespierre aller Welt in ihrer Jean-Jacquesschen Doppelheit von »Idealist und Kanaille« dargestellt habe.

Die Französische Revolution: eine blutige Farce, die von allen Verzeichnungen und Übermalungen der – teils hingerissenen, teils angewiderten – Nachwelt zu reinigen und in ihrer ungeschminkten Fratzenhaftigkeit zu präsentieren Nietzsches Aufgabe sei! *La révolution française* – der letzte große Sklavenaufstand, eine Übertragung jüdisch-christlicher Gleichheitsmoral in »Blut und Verbrechen«! *Jenseits von Gut und Böse:* eine Kampfansage an die Demokratie, ein Widerruf der Revolution und eine Herausforderung jener Männer aus der eigenen Zunft, der Poeten, Geschichtsbetrachter und Philosophen, deren Interpretationen schuld daran seien, daß der Text sich mehr und mehr aufzulösen begänne und hinter den Deutungen der Palimpseste verschwände.

Friedrich Nietzsche, der Text-Bewahrer, contra die Interpreten Hegel und Kant, Fichte und Schelling; der *Eine* gegen die vielen, die, allem Schrecken und Entsetzen zum Trotz, in der Revolution die Morgenröte der Neuzeit erblickten, den Vorschein eines Zeitalters universaler und unwiderrufbarer Freiheit: Diese Konstellation, denke ich, führt zu einem Gespräch, dessen Verweisungskraft und Brisanz darauf beruht, daß Deutschlands literarische Avantgarde vom Ende des achtzehnten bis zum Ausklang des neunzehnten Jahrhunderts kein Thema kannte, über das sich so kenntnisreich und verbindlich, so scharfsinnig, amüsant und widerspruchsvoll diskutieren ließ wie über die große Revolution: Wenn's um die Antike ginge, das Christentum oder den Sozialismus, dann hielten Eifer und Langeweile, Begeisterung und Verlegenheit einander die Waage, stürzten Gläubige in die Arena, hielten sich die Skeptiker zurück, zuckten Aufgeklärte die Achseln, und ersehnten jüngst Bekehrte eine neue Inquisition; ginge es dagegen um die Revolution, um Mirabeau und Robespierre, um Girondisten und Montagnards, um Freiheit und Gleichheit: dann würde *in toto* bis zur Erschöpfung – genauer, bis zum Hissen der weißen Fahne oder der Erledigung des Gegners – gestritten.

In der Tat, kämen sie zusammen, die Meister, am zweihundertsten Jahrestag der Revolution, versammelten sich auf einem imaginären Olymp – das Thema wäre gegeben: *Mesdames, Messieurs, faites votre jeu!* Kaum hätte Nietzsche seine Attacke geritten, scharfsinnig, verwegen und leise, wie es seine Art war, in sächsischem Tonfall und mit der Freude an blitzender Provokation, da hätte ihn auch schon, ein wenig umständlich, aber voller Tiefsinn, Hegel, mit Stuttgarter Honoratiorenschwäbisch und preußischer Vollmacht, zur Ordnung gerufen, hätte das Champagnerglas erhoben, um aufs Gedeihen des 14. Juli zu trinken, hätte von Freiheit gesprochen, deren politische Verwirklichung seit 1789 Tatsache sei und hätte das Subjekt der neuen Ordnung gepriesen – ein Subjekt, das zum ersten Mal die Möglichkeit hätte, sich selber zu verwirklichen: Herr, von nun an, und nicht mehr Knecht, da der Mensch nach dem Ende des Ancien régime frei sein dürfe, weil er »Mensch ist und nicht, weil er Jude, Katholik, Protestant, Deutscher oder Italiener« sei.

Freiheit, hätte Nietzsche geantwortet, sei das wirklich Freiheit, wenn ermüdete Sklaven für ein paar Augenblicke (denn schließlich stünde Napoleon, diese leibhaftige – und einzige! – Rechtfertigung der Revolution schon vor der Tür) die Sessel besetzten, die den Aristokraten gebührten? Da aber, stellen wir uns vor, erhob sich Hegel, um über Sinn und Ziel der welthistorischen Wende ein Privatissimum zu lesen, *kommen Sie, Nietzsche, die Freiheit des Christenmenschen und die Selbstbestimmung aller Individuen in der Revolution, das ist ein Kapitel für sich,* aber ehe der Disput begänne, drängte sich, allerseits respektiert (man macht ihm, unter wiederholten Verbeugungen, Platz) ein kleiner, ein wenig gebückt gehender Herr durch die Reihen, um, Geschichte hin, Geschichte her, darauf zu verweisen, wie nötig es sei, sich in die Tage des großen Aufstandes zurückzuversetzen und danach zu fragen, warum, so in schnörkelhafter, aber unwiderrufbarer Rede, Immanuel Kant, der französische Aufstand in den Herzen der europäischen Intelligenz eine Teilnahme erregte, die dem Enthusiasmus verwandt sei?

Danach – ein Augenblick respektvoller Stille, und die Debatte begänne: Nietzsche entrüstete sich über Hegel, der das Absolute seiner Philosophie mit dem Ephemeren politischer Intentionen verwechsle; Hegel widerspräche: Nur wenn die Revolution in der Form des Gedankens niedergelegt sei, habe sie Aussicht, das beginnende Reich der Freiheit zu konstituieren, worauf ein Mann das Wort erbäte, der sich als Bandwirkerssohn aus der Lausitz vorstellte und darauf verwiese, daß sein System, und nicht des Kollegen Hegel, das erste System der Freiheit sei: Er, Johann Gottlieb Fichte, habe den Menschen von den inneren Ketten der Sklaverei befreit – in gleichem Maße, wie ihn die Franzosen von den äußeren Ketten befreiten, und zwar zu Recht und nicht in jenem Willkürakt, den Professor Kant simuliere, wenn er die These vertrete, es gebe keinen rechtmäßigen Widerstand des Volkes wider die gesetzgebenden Oberhäupter der Staaten, sondern einzig die Reform des Souveräns, die Veränderung der Konstitution von oben also, sei legitim.

Schon, schon, nicht ganz falsch, entgegnete daraufhin Kant, doch vergesse Fichte zu seinem Bedauern, daß, wenn die Revolution gelungen sei – so wie in Frankreich –, das Unrecht des Beginnens die Untertanen nicht hindern dürfe, der Obrigkeit, die jetzt die Gewalt habe, als ehrliche Staatsbürger aus freien Stücken zu folgen.

Aber das sei ja Aberwitz, riefe daraufhin Hegel dazwischen, von Fichte unterstützt, jedoch durch Nietzsche sophistisch und knapp widerlegt: Aberwitz? Machiavellismus sei das, Recht des Stärkeren, das vom Doyen der Philosophen anerkannt zu sehen ihn, Nietzsche, mit Freude erfülle.

Falsch, ganz falsch! empörten sich daraufhin die Vertreter der idealistischen Schule: Um Reform der Denkungsart ginge es bei der Revolution, nicht um Machtpolitik, sondern, im Gegenteil, um Überwindung des Despotismus persönlicher Art durch die zur universalen Freiheit tendierende Demokratie.

So, stellen wir uns vor – ein lukianisches Totengespräch zwischen Deutschlands Philosophen über die Französische Revolution erdenkend –, wogte die Schlacht, tagelang, hin und her. Widersprüche zwischen den Kontrahenten und, mehr noch, im Werk der Streitenden selbst würden enthüllt (anders sprach man zur Zeit der Morgenröte, nach dem Triumph über die Zwingburg, anders nach der Ermordung des Königs und den Jahren der Schreckensherrschaft Robespierres). Gegenpositionen sähen sich durch genaues Exegisieren der Schriften von Kontrahenten exakter als durch bärbeißige Gegenreden enthüllt. Kant würde mit Kant, Hegel mit Hegel widerlegt – und bei Nietzsche paßt ohnehin, system- und konsequenzlos, alles zu allem: Grund genug für uns, die Betrachter des olympischen Streits unter Deutschlands Denkern über Größe und Elend der Französischen Revolution, nach den Philosophen die Dichter in die Arena zu bitten, den Jakobiner Friedrich Hölderlin, der kein Jakobiner sein wollte, den Republikaner Forster, der die Revolution zum Allerheiligsten machte, um hernach, im vertrauten Gespräch, herzzerreißend an ihrer Vernünftigkeit zu verzweifeln, den Aufklärer Wieland, der, Nietzsche präludierend, die Franzosen für weltläufiger hielt als die Deutschen mit ihrer tiefsinnigen Glück-im-Winkel-Philosophie, und dann Goethe natürlich, der es mit Erasmus hielt: Nur kein Tumult, nur kein Aufruhr! Krieg und Revolution seien Feinde von Gesittung und Bildung; Luther und Robespierre gehörten, von weither betrachtet, zusammen: »Was das Luthertum war« (eine Lieblingssentenz Thomas Manns, der, in der Frage des Musen-Friedens, eines Sinnes mit Erasmus war – und mit Goethe ohnehin), »ist jetzt das Franztum in diesen Tagen, es drängt ruhige Bildung zurück.«

Roma locuta – causa finita? Nur gemach! *Ein* Poet, ließe sich denken, bliebe am Ende zurück auf dem von Philosophen und Poeten geräumten Olymp – einer, an dessen Beispiel sich Enthusiasmus und Zwiespältigkeit der deutschen Intelligenz, die Revolution der Franzosen betreffend, am klarsten verdeutlichen ließe. Heinrich Heine: Réveilletrommler und Sohn der Revolution, Verächter der goetheschen *Kartoffelkriege* auf ästhetischem Feld und Verkünder der großen *Suppenfrage* in der Politik. Heine, der den Deutschen vorhielt, sie gäben die Erde preis und begnügten sich mit der Freiheit des Himmels. Heine, dem daran lag, den Part jener Gedankenmänner, Rousseau und die Enzyklopädisten voran, zu spielen, die den großen, ihnen folgenden Tätern das Liktorenbeil schärften. Heine, der Deutsch-Franzose in den Spuren von Camille Desmoulins und Johann Georg Forster, *fils de la révolution* und unsicherer Kantonist, ein Mann des Volkes, der das Volk verachtete, weil es nach Käse stänke, nach Branntwein und Tabak, nach Lederjacken, Striegeln und Heubündeln.

Heine – Partisan der Revolution und Liebhaber eines Arkadiens, das Demokratie und industrielle Umwälzung ins Wolkenkukkucksheim patriotischer Träume verwiesen: »Der Kohlendampf verscheucht die Sangesvögel, und der Gasbeleuchtungsgestank verdirbt die duftige Mondnacht.«

Man sieht, die Deutschen und die Revolution der Franzosen – das ist ein Thema, das, in seiner Mischung von Enthusiasmus und

Entsetzen, von heroischer Parteinahme und vorbehaltsreicher Zögerlichkeit, durch den Fall Heinrich Heine exemplarisch auf den Begriff gebracht wird. Der Verteidiger der armen Leute verherrlicht die Demokratie – und fürchtet sie doch, weil unter der Herrschaft der Gleichen niemand so sehr wie der Schriftsteller litte: »Der Parnaß soll geebnet werden, nivelliert, makadamisiert – und wo einst der müßige Dichter geklettert und die Nachtigallen belauscht, wird bald eine platte Landstraße sein, eine Eisenbahn, wo der Dampfkessel wiehert!«

Deutschlands Dichter und Philosophen, vertreten durch ihren Vorsprecher Heine, haben – Ausnahmen bestätigen die Regel – ein Jahrhundert lang den Anfängen der Revolution vom sicheren Port der Nachgeborenen aus akklamiert, aber mit einem Ziertüchlein vor der Nase und mit dem Blick zu den Sternen – und nicht zu den Champs-Élysées, den Jakobinerclubs, dem Blutgerüst und den Versammlungshäusern der Commune von Paris.

Während die Franzosen, zwischen Michelet und Jaurès (und weiter bis zu Soboul), immer genauer, Station für Station, den Ausschlag der Revolution zur Linken hin analysierten: von der Herrschaft des königsfreundlichen Großbürgertums zum Bündnis unter Führung jener Girondisten, die innehalten wollten, sobald die politische Zielsetzung erfüllt war und die soziale Frage in den Mittelpunkt rückte, deren sich dann die Jakobiner, in der politischen Mitte beheimatet, annahmen, bevor auch sie das Feld räumen mußten und die Stunde der Enragés schlug, die Stunde der Plebejer, die Stunde der Deklassierten ... während die Franzosen – nachzulesen in den grandiosen Forschungsresümees Walter Markovs und seiner Schüler – die Revolutionsphasen, mitsamt ihrer Verschiebung vom Politischen zum Sozialen, realitätsgetreu rekonstruierten, haben sich die Deutschen, nehmt alles in allem, eher ans Allgemeine gehalten: himmelhoch jauchzend über den Sturm auf die Bastille, zu Tode betrübt über die Jakobiner-*terreur*, deren Konsequenz nur allzu selten (bei Lorenz von Stein zum Beispiel) ins Zentrum der Überlegungen rückte.

Kein Wunder also, daß selbst bei einem Poeten wie Heine, dem Inbegriff des politischen Dichters, der Enthusiasmus, unter Verzicht auf Vermittlungsgedanken, neben dem Entsetzen stand –

das Preislied auf einen Kommunismus, dem zu Recht die Zukunft gehöre, in der Vorrede zu »Lutetia«, unmittelbar neben der Angst und Besorgnis des Künstlers vor dem Beginn dieser politisch unabdingbaren Phase: »In der Tat, nur mit Grauen und Schrecken denke ich an die Zeit, wo jene dunklen Bilderstürmer zur Herrschaft gelangen werden; mit ihren rohen Fäusten erschlagen sie alsdann erbarmungslos alle Marmorbilder der Schönheit, die meinem Herzen so teuer sind; ... sie hacken mir meine Lorbeerwälder um und pflanzen darauf Kartoffeln; ... die Nachtigallen, die unnützen Sänger, werden fortgejagt, und ach! mein ›Buch der Lieder‹ wird der Krautkrämer zu Tüten verwenden, um Kaffee oder Schnupftabak darin zu schütten für die alten Weiber der Zukunft. Ach! das sehe ich alles voraus, und eine unsägliche Betrübnis ergreift mich, wenn ich an den Untergang denke, womit das siegreiche Proletariat meine Gedichte bedroht, die mit der ganzen alten romantischen Weltordnung vergehen werden.«

Und dennoch – der unabweisbare! – Zauber des Kommunismus für den Schriftsteller Heine; dennoch der Glaube an gerechten Triumph einer Ordnung, die der Ausbeutung ein Ende bereite und das längst verurteilte Reich dreister Oligarchien (auch, und gerade bourgeoiser Natur) für immer zerbräche!

Wie wird da Nietzsche, durch seinen Lieblingspoeten, Heine – »ein europäisches Ereignis«: nur mit Napoleon, Beethoven und Goethe vergleichbar –, bestätigt; wie triumphiert, gerade im Proömium zur »Lutetia«, die Deutung über den Text: Nicht der Revolution, in ihrem Für und Wider, Hin und Her, sondern einer bestimmten Richtung, dem gleichmacherischen Babouvismus und der von ihm beförderten, später von Marx verächtlich abgetanen *rüden Egalität* gilt (wie Leo Kreutzer gezeigt hat) Heines Besorgnis.

Nicht die Devise »Freiheit, Gleichheit, Brüderlichkeit«, sondern die finstere Rigorosität eines auf Rousseau zurückzuführenden Askese-Ideals war es, die Heine erschreckte: der Triumph kunstverachtender Tugendapostel über die heitere Weltbejahung Voltaires und die Herrschaft eines auf die strikte Innehaltung gesellschaftlicher Moral-Codices bedachten Pseudo-Aufklärertums, in dessen Zeichen sich die Natur gerechtfertigt, freie Wissenschaft und Kunst hingegen verurteilt sähen, über Reife und Erwachsensein einer Epoche. Er habe es verlernt, auf allen vieren zu gehen, bedeutete Voltaire seinem Kontrahenten Rousseau, und gedenke, dabei zu bleiben. Heine hätte dazu gewiß in die Hände geklatscht und derart gestisch ein Gespräch akzentuiert, das in Deutschland nicht nur unter dem Himmel – in imaginärer, wenngleich plausibler Umgebung –, sondern auch, höchst real, auf der Erde geführt worden ist.

»Wie, Freund, hast du es mit der Französischen Revolution?« Unter dieser Fragestellung kämpfte, anno 1914, eine überwältigende Schar von Anwälten des kriegerischen *deutschen* August gegen die Französlinge des *Menschheits*-August von 1789. »Du bist kein Deutscher, wenn du dich zu Zivilisation und politischer Kunst, zu Illuminatentum und demokratischer Rede, zu den Idealen des Rhetor-Bourgeois und liberalen Advokaten westlicher Prägung bekennst«: So hieß die Devise, in deren Zeichen Thomas Mann, Verfasser der »Betrachtungen eines Unpolitischen«, gegen den Sohn der Revolution, Bruder Heinrich, Autor des »Zola«-Essays, stritt, den »tugendhaften Republikaner« (Robespierre läßt grüßen) mitsamt seiner doktrinären Intoleranz: »Die ›Menschheit‹ als humanitärer Internationalismus; ›Vernunft‹ und ›Tugend‹ als die radikale Republik; der Geist als ein Ding zwischen Jakobinerclub und Großorient; die Kunst als Gesellschaftsliteratur und bösartig schmelzende Rhetorik im Dienste ›sozialer Wünschbarkeit‹: Da haben wir das neue Pathos in seiner politischen Reinkultur, wie ich es in der Nähe sah.«

Hier feiert die ins Absolute erhobene Parteinahme Heines für die Partei der Nachtigallen und Levkojen und die Absage aller Tendenz-Literatur fröhliche Urständ; hier kämpft einer mit Nietzsche gegen Rousseau (und, leider, auch gegen Voltaire); hier stehen die aufklärerischen Advokaten westlicher Herkunft am Pranger (Robespierre, Danton und Camille Desmoulins sind Juristen gewesen – und Redner dazu!); hier ficht ein – später belehrter und mit Entschiedenheit für westliche Liberalität, Zivilisation und Bildung plädierender – Literat, als Vertreter der Mehrheit, gegen einen Sprecher jener verschwindenden Minorität, die auch in Zeiten grimmigster Attacken gegen den Erbfeind und Widersacher von

Anbeginn an, den Franzosen, den Idealen der Revolution ihre Treue bewahrte – all jenen zum Trotz, die auch in der Weimarer Republik noch den Krieg als Wunderwerk der Einigung jenes deutschen Volkes apostrophierten, das an der Front den weltbürgerlichen Ideen von 1789 endgültig Valet gesagt habe.

Und dagegen nun das Fähnlein der Aufrechten, die auf der Kooperation von republikanischem Geist und demokratischer Herrschaft bestanden; dagegen das Bekenntnis zur vorausleuchtenden, Freiheit und Gleichheit versprechenden Revolution; dagegen die Bereitschaft, den umfassendsten und humansten Paragraphen, Nr. 34, die Vermächtnisformel der Verfassung von 1793 in politische Praxis zu realisieren: »Die Gesamtheit der Gesellschaft ist unterdrückt, wenn auch nur ein einziges ihrer Glieder unterdrückt ist«; dagegen die Entschiedenheit, das verhängnisvolle Erbe der deutschen Klassik mit seiner Unterscheidung von politischer und geistiger Emanzipation zu überwinden und dem Eskapismus realitätsverachtender Poeten ein Ende zu machen.

Unter diesen Zeichen bekannte sich Heinrich Mann zur konkreten Utopie des großen Aufbruchs von 1789: »... (Bei) uns Menschen des zwanzigsten Jahrhunderts lebt auf und handelt weiter die Französische Revolution. Sie ist ewig, ist übernationales Geschehen im Angesicht der Ewigkeit. Im Schein von Blitzen hat sie einst für Augenblicke vorweggenommen, was noch die künftigen Jahrhunderte unserer Welt mit täglicher Wirklichkeit erfüllen soll.«

Vive la république hieß die Losung jener Linken in Deutschland, die dem Rußland des Jahres 1917 den Spiegel des Jahres 1789 – und, natürlich, 1793! – vorhielten: Kein Sozialismus ohne Demokratie; keine humane, die Gleichheit vor dem Gesetz durch die Gleichheit des Eigentums aufhebende Gesellschaft ohne umfassende Schwesterlichkeit und Brüderlichkeit; kein Menschenreich der Gleichen ohne echte, nicht durch den Egoismus der regierenden Klassen beeinträchtigte Freiheit: »Ohne allgemeine Wahlen, ungehemmte Presse- und Versammlungsfreiheit« – so Rosa Luxemburgs »Glasnost«-Thesen vom Herbst 1918 –, »ohne freien Meinungskampf erstirbt das Leben in jeder öffentlichen Institution, wird zum Scheinleben, in dem die Bürokratie alleine das tätige Element bleibt. Das öffentliche Leben schläft allmählich ein

... und eine Elite der Arbeiterschaft wird von Zeit zu Zeit zu Versammlungen aufgeboten, um den Reden der Führer Beifall zu klatschen, vorgelegten Resolutionen einstimmig zuzustimmen – im Grunde also eine Cliquenwirtschaft«: Salut für Gorbatschow und die Perestroika!

Vive la république in den Jahren nach dem Krieg, der Deutschland weder eine Revolution noch eine Reform an Haupt und Gliedern bescherte, das hieß für die demokratische Elite der Räterepublikaner, Weltbühnen-Schreiber und Anwälte der Friedensbewegung (um nur von ihnen zu reden), Aufklärungsarbeit, die Französische Revolution betreffend, zu leisten (deshalb Landauers Reden über die Handlungsträger der Jahre 1789 bis 1795, deshalb seine zweibändige Briefesammlung; deshalb Ossietzkys knapper, für junge Menschen geschriebener Abriß der Revolution).

Vive la république hieß Verweis auf nichterfüllte Versprechungen, die in der Demokratie endlich eingeklagt werden müßten, hieß Absage an den Terror – einerlei ob französischer oder russischer Prägung; es hieß, mit Heine, Verweigerung des Tributs an die fanatischen Tugendprediger und, so Ossietzky, entschiedenes Bekenntnis zu den »Lebensfrohen, Spöttern und Voltaire-Schülern«; es hieß Erinnerung an jene wenigen, vom Geist des Republikanertums erfüllten Stunden, nach der Ermordung Rathenaus, als sich *einmal*, im Hinsehen auf die Fratze des chauvinistischen Nationalismus, die um ihr Leben kämpfende, zum Widerstand gegen die Kräfte der brutalen Reaktion entschlossene Demokratie präsentierte: Damals, so Carl von Ossietzky in der »Weltbühne« vom 11. März 1930, »sah der Deutsche die Republik so, wie sie der Franzose immer gesehen hat: nämlich kämpferisch, als Tochter der Freiheit, mit der phrygischen Mütze, nicht mit der von den alten Jungfern der Weimarer Nationalversammlung gehäkelten Schlafhaube. So wie sie Eugène Delacroix gesehen hat: auf der Barrikade die Fahne schwingend, inmitten der pulvergeschwärzten Männer.«

Vive la république: Das war der Losungsruf jener kleinen, aber entschiedenen Minorität, die den Idealen der Freiheit, Gleichheit, Brüderlichkeit auch nach dem Unheilsbündnis zwischen einer profitbesessenen Bourgeoisie (Georg Strasser, vom linken Flügel

der Nationalsozialisten, nannte sie, kenntnisreich und geschichts-
bewußt, die neue Gironde) und jenen Pseudo-Jakobinern der SA
die Treue hielten, die (noch einmal Strasser) sich von den Papens
übertölpeln ließen, deren Ziel es war, »mit den Worten der Revolution die alten Ziele der Reaktion zu verfolgen«.

Vive la république war und blieb das Losungswort jener *echten*
Republikaner vom Schlage Heinrich Manns und Ossietzkys, die –
ergreifend zu sehen – nach ihrer Emigration in Frankreich die
Ideale einer Revolution bewahrten, die Goebbels, in Deutschland,
aus dem Geschichtsbuch streichen wollte.

Ein bewegendes, rührendes, von Trauer und Resignation bestimmtes Schauspiel: In Berlin löschen die Führer des Reichs, unter
dem Beifall der Nation, das Zeichen der Revolution, und in Paris
versammeln sich, um die gleiche Zeit, ein paar versprengte Grüpp-
chen von vertriebenen, im Gastland ungern gesehenen, ja drang-
salierten Demokraten und berufen sich – ach, wie leise! – auf einen
Artikel der Verfassung von 1793, der einmal, *gewährleistet,* Frankreichs Ruhm und, 150 Jahre später, *mißachtet,* Frankreichs Schande bezeichnet: »Das französische Volk« – Abschnitt zwei, Para-
graph 120 – »gibt den Fremden, die um der Sache der Freiheit
willen aus ihrem Vaterland verbannt sind, eine Zuflucht; verwei-
gert sie jedoch den Tyrannen.«

Eine ergreifende Szene, nochmals: Während, unter den konserva-
tiven Franzosen (zumal in der Provinz) der Ruf »Lieber Hitler als
eine Volksfront« immer lauter wird, veröffentlicht Münzenbergs
Pariser »Zukunft« eine Sondernummer »150 Jahre nach der großen
Revolution«, in der Herbert Weichmann – später, nach dem Krieg,
Bürgermeister in Hamburg – für die *wirtschaftliche*Vervollkommnung der nur *politisch*durchgesetzten Ordnung von 1789 plädiert.

Paris, im Sommer 1939: Noch wenige Wochen, dann wird der
Krieg beginnen, werden französische Behörden die zusammen-
gepferchten Emigranten in Lager einsperren, noch ein Jahr, dann
werden die Flüchtlinge entweder elend verrecken oder, im günstigsten Fall, über Marseille, nach einem letzten Blick auf ein Land,
das, geschichtsgesegnet, für sie ein zweites Vaterland war, in die
neue Heimat entkommen.

Noch aber, im Sommer 1939, veröffentlicht der Emigrant Heinrich Mann in der Moskauer »Internationalen Literatur«, gebeten als »langjähriger Vermittler einer großen freiheitlichen Tradition« von Johannes R. Becher, seinen Leitartikel über die Französische Revolution und die Deutschen; noch, im Juli 1939, sammelt das Deutsche Kulturkartell Paris, unter dem Aspekt 1789–1939, Stimmen aus Deutschland und zitiert die Worte von Männern, für die Franzosen nicht »Tollfranken«, sondern Missionare waren, die Emanzipation aller Bürger versprachen; noch wird auf einer Feier des gleichen Kartells, in einer Stunde der Besinnung, die Pathétique gespielt, werden die Marseillaise und dann »Brüder zur Sonne, zur Freiheit« gesungen, tritt Heinrich Mann ans Rednerpult und der Volkschor intoniert den »Fahnenschwur« von Johann Sebastian Bach; noch, schließlich, stellt im Sommer 1939 Walter Benjamin eine Anthologie deutscher Revolutionssympathisanten zusammen, die mit einer bitterbösen Evokation von Sätzen Blanquis beginnt: Nicht dem revolutionären Paris, dem korrupten Babylon – der verkommenen Hure –, sondern dem strahlenden Berlin werde, nach dem Willen der Deutschen, die Zukunft gehören, und mit ihm der germanischen Rasse: *Sie* werde über Europa gebieten. Für immer vorbei, zeigt Walter Benjamin an (nur kurze Zeit noch, und er wird, preisgegeben von Frankreich, Selbstmord verüben, an der spanischen Grenze) – für immer vorbei die Zeit, als der Emigrant Börne, erschauernd im Gedanken an den Juli 1789, nach seiner Ankunft in Paris erklärte: »Ich hätte am liebsten meine Stiefel ausgezogen; eigentlich dürfte man dieses heilige Pflaster nur mit nackten Füßen betreten.«

Vorbei, vorbei. 150 Jahre nach der Revolution war der große Traum jener Deutschen endgültig vertan, der eine nie zuvor realisierte Verbindung zwischen der Intelligenz und dem Volk, den vorangehenden Schriftstellern und der ihnen folgenden Menge, zwischen den Meistern der Aufklärung und ihren Schülern auf den Straßen von Paris versprach – ein Traum der Campe und Forster, Reinhard und Oelsner, von denen, 150 Jahre später noch, der nach Paris verschlagene große Berliner Journalist Theodor Wolff nicht lassen mochte, als er, am 14. Juli 1939, seinen Leitartikel in der Pariser Tageszeitung mit den Worten abschloß: »Immer wieder hat in dem langen Geisteskampf der Jahrhunderte geknechtete Menschenwürde die Fesseln abgeworfen und die Bastillen sind gefallen. Noch immer ist der Ruf gehört worden, den Victor Hugos großes Pathos prägte: ›Lazare! Lazare! Lazare! Lève-toi.‹ Armer Lazarus steh auf!«

Aber er wurde *nicht* gehört, der Ruf – nicht in Theresienstadt, nicht in Natzweiler. Und dennoch bleibt der – für die Dauer von wenigen Jahren Wahrheit gewordene – Traum vom Zusammenwirken zwischen Intelligenz und Volk auch heute noch gültig, ja er ist, wie die Vorgänge in der Sowjetunion zeigen, dort unabdingbar, wo politische und wirtschaftliche Emanzipation einander, in wechselseitiger Steigerung, ergänzen sollen.

So betrachtet nehmen sich, *mutatis mutandis*, die Visionen jener Augenzeugen der Pariser Ereignisse zwischen 1789 und 1795 anno 1989 weit weniger illusionär aus als vor 50 Jahren. Das große Schauspiel, ein Theaterstück des Jahrhunderts, das die Besucher anno 1789 in Entzücken versetzte, könnte sich, noch nicht auf den Straßen, gewiß, aber doch in den Parlamenten der zweiten Welt wiederholen, in Budapest, in Warschau und Moskau. Wie anders lesen sich die Berichte der Wallfahrer aus Deutschland – Nach Paris! Quatorze Juillet! Nach Paris! – im Zeichen der großen, auf die bürgerliche Revolution verweisenden Umwandlungen unserer Zeit als in einem Augenblick, da Hitlers Truppen sich anschickten, mit Europa auch dessen Geschichte zu vernichten. »Die alten Kämpfe gehen weiter«, heißt es in Heinrich Manns Essays über die »Französische Revolution und Deutschland«, »die Kämpfer wechseln, ihre Erfahrung hat sich vermehrt: Das Ziel ist, wie je, die Freiheit.«

Was 1939 wie ein verzweifelter Hoffnungsruf klang, von einem Unentwegten geäußert, der unter Panzern und Bombern der faschistischen Armee sein Bekenntnis zum *anderen*, Freiheit für jedermann verbürgenden August nicht aufgeben mochte, hat heute den Charakter einer Parole, die eher nüchtern als traumbestimmt ist … und damit gewinnen auch jene Szenen der Revolution von 1789, die dabei ist, uns einzuholen, neue Überzeugungskraft, denen der Zeitgenosse Hitlers und Stalins wie fernen bunten Märchen, Träumen aus der Odyssee und Phantasmagorien von Campanella und Morus, zuschaute: »Was sind tote Gemälde«, schrieb der Pädagoge und Aufklärer Johann Heinrich Campe 1789 in einem Brief aus Paris, »(was sind) Bildsäulen, rührten sie auch von den ersten Meistern der Welt her, zu einer Zeit, da man das große Schauspiel eines ganzen, der Sklaverei entronnenen Volkes in den Momenten seiner politischen und moralischen Wiedergeburt beobachten kann, in dem es eben damit beschäftigt ist, seine Ketten vollends abzustreifen? Wer mag hier jetzt etwas anderes sehen und von etwas anderem schreiben als von diesem einzigen großen Schauspiele, welches die ganze Seele des erstaunten Zuschauers unwiderstehlich auf sich zieht?«

Das *andere*, revolutionäre Paris – nicht die Metropole von 1939 –, das Paris von Campe, nicht von Theodor Wolff: Das war – und ist! – für die staunenden Deutschen Zirkus und Parlament zugleich, offene Szene und große Bewegung, Bühnenspektakel und festliche Oper; an der Seine wurde, zwei Jahre vor ihrer Premiere, die »Zauberflöte« gespielt: »Die Strahlen der Sonne vertreiben die Nacht.« Paris erschien als eine Art von Zwischenreich, in dem die Grenzen zwischen Sein und Schein, Tod und Leben, dem Geist und der Wirklichkeit hinfällig wurden: Voltaire und Rousseau kehrten, feierlich geleitet, im Pantheon ein, in Clubs und Versammlungsräumen, in Parks und auf den Straßen, in Redaktionsstuben und Wirtshäusern praktizierten Bürger eine totale Öffentlichkeit, in deren Ambiente sich, für ein paar Monate, eingeschliffene Gegensätze als nichtig erwiesen: Marat, ein präfigurierter Karl Kraus, schrieb ganz allein eine Zeitung, den »Ami du Peuple«, Robespierre polemisierte gegen die Todesstrafe und forderte – ein unerhörter Vorgang zu seiner Zeit – das Bürgerrecht für Farbige; Camille Desmoulins, jener grandiose Publizist des *vieux cordelier*, der zur Bastille mit einem Kastanienzweig gestürmt war – die erste Kokarde war grün, nicht blau-weiß-rot! –, Desmoulins stimmte der Hinrichtung des Königs zu und plädierte zugleich für einen Gnadenausschuß, dessen erstes Wort die Vokabel *clémence* zu sein hätte; Journalisten, Redner und Philosophen – in Deutschland als Agitatoren ohne Verantwortung und Intellektuelle an den Pranger gestellt, denen es an rechtem Sinn für die naturgegebene Ordnung fehle … Journalisten und Disputanten aller Couleur übten sich in Basisdemokratie und wurden gleichwohl als Avantgarde respektiert – als eine Vorhut, die, so Jaurès, Breschen in die Palastmauern schlüge, durch die dann das Volk hindurchschlüpfen konnte.

Theater, Tanz und Musik! Wohin Besucher aus Deutschland auch blickten: Der Effekt war rasch und dramatisch, brillant die Aktionen, erdbebengleich der Verlauf der Zusammenkünfte – überraschend und jederzeit fähig, sekundenschnell von konzentriertester Sammlung in feuerspeiende Eruption umzuschlagen: »Man kann die Französische Revolution«, so Friedrich Schlegel, 1798, resümierend in einem Athenäums-Fragment, »als das größte und merkwürdigste Phänomen der Staatsgeschichte betrachten, als ein fast universelles Erdbeben, eine unermeßliche Überschwemmung in der politischen Welt; oder als ein Urbild der Revolutionen, als die Revolution schlechthin.«

… *die Revolution schlechthin,* Archetypus und Modell: Das ist sie bis heute geblieben, die Erhebung der französischen Bürger am Ende der Aufklärungszeit; von Terror und Resignation verfolgt, durch Widersprüche entstellt, in der ungelösten Spannung von Gleichheit und Freiheit verharrend und durch Personen geprägt, die einander fremd geblieben sind. Was verbindet Mirabeau und Roux? Was Babeuf und Desmoulins? Was den hochgesinnten Condorcet, der einer revolutionären Humanität das Ziel setzte, als er den Satz formuliert: »Es kommt der Tag, da die Sonne nur auf eine freie Welt freier Menschen herabschaut, die keinen anderen Herrscher anerkennen als die eigene Vernunft« … was verbindet Condorcet mit jenem häkelnden Pedanten Robespierre, der für den anderen Tugendsamen, Rousseau, eine imaginäre Totenpredigt abfaßte?

Widersprüche, wohin immer man blickt. Widersprüche zwischen großem Theater und – wie bald schon! – makabrer Realität. Widersprüche zwischen den schillernden Reden und der Monotonie der Guillotine. Widersprüche zwischen revolutionärer Praxis in Frankreich und zaghaften, von der Staatsspitze, dem aufgeklärten Herrscher, ausgehenden Reformen in Deutschland.

Widersprüche zwischen dem Gegensatz von Bourgeoisie und Königtum, Gironde und Aristokratie zu Beginn und der Antithese von Kapital und Arbeit beim Ausklang der Revolution. Widersprüche zwischen den »Lichtmessen« und der »Tyrannei« der Vernunft, wie sie Georg Forster erlebte, entzückt und fasziniert im jakobinischen Mainz, und am Ende seiner Pariser Tage von purer Verzweiflung erfüllt: »Ich die Geschichte dieser grauenvollen Zeit schreiben? Ich kann es nicht. Oh, seitdem ich weiß, daß keine Tugend in der Revolution ist, ekelt's mich an. Ich konnte, fern von aller idealistischen Träumerei, mit unvollkommenen Menschen zum Ziel gehen, unterwegs fallen und wieder aufstehen und wieder gehen. Aber mit ... herzlosen Teufeln, wie sie hier sind, ist es mir eine Sünde an der Menschheit, an der heiligen Mutter Erde ... (der das Schlimmste noch bevorsteht ...): die Tyrannei der Vernunft ... Wenn die Menschen erst die ganze Wirksamkeit dieses Instruments kennenlernen, welch eine Hölle um sich her werden sie damit schaffen! Je edler das Ding und je allmächtiger, desto fürchterlicher und teuflischer ist der Mißbrauch. Brand und Überschwemmung ... sind nichts gegen das Unheil, das die Vernunft stiften wird ... die Vernunft ohne Gefühl, wie sie nach den Merkmalen dieser Zeit uns bevorsteht.«

Dialektik der Aufklärung; Dialektik der Revolution: Beschrieben mit einer Inständigkeit und Konsequenz, wie sie nach Georg Forster keinem zweiten gelang, Forster, einem Deutschen in Paris und Republikaner, der Größe und Verhängnis der Revolution, dank des Wechselspiels von Distanz und Nähe, genauer kannte als die Handelnden selbst und der deshalb auch, mit Hilfe seiner Doppelsicht, in Jaurès' berühmtem Diktum »quelle magnifique conciliation de la philosophie et de l'action!« das Substantiv *conciliation* mit einem kleinen und das Adjektiv *magnifique* mit einem großen Fragezeichen übermalt haben würde.

Kein Zweifel, auf Friedrich Nietzsches Olymp hätte er eine vortreffliche Rolle gespielt, Johann Georg Forster, und hätte die Fragen des illustren Zirkels nach Reform und Rebellion, nach Freiheit und Gleichheit, sowie deren Verschränkung, nach der Brüderlichkeit im Licht des 34. Paragraphen und nach der friedlichen Verbindung von Sozialismus und Demokratie, gerechter Ordnung und der Selbstbestimmung des Individuums beantwortet, indem er der Gesprächsrunde immer neue Zeugen vorgestellt hätte – da, hört sie nur an! –, Peter Weiss zum Beispiel, gefolgt von

Schauspielern namens de Sade und Marat, die mit Verve darauf verwiesen, daß die Deutschen, mehr noch als die Franzosen, allzu häufig vergäßen, daß die große Revolution – *vive David! vive Delacroix!* – nicht zuletzt auch eine Kulturrevolution gewesen sei – eine unvollkommene gewiß, aber immerhin doch ein die Gesamtgesellschaft in all ihren Tätigkeiten berührender Umsturz, den zu vollenden künftigen Künstlern aufgegeben sei: »Ganz Frankreich«, so das Dekret vom 8. August 1793, vorgelegt durch Abbé Grégoire, den Anwalt der Menschenrechte und Vorkämpfer der Juden-Emanzipation, einen der lautersten, besonnensten und – unbekanntesten Protagonisten der Revolution, »ganz Frankreich ist überzeugt, daß der Verfall der Wissenschaften und der Künste zugleich der Verfall seiner eigenen Existenz wäre und ihr Grab auch das Grab der Freiheit.«

Und damit senkte sich endgültig der Vorhang vor der um eine angemessene Würdigung der Französischen Revolution streitenden Intellektuellen-Versammlung aus Deutschland mit ihrem imaginären Disput, der in der Erkenntnis mündete, daß Nietzsches Erklärung, die Interpretationen der großen Wendezeit hätten den Text zum Verschwinden gebracht – vorbei, die Französische Revolution –, unrichtig sei. Nein, sie haben ihn nicht verdunkelt, den Text, sondern ihn vielmehr im Licht unserer Erfahrung erhellt und werden das, auf die endliche Versöhnung von Freiheit und Gleichheit im Horizont umfassender Solidarität abzielend, auch weiterhin tun.

Wie sagte Heinrich Mann? *In uns handelt noch immer die Französische Revolution.*

GEGEN DAS SCHWARZ-WEISS-DENKEN

Über den Golfkrieg

Sie heißen Kazim Arli, Ilker Demir oder Recep Marasli, Hasam Fikret Ulusoydan, Mustafa Zlakadiroglu oder Mecit Ünal. Alle, ungefähr hundert, haben eines gemeinsam: Sie sind Schriftsteller und Journalisten, die in türkischen Gefängnissen gequält werden – Elektroschocks, nasse Kleider, Schläge, sadistische Behandlung von Kranken (ein Asthmatiker wird in eine feuchte und lichtlose Zelle gesperrt), psychische Entwürdigung über Jahre und Jahrzehnte hinweg: Sie wollen ihre einzige Tochter sehen? Abgelehnt! Sie haben Hunderte von Meilen zurückgelegt, um Ihren Vater zu besuchen? Aber ohne Erlaubnis – also fort mit Ihnen.

Schicksale türkischer Intellektueller, dokumentiert in dem jüngsten Report des International PEN unter Verantwortung des Writers in Prison Committee; Schicksale von Dissidenten, Aufmüpfigen, Verteidigern von Minderheiten, Anwälten der Kurden, Sympathisanten verbotener Gruppen. Meinungsfreiheit? Nicht, zum Beispiel, für Verteidiger der kurdischen Literatur. Menschenrechte? Papperlapapp! Liberalität? Nicht für Publizisten, die unbeugsam blieben, im Metris- oder Aydin-Gefängnis; nicht für jene, die von PEN-Zentren in aller Welt adoptiert worden sind – der Kurde Recep Marasli zum Beispiel, der wegen seines Eintretens für die Literatur seines Volkes zu 36 Jahren Haft verurteilt wurde, vergeblich umsorgt vom norwegischen, englischen, österreichischen und kanadischen PEN.

Und dann Mecit Ünal, Ehrenmitglied des bundesrepublikanischen PEN, der Angelika Mechtel, die sich, wie vor ihr Kathleen von Simson, aller verfolgten Publizisten annimmt, wissen ließ: »Die

Sorgen und die Schmerzen, die wir, die wir verpflichtet sind, die Zukunft der Menschen zu erhellen, ertragen, sind uns gemein.«

Mecit Ünal (sehr mager, unterernährt, ständige Mittelohrbeschwerden infolge von Elektroschocks, dicke Knoten an Gesicht, Hals und hinter den Ohren) wurde zum Tode verurteilt. Das Berufungsverfahren steht an, die Beschuldigungen sind schwer, die Zeugenaussagen dubios; der PEN hat die Hoffnung auf einen Gnadenerweis nicht aufgegeben. (Wie schrieb Mecit Ünal am 6. Juni 1988 – unter den Augen des Direktorats der Militärischen Sonderstraf- und Sühneanstalt Metris? »Im Oktober bin ich seit acht Jahren inhaftiert. In meiner Heimat glaubt man, daß ein guter Dichter mindestens fünf Jahre im Gefängnis verbracht haben muß.«)

Der Bericht des International Writers in Prison Committee, Januar 1991, Seite 76 bis 93 (Türkei): Pflichtlektüre für jene, die von der Nato als einer »westlichen Wertegemeinschaft« reden, Herrn Özal, dem mächtigen, Demokratie und Humanität verachtenden Gefängnishüter, ihre Aufwartung machen und sich am Ende noch sagen lassen müssen, die Deutschen seien nicht entschlossen genug, der Türkei beizustehen – dem Land, in dem über dreihundert Menschen auf ihre Hinrichtung warten. Dem Land, in dem gefoltert werden darf.

Aber wer wagt das schon zu sagen – in einem Augenblick, da nur das Eine zählt: die totale Identifikation mit der gegen Saddam Hussein angetretenen Allianz? *Die Türkei ist unser Partner* – also den Mund gehalten und kein Wort über Pinochet-Praktiken am Bosporus! *Amerika ist der von den Vereinten Nationen in seine Rechte gesetzte Weltpolizist* – also kein Wort, bitte sehr, gegen jene, die mit Flächenbombardements und der Markierung von *killing boxes* auch unsere Freiheit verteidigen. Keine Kritik, Freunde der Friedensbewegung, an den Amerikanern!

Den Amerikanern! Als ob es die gäbe! Als ob Botschafter Walters und Martin Luther King für *ein* Amerika stünden; als ob ein Ignorant, der den Deutschen allen Ernstes vorwirft, sie hätten gestern Gorbatschow zugejubelt und feierten heute Saddam, auf eine Stufe mit den Brüdern Barrigan gestellt werden könnte; als ob es nur Bush gäbe mit seinem nationalen Gebetstag (»Gewehre rechts, Gewehre links – das Christkind in der Mitten«) und keine vom Geist jesuanischer Friedfertigkeit bestimmten Kirchen in den Vereinigten Staaten.

Zumindest existiert ein doppeltes Amerika – bestehend aus jenen beiden Gemeinschaften, die Senator J. William Fulbright in seinem Buch »Die Arroganz der Macht« mit gebotener Deutlichkeit charakterisiert: »Es gibt zwei Amerikas: Das Amerika Lincolns und Adlai Stevensons ist das eine und das Amerika Teddy Roosevelts und der modernen Superpatrioten das andere. Das eine ist großzügig und human, das andere engherzig und egoistisch; das eine ist selbstkritisch, das andere selbstgerecht; das eine ist vernünftig, das andere romantisch; das eine hat Humor, das andere ist feierlich; das eine ist suchend, das andere autoritativ; das eine ist gemäßigt, das andere von leidenschaftlicher Heftigkeit; das eine ist einsichtig, das andere im Gebrauch großer Macht arrogant.«

Im Hinblick auf diese Worte eines liberalen Bürgers der Vereinigten Staaten ist es befremdlich, in wie simpler Weise die *right-or-wrong-my-country*-Apologeten heute zumal der Friedensbewegung zurufen, man hätte Völker gefälligst mit deren Regierungen zu identifizieren und sich um Mehrheiten (wie im Fall der Türkei) oder Minoritäten (wie im Fall der USA) nicht zu kümmern. Alles, was gegen den Hauptfeind zusammensteht, erscheint unter diesen Aspekten als Gruppe der Gerechten und Guten, während die Kassandren und Krausschen Nörgler, die Warner und Modifizierer sich als *fellow travellers* des Bösen attackiert sehen. Als ob man nicht auch den »Teufel« mit dem »Beelzebub« austreiben könnte, Saddam mit Bomberkommandos, die Kinder in den Luftschutzkellern exekutieren!

Schwarz oder weiß, gut oder böse, mörderisch oder gerecht: Wer derart manichäisch drauflos argumentiert und über Saddam die Meister aus Deutschland (um nur von ihnen zu reden) vergißt, die den Usurpator instand setzten, die alten Jeckes in Haifa, die den Gaskammern entkamen, fünfzig Jahre nach dem Holocaust mit Hilfe von Raketen made in Germany zu ermorden, mag raschen Beifalls gewiß sein. Aber ein *sacrificium intellectus* begeht er gleichwohl – eine Aufkündigung redlichen Denkens, deren sich *jene* zuallerletzt schuldig gemacht haben: die Anwälte der Friedensbewegung, Frauen und Männer, die den Mord an den Kurden anprangerten (nicht laut genug: ein Mann wie Armin T. Wegner, der einst mit Beharrlichkeit und Courage für die Rechte der von Ausrottung bedrohten Armenier eintrat, fehlt heutzutage), unbestechliche Leute, die Rüstungsexporteure namhaft machten zu einer Zeit, als Waffenhandel noch hoffähig war und als mancher von jenen, die heute, von Israel zur Rechenschaft gezogen, in Sack und Asche gehen, munter die Geschäfte absegnete – mit Bürgschaften womöglich. Gestern, für Hitler, mit Zyklon B und heute, für Saddam, mit Zyklon X!

Hüben die alten Juden, Emigranten aus Europa, und drüben die Kinder im Irak: Intellektuelle, die diesen Namen verdienen, denke ich, sollten die einen nicht gegen die anderen aufrechnen, sondern alles tun, was diesen Krieg, der längst über UNO-Weisungen hinaus total geworden ist, so rasch wie möglich beendet ... einen Krieg, am Rande bemerkt, den die Friedensbewegung fürchtete und den amerikanische Verteidigungsminister außer Diensten, bis hin zu Caspar Weinberger, für nicht angezeigt hielten.

Freilich, derartige Hinweise auf absonderliche Allianzen und Grauzonen aller Art sind, es sei wiederholt, in einem Augenblick wenig gefragt, wo die großen Parolen, die ahistorischen Vergleiche und Schlagetot-Drohungen die Debatten bestimmen: *Auschwitz ist schlimmer als Krieg* (was vergessen macht, daß »Auschwitz« nur im Krieg geschehen kann; die Massentötung arbeitet ihm zu), *Saddam ist wie Hitler* (und wie ist Hitler? Etwa ein diabolischer Archetypus jenseits von Raum und Zeit?), *der dritte Mörder wird die Welt vernichten* (und wenn man sein Erscheinen rechtzeitig zu verhindern suchte und sich dem *amor fati* – Carl Schmitt, Oswald Spengler und Ernst Jünger lassen grüßen – in demokratischer Solidarität widersetzte?), *Iraker und Deutsche sind, unter Diktatoren, von gleicher Todessehnsucht besessen* (als ob's keinen Widerstand gab, als ob die »Meldungen aus dem Reich« nicht von wachsender Verdrossenheit am Krieg und, in eins damit, von wachsender Friedens- und Lebenssehnsucht zeugten), *wer nicht für Israel ist, hier und jetzt, aber gestern »über Auschwitz Krokodilstränen vergoß«, ist ein unglaubwürdiger Gesell.*

Gemach! Man erlaube uns, auch an diesem Punkt, dem heikelsten, behutsam und entschieden zu modifizieren. Zunächst zum ersten: Das Wort *Krokodilstränen* sollte man, im gegebenen Zusammenhang, tunlichst vermeiden. Humanitätsduselei, Krokodilstränen, geweint über die armen Juden (mit ironischem Akzent): Dergleichen haben wir in der Zeit des Nationalsozialismus zu lange mit anhören müssen: mehr als dreizehn Jahre lang, um es akzeptieren zu können. »Krokodilstränen weinen« heißt, nachzuschlagen im Duden, »heuchlerisch weinen«. (Es kann also niemals *berechtigte* Krokodilstränen geben.)

Zum zweiten: So deutlich es ist, daß sich im Augenblick der (durch deutsche Firmen und erinnerungslose Politiker mit beförderten) Gefährdung der Juden in Israel die Kluft zwischen Likud und *peace now* geschlossen hat (zu weit über neunzig Prozent jedenfalls), so unabweisbar ist für jene ums Eingedenken bemühten Menschen in Deutschland die Pflicht, über der selbstverständlich gebotenen Solidarität und Hilfsbereitschaft jene Divergenzen in der israelischen Bevölkerung nicht zu vergessen, denen das Land seinen intellektuellen Reichtum, seine demokratische Spannweite und seine spirituelle Größe verdankt.

Das heißt konkret: Wenn der israelische Schriftsteller Amos Oz erklärt, ein unprovozierter Angriff auf Israel sei auch ein Angriff auf Deutschland, dann kann ich ihm zustimmen. Aber ich kann mir, im Gegensatz zu den Thesen, die Oz in der Auseinandersetzung mit der deutschen Friedensbewegung entwickelt (die er offenbar wenig kennt), sehr wohl auch die Position des streitbaren Jeshajahu Leibowitz zu eigen machen, eines ebenso friedfertigen, auf Ausgleich zwischen Israelis und Palästinensern abzielenden wie provozierenden Philosophen, der für ein sofortiges Ende des Golfkriegs eintritt. (Hierin, auch das will nicht vergessen werden, eines Sinnes mit der »Lagergemeinschaft Auschwitz«.)

Zum dritten: Gerade die Freunde des jüdischen Volkes, sie zuallererst, die auch bereit sind, über die These des Romanciers Yoram Kaniuk nachzudenken, die da besagt, die Deutschen liebten immer nur die Opfer und mißachteten die Tatkräftigen unter den Juden (das Argument wäre nachdrücklich zu modifizieren: Zumal konservative und reaktionäre Deutsche bewundern Israel wegen seiner militärischen Leistungen. Man sollte also in Tel Aviv beden-

253

ken, ob es ratsam ist, durch Verlangen nach deutscher Militärhilfe ausgerechnet jene Kräfte zu stärken, deren Unbelehrbarkeit Albert Einstein – immerhin der potentielle Präsidenten-Nachfolger Chaim Weizmanns – fürchtete, als er vehement und wohlbegründet gegen die deutsche Wiederbewaffnung plädierte)... gerade wir, wollte ich sagen, denen militante Rechte seit Jahr und Tag kruden Philosemitismus vorwerfen, sollten uns, meine ich, hüten, unentwegt Solidaritätserklärungen abzufassen, die jenen zuallerletzt anstehen, die zu Recht davon Abstand nahmen, ihren Abscheu vor Untaten der RAF immer aufs neue zu manifestieren.

Über Selbstverständlichkeiten legt man öffentlich nicht ständig Zeugnis ab: über die Liebe zu seiner Frau sowenig wie über die Verachtung der Gewalt und der Parteinahme für die Juden und deren Gemeinwesen. Doch ebendiese Parteinahme hindert mich nicht, eher Leibowitz als Schamir, eher Buber als Scharon zu vertrauen, eher den verläßlichen Freunden der Juden in Deutschland als den Scheckschwenkern und Hermes-Bürgschaftern mit dem schlechten Gewissen. Und diese Teilnahme hindert mich ebenfalls nicht, die Rechte jener Palästinenser einzuklagen, deren Elend im zitierten Bericht des Writer in Prison Committee, Seite 34 bis 39 (Israel), aufgeführt wird: das Schicksal von Saman Khouri zum Beispiel, einem Journalisten, der im Gefängnis offensichtlich keine Bücher lesen darf und, vereinsamt in seiner Haft, vom PEN-Club der USA (West) ebenso wie von anderen amerikanischen Zentren adoptiert wurde.

Khouri und Leibowitz, Oz und Kaniuk: Da wäre man also zwischen alle Fronten geraten und versuche, an Martin Buber denkend, der gerade jetzt ein Vorbild sein sollte: mit seinem hebräischen Humanismus, sich inmitten eines Kampfes, bei dem die Unschuldigen wieder einmal die Zeche zahlen, in die Position jenes Erasmus zu flüchten, der das Loblied des von allen Völkern vertriebenen Friedens sang, während in Europa das Gesetz des Krieges galt?

O ja, das könnte so sein: Wenn einer aus dem Genozid von Birkenau gelernt hat, aber auch im Gedenken an die Opfer von Dresden nicht teilnahmslos ist. Und es könnte ebenfalls sein, daß die Erasmianer, die, statt wie so viele Linke rasch und spektakulär zu konvertieren, ihre Position behaupten, sehr bald wieder vonnöten sein werden: nicht zuletzt in Israel, dessen Menschen, über den Tag hinaus, Beistand verlangen dürfen von uns, Beistand im Zeichen verläßlicher, kritischer Solidarität. Beistand im Sinne der Sätze, die Martin Buber im Februar 1939 an Gandhi, dessen Radikal-Pazifismus er freilich nicht teilte, formulierte: »Wir waren und sind überzeugt, daß es möglich sein muß, einen Ausgleich (zwischen unserem Anspruch und dem Anspruch der Palästinenser) zu finden, weil wir dieses Land lieben und an seine Zukunft glauben ... Wo Glaube und Liebe sind, kann auch ein anscheinend tragischer Widerspruch zur Lösung gelangen.«

Sätze, die über den Tag und die Stunde hinaus gelten und zumal von jenen beachtet sein sollten, die heute die Anwälte der Friedensbewegung als Schwärmer und Utopisten abtun wollen. Aber man wird sie noch brauchen, sehr bald schon, die Warner und bedächtigen Kursbewahrer. Spätestens dann, wenn sich herausstellt, daß dieser Krieg Probleme nicht beseitigt, sondern verschärft hat. Spätestens dann, wenn gezählt wird.

Und bis dahin? Abseits stehen mit reinen Händen? Nein, im Gegenteil: tätige Solidarität mit den Opfern, konkrete Hilfe für die Bedrohten – mit dem Blick auf morgen. Ich zitiere Martin Buber, so wie dieser seinen Freund Gustav Landauer zitierte: »Frieden ist möglich, weil er notwendig ist.«

Und ich füge den Satz eines dritten Juden, Albert Einsteins, hinzu: »Wir müssen uns stellen, für die Sache des Friedens die gleichen Opfer zu bringen, die wir widerstandslos für die Sache des Krieges gebracht haben.«

IV. INSTITUTIONEN

KUNST UND POLITIK

Zur Eröffnung des Ludwigsburger Forums
am Schloßpark

Abende hat es gegeben, vor mehr als zweihundert Jahren, an
denen Ludwigsburg wie eine Märchen-Residenz aussah, eine
kaum noch schwäbische, sondern eher imperial-verschwenderi-
sche Traum-Metropole aus 1001 Nacht. In den Gärten glichen
Glasgebäude orientalischen Palästen; künstliche Himmel, aus gewaltigen blauen Tüchern gebildet, schwebten zur Erde; gläserne
Lampen ließen Terrassen, Blumenbeete und Lauben wie Theater-
kulissen erscheinen; auf künstlichen Teichen glitten, von den
Schönen des Landes, festlich gewandeten Mädchen, gelenkt, bunte Nachen vorbei; Mohren und Zwerge flanierten unter der Hof-
gesellschaft – und dann, auf einmal, öffneten sich die Türen der
grande opéra, dem gewaltigen, in wenigen Monaten erbauten
Holzpalast des Musiktheaters, mit seinen Spiegeln, Blendwerken
und Leuchtern, den Kabinetten, Séparées, Logen, Galerien und
der gewaltigen, zum Garten hin zu öffnenden Bühne, auf die
Soldatenregimenter in voller Montur, Reiterkolonnen und, eine
besondere Attraktion, Scharen zwergwüchsiger Mohren einziehen
konnten.

Und Serenissimus, Karl Eugen, immer dabei: Preziosen ausstreu-
end und die Damen belohnend, die sich, nach Casanovas Wort,
rühmen dürften, den Herzog glücklich gemacht zu haben – *einmal*
zumindest und danach, *per semel,* abgefunden für alle Zeit.

Serenissimus beim Flanieren, unter Palmen und Zitronen, in der
Orangerie; Serenissimus bei der Inspektion seiner Oper, für die
Wälder abgeholzt wurden und Rekruten Frondienste zu leisten
hatten; Serenissimus in den Logen, beim *tête-à-tête* mit den Reinen

und Feinen; Serenissimus auf der Bühne und am Klavier – wie ein Irrwisch, während der Vorstellungen, das Theater durchstürmend: Applaus für Noverre, den gefeierten *maître des corps de ballet*; Applaus für die Potentaten der Märchenwelt von Ludwigsburg, die Kastraten Aprile und Jozzi, mit ihren Knabenstimmen und dem gewaltigen Volumen des männlichen Brustkorbs, lebende Kunstfiguren, denen, zur Herzogszeit Karl Eugens, der heilige Alphons von Liguori die soziale Nützlichkeit attestiert hatte, »daß sie göttliche Loblieder in den Kirchen süßer sängen« – und das nicht nur in den Kirchen, nicht nur in Rom und der Sixtinischen Kapelle, wo bis an die Schwelle des 20. Jahrhunderts Kastraten ihr Tedeum anstimmten – auch, und erst recht, auf der Bühne, in Stuttgart und in Ludwigsburg standen die Kastraten (nach einem – freilich umstrittenen – Zeugnis der Zeit auch im Württembergischen *lege artis* beschnitten) für eine Schein- und Trug- und Doppelwelt, die des ästhetischen Panoptikums bedurfte, um, inmitten der allgemeinen Misere, zu einem feudalen Kunstreich zu werden.

Die Wirklichkeit allerdings sah anders aus, damals vor mehr als zweihundert Jahren, da der Kastrat aus Italien 6000 Gulden und der Notenkopist aus Württemberg deren 150 erhielt. Schwäbischer Alltag: Das war die Wassersuppe im Waisenhaus zu Ludwigsburg; Alltag die Inhaftierung der Solosopranistin, Madame Pirker, die, da sie es mit der Herzogin hielt, inhaftiert wurde und in jahrelanger Kerkerschmach den Verstand und die Stimme verlor; Alltag war, fünf Kilometer vom Kunstreich der Kulissen und Kastraten entfernt, der Hohenasperg.

Eins nicht ohne das *andere*: Wer Karl Eugens Theater bewundert, sollte zuvor dem armen Schubart, Organist und Musikdirektor der Ludwigsburger Stadtkirche, Respekt gezollt haben: ein Jahr Einzelhaft, ohne – während 377 Tagen! – den Laut einer menschlichen Stimme hören zu können; ein Jahr vergebliche Versuche, mit einer Schnalle oder einer Gabel Zeichen in die Mauerwände zu ritzen; lebendig begraben und von falschen Hoffnungen genarrt, die »Kettenglieder rostig geweint« und danach Monat für Monat vom Kommandanten und dem Herzog hingehalten und im ungewissen belassen. »Heute ist der zweitausendvierhundertundsechsundzwanzigste Tag meiner Gefangenschaft. Der Herzog ist hartnäckig gegen mich. Gott sei es nie gegen ihn.«

Ludwigsburg im achtzehnten Jahrhundert: Da gab es, ein paar tausend Schritte voneinander entfernt, die Galasoireen zwischen Monrepos und Favorite, und es gab, zu gleicher Zeit, die makabren Komödien und Schäferspiele auf dem Hohenasperg, mit deren Hilfe der Inhaftierte, verhöhnt durch Lob und Tadel vor versammelter Mannschaft, den todgeweihten, zum Dienst in Übersee abkommandierten Soldaten ein bißchen Spaß und Lust bereiten sollte. Das Theaterchen auf dem Asperg, ein Platz für Strafgefangene und gedungene Söldner (gelegentlich waren auch Domestiken dabei), als Gegenstück zum Großen Opernhaus, dem Schloß *vis-à-vis!*

Hüben Serenissimus, die Spiegelsäle durcheilend, und drüben der Herr Kirchenmusiker Schubart, ein apathischer, von Schuld und Not gepeinigter Mann, der mit sich selbst spricht (doch dies, so schreibt er, sei »ohne die Wollust der Mitteilung Qual für die Seele«) und ein gnädiges Ende erfleht (»meine Seele ist ganz dürre, und ich schmachte nach Freiheit oder Tod«). Hüben das Pläsier, bei dem die armen Leute ausgeschlossen waren (dem gemeinen Volk war der Zutritt zum Theater verboten), und drüben die Folter. Hüben die Märchenwelt und drüben ein Kerker, Fidelio auf dem Asperg, den am Ende ein Mann verließ, der, zum Theaterdirektor und Hofpoeten avanciert, nach der Befreiung noch sein untertänigstes »Danke ergebenst für die erwiesene Huld« aufsagen mußte, wobei er sehr genau wußte, was ihm da abverlangt wurde: »Haben wir uns erst einmal zum Gehorsam gegen jemand gewöhnt«, schreibt Schubart am 18. März 1790, … »so sind wir schwer davon abzubringen. Daher sind wir Deutsche unter allen Völkern der Erde – die besten Untertanen.«

Nein, der Glanz im Umkreis des »blühenden Barocks« darf uns den Blick auf den Asperg nicht nehmen – im Gegenteil, es ist nützlich, denke ich, gerade an einem Festtag wie diesem 18. März die feudale Gloriole entschieden und konsequent aus der Sicht der Opfer in Frage zu stellen und, für einen Augenblick zumindest, die Unsitte der Deutschen, immer nur die Geschichte der Sieger zu schreiben, durch eine Betrachtung des Geschehens aus der

Perspektive der Besiegten zu konterkarieren: der Madame Pirker oder des Organisten Schubart zum Beispiel.

Was mag er gedacht haben, Christian Friedrich Daniel Schubart, der »lebendig-begrabene Mann«, wie er sich nannte, wenn er, bei seinen verzweifelten Versuchen, durch Memorieren zu überleben, sich jenes herzoglichen Avertissements erinnerte, das jeden einzelnen Theaterplatz einem ganz bestimmten Stand reservierte: Das Parterre für die Kavaliere und Offiziere, die Logen zu Seiten der Fürsten für Damen vom Hof, die geringeren Sitze für Sekretäre, Buchhalter und Professoren, die schlechten für die Küchen-Officianten und die allermindesten für die *Comoedianten und Comoediantinnen* (»wann sie nicht agieren«)?

Denn die einen sind im Dunkel und die andern sind im Licht: Das gilt nicht nur für Schubart, hier, und Ober-Capell-Meister Jommelli dort, sondern das trifft in gleicher Weise für die Oper (in ihrem strahlenden, wenngleich künstlichen Glanz) und das deutsche Schauspiel zu, dessen Akteure sich, im Unterschied zum Personal von Oper, Ballett und französischer Komödie, bis über die Mitte des achtzehnten Jahrhunderts hinaus mit Kneipen (wenn's hochkam: Rathäusern) behelfen mußten, mit allerlei Sälen unterschiedlicher Größe, in die Kulissen hineingestellt wurden – einerlei, ob sie nun zu groß oder zu klein waren oder, selten genug, auch einmal paßten.

Der Oper den Palast und dem deutschen Schauspiel ein Hüttchen: wehe, wenn sich die durchs Land ziehenden, mit Zahnreißern, Barbieren und Starstechern konkurrierenden Banden der Akteure herausnahmen, um eine Vorstellung im Opernhaus zu ersuchen: »Denen teutschen Comödianten«, so ein exemplarischer Bescheid um 1750, »ist ihr begehren, in dem opernhaus gleich denen italiänern agiren und einige comoedien aufführen zu dörfen, abzuschlagen.«

In Buden also, in Etablissements wurde von deutschen Akteuren gespielt – und nur in Ausnahmefällen in festen Häusern, deren Interieur nach dem Vorbild italienischer Logentheater strukturiert worden war: mit dem privilegierten, aber unkundigen, eher höfisch-dummen als bürgerlich-gewitzten Publikum im ersten Rang oder den Séparées der Logen und einer kenntnisreichen Gemein-

262

de von Theatromanen (aber auch unverbildeten kleinen Leuten) auf der Galerie – all jenen, die die Akteure selten hervorriefen, aber um so unerbittlicher auspochten, austrampelten, auspfiffen und auszischten. Da mußte sich einer schon gehörig anstrengen, wenn er, mit Stimmkraft, Vitalität und entsprechender Mimik, den Olymp zum Applaus bringen wollte: »Die Galerie«, heißt es in Lessings Hamburgischer Dramaturgie, »ist freilich ein großer Liebhaber der Lärmenden und Tobenden, und selten wird sie ermangeln, eine gute Lunge mit lauten Händen zu erwidern.« Erfahrene Schauspieler beobachteten die Galerie, bevölkert, wie sie war, mit Angestellten, Substituten und Fräuleins aller Couleur, taten den Snobs im Rang schön und vertrauten der Kenntnis der Herren von Welt im Parkett: jenen *habitués*, die, in Württemberg seit dem Ende der siebziger Jahre, mit ihrem Eintrittsgeld Anspruch auf adäquate Bedienung erwarben und Wert darauf legten, im Theater nach Herzenslust zu schluchzen oder zu lachen, weit weg von jener höfischen Etikette, die den Besuchern das Klatschen verbot und ärgerlich allenfalls über ausladende Hüte, mit denen die neue Bourgeoisie der alten Nobilität zeigen wollte, daß auch eine Mamsell aus Bietigheim wußte, was sich gehörte, wenn sie ihren Platz zu Stuttgart, an der Planie, bezog. Leider wußte sie es dank übertriebener Demonstration offenbar *nicht*: »Die Damen seien höflichst ersucht«, so Theaterdirektor Schubart in einem höflichen Avis, nicht »durch hohen Kopfputz, große Hüte und schattende Federbüsche dem betrachtenden Zuschauer hinter ihnen die Aussicht zu nehmen.«

Geschrieben von einem Mann (und zwar, wie er nicht zu betonen versäumte, in »lammfrommer Tonart«), der vergeblich um die Bewilligung eines Klaviers nachsuchte – nur wenige Jahre nach einer Epoche, in der der große Jommelli für jede Aufführung hundert Taler erhielt – überreicht, wie sich versteht, nicht in die Hand, sondern in einer goldenen Tabatiere.

Tempi passati: Der Äon, in der es sich Serenissimus leisten konnte, das Opernhaus und den Kerker *ad maiorem ducis gloriam* auf einem und demselben Plateau raffiniert, kontrastreich und, dies vor allem, niederträchtig zu vereinen, war am Ende des 18. Jahrhunderts für immer dahin. Vorbei die Zeit, gottlob, da, schaurig zu lesen und zu vergleichen, neben der Besoldungsliste der Herzoglichen Theatral-Casse die Listen lagen, auf denen Jommellis, Noverres, Jozzis und Apriles unbekannte Zeitgenossen, die verkauften Landeskinder, aufgeführt waren, die Kapsoldaten, die zu dreitausend Mann ins Feld hinauszogen und ganze hundert kehrten zurück. (Nachzulesen, auf holländisch, in den Standlisten der Compagnie: Gemeiner und Profoss, Fourier und Chirurg, aus Albershausen, Stetten oder Jesingen – verschollen, krepiert, kriegsgefangen auf Madras, gestorben vor Java: Gott sei ihnen gnädig.)

Tempi passati: Die Wut des ausgebeuteten Volkes über den Luxus des Hofes und die Verschwendungssucht eines Herrschers, der es sich leisten konnte, zunächst, während des Aufenthalts in Ludwigsburg, die Stuttgarter Hofoper veröden und danach, als er in die alte Hauptstadt zurückgekehrt war, den Ludwigsburger Prachtbau, dieses flüchtig-hölzerne Monument feudalen Aberwitzes, verrotten zu lassen ... die Wut des Volkes linderte sich, als die Luxushäuser sich in Geschäftsinstitute verwandelten, und, so geschehen im Mai 1777, Abonnements auflagen: Der Bürger zahlte in bar, Frau Hägele, Herr Pfleiderer und Fräulein Waiblinger betraten das Parkett; die Ära der kleinen Häuser begann, Rührstücke paßten nicht in die Prunkräume der *grande opéra*.

Und dennoch blieben die Grenzen erkennbar und sind es bis heute geblieben. Selbst die Volksbühnenbewegung fand im 19. Jahrhundert bei Mozart und Wagner eine unüberschreitbare Grenze, der kleine Mann, dies zeigt exemplarisch die Geschichte der Freien Volksbühne zu Berlin, bevorzugte Kassenschlager und Operetten, wollte von einem spezifischen, auf plebejische Interessen zugeschnittenen Programm so wenig wie vom »Ring des Nibelungen« wissen, schätzte die zeitgenössische Kunst, Hauptmanns »Weber« voran, eher gering ein und applaudierte dafür einem Schwank, der »Großstadtluft« hieß und von den Herren Blumenthal und Kadelburg stammte.

Mit einem Wort, die alten Schranken zerbrachen – und blieben insgeheim doch bestehen: Schranken zwischen Oper und Schauspiel, zwischen dem Treffpunkt der Großen, vom Jockey-Club bis zu den Neureichs aus der Finanzaristokratie, und den Lokalitäten der Kleinen, wo man, ehe der »Wallenstein« und das »Käthchen« begannen, die Plätze ausloste. Die Schranke zwischen Oper und Schwank scheint so unaufhebbar zu sein wie die Kluft zwischen denen, die genießen dürfen, und den anderen, die zu malochen haben – Grund genug für uns, um in einer Zeit, da der Facharbeiter von Daimler oder die Putzfrau von IBM das Große Haus so wenig betreten wie die Urgroßeltern aus Epochen, in denen es noch Kaiser und Könige gab ... Grund genug, an diesem Tag darüber nachzudenken, ob sich ein kulturelles Forum, wie unser Ludwigsburger, nicht auf ganz andere, weniger bodenständige, sondern weit abgelegene Traditionen – mittelmeerisch-demokratische, nicht schwäbisch-feudale – besinnen sollte, wenn es gilt, die Diskrepanz zwischen den privilegierten Kulturnahen und den nach wie vor deklassierten Kulturfernen zu verringern – wenn es darum zu tun ist, die demokratische Vision von den Gleichen und Freien zumindest vorscheinartig in einem Raum zu realisieren, der schon im Ansatz die Trennung von Politik und Kultur überwindet. *Forum* ist lateinisch, bedeutet Markt- und Austausch-Platz, Ort des Handelns und der Kommunikation, und weist zurück auf jene griechische *agora*, das Zentrum der Polis, in dem das Alltäglich-Materielle und das Festlich-Geistige sich zu höherer Einheit verbanden: Da strömten die Bauern vom Land, die Seeleute und Mägde zusammen; da standen Tempel, Übungsplätze und Gymnasien, und da war, vor allem, der heilige Kreis, die Orchestra, in der die Vollversammlung der Bürger abgehalten *und* Theater gespielt wurde.

Das Theater war Rathaus und das Rathaus Theater. Das Volk stimmte über Gesetzesvorlagen ab und akklamierte, in gleicher Lokalität, den Chormeistern, Poeten und Mimen. Die politische Rede, über Tagesaktualitäten, sah sich ergänzt durch Reflexionen über allgemeine Lebensprobleme, vor allem das Verhältnis zwischen Göttern und Menschen, und durch lustige Traktate, die dem Menschlich-Allzumenschlichen der Politik, in Sonderheit der *Kommunal*-Politik, galten.

Tragische Meditationen über Schuld und Sühne, Blindheit und jähe, im Augenblick der Vernichtung geschenkte Erleuchtung wurden konterkariert durch provozierende Beschimpfungen der

herrschenden Klasse und ihrer Vertreter, durch derbe, von keiner
Kirche inhibierte Späße auf dem Feld der *sexualia* und durch
Herausforderungen aus der Sklaven-Perspektive, die zu einer
Überprüfung geheiligter Politik- und Moralvorstellungen anregen
sollten.

Und dann, plötzlich, der jähe Umschlag: Fröhliches Gelächter
mitten im tragischen Spiel und schneidender Ernst zwischen Zoten
und burleskem Mummenschanz. Trauerspiel und Komödie waren
Geschwister. Kein Wunder, daß Sokrates am Schluß des platonischen »Gastmahls« Aristophanes zum Eingeständnis nötigt: ein
wahrer Poet müsse die Gabe besitzen, sich auf tragischem und
komischem Feld in gleicher Weise zu bewähren. Scherz und
Tiefsinn: in zwiträchtiger Eintracht verbunden. Der Jahrmarkt als
Kirche, der Tanzplatz als Kultort, an dem die fröhliche Gemeinschaft, eine offene Sozietät, die Götter verehrt. Das Theater – eine
politische Lokalität, in der gespielt, beraten, Gericht gehalten wird.
Das Forum – ein Platz, wo Sein und Schein, Wirklichkeit und
Poesie sich miteinander verschwistern. Die Bühne als sozialer
Kern einer Gemeinschaft, die sich auf den Rängen sinnfällig
präsentiert, unterteilt in Bürger, Metöken, Sklaven – und Frauen,
die, landläufigen Vorstellungen zum Trotz, im antiken Theater
sehr wohl präsent waren. (Es wird von Schwangeren berichtet, die
im Angesicht der schauerlich maskierten Erinnyen auf offener
Szene eine Frühgeburt hatten.)

Demokratie also, politisch-theatralische Demokratie (idealtypisch
jedenfalls: Es sei nicht verschwiegen, daß den Hochgestellten
auch in Athen eher die vorderen, Frauen und Sklaven die hinteren
Plätze zukamen; nah am Spielplatz saßen die Kinder der Jeunesse
dorée, die »Bürger der Zunft«, und auf dem Olymp hockten Gevat-
terin und Gevatter) … politisch-theatralische Demokratie, in der,
anders als in der Antike, *jedermann* »vollwertig«, *jedefrau* berech-
tigt zur Teilnahme ist: Dies und nichts anderes, meine Damen und
Herren Stadträte und Stadträtinnen, sollte das unverzichtbare Ide-
albild Ihres Kulturforums sein.

Tempel *und* Bürgerhaus; Begegnungsraum *und* Oper; politisches
Diskussionszentrum *und* Schauspiel; ein Ort der Vollversammlung *und* des Konzerts, an dem heute Mozart, morgen Rock,

übermorgen eine Generaldebatte über die Frage ansteht, wie es anzustellen sei, aus einer verschlafenen Garnisonsstadt von gestern, Ludwigsburg, einen soziokulturellen Mittelpunkt von heute zu machen, der weit über die Grenzen hinausstrahlt. Hier gilt es, in harter politischer Münze so gut wie in der imaginären Währung der Künste Grundfragen menschlicher Existenz in einer Zeit zu behandeln, da wir zum ersten Mal in unserer Geschichte die Möglichkeit haben, die Genesis zu widerrufen. Hier kommt es darauf an, humanes Miteinander im neuen Zentrum der Stadt, dem Forum, als dem Ort, wo Politik durch Spiel und Spiel durch Politik verfremdet, also erhellt wird ... hier kommt es darauf an, ein humanes Miteinander zu praktizieren, das durch die Wirklichkeit des Tags in gleicher Weise bestimmt ist wie durch die Verführungskraft der schönen Kunst, zu der auch perfekt gespielte Rock- und Popmusik gehören. Mozart (demokratisch intoniert; mit deutschen Libretti) oder ABBA – einerlei; nur der Kleinbürger-Ramsch, das kitschige Geschunkel und die verlogene Fidelität, von Zynikern gesponsert und von banausischen Kämmerern befördert, finde keinen Eingang ins Forum der Stadt: Kunst mag nach Brot gehen auch hier, gut und schön, aber Kitsch, bitte sehr, nicht nach billiger Torte – und was den Kämmerer betrifft und die Damen und Herren vom Haushaltsausschuß, so mögen sie freundlich bedenken, daß es *einen* Posten gibt, der unbezahlbar ist: den Stolz der Bürger auf ihre Polis und das Gefühl, zu dessen Beförderung nicht zuletzt ein politisch-kulturelles, aus barer Wirklichkeit und schöner Möglichkeit zusammengewirktes Forum beitragen könnte: ›Dies hier ist *unsere* Stadt, in deren Zentrum, mit der Doppeltheit von festlichem Bürgersaal und bürgerlichem Musentempel, wir uns repräsentiert sehen.‹

Und dann, als Tüpfelchen aufs i, *noch* eine Doppeltheit: das Miteinander von Festspiel und Alltags-Festivität, sommerlicher Weltläufigkeit und bodenständigem Beharren im Winter – wobei zu hoffen ist, daß zwischen Oktober und März sich immer wieder unerwartete Wunder vollziehen, genialische Impressionen, *événements*, die geprägt sind vom Glück der Stunde und jähem Gelingen. Und was, auf der anderen Seite, jene langlangen Festspielwochen angeht, die, anders als in Edinburgh oder Salzburg, Aix

und Verona, von dem tolldreisten Wagnis geprägt sind, dem
Außerordentlichen Dauer und dem Maßstabsetzenden verläßliche, bürgerlich-solide Entfaltungsmöglichkeiten zu geben, so
wünsche ich diesen Wochen *auch* jene Pannen, ohne die das
Außerordentliche sich nun einmal nicht entfalten kann. Das Geniale, heiße die Devise hier in Ludwigsburg, *oder* das Genial-Mißlungene; aber nie das Mittelmaß und nie das Wackere – die
Bravheit der Provinz. Im Winter das scheinbar Leichte, in Wahrheit
à la Brecht genau Studierte, im Sommer das Wagnis am Rande des
Scheiterns, so wünschen wir's uns, die potentiellen Liebhaber des
auf die antike Demokratie verweisenden Forums, das seine absolutistische Herkunft nur durch die Angabe der Lokalität einbekennt: Forum *am Schloßpark.*

Anstrengung ist geboten, disziplinierter Elan (*Deutlichkeit* hieß
Richard Wagners erstes Kunst-Gebot); aber daneben auch Mut zur
Improvisation, zum Risiko und zur großen Wette à la Pascal: Dabei
sollte es, in einem Haus, wo nicht nur Primaballerinen und Heldentenöre, sondern auch Computer am Werk sind, freilich nicht
gar so schlimm werden wie einst zur Zeit Richard Wagners, als,
allem Bemühen um Deutlichkeit trotzend, zur Premiere noch nicht
einmal die Requisiten fertiggestellt waren, der Lindwurm vor
allem, den ein englischer Mechaniker nicht rechtzeitig zusammengefügt hatte, »so daß wir uns«, notierte der Maestro, »in der letzten
Stunde entschließen mußten, unser Ungetüm ohne den Hals desselben, welcher noch heute auf einer der Stationen zwischen
London und Bayreuth unentdeckt liegt, mit dicht an den Rumpf
gehefteten Kopfe, somit allerdings in großer Entstelltheit, in die
Aktion zu führen«.

Nun, so wird's gewiß nicht werden, auch bei kühnster Improvisation, in Ludwigsburg; aber das Experiment, auf der Basis artistischer Kalkulation, bleibt dennoch ebenso unverzichtbar wie der
Versuch, nicht nur im *Namen* Schloß und Forum, das hohe Spiel
und die solide Wirklichkeit zu versöhnen, sondern auch, im *Hier
und Jetzt,* der Kultur endlich den Charakter eines liebenswerten
Akzidens zu nehmen und ihr, statt dessen, jene politische Bedeutung wiederzugeben, die ihr in jeder wahrhaft demokratischen
Gesellschaft nun einmal gebührt.

Republikanische Kultur, man kann es nicht oft genug sagen, ist nicht das Privileg einer Elite, sondern Ausdruck gemeinschaftlicher Teilhabe an jenen Gütern, ohne die es eine humane Existenz nicht geben kann. Republikanische Kultur beruht auf der Partizipation aller Staatsbürger und ist deshalb nur zu realisieren, wenn jedermann sich alle Voraussetzungen erwerben kann, die ihn in die Lage versetzen, als Produzent und Konsument der Kultur frei und solidarisch über sein Leben in einer humanen Gesellschaft zu bestimmen.

Republikanische Kultur sucht technologische Gigantomachie, die Entfremdung des Menschen bewirkt, nicht nachträglich zu kompensieren – eine Afterkultur, wortwörtlich, wäre sie dann (eine Kultur also, die der Macht die Fackel nicht voranträgt, sondern die Schleppe hinterher). Republikanische Kultur schafft vielmehr jene gesellschaftlichen Voraussetzungen, die die makabre Unität von Kapital und höfischer Kunst: Kommerzialität hüben und drüben, dem fröhlichen Gelächter des Forums preisgibt – Deine Zeit ist vorbei, Karl Eugen!

Republikanische Kultur, wie sie in diesem Haus als unverzichtbar – und möglich! – vorgestellt werden sollte, macht Ernst mit der von Thomas Mann in den zwanziger Jahren wieder und wieder beschworenen Utopie, in deren Bezirk Karl Marx Hölderlin liest ... womit verdeutlicht wird, daß, so Thomas Mann, die »konservative Kulturidee« um der menschlichen Glückseligkeit willen einen Bund mit dem »revolutionären Gesellschaftsgedanken zwischen Griechenland und Moskau« schließen müsse.

Das Politisch-Soziale, Demokratische und – im weitesten Sinn – Kommunistische sei (Thomas Mann ist nicht müde geworden, diese Formel mit nimmermüdem Elan zu wiederholen) in gleicher Weise Bestandteil der Humanität wie die Kultur: Element einer Menschlichkeit, die nur dann verbürgt sei, wenn das Äußere sich mit dem Inneren und die Verantwortung gegenüber dem Diesseits und seinen Anforderungen mit jenem Spiel und großen Traum verbände, die – ungeachtet aller Aufschwünge, welche, wie Schubart sagte, den »Geist himmelan lüpften« – irdische Misere und nach wie vor herrschendes soziales Unrecht nie aus den Augen verlören.

Der Hohenasperg, der auch heute noch in aller Welt seine schaurigen Nachfolger hat, will nicht vergessen sein im Musenreich, im Bürgersaal zu Ludwigsburg: der Asperg nicht und nicht sein Häftling, einst Organist der Stadtkirche und heute der gute Geist dieses Hauses, der den Sachwaltern des Forums, mit Doppelsinnigkeit und strengem Elan, die Losung vermacht hat: »Das Amt reißt mich fort. Es ist GROSSES SCHAUSPIEL.« Großes Theater im Forum zu Ludwigsburg, Markt, Musik und Tanz auf Brettern, die nicht nur Welt bedeuten, sondern auch Welt sind.

Viel Glück dem Haus und allen, die hier, in Hegels Sinn, die Grenze zwischen Arbeit und Spiel, der Unterweisung und dem Entzücken *aufheben* mögen.

»...GLEICHT EINER GROSSEN VILLEN-COLONIE«

100 Jahre Eppendorfer Krankenhaus

Ein Spätsommertag des Jahres 1888, Samstag, der 15. September; in Frankfurt am Main hält der Deutsche Verein für öffentliche Gesundheitspflege seine vierzehnte Versammlung ab. Der Vorsitzende, Bürgermeister Becker, eröffnet die Sitzung; eine Kommission wird gebildet und der Gegenstand der Tagesordnung aufgerufen: *Welchen Einfluß hat die heutige Gesundheitslehre, besonders die neuere Auffassung des Wesens und der Verbreitung der Infectionskrankheiten auf Bau, Einrichtung und Lage der Krankenhäuser?* Der Referent betritt das Rednerpult: ein angesehener Gelehrter, der, bis vor kurzem Planherr, Lenker und Direktor des im Bau befindlichen Krankenhauses zu Eppendorf, als Heinrich Curschmann *(Leipzig)* vorgestellt wird, um derart zu signalisieren, daß, zum Leidwesen der Gesundheitsbeamten, wieder einmal ein Wissenschaftler die Universität als die einem Forscher von Profession einzig angemessene Wirkungsstätte ausgemacht hat: Lieber ein bescheidener Internist an der Pleiße als ein medizinischer Regent, mit umfassenden Befugnissen, zwischen Alster und Elbe!

Ein Gelehrter hält, weit ausholend, anno 1888 den Schwanengesang auf *sein* Krankenhaus: Dies ist der Tenor der Curschmannschen, mit einem Hinweis auf die – noch nicht verwirklichte – Korrelation von moderner Medizin und Hospitalbau beginnenden Rede: »Meine Herren! Wenn man von den Einflüssen der zeitgenössischen Gesundheitslehre auf Bau und Einrichtung der Krankenhäuser spricht, so darf man sich nicht vorstellen, daß die in jüngster Zeit theoretisch und praktisch so mächtig geförderte

Disziplin in proportionalem Maß das moderne Krankenhauswesen beeinflußt, d.h. dasselbe von einem relativ niedrigen auf einen idealen Standpunkt plötzlich gehoben hat.«

Ist, so Curschmanns Frage, das Hospital im Zeichen der anti- und aseptischen Methoden, durch radikale, dem Wissensstand der naturwissenschaftlich geprägten Medizin angemessene Reformen bestimmt oder bewahrt es, starr und wandlungsunfähig, noch immer jene Strukturen, die den Siechen- und Aufbewahrungsanstalten das Aussehen von Asylen gaben, in denen »vorübergehend oder dauernd unnütze«, dem Staat »auf dem Halse liegende Individuen« ihr Dasein fristeten, Existenzen, die aus Pflegeasylen »Brutplätze für epidemische Krankheiten und gefürchtete Quellen für die Umwohner machten«?

Vom Allgemeinen redend, von Siechenkasernen zuerst und dann von Korridorbauten, gedenkt – die Hörer werden's verstanden haben, im September 1888 – Curschmann zugleich des alten Krankenhauses in Hamburg-St. Georg, in dem die Siechen in den Kellern lagen, der *Eß* saal zugleich *Kranken* saal war und der Tisch, an dem die Mahlzeiten ausgeteilt wurden, auch als Verbandstisch herhalten mußte.

Und dagegen nun – Curschmanns Blicke mögen von St. Georg rasch nach Eppendorf geglitten sein – die anachronistische Anhäufung der Kranken unter einem Dach beseitigend ... dagegen das moderne, den Fortschritten der Gesundheitslehre angemessene Zerstreuungssystem: »Man mußte«, Curschmanns Zentralthese, »den großen Bau in einzelne kleinere zerlegen, diese über einen größeren Platz, als der Casernenbau einnahm, vertheilen, um Licht und Luft von allen Seiten gleichmäßig auf kürzestem Wege an den Kranken herantreten zu lassen und directeste Entfernung aller Abfallstoffe zu ermöglichen.«

Tua res agitur hieß die Devise des Curschmannschen Vortrags. Hier sprach ein Mann, der die Geschichte der »neuen frischen Bewegung« im Krankenhauswesen aus eigener Anschauung kannte: Leiter des Moabiter Barackenspitals, Inaugurator der durch das Pavillonsystem geprägten Krankenstadt im Norden Hamburgs, Kenner des modernen Lazarettwesens, das sich in der Zeit zwischen den amerikanischen Sezessionskriegen und dem

272

Feldzug von 1870/71 durchgesetzt hatte. Curschmann: ein Anhänger, wenn man so will, von Florence Nightingales »Notes on Hospitals« mit dem Verweis auf die Schädlichkeit von mangelnder Belüftung, mangelndem Licht und mangelndem Platz im Krankenhaus; Curschmann: ein konsequenter Anwalt jener Lehre, die Rudolf Virchow im Dezember 1866 – zwölf Jahre nach dem Erscheinen des Nightingaleschen Traktats – in seinem gemeinverständlichen Referat, gehalten im Saal des Berliner Handwerker-Vereins, auf den Begriff gebracht hatte: »Die Bewunderung der großen Spitäler, jener Paläste für die Armen, ist plötzlich in das Gegenteil umgeschlagen. Das Barackensystem, die Krankenzerstreuung ... haben den Sieg davongetragen« und ... »schwerlich wird noch jetzt Jemand dazu rathen, solche umfangreichen, geschlossenen Krankenhäuser nach dem sogenannten Corridorsystem zu bauen, wie sie so lange Zeit hindurch der Stolz der Verwaltungen waren ... Der Blick der Sachverständigen lenkt sich (vielmehr) unwillkürlich zurück auf jene entfernten Anfänge der Krankenhäuser, wo jedes von ihnen ein kleines, für sich bestehendes Gebäude darstellte, man könnte fast sagen, auf jene Krankenstädte und Krankendörfer, wofür die Stiftung des hl. Basilius das ehrwürdigste Beispiel ist: ›Vor den Toren von Caesarea‹, heißt es, ›erhob sich eine neue, der Wohlthätigkeit und Krankenpflege geweihte Stadt. Wohleingerichtete Häuser, um eine Kirche in ganzen Straßen geordnet enthielten die Lagerstätten für Kranke, welche der Pflege von Aerzten und Krankenwärtern anvertraut waren.‹«

Heinrich Curschmann in den Spuren jenes Rudolf Virchow, der am 12. Juni 1889 der *eigentlichen* Eröffnung Eppendorfs, die von Medizinern veranstaltet wurde (im Gegensatz zur sollemnen Inauguration am 19. Mai), die Ehre seiner Anwesenheit gab! Eppendorf: eine Krankenstadt, die, mit ihren langlangen Wurzeln, bis nach Caesarea reichte – eine hanseatische Musteranstalt, die nicht nur die Pavillons und die Straßen, sondern auch die Kirche mit ihren altchristlichen Vorbildern teilte – wobei zu bemerken ist, daß das Gotteshaus, dem merkantilen Geist Hammoniens und der ihm eigenen Weltfrömmigkeit angemessen, in Eppendorf zugleich als Vorlesungsraum diente: ein rascher Griff – und der Altar wurde durch eine Demonstrations-Leinwand verhüllt. (Physisches und Spirituelles gehören in Hamburg, der einst als *Stomachopolis* bezeichneten Stadt, nun einmal untrennbar zusammen.)

Licht und Luft also hieß, erlauchten Vorbildern folgend, Curschmanns Axiom: weg mit den Schnörkeln und Ornamenten (Adolf Loos grüßt von weither, von Wien nach Hamburg hinüber), einfache, klare Linien, mathematische Strukturen, Übersichtlichkeit und verläßliche Ordnung, ein Maximum an begründbarer Separation und, dies vor allem, Überwachungsmöglichkeit: »In einem großen Casernenbau«, rief Curschmann den Gesundheitspflegern zu, »mit seinem Gewirre von Gängen, Zimmern, Flügeln und Höfen verschiedenster Form und Größe, wo das Personal meist in mehreren und verschiedenartigen Räumen zugleich variable Dienst- und Pflegefunctionen übernehmen muß, ist der Einzelne weit weniger leicht zu überwachen und ein Versehen weit schwerer sofort auf den Schuldigen zurückzuführen als beim Barackensystem, wo man in jeder der kleinen Baueinheiten immer mit wenigen, in ganz bestimmter Weise beschäftigten und darum leicht controlirbaren Personen zu thun hat. Es ist hier nur nothwendig, daß man das Personal richtig vertheilt und für eine gut organisierte, bis zu einem gewissen Grade militärische Dienstüberwachung sorgt.«

Von Philanthropie, dies muß gesagt sein, von Menschenfreundlichkeit und jener sozialen Humanität, die Virchows Denkschriften bestimmen, ist bei Curschmann wenig zu spüren. Hier liegt das Exerzierreglement neben dem medizinischen Lehrbuch, ja die Verwaltungsanordnungen lesen sich streckenweise wie Abschnitte aus einem Lehrbuch für Feldwebel oder Gefängnisbeamte; der Ärztliche Direktor hat die Stellung eines Kommandierenden Generals; die Krankenwärter *(utriusque generis)* bedürfen striktester Observation, und die Kranken, die von außen nur über den Pförtner zu erreichen sind, sehen sich gehalten, den Umgrenzungs-Mauern nicht einmal nahe zu kommen, geschweige denn, sie zu passieren.

Strikte Trennung, *Separation* als oberstes Gebot: Trennung von Verwaltung und Krankenbetrieb; Trennung der normalen Patienten von den Unruhestiftern und Vagabunden, den Strafgefangenen und Prostituierten. Verbot des Verkehrs zwischen Patienten unterschiedlicher Prägung, die keinesfalls miteinander in Kontakt kommen dürften. Trennung der Compagnie von Gemeinen, deren Disziplin nach Curschmann vom Oberwärter abhinge, dem Unteroffizier, und von Avancierten; Trennung von Männern und Frauen, von Gebildeten und Ungebildeten, von Plebejern und Kostgängern der »höheren Classen«, von den Meistern auf den Höhen und jenen Heloten im Dunkel, die sich 1891, in der Zeitschrift für Medizinalbeamte, mit dem raschen Verdikt etikettiert sehen: »Die Krankenpfleger und Pflegerinnen sind in großen wie kleinen Städten der allerbedenklichsten Herkunft, Leute, welche die Krankenpflege als letzte Auskunft wählen und sofort sie aufgeben, wenn sich ein lohnenderer Erwerb ergiebt.«

An solchen – durchaus zeittypischen – Invektiven gemessen, nimmt sich die in der Denkschrift von Curschmann und Lundt für die Errichtung des Neuen Krankenhauses vorgetragene Definition der »gesunden, kräftigen, von Hause aus arbeitsgewöhnten Personen«, die allein der gleichmäßigen, harten Arbeit, dem Mangel an Ruhe und Schlaf etc. nachkommen könnten, geradezu irenisch aus: »Die hierzu nöthigen Haupteigenschaften Kraft, Ausdauer, Dienstwilligkeit und Anspruchslosigkeit findet man der Regel nach nur bei Personen aus dienendem Stande. Die Masse des Pflegepersonals großer Hospitäler wird daher bis auf weiteres aus auserlesenen Personen dieses Standes hervorgehen. Dieselben verkehren auch besonders leicht mit dem Krankenpublikum der allgemeinen Klasse, weil sie ihm menschlich näher stehen und dessen allgemeine Verhältnisse aus eigener Erfahrung am besten kennen und würdigen.«

Das Eppendorfer Krankenhaus, dessen Strukturen Heinrich Curschmann im Spätsommer 1888 Punkt für Punkt, das Spezielle verallgemeinernd, verteidigte, war eine Schöpfung, die, medizinisch und sozial, auf dem Gedanken »Ordnung durch Trennung« beruhte: Jeder Pavillon war gleichsam eine autonome Monade; jede Sektion – Chirurgie, innere Medizin, Infektionskrankheiten, (später) Tuberkulose – hatte ihre Funktion im Rahmen einer Krankenstadt, die sich, viel bewundert, wenig gescholten, binnen kurzem wie ein medizinisches Gesamtkunstwerk ausnahm – besucht, bis weit ins zwanzigste Jahrhundert hinein, von Deputationen aus aller Welt und zu Beginn der neunziger Jahre in einem Bericht der Londoner »Times« als nie gesehenes, berühmtes Institut apostrophiert – ein Krankenhaus, das, auf einer Anhöhe gelegen und von einem großen freien Terrain umgeben, äußerst geschmackvoll und zweckentsprechend angelegt sei: »Das Alexandrowsky-Krankenhaus in St. Petersburg und das Spital von Moabit sind meisterhafte Institute, aber im Vergleich mit Eppendorf verschwinden sie in Nichts.«

In der Tat, das Eppendorfer Krankenhaus des Heinrich Curschmann, horizontal und vertikal rigide strukturiert, war ein Hospital aus einem Guß – geplant von einem Mann, der sein Metier in Theorie und Praxis wie kein zweiter beherrschte und die ihm vorschwebende Generalkonzeption Schritt für Schritt, vom Bau eines Baracken-Prototypen in St. Georg über den kontinuierlichen Einzug im Neuen Gebäude, realisierte: als ein Generalstäbler im weißen Habit, der sich um den Entwurf des Meublements in gleicher Weise kümmerte wie um die Segel über den Badewannen oder den Fußboden im Delirantenhaus, der nicht aus leicht abwaschbaren Steinen, sondern aus geölten und geteerten Kienholzbrettern bestand. Warum? Nun, man hatte, wie die Darstellung von Curschmanns Adjunctus Deneke beweist, an alles nur Erdenkliche gedacht – an die Tatsache zum Beispiel, daß »die Besuche des Arztes und Wärters in der Zelle nicht immer ganz friedlich verlaufen; insbesondere drängen die Kranken beim Hinausgehen oft nach und müssen zurückgeschoben werden. Wer die Glätte des Terrazzofußbodens kennt, wird zugeben müssen, daß, selbst ein schonendes und ruhiges Verhalten des Personals vorausgesetzt, bei solchen Gelegenheiten sehr leicht beide Teile zu Fall kommen können; der Kranke, weil barfuß, ist sogar im Vorteil, so daß weit häufiger als nötig unliebsame Scenen zu befürchten sind.«

Figaro hier, Figaro da, Figaro oben, Figaro unten: Curschmann, könnte man denken, hatte einen leichten Stand, als er anno 1888 das Pavillonsystem für der Weisheit letzten Schluß und damit, indirekt, Eppendorf für den Nabel der Welt erklärte (medizinisch zumindest). In Wahrheit aber war der Triumph nicht nur dem

Kalkül, sondern – überraschend zu sehen – auch der List zu verdanken: der List eines Mannes zum ersten, der schlichtweg verschwieg, daß der Bau eines Krankenhauses auf freiem Feld keineswegs seinen ursprünglichen Intentionen entsprach (»das Krankenhaus hat dort zu stehen, wo die Kranken sind«), sondern ausschließlich auf eines hohen Senats Rechenkünsten beruhte; der List eines Mannes, zum zweiten, der in der Diskussion, im Anschluß an sein Referat, begründete Einwürfe mit raschem, *allzu* raschem Wort beiseite schob und dabei die These vertrat, der Transport Frischoperierter durchs Freie sei ohne Gefahr (Jahrzehnte später, als immer noch die Kreißenden, in Ermangelung eines Hörsaals, zu zentraler Demonstration durch Schnee und Eis gekarrt werden mußten, wird man sich seine Gedanken gemacht haben über die These des Gründers); der List eines Infektions-Forschers, zum dritten und letzten, der, zwanzig Jahre nach Listers Begründung der antiseptischen Methodik und zehn Jahre nach Robert Kochs »Untersuchungen über die Aetiologie der Wundinfectionen«, veraltete, durch den Beweis der Kontaktinfektion längst überholte Theorien, die Ansteckung durch Tenesmen und Miasmen aus dem Boden und, vor allem, aus der Luft, nicht dorthin verbannte, wohin sie gehörten: ins Reich der Fabel.

Ein Ignorant also, Curschmann? Der große Hygieniker und Erforscher der Typhus-Ursachen: ein *laudator temporis acti*, der Pavillons erbauen ließ, als die Bakteriologen längst die Unsinnigkeit aufwendiger Zerstreuungen aufgezeigt hatten? Keineswegs, da Curschmann sich nicht nur zu Recht auf das zehn Jahre nach Eppendorf geplante und vom Meister selbst abgesegnete Rudolf-Virchow-Krankenhaus in Berlin und nicht nur auf Robert Koch hätte berufen können, der noch anno 1910 im Berliner Rathaus erklärte, daß er in seinen Hygiene-Vorlesungen immer das Barakken-Krankenhaus zu Moabit als Vorbild hingestellt habe: Einfachheit, viel Luft und Licht seien nun einmal besser als Eleganz und Komfort.

In der Tat, mit den – für die Dauer einer Argumentation vereinten – Kontrahenten Virchow und Koch ließ sich gut streiten … und dies vor allem deshalb, weil Curschmann den Stier bei den Hörnern packte und darauf verwies, daß, trotz aller Erfolge der modernen Bakteriologie, das Axiom »Viel Licht, viel Luft« unwiderlegbar sei: »Die mit der Hochfluth der Lister'schen Wundbehandlungsmethode aufgetauchte Idee«, erklärte Curschmann in Frankfurt, »die letztere gestatte geringere Ansprüche an Raum und allgemeine hygienische Einrichtungen, wird auch von der Mehrzahl der Fachchirurgen, wenn man sie vor die Eventualität eines Neubaus stellt, nicht mehr ernstlich vertreten werden. Ist doch das Fernhalten von Infectionsträgern von der Wunde nicht das Einzige, vielmehr ein anderer, für den chirurgischen wie den inneren Kranken gleich wichtiger Faktor die Sorge für das von der Art des Aufenthalts so wesentlich abhängige allgemeine Körperverhalten.«

Nicht das Einzige: Mit dieser Formel war, listig, kenntnisreich und überzeugend, der Angriff der Bakteriologen abgewiesen, repliziert durch den – höchst zeitgemäßen, Vorstellungen der Ganzheitsmedizin antizipierenden – Gedanken eines allgemeinen Körperverhaltens, das, um sich optimal entwickeln zu können, eines freundlichen Ambientes bedürfe.

Freundliches Ambiente, jawohl; *villeggiatura* als Gegenelement von hierarchischer Disziplinierung; der große Park als *locus amoenus,* in den die Krankenanstalt gebettet sei: Da wird, mit einer höchst aparten Verbindung von Kalkulation und Lyrismus, ein Areal beschrieben, das – durch Straßenbahnen, Krankenwagen und »Alsterdampfböte (ca. 1 km vom Verwaltungsgebäude)« leicht erreichbar, wenngleich immerhin viertausendfünfhundert Meter vom Stadtzentrum, der Börse also (und dem Rathaus natürlich), entfernt – aus Pavillons bestand, deren Sonnenbestrahlung nicht minder genau berechnet worden war als Instrumentenschränke, Wollmatratzen und Fußböden.

Viel Licht, aber nicht *zu* viel, war oberster Leitsatz: Nur keine grelle Helligkeit während der Visite am Morgen, nur kein Furioso von Sonne und Himmel. »Jeder Kranke«, heißt es in Denekes Beschreibung der Anstalt, »sieht gewiß gern den hellen Himmel, blickt gern hinaus in die sonnenbeschienene Landschaft; auch der erste Strahl, der auf seine Bettdecke fällt, wird ihn erfreuen, aber im vollen Sonnenschein liegen mag die große Mehrzahl nicht einmal im Winter.«

Sanft also habe das Licht zu sein, angenehm und behaglich – ein Quell der Entzückung vor allem für jene Rekonvaleszenten, die im Tagesraum auf Bahren und Lehnstühlen »heiterer Eindrücke teilhaftig« würden. Von Sonnensegeln, Markisen und gläsernen Wänden geschützt, sollten die Kranken in die durch Ziersträucher, Bäume und Rasenflächen strukturierte Parklandschaft schauen: dank des Reißverschlußsystems vom Anblick des gegenüberstehenden Pavillons abgeschirmt und, statt dessen, aller häuslichen Hinterhof-Misere enthoben, in eine Parklandschaft schauend, die Ludolph Brauer, mit der ihm eigenen Sprachkraft, im Jahre 1928 in einer Weise beschrieb, als gälte es, dem Leser ein Wunder aus Tausendundeiner Nacht vor Augen zu führen ... ein Wunder, das sich schon beim Eingang prächtig eröffnet: »Betritt man das Krankenhaus durch den Haupteingang im Verwaltungsgebäude, so fällt der Blick auf das von grünen und blühenden Schlingpflanzen berankte Operationshaus, während rechts und links zwei herrliche Blutbuchen (Fagus sylvatica atropurpurea) den Eingang flankieren.«

Und dann die hochstämmigen Syringen im Innern des Parks, die Rabatten mit Staudenphlox, die Trockenmauer mit alpinen Pflanzen und die hochstämmigen Rosen, Clematis und wilder Wein; die Baumhasel bei der Augenklinik, die Sumpfzypresse im Garten des Direktors und überall die auf das ganze Gelände verteilten Rabatten und Beete: dreimal im Jahr, den wechselnden Zeiten entsprechend, mit Blumen bepflanzt. Heidezonen wechseln mit lauschigen Hainen, die Silberlinde alterniert an gebotenem Ort, beim Kapellenhof, mit dem Efeu, der, an der Grenze von Leben und Tod, Genesung und Sterben, die Mauer berankt. Stundenlang könnte Scheherezade, in Ludolph Brauers Manier, beim Krankenhaus im Grünen verweilen – gäb's da nicht Momente, die, durchaus prosaisch, dafür sorgen, daß der Erzählfluß ins Stocken gerät. Auch vor den Gartenzonen nämlich machte die rigide Trennung in Klassen und Geschlechter nicht halt; *quod licet Iovi non licet bovi*, hieß, in Übereinstimmung mit den durch den Kampf gegen die Schwindsucht bestimmten Disziplinarvorschriften, die Anstaltsparole: Was den Heilanstalten billig war, mochte auch für Eppendorf recht sein. (»Wenn ... die nötige Zucht und Ordnung herrscht«, steht im Brauerschen »Handbuch der Tuberkulose« geschrieben, »bringt das Zusammenleben männlicher und weiblicher Kranker der gebildeten Kreise in mannigfachster Form geistige Anregung und läßt nicht einseitige Ideenkreise zu stark in den Vordergrund treten.«)

Im Umkreis der Kostgängerhäuser, so ist zu vermuten, konnte man sich ein wenig legerer ergehen als in den Gefilden des Volkes und ein Privileg genießen, das sich freilich durch gemeinsame, Arm und Reich in gleicher Weise betreffende Unbill aufgehoben sah: Bei Nordwestwind roch es zwischen Taxus und Ilex nicht nach arabischem Ambrosia, sondern nach Krankenhausessen – der Tagesspeise, die zumindest die von der Küche weit entfernten Pavillons wenn nicht in kaltem, so doch in kühlem Zustand erreichte.

Mochte sich die »Times« also in Lobeshymnen ergehen: Vor Ort sah's nüchterner aus, und das vielgepriesene Pavillonwesen zeigte, wie Hermann Lenhartz anno 1900 auf der 22. Versammlung des Vereins für öffentliche Gesundheitspflege zu Bremen in seinem Referat über den modernen Krankenhausbau vom hygienischen und wirtschaftlichen Standpunkte nachdrücklich betonte ... das vielgepriesene Pavillonwesen zeigte rasch seine Kehrseiten auf: Infektionen breiteten sich in großen Sälen rascher als in kleineren Einheiten aus, unruhige und asoziale Elemente störten das Klima, und die Gemütlichkeit war dahin.

Der Ruf nach Einzelzimmern (die freilich schwer zu beaufsichtigen waren) wurde, kaum verhallt, wieder lauter; das Prinzip der Separation konsequent weiterverfolgend, beantragte Lenhartz – und ging dabei über Curschmann hinaus – Absonderungsräume für »unruhige, sterbende, übelriechende und vor allem für infektionsverdächtige Kranke«. (»Diese Räume müssen so gelegen sein, daß wenigstens vorübergehend eine wirkliche Abtrennung möglich ist.«)

Ja, so wurde in Eppendorf geplant und gebaut, gepflanzt und geändert; zu Küchenhaus und Ökonomieschuppen kamen Verbrennungsofen und Desinfektionsanstalt ... und dennoch standen Ärzte und Wärter bis in die neunziger Jahre hinein in *einem* – dem zentralen! – Punkt auf verlorenem Posten: Sie hatten kein sauberes

Wasser. Mochte Altona stolz auf seine Sandfiltrationsanlage sein; mochte man im In- und Ausland den Senat vor dem kloakenverseuchten Elbwasser warnen; mochte Curschmann in eindringlichen Publikationen, am Ende der achtziger Jahre, den Zusammenhang zwischen verseuchtem Wasser und den Typhusepidemien analysieren – der Senat stellte sich taub; die Herren Provisoren folgten eher Kapital- als Gesundheitsinteressen, und der Clan der *upper ten* von Uhlenhorst und Harvestehude polemisierte erfolgreich gegen drohende Wassertarife ... und Eppendorf? Eppendorf war allein.

Der Versuch einer Partial-Filtrierung des Wassers auf eigenem Gelände mißlang; die Bemühungen, das Regiment im Rathaus zu mobilisieren, scheiterten kläglich; anders als München und Berlin, wo Pettenkofers und Virchows Hygienevorstellungen für Sauberkeit sorgten, blieb Hamburg eine schmutzige, durch Bauspekulation und Wasserverunreinigung entstellte Stadt.

Die Folgen waren absehbar: Der Arzt ging fort (Heinrich Curschmann – wenn nicht im Zorn, so doch in Resignation über die soziale Borniertheit der Stadtoberen), und die Cholera kam. Vergebens hatte Curschmann auf die Gefahr hingewiesen, die Hamburg dank der neuen Freihafenbauten bedrohte – die Schöpfstelle des gesamten Hamburger Leitungswassers: eine Quelle von Epidemien unabsehbarer Größe.

»The criminal thing has been notorious for 15 or 20 years«, schrieb die »Times« am 27. September 1892, während der Choleraepidemie, »... and has nothing been done? Oh, yes; new waterworks have been – planned.«

»The dirtiest town I have ever seen on this side of the Mediterranean«, notierte der »Times«-Korrespondent über Hamburg; »Meine Herren, ich vergesse, daß ich in Europa bin«, akkompagnierte Robert Koch und stellte damit, unter dem Hohngelächter der Nation (und trotziger Betretenheit zwischen Elbe und Alster), ein Gemeinwesen bloß, dessen Offizielle noch nach Ausbruch der Seuche über die Gestaltung des Sedan-Fests debattierten und ihre Präventivmaßnahmen vorzüglich auf die Abfassung eines Zettels beschränkten, der die arbeitende Bevölkerung nicht beruhigte, sondern verhöhnte: »Mittags eine frisch gekochte Suppe mit Gemüse, dicken Reis mit Fleisch, Klöße mit Backobst; abends Kartoffeln und Grütze, vor Fliegen geschütztes Fleisch, Schnaps, Grog, Punsch, Bier oder Wein.«

Doch in Eppendorf gab es damals keinen einzigen Arzt, der, angesichts solchen Zynismus, den Fehdehandschuh der Behörde mit den Worten Rudolf Virchows aufgenommen hätte: »Ist es so unklar, daß man nicht Anleitungen zu schreiben hat, um den wohlhäbigen Bourgeois zu beruhigen, sondern daß man Anstalten treffen muß, um den Armen, der kein weiches Brod, kein gutes Fleisch, keine warme Kleidung, kein Bett hat, der bei seiner Arbeit nicht mit Reissuppen und Chamillenthee bestehen kann, den Armen, der am meisten von der Seuche getroffen wird, durch eine Verbesserung seiner Lage vor derselben zu schützen? Mögen die Herren im Winter sich erinnern, wenn sie an einem geheizten Ofen sitzen und ihren Kleinen Weihnachtsäpfel vertheilen, daß die Schiffsknechte, welche die Steinkohlen und die Äpfel hier gebracht haben, an der Cholera gestorben sind! Ach, es ist sehr traurig, daß immer Tausende im Elend sterben müssen, damit es einigen Hunderten wohl ergeht.«

So wurde – von einem alten Achtundvierziger, dessen sozialpolitische Vorstellungen bis heute darauf warten, zur Prämisse jeder Form von humaner Medizin zu werden – in *Berlin* gesprochen. Und in *Hamburg*? Nun, an der Elbe schritt man zur Sandfiltration … und ließ, kaum war die Cholera vorbei, die Zügel schleifen wie bisher – Grund genug für Eppendorf, im Schutz der neuen Wasser-Kunst hygienische, während der Seuche schmerzhaft vermißte Maßnahmen entschlossener als in den Jahren vor der Cholera in Angriff zu nehmen und vor allem die Krankenpflege zu verbessern. An die Stelle der Wärterinnen aus den dienenden Kreisen traten Schwestern, die sich aus dem Bürgertum rekrutierten und, vereint in einem Verband, ihr eigenes Wohnheim besaßen – effiziente und verläßliche Gehilfinnen der Ärzte, kläglich bezahlt, aber opferbereit, die in der Überlegung angestellt wurden, daß, so Eppendorfs Direktor Rumpf im Juni 1899, »die Schichten der arbeitenden Bevölkerung, aus denen das weibliche, wie auch das männliche Wartpersonal wesentlich hervorging, weder durch die häusliche Erziehung, noch durch die Erfolge der Schulbildung, diejenigen moralischen und intellectuellen Eigenschaften in genügendem Maaße erlangen, welche gerade für diesen Beruf so überaus nothwendig sind«.

Und so zogen sie dann in Eppendorf ein, die jungen Frauen – pardon, Mädchen! –, denen man zurief, sie möchten, zumindest eine Spanne ihres jungen Lebens lang, sich ihren kranken Mitmenschen zuwenden, statt an Theater, Putz und Mode zu denken; so stellten sie sich vor, im Verwaltungsgebäude, von denen die Beamten Opferbereitschaft, Sanftmut und Selbstverleugnung verlangten; so kamen sie, gesucht und – bald schon! – wegen ihrer Pflege von Männern verhöhnt: als *call girls* in wilhelminischer Zeit; so taten sie ihren 14-Stunden-Tag und durften froh sein, wenn sie eine Oberin wie jene Hedwig von Schlichting fanden, die – allzusehr idealisiert in jüngsten Publikationen – zwar von »meinen Schwestern« sprach und die Krankenpflege, im Einklang mit bourgeoiser Ideologie, für einen Beruf ansah, den die Natur der Frau und nicht dem Manne zugeteilt habe, auf der anderen Seite aber für die ihr anvertrauten Schwestern Entlastung von grober Hausarbeit, zweckmäßige Gestaltung der Arbeit und materielle Absicherung bis ins Alter verlangte ... doch schon diese moderaten Forderungen genügten, um den Anstaltsdirektor in Rage zu bringen und der Oberin zu bedeuten, wer Herr im Hause sei und wer nicht.

Der arme Rumpf! Statt zu obsiegen und durch eine Vertreibung der Oberin zu triumphieren (wobei, der Fall ging bis in den Reichstag, ein – sozialdemokratischer! – Abgeordneter dem Arzt, von Mann zu Mann, zur Seite stand) ... statt zu obsiegen, warf der Medicus den Bettel hin und kehrte an die Universität zurück. (»Mitwirkend bei diesem Entschlusse war«, heißt es in Rumpfs Memoiren, »daß sich erneut häufig Extrasystolen bei mir bemerkbar machten.«)

Hier Frau von Schlichting, aus altem Adelsgeschlecht, couragiert, patent, solidarisch, und dort Professor Rumpf mit seinen Extrasystolen: Das war ein ungleicher Kampf – eine Bataille, die der Arzt nur mit Hilfe einer Infamie durchstand. Hedwig von S., die den 14-Stunden-Tag der Schwestern mit all seinen Konsequenzen für den Feierabend, der keiner war, anprangerte, wurde, beruflich untadelig (nur allzu selbstbewußt), als *femme fatale* an den Pranger gestellt. »Im Jahre 1901«, noch einmal Rumpfs Memoiren, »entstand ein Konflikt zwischen der Oberin von S. und mir. Daß eine Oberin gelegentlich mit den Assistenzärzten kneipte, mit einem verheirateten Herrn der Gesellschaft oder dessen Frau nach Paris reiste, auch sich wenig angemessen darüber äußerte, erschien mir für eine Schwesternerziehung wenig passend. Das Krankenhauskollegium stellte sich zunächst auf meine Seite, aber Herr Senator Lappenberg, den freundschaftliche Beziehungen mit der Oberin verknüpften, bearbeitete die Mitglieder desselben, die ersten Beschlüsse (eine gewisse Beschränkung der Oberin betreffend) zurückzunehmen. Dieser neue Beschluß war für mich eine Kränkung, die ich als unabhängiger Mann nicht ertragen wollte.«

Auch Schwestern – Oberinnen zumindest – konnten also im wilhelminischen Eppendorf einmal siegen, zumal, wenn sie, wie's nach 1900 der Fall war, sorgfältig ausgebildet, durch Ärzte unterwiesen wurden und sich mit Hilfe moderner Lehrbücher sachlich und solide auf ihren Beruf einstellen konnten.

Wissenschaftlichkeit hieß das Schlagwort, von dem, nach und nach, nicht nur die Ärzte, sondern, in bescheidenem Maß, zumindest indirekt auch das Pflegepersonal profitierte. Nur ein Jahrzehnt noch, und die große Schlacht um die Universität wird beginnen, die Bataille um die gelehrte Anstalt in der Handelsstadt, wo – wie 1913 in der Bürgerschaft – die Geister des Lichts mit den Mächten der Finsternis stritten, die Anwälte des Handels mit den Apologeten jener Bildung, denen im Jahre 1913 ein Abgeordneter, Doktor Engel sein Name, den Satz entgegenschleuderte: »Die akademische Bildung ist nicht nur die glänzende Rüstung, als die sie manchem Nichtakademiker erscheint; sie ist zugleich auch der schwere Panzer, der seinem Träger die Freiheit der Bewegung hemmt.«

Und dann weiter, mit erhobener Stimme: »Glauben Sie denn wirklich, daß die großen Kaufleute, die Hamburgs wirtschaftliche Blüte haben mit heraufführen helfen, daß sie das, was sie geleistet haben, hätten leisten können, wenn sie mit dem Schwergewicht akademischer Bildung belastet gewesen wären?«

Und trotzdem: Die Universität *kam*, langsam zwar, erst in der

Republik, 1919 (zu ihrem Glück – unbelastet durch ein zentrales Kolonialinstitut) … aber sie *kam*, und mit ihr auch die medizinische Fakultät, die von den Abgeordneten gern mit der Formel gefordert wurde: »Wer dafür ist, dient der leidenden Menschheit«, und deren Interessen einer der einflußreichsten Redner des Stadtparlaments, Dr. Dücker, durch eine konsequente Anwendung der mit dem Präfix *aller* beginnenden Adjektive zu besorgen suchte: »An einer Universität ist die medizinische Fakultät die allerwichtigste. Sie ist für das geistige Leben an einer Universität von dem allerhöchsten Wert … (denn) die geistige Befruchtung, die von der medizinischen Fakultät ausgeht, ist gewiß eine außerordentlich hervorragende. Und wenn wir schon eine Universität schaffen, dann soll diese hochbedeutsame medizinische Fakultät nicht fehlen, und gerade für diese haben wir in Hamburg die allergünstigsten Voraussetzungen.«

Dukkerius locutus, causa finita? Mitnichten, der entscheidende Satz steht noch aus: »Herr Professor Brauer hat auf meine Frage im Ausschuß: Sind sie vorbereitet, mit der Medizin zu beginnen? erklärt: ›Gewiß, morgen können wir mit der Eröffnung beginnen.‹« Nun, man begann zwar nicht morgen, aber doch beinahe über Nacht; und man begann nicht in *Hamburg*, sondern, zum Verdruß der Mediziner Sankt Georgs und Barmbeks, in *Eppendorf*, dem Ersten und, mehr und mehr, dem einzigen Haus am Platz – einem Haus, an dessen Spitze ein Mann stand, Ludolph Brauer, der, seit 1911 in Eppendorf tätig, die wirkungsmächtigste und schillerndste Figur in der hundertjährigen hanseatischen Krankenhausgeschichte ist. Ein Cagliostro aus dem Westpreußischen, Zauberkünstler und Organisator in einer Person, Internist mit der Säge und Chirurg mit Spatel und Stethoskop, Pulmologe von Rang, Spezialkenner auf dem Gebiet der Thorakoplastik, in Davos so gut zu Hause wie in Eppendorf! Über Gartenarchitektur und die Geheimnisse von Flora und Fauna wie ein gelernter Naturwissenschaftler parlierend: so als hätte er sich zeitlebens mit dem Studium der *aralia chinensis manchurica* beschäftigt, wechselte Brauer zur Wissenschaft der höheren Kochkunst, inaugurierte in Eppendorf seine Diätanstalt und dozierte, das Messer des Botanikers mit dem Schöpflöffel vertauschend, über die »Diätetik in der Krankenhauspraxis und klinischen Unterricht«, wobei er dem staunenden Leser Kochrezepte vorschlägt, die etwa *Aspic* heißen (mit Gemüse am Hungertag, mit Krabben bei kohlenhydratarmer Diät, mit Leber bei Mastkost) – ganz zu schweigen von Köstlichkeiten wie römischen Pasteten oder Ei im Nest (»Garzeit etwa 5 Minuten im Backofen«).

Brauer, scheint es, muß ein Universalgenie gewesen sein: Helfer nämlich werden von ihm nicht genannt, auf dem Gebiet der Gartenkultur so wenig wie auf den Gefilden der Kochkunst. Und was alles war dieser Mann sonst noch! Anwalt der Militärärzte und des Auslandsdeutschtums, Förderer der Luftfahrtmedizin und Freund des bunten Rocks, alter Herr und juveniler Organisator, ein kühner Neuerer, der sich in Zusammenarbeit mit Hamburgs großem Baumeister Fritz Schumacher kleine und große Projekte ausdachte (die Gründung der Pathologie mitsamt ihren Parallelinstituten, die beider Meisterstück wurde) oder die Planung eines neuen Universitätsgeländes, an Eppendorf grenzend, auf der Höhe des Borsteler Moors.

Und dann die Forschungsinstitute: Tuberkulose- und Krebs- und Pilz-Forschungsanstalt! Ein deutscher Pasteur oder Charcot wollte er sein, Ludolph Brauer, dieser gewaltige Drittmitteleintreiber in einer Zeit, als es diesen Begriff überhaupt noch nicht gab. Das freie Forschungsinstitut: Dies war die Inkarnation seiner Träume, ein Institut, an dem, von Lehrzwang und Examenslast befreit, Wissenschaftler aller Couleur arbeiten sollten, einem *Großen Rat* unterstellt und, was immer das heißen mag, konzentriert »auf Hamburger Aufgaben« und der »Hamburger Eigenart« dienend.

Ein bißchen windig klingt das schon: Da streckt einer die Hand aus, um den Kaufherren an Alster und Elbe ein Carnegie-Institut auf hanseatischem Grund anzubieten: »Ich bin wahrlich«, schrieb Brauer 1917 in einem Essay über »Hamburgische Gelehrtenschaft«, »ein großer Verehrer unserer guten, lieben, alten deutschen Universitäten; zu einem guten Teile hat mich der Gedanke, in Hamburg für eine Universität zu wirken, hierher geführt. Aber ich habe in Hamburg dazugelernt; ich habe erkannt, was für die hier zu erledigenden Aufgaben nötig ist, und ich bin damit zu der Einsicht gekommen, daß es für Hamburg besser ist, keine Universität …

zu gründen, sondern daß für Hamburg eine starke Zusammenfassung der vorhandenen Forschungsinstitute zur Erfüllung dieser besonderen und edlen Ziele zu schaffen ist.«

Hamburg voran! Und die Forschungsinstitute in Verfolgung Humboldtscher Ziele gegründet, als Bestandteil der Trias Akademie, Universität und Forschungsinstitute. (Hier freilich verliert der Leser die Geduld, und er wird zornig auf Brauer – mag der, in aller Genialität, auch eine grandiose Romanfigur gewesen sein –, wenn er bei Humboldt, am Ende des Traktats »Über die innere und äußere Organisation der Höheren Wissenschaftlichen Anstalten in Berlin«, den Satz liest: »Außer der Akademie und der Universität gehören zu den höheren wissenschaftlichen Anstalten noch die leblosen Institute«, das anatomische Theater zum Beispiel … Institute, die, im Gegensatz zu Brauerschen Thesen, unter strikter Aufsicht der Höheren Anstalten stehen.)

Leicht, das ist unbestritten, hatten es die Eppendorfer nicht unter Brauer, einem Mann, von dem mit Shakespeare gilt: *thou cometh in such a questionable shape:* Da war einer heute *für* und morgen *gegen* die Universität, heute *für* und morgen *gegen* Eppendorf – ein zweifelhafter Geselle und ein ganzer Kerl, hoch begabt und unstetig und damit nur bedingt geeignet, in republikanischen Zeiten Eppendorfs Schifflein mit List und Courage zu lenken – Zeiten, in denen vier Kontrahenten einander erbittert bekämpften.

Da war, zum ersten, rasch gegründet und vielfach beneidet, das zur Universitätsklinik avancierte Allgemeine Krankenhaus mit seiner jämmerlichen Ausstattung (von einem Hochschul-Klinikum, das diesen Namen verdient, ist erst nach 1950 zu sprechen) und einem Ärztlichen Direktor namens Brauer, zu dessen Hauptziel das Bemühen gehörte, den Dekan der Medizinischen Fakultät auf keinen Fall zu einer Art von Neben- oder Vizedirektor werden zu lassen.

Da war, zweitens, die Hochschulbehörde, die, eines Sinnes mit der Fakultät, für einen Ausbau des Krankenhauses und die Beheimatung Eppendorfs im Ressort des für die Wissenschaft zuständigen Senators plädierte: unmöglich, der Zustand, daß an der Martinistraße ein Hospital existiere, das zur Universität gehöre, dessen Personal sich jedoch unter der Botmäßigkeit der Gesundheitsbehörde befinde, des dritten Kontrahenten im großen Streit zwischen 1919 und 1933 – eines Kontrahenten, der vom Verteidiger der Krankenversorgung und Feind der Fakultät gelenkt wurde, dem robusten Ernst Pfeiffer, einem harten Interessenvertreter, der nicht gerade ein *homme de lettres* war (er schrieb *de facto* mit k – *fakto* – und prägte, des Lateinischen nicht eben mächtig, die Formel *universitas litterarium*), aber als Kämpfer zu brillieren verstand: Armselige Eppendorfer, die, als echte *cants*, in ihrem Hochmut vergäßen, daß sie nur Gastrecht in den schönen Gebäuden des Staats genössen – Habenichtse, die, statt sich aufzuplustern, besser täten, mit Barmbek und St. Georg zu kooperieren und nicht immer neue Forderungen zu stellen, das Krankenhaus zu parzellieren, universitären Eigeninteressen zunutze, aber das Patientengut zu behalten: Schluß mit der Lamentiererei! rief Pfeiffer den Ordinarien zu.

Wenn die Herren Oberärzte aus dem Sklaventum der Gesundheitsbehörde erlöst werden möchten, dann sollten sie gefälligst bedenken, daß es in der Macht des Präses läge, die Ehe mit einem Fakultätsvertreter aufzukündigen – so wichtig auch ein Lehrauftrag sei, das Wohl und Wehe der Kranken gehe auf jeden Fall vor … und was das Krankenhaus beträfe, dieses Konglomerat von Kliniken, das kein Hospital mehr sei, so wäre es besser, in Hamm-Horn ein neues Klinikum zu gründen, als in *saecula saeculorum* zu Eppendorf medizinische Dauerflicker wursteln zu lassen, die einmal, 1919, erklärt hätten, es sei alles bereit, und ein Dezennium später die verwegensten Neubaupläne vortrügen. (Hier hatte Pfeiffer recht. Als 1930 die Klinikdirektoren den Behörden ihren Raumbedarf analysierten, wurde unisono erklärt: die Zeit der Provisorien sei für immer vorbei. Man brauche Neubauten.)

Ja, und dann war da noch ein vierter Streiter auf dem Plan, neben der Fakultät und den beiden Behörden: der Ärztliche Direktor, Spectabilis und Magnifizenz Ludolph Brauer, der in Wahrheit mit seinem *alter ego*, dem anderen autoritären, Ernst Pfeiffer, kooperierte. Nur keine selbständigen Institute, hieß, hüben wie drüben, die Losung, nur keine Einmischung der Fakultät in Verwaltungsvorgänge, nur keine Selbständigkeit in Klinik und Institut: Auflehnung gegen die Direktiven des Ärztlichen Leiters führe zur Anarchie. »Mit modernem solidarischen Druck und durch sonstige Beziehungen«, so Brauers Fazit, »lassen sich zwar Verhältnisse schaffen, die wohl momentan kleine, im wesentlichen subjektive Vorteile bringen; damit würden aber die Schwierigkeiten im Ganzen nur noch vergrößert, die Verwaltung in dem großen Krankenhause ... komplizierter und damit ungesunder ... Solchem Streben muß ich vom sachlich dienstlichen Standpunkt aus entgegentreten.«

Kein Wunder, so betrachtet, daß die Fakultät anno 1934 jubelte, weil sie sich mit der Zwangsemeritierung Brauers, der Eingemeindung in der Landesunterrichtsbehörde und der rigiden Begrenzung aller Rechte, die in Kaiserreich und Republik dem Ärztlichen Direktor zustanden, am Ziel all ihrer Wünsche sah: Endlich war Eppendorf *de iure et de facto* Universitätskrankenhaus ... jedoch um welchen Preis?

Um welchen Preis: Danach, gespenstisch und makaber zu sehen, fragte die Fakultät nicht, als sie, nach der Befreiung unseres Lands vom Faschismus, in einer Denkschrift gegen die vorgeschlagene Subordination des Universitätskrankenhauses Eppendorf unter die Gesundheitsbehörde, verabschiedet Hamburg, den 9. Januar 1946, gegen die Identifizierung von Universitätskliniken und Allgemeinen Krankenhäusern, gegen die Weisungsgebundenheit der Direktoren und gegen die drohende Herrschaft jener Gesundheitsbehörde (mit dem Kommunisten Fiete Dettmann als Präses!) polemisierte, von der das Krankenhaus im Jahre 1934 »aus wohlerwogenen und zwingenden Gründen losgetrennt und in die Hochschulverwaltung überführt worden« sei.

Gespenstisch, makaber, tieftraurig – aber auch symptomatisch für unbedachtes Pochen auf Kontinuität und für mangelnde Trauerarbeit. Da ist »vom hervorragenden Ruf« die Rede, »in dem gerade die deutschen Universitätskliniken im In- und Ausland stehen«; da wird die Hochschulverwaltung gepriesen, weil sie während des Krieges »in vorbildlicher Weise für die Sicherung der Kranken und des Krankenhauspersonals gesorgt habe«.

Hervorragender Ruf! Vorbildliche Weise! Und die Verjagten? Die entlassenen sechzehn jüdischen Mitglieder des Lehrkörpers? Der inhaftierte Rudolf Degkwitz? Die Israeliten, die während der na-

tionalsozialistischen Herrschaft als Patienten in Eppendorf keine
Aufnahme fanden? Die Studierenden jüdischer Herkunft, die sich
– eine kurze Weile noch geduldet – diskriminierenden Einschränkungen, vor allem auf dem Gebiet der Gynäkologie ausgesetzt
sahen? Die Zwangssterilisierten? Die ermordeten Geisteskranken?
Die zu rassenhygienischen Versuchsobjekten erniedrigten Patienten?

Es dauerte lange, auch in Eppendorf, ehe Besinnung einkehrte
und sich – hier und dort jedenfalls – die Erkenntnis durchzusetzen
begann, daß Medizin nur dann human genannt werden kann,
wenn sie die Geschichte – ihre eigene zuallererst! – nicht aus der
Perspektive der Herren, sondern aus der Sicht derer betrachtet, die
alleweil die Zeche bezahlten, der kleinen Leute, der Opfer, der
Preisgegebenen.

Wir wissen viel von Curschmann und Brauer, von Konjetzny
und Hans-Heinrich Berg – aber wer waren die Schwestern, die
ihnen halfen? Wir kennen die Namen der Planer und Bauherren,
aber wer spricht von den Frauen, denen man 1918 so gut wie
1945 um der heimkehrenden Soldaten willen die Berechtigung
verweigerte, Medizin zu studieren? Wer nennt die Ärztinnen, die
in dunklen Tagen, während des letzten Krieges, die Männer
vertraten und, kaum waren die heimgekehrt, ihre Stellung wieder verloren?

Über all das wäre zu reden in diesem Krankenhaus, das ein Areal
werden müßte, in dessen Bannkreis, von den ältesten Pavillon-Ru-
dimenten über die Gebäude aus den ersten Aufbauphasen und
die Bunker-Reste bis zu den modernen Kliniken, Geschichte,
transparent, wie sie sich hier darstellt, mit den sie bestimmenden
Faktoren bedacht werden müßte.

Und Fragen wären zu stellen, gerade in diesem Haus mit seinem
Janus-Gesicht … Fragen, die der Gleichberechtigung von Ärzten
und Pflegepersonal gelten müßten und, im Zusammenhang damit,
der Errichtung des Fachs »Pflegeforschung«, nach britischem Beispiel, in Hamburg. Fragen, weiterhin, nach der Gültigkeit jener
Vorstellungen des Wissenschaftsrats, die auf eine strikte Trennung
von Klinik und klinischer Forschung, von Station und Abteilung
abzielen. Fragen nach künftiger Kooperation von Medizinern und

Naturwissenschaftlern, Spezialisten und Grundlagenforschern im Rahmen von *research units* angelsächsischen Stils.

Fragen nach den Chancen, die psychosomatische Medizin und ganzheitliche Patienten-Behandlungen in einer Zeit haben, da ökonomische Begriffe wie »Scheinzahl« groß-, medizinische Vorstellungen wie »Wohl und Wehe der Patienten« hingegen kleingeschrieben werden.

Fragen nach neuen Kommunikationsformen, interdisziplinären Kolloquien und fachübergreifenden Fall-Gesprächen, wie sie, mustergültig, in amerikanischen Publikationen vorgestellt werden. Fragen, sodann aber auch: vom Allgemeinen zum Konkreten gelangend, nach dem Park-Krankenhaus, das Eppendorf einmal war und, à la Aachen, mit hängenden Gärten und mit blühenden Terrassen auch in Zukunft sein könnte. Fragen nach Begegnungsstätten auf dem Gelände – einem zentralen »Parlatorium« an der Martinistraße vor allem, ohne das die Klinik unfähig ist, sich nach außen zu öffnen und ein hanseatisches *commercium,* ein geselliges Miteinander von hüben und drüben, zu begründen.

Fragen schließlich nach dem Krankenhaus von morgen, auf das schon heute, improvisationsreich wie zu Curschmanns Zeit, erfindungsbegabt und den leichten eher als den schweren Materialien vertrauend, hingebaut werden müßte: wohl bedenkend, daß Zentralgebäude nicht der Weisheit letzter Schluß zu sein bräuchten, sondern daß, wie Lübecks Klinikum zeigt, eine Renaissance der Pavillonbauweise bevorstehen könnte.

Fragen also, die künftige medizinische Erkenntnisse und Methoden bedenken, im Planspiel, und das Problem einzukreisen versuchen, wie ein Klinikum aussieht, in dem, kaum erbaut, Laborbereiche wieder schrumpfen, während die Schmerzkliniken wachsen (mit ihren eigenen speziellen Labors) und die jüngste der großen Disziplinen, die Psychiatrie, expandiert wie in keinem Jahrhundert.

Fragen unter Curschmanns Wahlspruch »Krankenhäuser werden überhaupt nicht für Jahrhunderte gebaut« an die Mitarbeiter Eppendorfs, mitsamt ihrem Direktor, dem ersten wahren Zivilisten in der hundertjährigen Geschichte des Hauses, Karl Heinz Hölzer, dem entschiedenen von schwäbischen Pfarrern und Hamburger

Aufklärern linksliberaler Couleur begleiteten Koordinator des Hochschulspitals an der Wende zum zweiten Jahrhundert – einem sanften und inspirierten Regenten, dem ich – wie Ihnen allen – wünschen möchte, daß sich eines Tags der alte, im breiten *Missingsch* zu artikulierende Spruch aufs neue hören läßt, mit dem die Hamburger aus tiefer liegenden Regionen ihren Ärzten und Pflegern eine doppelsinnige, in lokalem *und* übertragenem Sinn zu verstehende Reverenz erwiesen: »Die Eppendörfer sind uns över.«

»... AUF DEM GEBIET DER GYNÄKOLOGIE NICHT GANZ OHNE RUF«

100 Jahre Tübinger Frauenklinik

»Der Körper des Weibes ist durchaus mehr gerundet, seine Formen sind milder und sanfter, der Umriß seiner Erhöhungen und Ausbeugungen mehr hervortretend und schöner; die Züge feiner, seine Stellungen und Bewegungen haben mehr geschmeidige Leichtigkeit, sein Äußeres mehr Anmuth und Schönheit; die den weiblichen Körper bedeckende Haut erscheint von zarterer und feinerer Organisation, hält mehr Gleichgewicht vereint mit einem frischeren und lebhafteren Colorit und sanfteren Widerstand bei der Berührung ... die Brust ist schmaler, tiefer, mehr gerundet und kleiner, und unterscheidet sich durch den Umfang und die für das Auge des Mannes so verführerisch niedliche Form des Busens, der ... in der Vollkommenheit wie bei dem Weibe die Brust des Mannes entstellen würde«.

So enthusiasmiert und poetisch hat, in entzückter und erhobener Rede, einmal ein deutscher Gynäkologe über seine Klientel gesprochen – und der so sprach, war kein Geringerer als Elias von Siebold, practischer Arzt und Geburtshelfer, Großherzoglicher Medizinalrath, öffentlicher, ordentlicher Professor der Medicin und Entbindungskunde auf der Universität zu Würzburg, dazu Stadt- und Landhebammenlehrer; und die Schrift, in der er, an der Grenze von Dichtung und anatomischer Meßkunst, die *specimina feminini generis* analysierte, war kein populäres Pamphlet, sondern dem großen Hufeland, Siebolds Lehrer, gewidmet – das berühmte »Handbuch zur Erkenntnis und Heilung der Frauenzimmerkrankheiten«, 1811 bei Varrentrapp und Sohn in Frankfurt erschienen.

Hundert Jahre vor jenem Sommersemester 1913, in dem – unseren Tübinger Klinikern zur Nachahmung empfohlen! – ein Gynäkologe aus Gießen eine öffentliche Vorlesung über »Die Stellung der Frau im modernen Leben« las ... ein *saeculum* also vor einer Zeit, in der sich, in raschem Aufschwung, der von langem, immer noch anhaltendem Retardieren gefolgt war, die Frauenheilkunde zur Frauenkunde zu erweitern begann, suchte Siebold – *hier* seiner Zeit weit voraus, *dort* noch von voraufklärerischer Borniertheit geprägt – mit Hilfe klinischer Analysen ein umfassendes Porträt der Frauen, mit ihrer kühnen Phantasie und geringen Intellektualität, ihrer Verläßlichkeit und ihrem ebenso gefährlichen wie berückenden Leichtsinn, zu geben.

Da paarte sich der Hymnus auf Anmut und Eleganz junger Frauen mit rüder Verurteilung der Damen in der »Decrepität«, dem Stadium, in dem die zuvor geradezu hymnisch beschriebene Gebärmutter, die in der Pubertät aufhöre, »fremder Gast« zu sein, und sich zum Mittelpunkt »der Bildung und Thätigkeit des ganzen Sexualsystems« erhebe, *post festum*, in sinistrer Isolation, »aus der Gemeinschaft mit den zu ihrem System ... gehörigen Organen« wieder heraustrete: ohne Verantwortung und eigentümliches Geschäft – »eine lästige mechanische Bürde«.

Das klingt ein wenig pathetisch, gewiß: Der Duktus der Prosa, mit seinem Spaß an gelehrter Bildlichkeit und medizinischer Metaphorik, bleibt geprägt vom Geist romantischen Naturverstehens ..., und doch ist es ein Praktiker und kein spekulierender Laie, ein Kenner der gelehrten Forschung und kein Poet, der die Interna des Frauenlebens eröffnet: von der Scheide, die Siebold als Vorhof des Heiligtums ansieht, »in der der Befruchtungsact sich ereignet«, bis zum *coitus* selbst: »Die Erscheinungen unter dem Beischlafe sind ganz jene der Crise; ... höchste Wollust, ein Stumpfwerden aller Sinne, ein allgemeines Gefühl von Wärme, wahre convulsivische und epileptische Bewegungen; die höchste innere Klarheit bei äußerer Unafficirbarkeit.«

Und dennoch: So vollkommen Elias von Siebold, dieser Erzpoet und Gynäkologe, seine Frauen*zimmer*, ihr beklagenswertes Elend und die großen mit ihrer Natur vermachten Lüste, auch zu beschreiben versteht ... perfekter noch gerät ihm die Zeichnung der Frauen*ärzte*, der Könige unter den Medizinern: Ein häßlicher Gynäkologe – Thersites am Krankenbett des schönen Geschlechts? Unvorstellbar! »Dem feineren Geschmacke (der Frauenzimmer), dem höheren Grad von Empfindung, dem ausgezeichneten Sinne für das Schöne und Regelmäßige gemäß, empfiehlt auch den Arzt eine äußere schöne Gestalt, verbunden mit Kultur und Gewandtheit seines Körpers, bei dem Frauenzimmer ungemein; und ein in dieser Beziehung von der Natur, durch Erziehung und andere Einflüsse verwahrloster Arzt, eine unregelmäßige und plumpe Haltung des Körpers, wird einem Frauenzimmer weit weniger anstehen.« Gleichwohl, so wichtig die Statur auch sein möge, der männliche Anstand und die Dezenz: bedeutsamer sei die Urbanität des Gynäkologen, die Delicatesse seines Auftretens und die Souveränität, die sich zumal in der Gesprächsführung zeige, wo es darauf ankäme, den Frauen zu bedeuten, daß man sie »auch in den dunkelsten Ausdrücken« verstehe.

Teilnahme, entschiedene Courage und Menschlichkeit hätten sich zu verschwistern: Sanftmut im Bunde mit Entschlossenheit und, dies vor allem, Intelligenz. Nur der Polyglotte, so Siebold, nur der Weltmann, der sein tumbes Deutsch (heute: Pidgin-Englisch) zu verfremden verstehe, sei befugt, sich Gynäkologe zu nennen: »Bei gebildeten deutschen Frauenzimmern vom Stande empfiehlt übrigens den Arzt sehr die Fertigkeit in einer ausländischen Sprache, vorzüglich in der französischen; so werden sie bei Erkundigung nach gewissen Dingen, wodurch man der weiblichen Schamhaftigkeit zu nahe kommt, weit weniger erröthen und Zurückhaltung zeigen, wenn man die Frage ganz in französischer Sprache stellt, oder gewisse Theile, oder ihnen eigentümliche Funktionen (auf französisch) benennt.«

Man sieht, Gynäkologen hatten weltläufige Herren zu sein; Explorationen, kundig nach Stand, Alter und Nation der Klientel modifiziert (wobei auch die »verworfensten Freudenmädchen« Anspruch auf Achtung und Dezenz hätten!), glichen offenbar Causerien, in denen das Wichtigste von beiden Seiten im geheimen Wechselspiel eher zu erraten als mittels plumper Diagnostik formuliert werden sollte.

Was, ließ Siebold wissen, könne es für einen Frauenarzt Schöneres geben als eine Patientin von Geist und Charakter? (»Bei anstrengender häufiger Praxis wiederholt man solche Besuche um so lieber, als sie nach vieler Ermüdung wirklich Erholung gewähren.«) Kurzum: Ein Gynäkologe zu Beginn des letzten Jahrhunderts war offenbar Fachmann, *maître grandparleur*, Sachkenner *in psychologicis* (vor allem solchen verschwiegenster Art) und *uomo universale* in einer Person – mehr, in eins, auf jeden Fall, als die deutsche Sprache auszudrücken vermag: »Diese Eigenschaften«, so Siebolds Fazit, »in Verbindung mit einer gefälligen angenehmen Sprache, einer edlen und bescheidenen Dreistigkeit, schonender Discretion, gefälliger Willfahrung vorgelegter Bitten, so bald diese nicht schadet, ein gewisses Entgegenkommen, ein empfehlendes Äußeres mit genehmen Manieren, werden den Frauenzimmerarzt um so leichter zum Zweck führen, und haben diesem schon so oft grenzenlose Hochachtung, innige Freundschaft und Liebe der Kranken erworben.«

Elias von Siebold – ein Paukenschlag zu Beginn: So soll es sein, wenn Gynäkologen einander *in corona* mit jenen Worten begegnen, die einst, in Tübingen, Albert Schweizer seinem Freund Eduard Spranger mit auf den Weg gab: »Gelt, wir sind schon Kerle, wie?«

Doch wie's so ist: Dem Allegro folgt, eher schleppend und zaghaft, das Andante. Lobredner von Siebolds Schlag hat die Literatur, in Fragen der Gynäkologie, nicht alle Tage zu bieten – dafür viel kritische Geister, die, über die Jahrhunderte hinweg, Ärzte eher unter die Scharlatane und Schwindler einreihten: aufgeblasene Narren im Lustspiel Molières oder gefährliche Sonderlinge, die sich wie Jean Pauls Dr. Katzenberger für Heilkünstler ausgeben und dabei nur ein einziges Interesse haben, ein ehrenwertes, aber vorklinisches: die Anatomie.

Ärzte in der Literatur: Das sind oft Hallodris mit einem kleinen Tick und großem Zynismus, Mediziner, die sich darauf kapriziert haben, die Heilung ihrer Patienten von dem Shawschen Satz abhängig zu machen: »Is he worth it?« Verdient's die Kanaille, daß ich mich ihr zuwende – eine Frage, die, wie bekannt, George Bernard Shaw im Drama »Arzt am Scheidewege« derart pointierte, daß er den Großkliniker aus scheinbarer Menschenliebe wie einen armen Hund behandelte und den genialen (wenngleich haltlosen)

296

Künstler dem geschätzten Kollegen überließ: wohl wissend, daß der Artist unter dessen Händen auf offener Szene zu Tod kommen würde. (Was dann auch geschah – zum Unglück des Patienten *und* zum Ärger des Großklinikers, der auf den Tod des Nicht-Patienten ebensosehr wie auf die Reize seiner Witwe spekulierte. Umsonst, wie sich für Shaw versteht, so daß dem geprellten Hof-Arzt nur der Ausruf übrigblieb: »Ein so schöner Mord – und ganz und gar selbstlos!«)

Gottlob, es gibt edlere Ärzte in der Literatur als Bernard Shaws Kamarilla monomanischer Mediziner; es gibt Ibsens Dr. Stockmann, den ersten von ökologischer Verantwortung bestimmten Arzt der Weltliteratur, einen Mann, der, im Drama »Ein Volksfeind«, die Machenschaften des großen Gelds öffentlich anklagt – Industrieabwässer gefährden die Gesundheit der Bevölkerung; es gibt die Ärzte der Mediziner-Poeten, Döblin, Carossa oder Benn; es gibt Schnitzlers Dr. Bernhardi, der sich weigert, ein in Euphorie befindliches Mädchen (Diagnose: Sepsis nach kriminell praktiziertem Abort) durch einen Priester – »hier, die Sterbesakramente, mein Kind« – in Todesängste zu treiben, und wegen dieser Handlung an den Pranger gestellt wird – unter dem Beifall einer antisemitisch argumentierenden Kollegen-Fronde, in deren Schar, wie nicht verschwiegen sein darf, ein Gynäkologe den kläglichsten Part übernimmt, da er die Hetz-Notizen im Spital zum allgemeinen Vortrag bringt: genüßlich, wohlgemerkt, nicht im Stil des Elias von Siebold.

Und das Gegenbild zu jenem Filitz, Professor für Frauenkrankheiten an Arthur Schnitzlers Elisabethinum zu Wien? Nun, er hat im Reich der Poesie gelebt: Franz Jebe, der Held jener Stormschen Erzählung, »Ein Bekenntnis«, in der ein Gynäkologe seiner an »Adenom-Carcinom« erkrankten Frau den Todestrank gibt – ein tüchtiger junger Mann, der von sich sagen darf, daß er, am Krankenbett, nicht erst zu suchen und bei seiner Heimkehr in den Kompendien nachzulesen brauche … und doch ein doppelt schuldiger Arzt: ein Gynäkologe, der es versäumt hatte, rechtzeitig eine ihm zugestellte Fachzeitschrift zu lesen – *rechtzeitig,* also vor der Tötung seiner vermeintlich durch keine Kunst zu rettenden Frau: »Ich warf mich mit dem Heft aufs Sofa und begann zu lesen und las immer weiter, bis meine Hände flogen und ein Todesschreck mich einem Beilfall gleich getroffen hatte. Der Verfasser schrieb über die Abdominalkrankheiten der Frauen, und bald las ich auf diesen Blättern die Krankheit meines Weibes, Schritt für Schritt, bis zu dem Gipfel, wo ich den zitternden Lebensfaden selbst durchschnitten hatte. Dann kam ein Satz, und wie mit glühenden Lettern hat er sich mir eingebrannt: ›Man hat bisher‹ – so las ich zwei und dreimal wieder – ›dies Leiden für absolut tödlich gehalten; ich aber bin imstande, in Nachstehendem ein Verfahren einzuleiten, wodurch es mir möglich wurde, von fünf Frauen drei dem Leben und ihrer Familie wiederzugeben.‹«

Eine Kriminalgeschichte in gynäkologischem Ambiente – grell inszeniert und am Ende bis zur schrillen Pointe geführt: Der Held übernimmt die Operationstechnik des Artikelschreibers, rettet – was er bei seiner Frau dank unterlassener Lektüre zu tun versäumte – eine Patientin, tut Buße, geht als Arzt nach Afrika und stirbt an der Seuche.

In der Tat, in der Reihe illustrer Mediziner, wie sie Balzac und Zola, Dickens, Dostojewski, Tschechow *e tutti quanti* beschrieben, nehmen sich die Gynäkologen eher wie Chargen aus – ein wenig im Hintergrund, so wie es ihrer Geltung im neunzehnten Jahrhundert entsprach, als sie sich, parachirurgisch tätig, nur mühsam aus den Fesseln der grimmig über ihr Gesamtgebiet wachenden Operateure befreiten … gegen Eifersüchteleien mancherlei Art: Billroth, wie man weiß, pochte darauf, daß die Ektomie der Ovarialtumoren zu seiner, des Chirurgen, Domäne gehöre – und Billroth war's auch, der noch um 1880 das dreibändige Handbuch der Frauenkrankheiten edierte.

Kein Wunder, so betrachtet, daß Gynäkologen nicht gerade zu den Heroen der *belles lettres* gehören – es sei denn, man fasse den Begriff *lettres*, unbekümmert um das Adjektiv, sehr weit und beziehe auch die Trivialliteratur ins Untersuchungsfeld ein. Dann freilich mausert sich Aschenputtel über Nacht zur *grande dame*; denn die Frauenärzte sind es, die, mit ihrer Such- und Find-Kunst in nacht-dunklen Winkeln sowie ihrem delikaten Wissen, das aus den Geständnissen schöner Patientinnen herrührt, die dem Gynäkologen Geheimnisse anvertrauen, wovon der Priester wenig und der Ehemann nicht das Geringste weiß ... die Frauenärzte sind es, die in der Illustrierten-Literatur den Dekan präsentieren: Sie nämlich tauchen dort dutzendfach auf, die Chirurgen, immerhin, häufig, die Psychiater gelegentlich, die Orthopäden selten und die Urologen nie.

Arme Frauenärzte (*utriusque generis*, hier und überall), verdammenswerte Regenbogenpresse, mit dem großen Glamour und der kleinen Schlüpfrigkeit? Nicht ganz! *Einen* Gynäkologen zumindest, und nicht den geringsten, hat es gegeben, der über sich und seine Zunft in einer Weise schrieb, die noch heute manchem ausgewiesenen Kenner der bunten Blätter ein *chapeau bas* abnötigen könnte: Walter Stoeckel ist gemeint, Lehrbuchverfasser, Klinik-Cäsar (»Kaiser« nennt er sich selbst), Pferdesportler, gynäkologischer Urologe von Weltrang und – Autobiograph: ein Anekdotensammler, dessen Erinnerungen nicht nur dem Freund-Feind Sauerbruch gelten, der während einer Fakultätssitzung mit Schürze und Gummihandschuhen ins Consilium hineingestürzt sein soll, um zwischen Naht und Naht eine Habilitationsaffäre zu klären, sondern sich auch auf schlichtere Geister beziehen, jenen nach Rostock weggelobten Oberarzt unseres Tübinger Gynäkologen Döderlein zum Beispiel, von dem es heißt: »Sarway genoß in medizinischen Kreisen den Ruf, nicht übermäßig fleißig zu sein. So fühlte er sich bald auch in Rostock zu den Damen des Stadttheaters stärker hingezogen als zu seinen Patientinnen. Wahrscheinlich hätte ihm diese Berufsauffassung sehr geschadet, wäre es ihm nicht gelungen, die sterile Großherzogin von Mecklenburg so zu behandeln, daß ein Erbprinz geboren wurde. Dies trug ihm den Ruf eines Zauberkünstlers ein und sicherte seine Position. Übermütig fuhr er erster Klasse zu Kongressen, was ihm mancher ... nie verziehen hat.«

Gynäkologie: ein Bereich für Märchen und Schwänke, geheimnisvolle Moritaten und *insider stories*? Die Frauenheilkunde – ein Feld, in dem aufgeklärte Zauberer regieren – Männer wie jener Jacques Fortune, der in Otto Flakes berühmtestem Roman als Gynäkologe der ersten Gesellschaft posiert, ein *homme à femme* (im doppelten Wortsinn), der, zwischen Paris und Kairo schwebend, im Operationssaal ebenso zu Hause ist wie in Salon und

Foyer und deshalb im ersten Teil des Romans zu Recht Fortunat genannt wird und im zweiten – seinen ärztlichen und erotischen Erfolgen gemäß – sich als »Mann von Welt« vorgestellt sieht?

Ist also, fragen wir, die Gynäkologie *in litteris* tatsächlich ein Gefild, das sich vorzüglich im Zwielicht der (Beinahe-)Kolportage manifestiert? Gottlob, der Anschein trügt; die oberflächliche Bilanz »eigentlich nicht sehr viel, wie?« erweist sich als irrig, wenn man bedenkt, daß neben der Darstellung des Todes, die Beschreibung der Geburt, gedeutet aus der Sicht des mitleidenden Nächsten, zu den erlauchtesten – und schwierigsten! – Anstrengungen der Poesie gehört: Fügte man die Zeugnisse, den *partus* betreffend, zusammen, dann käme Lessing mit seinem berühmten Brief über den Tod seines Sohnes, den man mit eisernen Zangen auf die Welt zerren mußte, ebenso zur Geltung wie die Analyse des Wechselspiels von Tod und Leben, dem Mord im Krieg und der Niederkunft im Stall, die Carl Zuckmayer in seiner Erzählung »Die Geburt« vorträgt. Dann reihte sich Thomas Manns Beschreibung in den Geschichten Jaakobs – wie Rahel ihren Sohn Josef gebar – an den Brief des Editors und Schriftstellers Heinrich Christian Boie: einen Brief, der, wie Lessings Schreiben über den Tod seines kleinen »Ruschelkopfs«, der ihm die Mutter fortzerre, in Tränen gebeizt ist … einen der unzähligen Briefe, in denen Väter das Numinosum der Geburt, die herzzerreißenden Schreie, das Zucken und Ächzen und Stöhnen, die, so Thomas Mann, »nichts fördernden Krampfwehen« und die »unlösliche Höllenqual«, das von Dämonenwut gezeichnete Brüllen und das Schreckenswerk über Tage und Nächte hinweg durchleben … eine Folter, die sich, aus der Sicht des Mitleidenden, nicht nur in der hochpathetischen Darstellung der Niederkunft Rahels (im Kapitel »Die Geburt«, das, Augenblick für Augenblick, Zuckmayers gleichnamiger Erzählung gegenübergestellt werden könnte), sondern auch in der lakonischen Epigrammatik des von Kind und Frau verlassenen Lessing (»Ich wollte es auch einmal so gut haben wie andere Menschen, aber es ist mir schlecht bekommen«) und in der zögernden – vom Zwang, unter Tränen unsentimental und genau sein zu müssen – Schreibweise Boies manifestiert: »Ich schreibe mit zitternder Feder« – Boie an seinen Freund Voß –, »muß Euch aber selbst schreiben, so sauer es mir wird. Dienstag gingen die Wehen an. Ich ward zu Bett geschickt, konnte aber nicht schlafen, mehr aus freudiger Erwartung als aus banger. Gegen Morgen ging's erst richtig an, aber kaum ward gegen Abend der Kopf des Kindes sichtbar. Luise arbeitete die ganze Nacht, aber widrige Krämpfe hinderten immer die Wehen zu wirken. ... Donnerstag morgen ward der Accoucheur geholt (und) die Hoffnung ward immer größer, gegen Abend war der Kopf fast ganz heraus. Luise litt fürchterlich, ich hörte ihr Geschrei, durfte nicht hinein, weil sie's immer verbot. Plötzlich sank sie in Todesohnmacht, und alle vorige Arbeit war umsonst. Sie erwachte wieder, verlangte eine Incision, die sehr gut ablief. Der Arzt (forderte) nun Ruhe für sie, und gegen Morgen wurden neue Wehen erwartet. Sie kamen nicht, das Kind starb in ihr, sie ward mit von dem Todesschauer ergriffen, und als ich kam, kannte sie mich nicht mehr, röchelte und starb ... Seitdem geh' ich umher, weine und habe keine Tränen.«

Man sieht, es sind nicht die großen Meister, deren die Literatur zuerst gedenkt, die königlichen Ärzte in Weiß, es sind die Frauen in ihrer Todesnot und Qual, sind die Geburten auf dem Schragen, sind die Hebammen, die nicht helfen können, die betenden Frauen und die Männer, die zum ersten Mal in ihrem Leben erfahren, was es heißt, allein zu sein, die Männer am Kreißbett, isoliert in jener Paradoxie, die ihnen unvergeßlich bleiben wird, ein Leben lang: daß Liebe durch Hilflosigkeit, Einssein durch Ohnmacht potenziert werden kann.

Da haben's die Männer, die heute im Kreißsaal dabei sind, in denen der Geist sichernder und bewahrender medizinischer Aufklärung herrscht, trotz aller Isolation *in extremis* leichter als die von achselzuckenden Accoucheuren verlassenen Väter zu Lessings oder Boies Zeit – und auch die Schriftsteller haben es leichter, wenn sie gynäkologische Probleme behandeln ... In welchem Ausmaß, das beweist Thomas Manns späte Erzählung »Die Betrogene«, in der eine fünfzigjährige Frau, nach dem Erlöschen ihrer »physischen Weiblichkeit«, noch einmal zu lieben beginnt, unselig und stürmisch, und durch solchen seelischen Effort ihre Natur wieder aufblühen läßt – »Triumph, ... Triumph!, es ist wiedergekehrt, mir wiedergekehrt nach so langer Unterbrechung, in voller Natürlichkeit und ganz wie es sich schickt für eine reife, lebendige Frau ... Die Natur ... hat mein Gefühl zu ihrer Sache gemacht und mir unmißverständlich bedeutet, daß es sich nicht zu schämen hat vor ihr und vor der blühenden Jugend, der es gilt.«

Vergebliche Begeisterung: Die wiedergewonnene Jugend verdankt sich einer Metrorrhagie: »Die bimanuelle Untersuchung ... ließ einen für das Alter der Patientin viel zu großen Uterus, beim Verfolgen des Eileiters unregelmäßig verdicktes Gewebe und statt eines schon sehr kleinen Ovariums einen unförmigen Geschwulstkörper erkennen. Die Curettage ergab Carcinomzellen, dem Charakter nach vom Eierstock herrührend zum Teil; doch ließen andere nicht zweifeln, daß im Uterus selbst Gebärmutterkrebszellen in voller Entwicklung begriffen waren.«

Ein Teufelskerl, fürwahr, halb Erzähler, halb geschulter Gynäkologe, dieser Thomas Mann! Bimanuelle Untersuchung! Curettage! Und später dann: Eröffnung der Bauchhöhle, ein furchtbares Schauspiel: »»Nun sehen Sie sich die Bescherung an, Knepperges‹, sagte Muthesius, ... ›Ich leugne gar nicht, daß die Gebärmutter das Freßgezücht selbst produziert. Und doch rate ich Ihnen, meine Vermutung zu übernehmen, daß die Geschichte vom Eierstock ausging, – von unbenützten granulösen Zellen nämlich, die seit der Geburt da manchmal ruhen und nach dem Einsetzen der Wechseljahre durch Gott weiß welchen Reizvorgang zu maligner Entwicklung kommen. Da wird dann der Organismus, post festum, wenn Sie so wollen, mit Estrogenhormonen überschüttet, überströmt, überschwemmt, was zur hormonalen Hyperplasie der Gebärmutter-Schleimhaut mit obligaten Blutungen führt.‹«

Das nenne ich mir Lehrbuch-Exaktheit! Sachgetreu und wortmächtig aus einem Kompendium in die Prosa eines genuinen Alterswerk übertragen! Hat Thomas Mann da am Ende Walter Stoeckels Standardwerk kopiert und der Meister der Prosa dem flotten, wenngleich grundgescheiten Berliner Geheimrat über die Schulter geschaut? Nein, der Vertraute hieß nicht Stoeckel, sondern Rosenthal – Frederick Rosenthal in Kalifornien, ein Mediziner, der, von Thomas Mann um sachkundige Hilfe gebeten, am

11. Mai 1952 in einem fünfseitigen Brief und einer siebenseitigen
Expertise »Zur Physiologie und Pathologie der Eierstöcke im Zusammenhang mit Erscheinungen in den Wechseljahren« die ge-
wünschten Auskünfte gab: »Reden Sie nicht vom Gebärmutter-
krebs! Als Grundursache des Ihnen vorschwebenden Leidens ist
ein von den Eierstöcken ausgehendes Karzinom zu betrachten!
Außerdem müssen Sie unbedingt wissen, was Hyperestrogenismus ist! Wollen Sie Genaueres erfahren? Bedenken Sie«, so Dr.
Rosenthal, »im Jahre 1934 haben E. Novak und J.N. Brawner im
Journal of Obstetrics and Gynocology (28:637) in einem Studium
von 36 Fällen die Bösartigkeit und Symptomatologie nachgewie-
sen von dieser eigenartigen Erkrankung, die im Anfang nur Sym-
ptome des Hyperestrogenismus mit dem überraschend erfreuli-
chen Wiederaufblühen der Patientin zeigt, aber nicht lange diese
grausige Täuschung aufrechterhält und sehr bald die tragischen
Illusionen zerstört und den Körper vernichtet.«
Nun, Thomas Mann schlug nicht nach, was Novak und Brawner
zum Problem des Hyperestrogenismus ausgeführt hatten – *er*hielt
sich an Rosenthals Exposé, und dies mit einer Konsequenz, die es
ihm gestattete, ganze Absätze nahezu unverwandelt in den eigenen Text zu transponieren, von der bimanuellen Untersuchung
über die Curettage bis hin zur Eröffnung der Bauchhöhle und
deren schauervoller Präsentation. Alles nahezu wörtlich belassen
– die Variationen galten allenfalls der »Überflutung des Körpers
mit Estrogenhormon«: »überfluten«, eher eine bescheidene Arabes-
ke, wurde ersetzt durch »überschüttet, überströmt, überschwemmt« – die von Rosenthal genannte »hormonale Hyperplasie der Gebärmutterschleimhaut mit nachfolgenden Blutungen«
hingegen blieb stehen. (Pardon, mit einer Ausnahme: »nachfol-
gend« heißt im Novellentext »obligat«.)
Gynäkologen als Hebammenkünstler für ein poetisches Werk,
Frauenärzte als sokratische Maieutiker im Raum der Poesie? Warum schließlich nicht, wenn man bedenkt, daß auch Thomas
Manns Lehrmeister Fontane einen Mann aus Frederick Rosenthals
Gilde zum Seelenlenker seines schönsten Romans gemacht hat:
Geheimrat Rummschüttel, der – unser Kreis schließt sich –, der
von Gewissensskrupeln heimgesuchten und deshalb halsbreche-

risch drauflosschwindelnden Effi Briest mit jener Courteoisie und
Weisheit begegnet, die Elias von Siebold den Frauenärzten abver-
langte. Weise also geht er vor, und menschenkundig dazu: »Was
er still vor sich selber sagte, das lautete: ›Schulkrank und mit
Virtuosität gespielt: Evastochter comme il faut.‹ Er ließ jedoch
nichts davon merken und sagte mit allem wünschenswerten Ernst:
›Ruhe und Wärme sind das Beste, was ich anraten kann. Eine
Medizin, übrigens nichts Schlimmes, wird das Übrige tun.‹«
Kein Zweifel, daß Geheimrat Rummschüttel, ein siebzigjähriger
»Damenmann« – der Begriff ist ernst und wortwörtlich zu nehmen –, als Praktiker, der auch auf dem Gebiet der Gynäkologie
»nicht ganz ohne Ruf« sei, Elias von Siebold zu stürmischem
Applaus provoziert haben wird, sollte der ihm im Olymp der
Poeten und Mediziner je begegnet sein: *So*, könnte er gesagt
haben, muß einer sein, dem die Frauen vertrauen, weil sie wissen:
Der spielt die Komödien mit, die wir ihm vorexerzieren, und weiß
doch Bescheid; der ist empfindsam, statt den Empfindlichen herauszukehren; der weiß im Augenblick der Not das rechte Wort –
ein Wort à la Rummschüttel eben, geprägt nicht nur vor der
Patientin, sondern auch vor deren Eltern –, in jenem Augenblick,
da es galt, die alten Briests zu veranlassen, das verstoßene, tod-
kranke Kind, dem Schwalbach nur Ungemach gebracht hat und
Ems nicht mehr hilft, zu sich nach Hause zu nehmen: »Ich habe so
viel vom Leben gesehen.«
Um dieser Maxime willen, der Sentenz eines Arztes, der einer Frau
ins Herz sah, wenn er mit ihr sprach und ihre geheimsten Wünsche – Träume an der Grenze von Schuld und Hoffnung auf
Vergebung, erkannte (»Nun«, so Effi, »mit Gott, ein neues Leben!
Es soll anders werden.«) – um dieser Lebensweisheit willen hätte
Siebold dem alten Rummschüttel, der zwar »ärztlich nicht für
ersten Ranges« galt, aber dafür etwas von Frauenkunde – und eben
nicht nur Frauen*heil*kunde – verstand, in die Arme geschlossen:
der liebenswerteste Landeshebammenlehrer jenen idealen Gynäkologen aus dem Reich der Literatur, den Siebold in seinem
Handbuch mit dem Satz präfigurierte: »Dem kranken Frauenzimmer bezeuge der Arzt seine Theilnahme (und) behandle sie mit
Sanftmut, Humanität und Geduld.«

»ES IST NICHT VIEL, WAS WIR IHNEN BIETEN KÖNNEN«

Schwabens Philologisches Seminar
– vom Norden aus betrachtet

Ein Spätsommertag des Jahres 1876: Montag, der 25. September, 10 Uhr in der Früh; bedecktes Wetter wahrscheinlich, widriges Klima in vielfacher Hinsicht (wir werden noch davon hören); in Tübingen haben sich die deutschen Philologen und Schulmänner zu ihrer 31. Versammlung eingefunden.[1] Ein paar Gelehrte von Rang und Distinktion sind darunter, Bursian und Christ aus München allen voran; auch Träger berühmter Namen haben die Reise in die schwäbische Provinz nicht gescheut: Delbrück aus Jena oder Oncken aus Gießen; aber das Gros der Gesellschaft bestand – zum Leidwesen der Veranstalter, die auf etwas mehr Weltläufigkeit gehofft hatten, zwischen Neckar und Ammer – gleichwohl aus Söhnen des Landes, den Mezgers, Ströhlins und Reuschles. Präzeptoren und Pfarrverweser, Kandidaten und Lycealrektoren beherrschten die Szene: apart konfiguriert durch den Tübinger Rittergutsbesitzer von Samson-Himmelstjern und – o Wunder! – einen amerikanischen Gelehrten namens Elliott, der aus Baltimore stammte.

Und der Präsident der Versammlung? Ihr erster Vorsitzender? Nun, wer anders als der Hausherr selbst, Professor Dr. Wilhelm Sigmund Teuffel aus Tübingen, konnte einer Kongregation vorstehen, die sich an diesem Morgen des 25. September auf eine Begrüßungsrede eingestellt hatte, in der sich Festivität zur Freundlichkeit gesellte.

Und so geschah es dann auch: In anmutiger Suade, sachlich und urban zugleich, begrüßte Teuffel die »gewiegte(n) Vertreter der verschiedensten Zweige der Philologie an Universitäten und Gymnasien, aus Nord und Süd, Ost und West« – Gelehrte unterschiedlicher Couleur, die sich eingefunden hätten, um »Stunden und Tage wissenschaftlicher Anregung und freundlichen persönlichen Verkehrs hier zu verleben«. Tübingen, so Professor Teuffel, habe getan, was es könne: Die Sammlungen seien geöffnet, die Institute zugänglich, kundige Führer stünden bereit, um den Gästen die besuchenswerten Punkte zu erklären; »freundliche Gesichter und offene Herzen« erwarteten die Philologen.[2]

Im Publikum, so steht zu vermuten, werden die Begrüßungsworte, die sich strikt der vertrauten Exordial-Topik fügten, beifällig und mit dem bei Festreden dieser Art gebotenen Schmunzeln aufgenommen worden sein: ein höflicher Mensch, unser Präsident Teuffel.

Doch dann auf einmal kam alles ganz anders. Der Vorsitzende wurde ernst, und, was als Lobrede begonnen hatte, verkehrte sich in eine Beschreibung des *genius loci*, der, Gott sei's geklagt, allenfalls in der Form des Diminutivs bestehen könnte. »Es ist das freilich nicht viel, was wir Ihnen bieten können«, rief Teuffel seinen Hörern zu. »Wir bewohnen nun einmal ein Landstädtchen, zwar reich gesegnet von der Natur, aber nicht allzu sehr mit Glücksgütern, und in seinen bescheidenen Dimensionen außer Standes mit großen Städten in einen Wettstreit sich einzulassen.«[3]

Kurzum, die Gäste seien auf sich selbst angewiesen, auf eigene Unternehmungslust und geselligen Austausch untereinander, genug, um »über die mancherlei Mängel unserer Vorbereitungen und Einrichtungen hinwegzusehen«. Warum, in Teufels Namen (Teufel: mit einem f), sind wir, wenn's so steht, so jämmerlich und bescheiden, hätten sich die Gäste fragen können, dann überhaupt nach Tübingen gekommen?

Hätten sich fragen können, wohlgemerkt – aber fragten sich nicht. *Vituperationes philologicae* nämlich, Scheltreden auf die Gelehrten-Polis am Neckar gehörten im 19. Jahrhundert zu Tübingen in gleicher Weise wie das Gogen-Viertel und der Österberg. Eine Stadt möchte es sein, dieses Dorf in der Provinz, schrieb Friedrich Theodor Vischer, und sei doch nur ein Misthaufen[4]: von allem Weltverkehr abgeschlossen, bewohnt von einer Bevölkerung, die

»mit ihren schmutzigen Fuhren – meist mit armen mißhandelten Pferden unter wilden Hieben – von Morgen bis Abend die Acker-erde« in die Stadt schleppt.[5]

Tübingen – ein dreckig-ödes Dorf, in dessen Mauern Vischer sich wie ein lebendig Begrabener fühlte, erfüllt von der Sehnsucht nach der großen Welt jenseits des Schönbuchs, von der der Exilierte mit einer Inbrunst träumte, die nur mit der melancholi-schen Vision der Tschechowschen drei Schwestern zu vergleichen ist: »Nach Moskau! Nach Moskau.«

Nein, angenehm muß es wirklich nicht gewesen sein – jenes eher dem Vieh- als dem Gelehrtenstand dienliche Nest, das selbst einem so seraphischen Geist wie Erwin Rohde die seinem Ham-burger Sinn fürs höfliche Unterstapeln so konträren Sätze eingab, formuliert im November 1882, in einem Brief an Freund Nietzsche: »Ich lebe im Uebrigen in größter Gleichmäßigkeit in diesem drek-kigen Dorfe weiter, wollte, ich käme einmal in civilisirte Gegen-den zurück aus diesem Lande der Stiftsphilosophie und Pastoren-aufgeblasenheit und selbstzufriedenen Bummelei.«[6]

Keine Aufregung also, kein Tumult am Morgen des 25. September 1876, eher ein Nicken beim Anhören einer (an Vischer oder gar Robert von Mohl gemessen) eher verhaltenen *vituperatio*, wie sie nun einmal zur Tübingischen Philologen-Topik gehörte. Aber gemach, nur nicht zu früh gefreut! Teuffel, einmal in Fahrt gekom-men, kannte kein Halten mehr: Sei's um die Stadt schon mäßig bestellt, so stelle sich die in ihr gepflegte (nein, nicht gepflegte, sondern verschandelte) Philologie geradezu jämmerlich dar: »Zu denjenigen Ländern wo F.A. Wolfs Einwirkung am spätesten sich fühlbar machte gehört unzweifelhaft Württemberg. Durch die religiösen Kämpfe des 16ten und 17ten Jahrh. war das Studium des classischen Altertums in Abhängigkeit geraten von der Theo-logie; und wenn man Württemberg schon das Spanien des Pro-testantismus genannt hat, so verdiente es diesen Namen beson-ders durch die Zähigkeit womit in ihm die Theologie ihre Herrschaft zu behaupten wußte.«[7]

Die Erzfeindin der *humaniora:* Jetzt war sie beim Namen genannt; jetzt wurde, vor den versammelten Präzeptoren und Kandidaten, noch einmal, ach zum *hundertsten* Mal, der altböse Feind in die

Schranken gefordert: die Garde der Stiftler mit ihrem schauerlichen Latein, die sich die wahren Freunde Ciceros im Rahmen einer *societas leonina*,[8] einer Wolfsgesellschaft untertan machten. Hüben die Anwälte einer neuen, durch Gesner, Heyne, Winckelmann und Lessing begründeten Epoche des klassischen Studiums und drüben die Scholastiker im Stift, denen ein lateinisches »Argumentle« mehr als die Lektüre der Klassiker – gar der griechischen – gelte: Diese Trennung in Philologen und Theologen, Freisinnige und Dogmatiker gehört gleichsam zur Grundausstattung der Tübinger Gräzisten und Latinisten des letzten Jahrhunderts. Schon Christian Walz, ein Vorläufer Teuffels, hatte in seiner Inauguralrede vom 14. Januar 1841 das Zentral-Dogma der schwäbischen Glaubenslehre, daß Württemberger die besten Philologen seien, durch eine Vorführung der »neuesten Theologie« und ihrer »abscheulichsten Barbarismen« dem Gespött preisgegeben.[9] Und wo Walz 1841 geendet hatte, da knüpfte Teuffel fünfunddreißig Jahre später an: Allzu wenig Licht und Luft habe die Alleinherrschaft der Theologie und der ihr verbündeten Philosophie übriggelassen, die, in unheiliger Allianz, zum Nachteil der Altertumswissenschaft, allerlei »schlimme Vorurteile pflanze«.[10] Nein, da sei kein selbständiges philologisches Studium möglich, da gehörten die Fachvertreter der *humaniora* zum akademischen *clerus minor:* ungern gesehene Gesellen, denen die Theologen-Hierarchie mißtraue, weil sie in der vorurteilsfreien Arbeit am Text (so als hätte nie ein Ferdinand Christian Baur gelebt) den Geist der Widersetzlichkeit groß werden sehe.

Württemberg – deshalb die Klagen von Walz über Teuffel bis Rohde – war auch in aufgeklärter Zeit das Bollwerk der reformatorischen Pädagogik geblieben; die Lateinschulen dominierten. Als 1867 am Stuttgarter Gymnasium Klassen für mathematisch begabte Schüler eingerichtet wurden, die sich vom Griechischen dispensiert sahen, sprach man im Land Melanchthons von Barbarenklassen und hielt im übrigen an der Unität von geistlichem und schulischem Amt fest. Ein Ministerialerlaß vom Oktober 1853 erklärte, in entschiedener Kampfansage an einen nicht theologisch gebildeten Lehrerstand, die Verbindung des theologischen Studiums mit der Vorbildung fürs Lehramt zur »Norm der Regel«,[11] und erst zu Beginn unseres Jahrhunderts, anno 1913, wurde die theologische Kerntruppe der Altertumsforscher, die Crème de la crème aus Stift und Konvikt, definitiv aufgelöst. Studierten im Sommersemester 1900 noch 23 Stiftler und Konviktler und nur 9 Stadtstudenten klassische Philologie, im Sommersemester 1901 gar hüben 28 und drüben ganze 5, so hatten vier Jahre später die Stadtstudenten, verstärkt, zum ersten Mal, durch ein aktives weibliches Mitglied (wir schreiben das Jahr 1905) eine knappe Majorität, um hernach endgültig auf und davon zu ziehen: 33 Freisinnige, verstärkt durch 3 Frauen und 19 Nichtwürttemberger gegenüber 4 Stiftlern und 11 Konviktlern – so die Bilanz vor dem Beginn des Ersten Weltkriegs.[12]

Der Weg war weit gewesen, in der zweiten Hälfte des neunzehnten Jahrhunderts, der dazu führte, daß die Philologie sich als souveräne Disziplin etablierte: »In Tübingen«, ließ Teuffel die Versammlung der Philologen und Schulmänner wissen, »fanden die Fortschritte welche die philologische Wissenschaft seit Wolf besonders durch G. Hermann und A. Böckh, weiterhin durch Lachmann und Ritschl machte nur sehr langsam und unter schweren Kämpfen Eingang.«[13]

Schritt für Schritt allenfalls, und oft genug im Rhythmus der Echternacher Springprozession, gewann ein selbständiger, aus der Umklammerung durch die Theologie befreiter Lehrerstand Einfluß im Land – aber wie weit war man im Schwäbischen, zumindest bis zur Reichsgründung und der langsamen »Prussifizierung« des schwäbischen Bildungs- und Gelehrtenwesens, hinter Berlin oder Halle zurück! Es ist rührend zu lesen, mit welcher Unbeholfenheit, am Ende des Tübinger Kongresses, der zweite Vorsitzende, Professor Schwabe von der Landesuniversität, den Gästen seinen Abschiedsgruß entbot: »Jetzt, da an dem Verlauf der Versammlung nichts mehr geändert und gebessert werden kann, fühlen wir es erst mit voller Deutlichkeit, wie viel Sie hier haben vermissen müssen, wie so manches Mißgeschick oder soll ich's mehr subjectiv wenden, Ungeschick unsere Zusammenkunft schädigte, wie die Verhältnisse des Orts uns Schwierigkeiten mancherlei Art bereiteten, wie endlich durch des Himmels Ungunst die Schönheiten unserer Gegend nicht in vollem Glanze unseren werten Gästen sich zeigten. So sind denn die Gefühle mit welchen wir auf die letzten Tage zurückblicken recht gemischter Art.«[14]

Demütiger, denke ich, als Schwabe es tat, kann man einen Kongreß beim besten Willen nicht ausklingen lassen; ein Gran von Resignation ist dabei, wenn die Tübinger Präsidenten, Teuffel voran, ihre bescheidenen Anstrengungen mit den Taten der Meister verglichen – und in der Tat, wer waren, mit Wolf, Böckh und Bekker verglichen, schon Seybold, Conz oder Tafel? »Die eigentliche wissenschaftliche Schulung«, monierte an jenem Septembermorgen der erste Vorsitzende, »... konnte man ... in Tübingen nicht holen, man mußte sie sich mühsam durch Privatstudien erwerben«[15] – so das Fazit nach einer ebenso nüchternen wie maliziösen Durchmusterung der Lehrstuhlinhaber: »Gottlieb Lucas Friedrich Tafel aus Bempflingen, ... ein Gelehrter von umfassendem Wissen, das freilich meist unfruchtbarer Art war und der Methode ermangelte.«[16] Nein, zimperlich sind sie miteinander gewiß nicht umgegangen, die Professoren Tübingens ... wie wenig, das zeigt Teuffels Generalabrechnung vor den Philologen der Nation – ein Sich-Luft-Machen in aller Öffentlichkeit, das freilich, was Tenor und Duktus angeht, immer noch weit hinter vergleichbarer Kollegen-Schelte zurückbleibt: »Tafel«, heißt es in den »Lebenserinnerungen« Robert von Mohls, »ein geist- und kenntnisreicher Cyniker, mehr als billig dem Weine ergeben«[17] ... »Steudel, ein dunkler Erdensohn, wenn je einer war. Von sehr mittelmäßiger Begabung, geringem Wissen, kränklich und schwarzgallig, pietistischer Hinneigung, hielt er sich für ein ausgewähltes Rüstzeug Gottes, welches berufen sei, überall für Zucht und Frömmigkeit zu sorgen. Sein Hochmut stand in geradem Verhältnis zu seiner Beschränktheit«[18] ... »Volle Verachtung (verdient auch) der Professor der Philosophie Schott ... Von einer wissenschaftlichen Thätigkeit oder einem Interesse an seinem Fache war bei dem alten Taugenichts auch nicht die Spur; die Vorlesungen waren ihm einfach die leidige Bedingung eines Besoldungsbezuges.«[19]

Ja, so redeten sie übereinander, die Häupter der *res publica litteraria Tubingensis*, die Philologen allen voran; so amüsierten sie sich über ihre Amtsvorgänger und Senatskollegen: den dicken

Conz zum Beispiel, einen korpulenten Gelehrten, dessen Charakterisierung Mohl mit dem Diktum beschloß: »Wir rollten ihn einfach beiseite.«[20]

Kleinkrieg am Neckar, über Jahrzehnte hinweg; Kleinkrieg zwischen Kollegen, Teuffel und Tafel zum Beispiel, dem nach einer mysteriösen »Mißhandlung durch Studierende« bedeutet wurde, er täte gut daran, den »Tübingern aus dem Gesicht zu kommen«[21]. Kleinkrieg zwischen den auf die kundige Exposition (sprich: Textanalyse) bedachten Philologen und jenen aufs Komponieren erpichten Stiftlern, die stolz darauf waren, die Argumente auch in lateinischer Rede formulieren zu können – sehr zum Leidwesen Teuffels, der den Alumnen, »welche in der augenblicklichen Noth des Sprechens mit Allem zufrieden sein werden«, was immer sich ihnen auch biete, mit Nachdruck einzuschärfen versuchte: »Ohnehin bedarf bei einem Volksstamme wie dem unsrigen der Fluß der Beredtsamkeit nicht auch noch einer künstlichen Hemmung.«[22]

Ach, wenn man sich bei soviel Querelen doch wenigstens ganz und gar mit dem eigenen, anno 1838 gegründeten Haus, dem Philologischen Seminar, das übrigens nicht der Philosophischen Fakultät unterstand,[23] hätte identifizieren können: Doch eben dies war nicht der Fall. Das Institut, weit davon entfernt, den Charakter einer eigenständigen, von Philologen geplanten Gründung zu haben, verdankte seine Entstehung einem Oktroi aus der Landeshauptstadt: »Seine Königliche Majestät haben vermöge höchsten Dekrets vom 27. März (1838) geruht, auf der Landes-Universität zwei Institute, das eine unter dem Namen eines *philologischen*, das andere unter dem Zweck eines *Reallehrer-Seminars* einrichten zu lassen, welche zum Zwecke haben, für die höheren und niederen Gelehrten-Schulen und Real-Schulen tüchtige Lehrer heran zu bilden.«[24]

Von gelehrter Konzeption, einer wissenschaftstheoretischen Leitidee keine Rede! Wie anders hatte, was sich in Tübingen simpel und zweckgebunden ausnahm, zwanzig Jahre zuvor, in Berlin und Breslau geklungen, aufgeklärten Zentren, in denen nicht nur künftige Schulmeister, sondern vor allem selbständig urteilende junge Gelehrte ihr Rüstzeug erhielten. »Das philologische Seminarium«, Reglement vom 28. März 1812 für die Lehranstalt zu Berlin,

»ist ein öffentliches, mit der Universität verbundenes Institut, welches den Zweck hat, diejenigen, die für die Alterthumswissenschaft gehörig vorbereitet sind, durch möglich vielfache Übungen,
die in das Innere der Wissenschaft führen, und durch literarische
Unterstützung jeder Art weiter und so auszubilden, daß durch sie
künftig diese Studien erhalten, fortgepflanzt und erweitert werden
können.«[25]
In Berlin und Tübingen, das zeigen die Reglements für die philologischen Seminarien, wurde in zweierlei Sprachen gesprochen:
der Sprache des Neuhumanismus Humboldtscher Prägung und
der Verordnungssprache Stuttgarter Provenienz. »Anleitung seiner
Mitglieder zu selbstthätigem Studium der classischen Philologie«:
Das ist alles, was die Statuten Tübingens dem künftigen Lehrer als
Handreichung geben, herzlich wenig im Vergleich zu jenen em-
phatisch geäußerten Visionen, deren Ziel es sei (so die Breslauer
Ordnung), den philologischen Sinn und Geist zu beleben[26] oder
(Greifswalder Reglement) den Studierenden, »welche das Bedürf-
nis fühlen, die vorbereitende Bildung zu der Allen nöthigen Klas-
sizität in der Philologie zu suchen, Gelegenheit zu verschaffen,
dies auf eine wirksamere Weise als durch bloßes Besuchen von
Vorlesungen geschehen kann, zu erreichen.«[27] Das klingt, als habe
Kleist, in Ciceros Schule, aus dem Amtsdeutsch Funken geschla-
gen: Funken, die selbst dann noch leuchteten, als, nach der
Jahrhundertmitte, auch die preußischen Seminarordnungen die
Lehrerbildung groß und die wissenschaftliche Unterweisung in-
spirierter »Classizisten« ein wenig kleiner schrieben.[28]
Vorbereitung der Studierenden zur tüchtigen Führung des Lehramts
– das war nur das *eine*, das *andere* hieß: Bewahrung einer Tradition,
die, hundert Jahre vor Tübingen, anno 1737, Johann Matthias Gesner begründet hatte, als er in Göttingen das Philologische Seminar
inaugurierte, ein gelehrtes Institut, das eben nicht nur ein Seminar
für Schulmänner war, sondern, mit den Worten des großen Juristen
Johannes Stephan Pütter, zugleich »die Gestalt einer Pflanzschule für
Humanisten« erhielt, »welche sich den eigentlichen Humanioribus,
es sey für die Schule oder für die Academie, widmen, oder doch als
Gelehrte zu studiren gedenken«.[29]
Welch ein Enthusiasmus, nördlich des Mains! Welch fruchtbare

Kooperation zwischen den *belles lettres* in Winckelmanns Nachfolge und der Philologie unter der Ägide von Professoren der Altertumswissenschaft und Eloquenz! Welch enge Verbindung zwischen gelehrtem Fachstudium und den Bildungsbestrebungen der Zeit! Wieviel Freisinnigkeit in den großen protestantischen Staaten des Nordens[30], verglichen mit jenem Württemberg, das, als »Sibirien des Geschmacks«, wie Friedrich Theodor Vischer es nannte[31], die Bildungsideale einer aufgeklärten Zeit schlicht ignorierte – und das, es sei wiederholt, ein volles Jahrhundert nach Gesners Göttinger Gründung und fünf volle Dezennien nach jenem Tag, an dem, anno 1787, Friedrich August Wolf dem philologischen Seminar zu Halle das Ziel gab, dazu beizutragen, daß Studierende ihr Urteil verfeinerten, ihrer Phantasie Maß und Regel gäben und die allgemeine Kultur beförderten, indem sie sich mit freien Sinnen der wichtigsten Nation, der griechischen, näherten.[32]

Kein Zufall also, daß der Tübinger Präsident der Philologen-Versammlung von 1876 gerade Wolfs Erbe mit Nachdruck beschwor. Der Gründer des Hallenser Seminars, der seiner Pflanzschule als *Professor eloquentiae* vorstand: Friedrich August Wolf, der sich in seiner Jugend dem (freilich ungeliebten) Heyne zu Göttingen als *studiosus philologiae* vorgestellt hatte – Wolf war es gewesen, der auf der strikten Trennung von Schulstand und Predigerstand insistierte und während seiner akademischen Lehrtätigkeit darauf drang, daß die Lehrer der *humaniora* die gleichen Ehren wie die »professionsmäßigen« Theologen unter den Schulmeistern erhielten. Nicht der Gottesgelehrte, sondern der Humanist sei schließlich sowohl der am umfassendsten gebildete als auch der am vielseitigsten verwendbare, also dem Gemeinwesen nützliche Mensch. (»Uebrigens ist es allgemein zugestanden«, Wolf am 6. September 1787 an Karl Christoph von Hoffmann, »daß, wer in Humanioribus recht bewandert ist, sich nachher sehr leicht in jedes besondere Fach hineinwerfen kann.«[33])

Der Humanist als allseitig gebildete Persönlichkeit: Karl Marx, ein promovierter Altphilologe, wird im kommenden Jahrhundert aufnehmen, was Wolf zur Gründungszeit seines Seminars vorausgedacht hatte. *Seines* Seminars, jawohl – geprägt von Studierenden, die keineswegs nur Philologie treiben, sondern auch andere zur Humanität gehörende Kenntnisse nicht außer acht lassen sollten und deshalb gehalten waren, sich um Philosophie, Mathematik und Physik zu kümmern.[34]

Wolfs Schülerschar, zwölf junge Leute, war kein verlorener Haufen, sondern eine verschworene Sozietät: »Die Mitglieder des Seminarii«, heißt es im Brief an Hoffmann, »müßen zusammen eine Gesellschaft formiren, die den beständigen Zutritt bei dem jedesmaligen Director Sem.(inarii) haben, und die über alles seines nähern Raths sich bedienen kann.«[35]

1737: Gründung des Philologischen Seminars zu Göttingen; 1787: Einrichtung des Instituts zu Halle; 1838: Schaffung einer philologischen und einer realen Lehranstalt zu Tübingen – der Fünfzigjahresschritt macht nicht nur die Verspätung, sondern auch die mangelnde theoretische Fundierung der im Schatten des Stifts entworfenen Institution deutlich. Am Neckar gab es keine Kooperation zwischen Philologen vom Schlage Ernestis und Gesners, keine Zusammenarbeit in der Weise des Miteinanders von Wolf, Bekker und Böckh (»Ohne Sie«, so Böckh an Wolf, »würde ich ein armer Theologus geworden sein«) und schon gar kein Hand-in-Hand-Arbeiten zwischen einem Staatsmann, Humboldt, der ein *homme de lettres* war, und einem Gelehrten, Wolf, der sich anno 1810 zum Direktor der wissenschaftlichen Deputation in der Section für den öffentlichen Unterricht im Ministerium des Innern ernannt sah.

Geist und Macht, fern noch von borussischem Säbelrasseln, friedlich vereint im Zeichen der Humboldtschen Vision der Handwerker, die sich auf die schönste Kultur des Geistes, die antike, verstünden ... davon konnten die Teuffel und Schwabe nur träumen im Land der Genies, dessen Obrigkeit nichts dabei fand, daß es eben diese Großen vertrieb: »Schwaben hat es von jeher geliebt«, so Friedrich Theodor Vischer in seinem Essay »Dr. Strauß und die Württemberger«, »seine edelsten Kinder zu verleugnen. Es hat Schiller erzeugt und fortgeschickt, es hat Schelling und Hegel erzeugt und fortgeschickt, es hat Strauß erzeugt und grausam aus seiner Laufbahn geworfen. Es ist nicht die erste Mutter, die ihr eigen Kind verstößt.«[36]

Nein, Kränze sind ihm gewiß nicht an der Wiege gebunden

worden, dem Philologischen Lehrerseminar zu Tübingen mit seinen wackeren Magistern und den Studierenden, die sich binnen kurzem, kaum inskribiert, auch schon, von keinem Wolf strikt ausgewählt, im Seminar tummeln konnten: eine bunte Korona und keine Eliteformation, wie es andernorts die sieben oder zehn oder höchstens zwölf *happy few* der ordentlichen Mitglieder waren ... eine Korona, die noch am Ende des Jahrhunderts Erwin Rohde (er kam aus Jena) schier zum Verzweifeln brachte: »Ganz wunderbar ist die von Teuffel erfundene Seminareinrichtung«, heißt es in einem Brief an den Kollegen und Freund Otto Ribbeck, »*alle* Studiosen der Philologie sitzen zugleich darin, in zwei Cursen: jeden Fuchs im ersten Semester *muß* man aufnehmen – das giebt dann freilich eine Art von Kleinkinderbewahranstalt –, denn jedes dieser 50–60 wissenschaftlichen Babies *muß* einmal im Semester seine Künste zeigen.«[37]

Kein Wunder, daß bei solchem Scholaren-Gemenge, ein Lehrerkandidat neben dem andern, an eine gelehrte Zunft à la Göttingen, Halle oder Berlin beim besten Willen nicht zu denken war: »Aus allem Dargelegten wird wohl klar geworden sein«, betonte denn auch Teuffel am Schluß seiner Scheltrede, eine der seltsamsten Ansprachen zur Eröffnung eines Kongresses, die wahrscheinlich je gehalten worden sind ... »aus allem Dargelegten wird wohl klargeworden sein, warum zu dem Vielen, was Sie hier nicht finden werden, namentlich auch eine eigene Tübinger Philologenschule gehört.«[38]

Aber wo hätte sie auch herkommen sollen, die Schule, beim trunkfesten Tafel und beim wackeren Walz, die im Wintersemester 1838/39, unmittelbar nach der Gründung des Seminars, horazische Satiren, ausgewählte Stücke des Tacitus oder den Phädrus des Plato behandelten, während zur gleichen Zeit, nachzulesen im Vorlesungsverzeichnis der Friedrich-Wilhelms-Universität, in Berlin Becker und Böckh, von der Hagen und von Raumer ihre grandiosen Kompendien vorexerzierten – ganz zu schweigen von Lachmann, der übers Nibelungenlied las, oder von Ranke, der öffentlich seine historischen Übungen fortsetzte: *Publice exercitationes historicas instituere perget*, wie der im Unterschied zu Tübingen noch lateinisch verfaßte *Index lectionum quae ... in*

315

universitate litteraria Friderica Guilelma per semestre hibernum ... instituentur zu vermelden weiß.

Doch Namen hin, Namen her (medioker war Teuffel, Verfasser einer nicht nur glänzend verkauften, sondern auch vortrefflich formulierten lateinischen Literaturgeschichte gewiß nicht; und was, auf der andern Seite, Friedrich August Wolf angeht, der in Berlin zu einem morosen Widerspruchsgeist wurde, so hat Goethe, anno 1816, über den Mann das Seine gesagt, der, als Inbegriff des Verneiners, mit einer Tollheit argumentiere, daß auch der Friedfertigste im Umgang mit ihm ein Vergnügen daran fände, »das Umgekehrte zu sagen von dem was man denkt«[39]), wichtiger als die Namen war die von ihnen geprägte geistige Bewegung zwischen Neuhumanismus und positivistischer Kehre, der Beschwörung griechischer Klassizität und der historistischen Benennung von Ereignissen, die, hernach durch jene feuilletonistische Wendung, wie sie vor allem Wilamowitz liebte, ins Moderne transponiert werden wollten.

Welch grandiose Debatte, ein imaginärer Disput, ließe sich zwischen Böckh und Mommsen, Wolf und Usener, Humboldt und Wilamowitz ersinnen: ein Gespräch über den besten Weg zu Griechen und Römern, über die produktivste Forschung, die überzeugendste Rekonstruktion antiker Idealität (wenn's sie denn gäbe), über festlich inspirierte und nüchtern historische Annäherung, über das Wechselspiel von Wissenschafts-Entfaltung und zunehmender Visions-Kraft, von universaler Forschung und dramatischer Absenz von Theorie.[40] Für Wilamowitz wäre Humboldt ein Schwärmer, für Humboldt dagegen Wilamowitz ein ostelbischer Alexandriner gewesen: hoch gescheit als Historiker – und doch ein Banause, dem, dank seiner rein geschichtlichen Betrachtungsweise, ein alexandrinischer Hochzeitsvertrag so wichtig wie die Ilias sei.

Und dann Mommsen, dann die These von der Arbeitsgemeinschaft der Altertumsforscher, dem Großbetrieb der Wissenschaft: Was, fragen wir weiter, hätte Wolf dazu gesagt und was Heyne zum Axiom von den Riesen aus großer Zeit und den Kärrnern in der Epoche der vom Positivismus geprägten Moderne mit ihrem Epigonenbewußtsein? Hätten sie nicht den Kopf geschüttelt, die

Sachwalter der Aufklärung und des Neuhumanismus, wenn sie Mommsens Leibniz-Rede, gehalten am 4. Juli 1895, mit angehört hätten, in der es hieß: »Die Wissenschaft ... schreitet unaufhaltsam und gewaltig vorwärts; aber dem emporsteigenden Riesenbau gegenüber erscheint der einzelne Arbeiter immer kleiner und geringer.«[41]

Kein Zweifel, Gesner und Heyne wären – bei allem Respekt – über die Aschenbrödel-Philologen des *fin de siècle* erschrocken gewesen und hätten mit Erstaunen bemerkt, daß die wilhelminische Ära auf dem Feld der *humaniora* über keinen einzigen Theoretiker verfügte, der es mit Wolf oder Boeckh – von den Humboldts und Schlegels ganz zu schweigen – hätte aufnehmen können.

Welch eine Debatte, nochmals, im protestantischen Norden, ein Dialog auf Kathedern und unter den Sternen! Und in Tübingen: keine Rede von allem; der Jahrhundert-Disput wurde am Neckar verschlafen; der einzige, der ihn hätte aufnehmen und fortführen können, Erwin Rohde, blieb zu kurz bei den Schwaben,[42] hatte keinen Gesprächspartner unter Kollegen, war einsam, aber in der Sekunde der Trennung doch von einer Wehmut erfüllt, wie sie herzzerreißender kein anderer, der je in Tübingen war, formuliert hat: »Ach, mein lieber alter Freund«, heißt es in einem Brief an Nietzsche vom 25. März 1886, »ich *kann* gegenwärtig deiner Bitte nach einer ausgiebigeren brieflichen Äußerung nicht nachkommen. Der Abschied von hier steht bevor, und wie denn dabei sich zeigt, wie man doch an tausend Fäden festhängt, so hat sich mir nun, wo Alles hier zu Ende geht, ein scheinbar loses und gleichmüthiges Verhältniß als ein tief leidenschaftliches offenbart.«[43]

Was wäre geworden – noch einmal ein Gedankenspiel –, wenn Erwin Rohde, der die »sonderbaren Schwoben« liebgewann[44], Seit an Seit mit einem Ritschl oder Usener hätte wirken und sich in den großen Streit über Klassizität und Historizität einmischen können: er, der Gegner »Bismarckscher Brutalität« und »schwarzweißen Pharisäerthums«[45], der gleichwohl die »Ausländer«, liberale Preußen also oder, noch mehr wahrscheinlich, Landsleute aus Hamburg in Tübingen so schmerzlich vermißte: »Es wäre ... vieles anders«, Brief an Nietzsche vom 8. April 1881, »wenn irgend ein Mensch in der Nähe wäre, der es mit mir wagen wollte, und mir

317

ein wenig Feuer von seinem Feuer mittheilte; ich würde dafür jetzt empfänglicher sein als früher. Aber freilich, unsre deutschen Professoren! die unter der Bismar(c)kischen Atmosphäre noch täglich mehr sich selbst verlieren!«[46]

Vergebliche Hoffnung, begründete Skepsis: Gesprächspartner, wie Rohde sie brauchte, gescheite, reflexionsmächtige, weltbürgerliche junge Gelehrte, kehrten nicht ein in Tübingen. Das Vorlesungsverzeichnis des Wintersemester 1888/89, ein halbes Jahrhundert nach der Gründung des Seminars, spricht für sich selbst: Ganze 63 Studenten waren in der Philosophischen Fakultät immatrikuliert, darunter 43 Württemberger und, man vernimmt es mit Staunen, 20 deutsche Ausländer, viele Preußen (neun immerhin), aber auch zwei Bremer und ein Badener dabei. Und dagegen dann, gleichfalls im Wintersemester 1888/89, die entsprechenden Zahlen der Friedrich-Wilhelms-Universität zu Berlin! 937 Studierende der Philosophie, Philologie und Geschichte, davon 623 Preußen, 126 Nicht-Preußen (3 Württemberger dabei), eine Handvoll Österreicher, ferner 38 Russen, 20 Schweizer, 11 Briten und – jetzt kommt's! – 54 Amerikaner.[47]

Vivat Borussia? Pereat Suevia? Gewiß nicht. Nur ein Ignorant wird die große Baisse in der preußischen Kulturpolitik nach 1820 vergessen – Rankes späterer Lehrstuhl: beinahe zur Disposition gestellt – und über der zu Beginn des Kaiserreichs stagnierenden Friedrich-Wilhelms-Universität den rapiden Aufschwung Leipzigs nicht berücksichtigen. Was aber Tübingen betrifft, so wird auch der nüchternste Historiker der These zustimmen müssen, daß die Essenz des Nord-Süd-Gegensatzes (hüben Preußen, drüben Württemberger) eben doch nur, parteiisch aber (nahezu) gerecht von einem *Tübinger* Professor, Friedrich Theodor Vischer artikuliert werden konnte: »Der Schwabe hat sehr wenig Beredsamkeit«, noch einmal »Dr. Strauß und die Württemberger«, »seine Rede ist kurz, arm an Wendungen und Phrasen, aber konkret, anschaulich, und trifft mit einem saftigen Bilde den Nagel auf den Kopf ... Der Norddeutsche hat eine ungleich größere, stets zur Hand liegende Summe von schon geprägter Wortmünze, namentlich von abstrakten allgemeinen Ausdrücken, die überall hinpassen; er sagt gern mehr als er weiß, und der Schwabe weiß oft mehr, als er sagt.«[48]

In der Tat, ein Ulrich von Wilamowitz-Moellendorff, der sich, nachzulesen in seinen Erinnerungen, ein Stück aus der naiven und sentimentalischen Dichtung vornimmt, um es ins Griechische zu übertragen – mit dem Resultat, daß die Transposition die Hochachtung des berühmten Gelehrten vor der Schillerschen Prosa »stark herabstimmte«[49] ... ein solcher *philologus* hätte in Tübingen bestenfalls Befremden ausgelöst, und das zu Recht.

Trotzdem: Welche Welten zwischen Berlin und der Polis am Neckar *sub specie philologiae classicae* lagen, das wurde noch einmal deutlich, als anno 1900 im Laufe der Verhandlungen über Fragen des Unterrichts die ersten Gelehrten der Nation, Harnack und Mommsen, Virchow und Wilamowitz, sich zum Problem der Vereinigung von Gymnasium und Realgymnasium, zum geplanten Kappen des lateinischen Sockels und zur Restriktion des griechischen Überbaus stritten – im Rahmen eines Disputs, der seinen Höhepunkt in Wilamowitz' großen Plädoyers für das Griechische hatte: »Ich muß ... daran erinnern«, so das Fazit seiner Überlegungen, »... daß die Vorbildung (zum Studium der neueren Sprachen auf der Universität) ohne die griechische Sprache ... absolut minderwertig ist.«[50] In Eduard Sprangers Exemplar der Protokolle, ausleihbar in der Tübinger Universitätsbibliothek, stehen neben dieser Sentenz am Seitenrand, höchst ungewöhnlich für den sonst eher filigranhaft anstreichenden Mann, drei dicke Kreuze und darunter ein donnerndes »rec«! *recte:* ins Schwarze getroffen, *collega! – recte*, in Wilamowitz' Gefolge, zum Wohle jener Gymnasialbildung, die Wilhelm II., bei seinem dramatischen Auftritt während der ersten Schulkonferenz, zehn Jahre zuvor, radikal umformen wollte: mehr Deutsch, weniger Griechisch, viel Turnen, nicht so viel Hirn-Drill. »Wir müssen das Deutsche zur Basis machen«, hieß die Devise. »Der deutsche Aufsatz muß der Mittelpunkt sein, um den sich Alles dreht. Wenn Einer im Abiturientenexamen einen tadellosen deutschen Aufsatz liefert, so kann man daraus das Maß der Geistesbildung des jungen Mannes erkennen und beurtheilen, ob er etwas taugt oder nicht.«[51]

Nicht die Antike, sondern die eigene Zeit, ließ Majestät wissen, sei von Belang: die nationale Basis, an der es dem Gymnasium in einem Augenblick fehle, wo alles darauf ankäme – Ordre vom 18. Oktober 1890 –, »der Ausbreitung sozialistischer und kommunistischer Ideen entgegenzuwirken«.[52]

In Tübingen wird man's gehört haben – und schwieg. Schwieg zur allerhöchsten Verdammung des »Abiturientenproletariats«, namentlich der »Herren Journalisten, das sind vielfach verkommene Gymnasiasten, das ist eine Gefahr für uns«[53]; schwieg zum Befehl, daß die Gymnasien Kadettenhäuser der Universität werden müßten; schwieg – wie denn auch nicht? – zu der im Verlauf der Debatte von einem Freiherrn von Heeremann geäußerten These, daß die Universitäten, nicht zuletzt dank der auf Ordnung und Vaterlandsliebe eingeschworenen humanistischen Bildung, frei von Studentenkrawallen seien, frei von Erhebungen und »Einmischungen der Studenten in die Politik und öffentlichen Angelegenheiten«.[54]

Man schwieg; denn man war weit vom Schuß ... doch ebendies gab der in Tübingen gelehrten Philologie Stärke und Freiheit: Je entschiedener die Altertumswissenschaft sich genötigt sah, dem Imperialismus eine hochkarätige Ideologie nachzureichen (»Ohne Griechisch«, postuliert Wilamowitz, »ist die deutsche Bildung, der ... wir den geistigen Aufschwung des neunzehnten Jahrhunderts verdanken, preisgegeben«[55]), desto produktiver – und humaner dazu! – wurde die Zeitenthobenheit in der Provinz. Was früher nichts als obsolet gewesen war, das Festhalten an althumanistischer Bildung, ließ im Zeitalter des borussischen Machtstaats ein unaufgeregtes Überdauern in Nischen und gelehrten Freiräumen zu – eine Zeitlang zumindest, nach 1900, als in Berlin vom »classischen Alterthum« nur im Zusammenhang »mit der Weltgeltung Deutschlands«[56] die Rede war, während Württembergs Gelehrte sich nach wie vor mit der *grande bataille* zwischen Stift und Philologischem Seminar beschäftigen durften: weitab von Berlin und selbst von der eigenen Hauptstadt immerhin noch durch ein akademische Freiheit beförderndes Bollwerk, den Schönbuch, getrennt, breit genug, um sich in aller Ruhe einem Problem zuzuwenden, das zwischen 1912 und 1946 Fakultät und Senat wieder und wieder beschäftigen sollte, der Schaffung einer Assistentenstelle am Philologischen Seminar. »Von zuverlässiger Seite haben wir erfahren«, heißt es in einem Schreiben des Instituts an die Philosophische Fakultät, Tübingen, 12. November 1912, »daß die Stelle des philologischen Repetenten am evangelisch-theologischen Seminar vom 1. April 1913 an aufgehoben sein soll. Da der philologische Stiftsrepetent bisher zugleich die Stelle eines Lehrers am philologischen Seminar ... bekleidet hat, so gilt es, rechtzeitig Ersatz zu schaffen. Denn die griechischen und lateinischen Stilübungen, die von diesem Lehrer bisher geleitet wurden, dürfen keine Unterbrechung, geschweige denn Verkürzung erleiden. Wie notwendig sie sind, zeigen deutlich die unerfreulichen Ergebnisse der I. humanistischen Dienstprüfung im Oktober 1912. Es ist sogar ein weiterer Rückgang der Sprachkenntnisse zu befürchten, nachdem in diesem Jahr der Unterricht im Latein an den Gymnasien noch mehr gekürzt worden ist.«[57]

Seltsam zu sehen: Während in Berlin, im Verlauf der ersten Schulkonferenz von 1890, die These aufgestellt wurde, »wenn die Offiziere kein Griechisch gebrauchen, dann brauchen es unsere Zöglinge schließlich doch auch nicht«,[58] ging es in Tübingen um die Säkularisierung des philologischen Stiftsrepetenten in Gestalt eines Stilübungen haltenden Assistenten, der frei sei von theologischen Ambitionen.

Glückliches Tübingen? Leider nicht. Die Ideen des Augusts 1914 dominierten rasch auch in Schwaben, Frontkämpfer wurden bevorzugt bei Berufungen in den kurzen Jahren der Republik, Juden hingegen kamen nicht zum Zug (im März 1933 erklärte der Kanzler, man habe hier die Judenfrage dadurch gelöst, daß man nie von ihr gesprochen habe[59]), und mochten auch die Professoren nicht, wie in Preußen, im Vorlesungsverzeichnis hinter ihren Namen ein Piktogramm aller erhaltenen kaiserlichen Orden sowie eine vollständige Titelangabe und Aufführung der Feldzüge, an denen sie teilgenommen hatten, lesen können, mitten in der Republik, wohlgemerkt, so war die deutsch-nationale Emphase, verbunden mit antisemitischer Engstirnigkeit, in Tübingen eher noch dominanter als an anderen Universitäten. 3 Professoren, die geringste Zahl im ganzen Reich, wurden nach dem Gesetz zur Wiederherstellung des Berufsbeamtentums vom 7. April 1933 entlassen: 45 dagegen in Göttingen, 60 in Heidelberg, 108 in Frankfurt am Main und 242 in Berlin – 32 Prozent des Lehrpersonals, gegenüber 1,6 Prozent in Tübingen.[60]

Während andernorts Altertumswissenschaftler von Eduard Fraenkel bis Viktor Ehrenberg, von Paul Maas bis Kurt von Fritz emigrieren mußten oder, wie Friedrich Münzer, im Konzentrationslager einen elenden Hungertod starben,[61] blieb man in Tübingen verschont – und machte weiter wie bisher, entrichtete, um der nationalen Sache willen, seinen Tribut an die – in Württemberg mit besonderer Brutalität operierende, durch den Kultusminister Mergenthaler vertretene – Macht und leistete sich, nehmt alles in allem, zumindest nicht Exzesse vom Range jener berühmten Bemerkung, die dem damals führenden Althistoriker, es war Helmut Berve, dazu diente, Thukydides' Geschichtswerk mit Adolf Hitlers »Mein Kampf« zu vergleichen und die »frappante« Ähnlichkeit *zwischen dem athenischen Historiker und dem Führer des Deutschen Reichs* zu erhellen.[62]

Kurios, kurios: Da träumte man von einer schwäbischen Reichsuniversität in Tübingen und betrieb Mikrophilologie wie bisher, da kämpfte man *gegen* die Juden und *für* einen hohen Unterrichtsanteil der alten Sprachen; da wurde die griechische Geschichte bemüht, weil sie lehre, den Feind im Osten zu sehen (»es ist der dumpfe Geist Asiens, vor dem Europa aufs neue zu retten, heute unsere Sendung ist«[63]), und da publizierte man in der gleichen Zeitschrift, als letzten Beitrag vor dem Ende des Krieges, eine Studie über – das Schwäbeln. (Leitmaxime: »Schwäble getrost, aber mit Maß!«[64]) Und weiter! Da feierte man Heroentum, Ethos des Frontsoldaten und den strengen Dienst einer Führerelite – und setzte doch nur fort, was man in der Jugendbewegung, im Georgekreis oder dem Zirkel des dritten Humanismus begann.[65] Es war am Ende der Republik und nicht etwa zu Beginn der nationalsozialistischen Ära, als, während der Diskussion um die Besetzung des zweiten Ordinariats für klassische Philologie,[66] der Germanist Paul Kluckhohn mit dem Argument *für* Friedrich Focke (und *gegen* Hans Herter) plädierte: »Die Teilnahme am Krieg sollte auch bei Berufungen eine Rolle spielen, denn ein Kriegsteilnehmer (ist) für erzieherische Aufgaben geeigneter.« (An dieser Stelle wurde es übrigens dem Latinisten Weinreich denn doch gar zu bunt: Die

Kriegsteilnehmerschaft Fockes sei schon bei seiner Berufung zum a.o. Professor berücksichtigt worden; damals sei er dem Nicht-kriegsteilnehmer Dornseiff vorgezogen worden.)

Nationale Emphase und Pedanterie: Wie klein war – nehmt alles in allem – die Zäsur, im Umkreis der klassischen Philologie, im Jahr 33 und wie klein 12 Jahre danach. Man machte weiter, als ob nichts geschehen sei; keine Trauerarbeit wurde geleistet, keine Analyse durchgeführt, um die Frage zu klären, welche histori-schen und gesellschaftlichen Faktoren die große Wende mitbe-wirkten, die aus Humanisten, die einst, den Prinzipien des aufklä-rerisch bestimmten Neuhumanismus getreu, für die Emanzipation der Person und aller in ihr schlummernden Kräfte plädiert, die Erziehung zu Menschlichkeit gefordert und den Angehörigen der unterdrückten Klassen ein genuines Bildungsrecht zuerkannt hat-ten, im Laufe eines Jahrhunderts rabiate Verteidiger der unheiligen Allianz von Besitz und Bildung werden ließ, Wissenschaftler, die, entgegen ihrem ursprünglichen Auftrag, die freie Entfaltung *aller* Menschen befördern zu helfen, die *humaniora* in den Dienst der regierenden Ordnungsmacht stellten.[67]

Wie bezeichnend – und exemplarisch! –, daß nach 1945 ausge-rechnet derjenige, der unter der Diktatur blieb, was er in der Republik gewesen war, ein Weltbürger und Humanist im Sinne Lessings und Humboldts, Bruno Snell, bei der Neubesetzung des nach der Entlassung Friedrich Fockes freigewordenen Lehrstuhls weit hinter Schadewaldt und Rudolf Pfeiffer eingestuft wurde, mit Müh und Not *pari loco* mit Herter und fast noch, bei einem Vergleich mit Kleinknecht, einem wackeren Schwaben, auf den letzten Platz heruntergerutscht.[68]

Nein, meinen Lehrern war das Glück nicht hold in Tübingen: nicht Walter Nestle, über den der nationalsozialistische Dekan, ein Mann namens Bebermeyer, befand, er käme nach einmütiger Auffassung der Fakultät keinesfalls für die geplante Assistenten-stelle in Frage, nicht Bruno Snell, der zwar als »reiche Persönlich-keit«, »Schriftsteller von hoher Bildung« und »Redner von weitrei-chender Wirkung«, aber damit eben auch als eine Art von Literat und Feuilletonist eingestuft wurde: Er schrieb halt zu gut, seine Thesen waren zu verständlich, und zu allem Überfluß hatte sein

Aischylos-Buch, als es erschien, das harsche Entsetzen des Nestors der Tübinger Philologen, Wilhelm Schmids, provoziert – Grund genug für eine Lozierung in der Mitte des Feldes, kraft einer *laudatio,* deren Tenor Erinnerungen an Teuffels Begrüßungsansprache aufkommen läßt[69] ... womit wir, in gebotener Ringkomposition, wieder beim Anfang wären, beim Morgen des 25. September 1876, und die Zeit gekommen ist, wo, nach raschem, allzu raschem, subjektivem Sauseschritt durch eineinhalb Jahrhunderte und geschwindem Perspektivenwechsel, von Süd nach Nord, wieder nach Süden zurück, der Chronist, der in Tübingen *ein* Professor der Klassischen Philologie unter vielen anderen war, aber immerhin (was er übrigens erst bei der Arbeit an diesem Vortrag erfuhr) der *erste* Assistent unseres Philologischen Seminars ... womit die Zeit gekommen ist, daß der Chronist, Abschied nehmend, des Jahres 1946 gedenkt, als er den Posten in Tübingen antrat. Unterwiesen durch seinen Lateinlehrer Ernst Fritz, der ihn das Horst-Wessel-Lied ins Altsprachliche übertragen ließ, *Kameraden, die Rotfront und Reaktion erschossen, marschiern im Geist in unsern Reihen mit: Wer, sag Jens, erschießt hier wen, die Kameraden die Rotfront oder die Rotfront die Kameraden, sodales qui necaverunt oder, wie denkst du darüber, necabant ... andauernde Vergangenheit: Hat d a s Horst Wessel gemeint?,* eingewiesen also durch Ernst Fritz, der dem Schüler Jens vorexerzierte, wie man mit Hilfe der Grammatik ein Antifaschist werden kann, listig und kenntnisreich zugleich; und dann – wir sind immer noch beim Chronisten und werden noch ein paar Sätze lang bei ihm bleiben – hart gebeutelt in den Stilübungen, die anno 43 Wolfgang Schmid in Hamburg hielt – »Herr Jens, Sie schreiben nicht nur Kirchen-, sondern schon Küchen-Latein« –, hernach getröstet von Bruno Snell, der das mir Abverlangte, in flüssiger lateinischer Rede über das Problem zu parlieren, warum Mommsen in seiner römischen Geschichte die frühe Kaiserzeit ausließ, für baren Unsinn erklärte (er könne das auch nicht); ermutigt dann in Freiburg durch Walter Nestle, einen Pädagogen von Rang, dem man in seiner schwäbischen Heimat so wenig gerecht geworden ist wie den Großen vor ihm; aufgenommen, in seinen Schülerkreis, nach dem Kriege, wiederum von Bruno Snell: So kam ich unter die Schwaben, ließ mich von Otto Weinreich überzeugen, seiner Freundlichkeit und seinem schlagfertigen, in den Einleitungen zur Aristophanes-Ausgabe aufleuchtenden Witz, folgte mit klopfendem Herzen den Debatten zwischen Walter F. Otto[70] und Romano Guardini über Griechentum und Christianität und erlebte, nach dem Kommen Wolfgang Schadewaldts, dem ursprünglich, schon im November 1945, ein Lehrstuhl für die humanistische Bildungsidee zugedacht war ... erlebte schließlich den Beginn jener neuen Ära, in der Tübingen, mit den Schwerpunkten Platon, Tragödie, Nachleben der Antike, zu einem gelehrten Zentrum der *humaniora* wurde, angesehen in aller Welt und beneidet von vielen Kollegen, jungen und alten.

Kämen anno 1988, 150 Jahre nach der Gründung des Philologischen Seminars, die Philologen und Schulmänner zwischen Nekkar und Ammer zusammen: Professor Teuffel, daran ist nicht zu zweifeln, hätte, sich vor der Tübinger Schule verneigend, eine *wahre laudatio*, eine Lobrede ohne Beispiel gehalten, und, jetzt kehren wir doch noch einmal im imaginären Geisterreich der Philologie ein, sein Nachfolger Rohde hätte dazu in die Hände geklatscht, *plaudite amici*, und uns, als Vermächtnis, jene Sätze aus seiner Antrittsvorlesung vom November 1878 zitiert,[71] die heute so gültig und treffend sind wie zur Zeit ihrer Entstehung: »Es ist also noch lange nicht an dem, daß die klassische Philologie, die älteste unter ihren Schwestern, den modernen Wissenschaften ... nichts Neues mehr zu bieten vermöchte. Noch viel fehlt, bis ein allseitig deutliches und getreues Bild des Lebens der klassischen Völker gewonnen ist. Aber selbst wenn das erreicht wäre – je höher unsere Kultur steigt, desto tiefer erschließt sich ihr das Verständnis für ihre Grundlage ... neue Fragen werden gestellt und neue Aufschlüsse empfangen. Kein todtes Wissen, sondern lebendiges Verarbeiten des Stoffes im Hinblick auf die Aufgaben der Gegenwart muß diese Wissenschaft auszeichnen.«

Ich denke, diesem Imperativ, dem sanften, im Schwäbischen formulierten Appell eines noblen Hanseaten sollten wir folgen, wir klassischen Philologen in einem Seminar, das, nach bescheidener Geschichte, heute, anders als 1876, *viel hat, was wir Ihnen bieten können.*

Anmerkungen

1. *Verhandlungen der einunddreissigsten Versammlung deutscher Philologen und Schulmänner in Tübingen vom 25. September bis 28. September 1876,* Leipzig 1877.

2. Ebd., S. 1.

3. Ebd., S. 1.

4. Friedrich Theodor Vischer in einem Brief an seinen Freund Rapp, zitiert nach: Fritz Schlawe, *Friedrich Theodor Vischer,* Stuttgart 1959, S. 93. (Hier z.B. S. 144 ff.; 151 ff.; 306 f. Aufführungen weiterer Beschimpfungen des »Saukobens« Tübingen. »Über sein Tübingen brauchte Vischer ... immer wieder Ausdrücke, die man am besten verschweigt.« S. 306.)

5. Friedrich Theodor Vischer, »Memoire an den württ. Kultusminister L. von Golther, die Verlegung der Universität Tübingen nach Stuttgart betreffend«, in: Süddeutsche Monatshefte, 1. Jg., 1904, Bd. 2, S. 739.

6. Friedrich Nietzsche, *Briefwechsel. Kritische Gesamtausgabe,* Hg. Giorgio Colli und Mazzino Montinari, III. Abt., Bd. 2, Berlin/New York 1981 S. 309.

7. Verhandlungen ..., a.a.O., S. 1 f.

8. Christian Walz, *Über den gegenwärtigen Stand der Alterthumswissenschaft mit besonderer Beziehung auf Würtemberg. Eine Inaugural-Rede, gehalten am 14. Januar 1841,* Tübingen 1841, S. 12.

9. Ebd., S. 24 ff.

10. *Verhandlungen,* a.a.O., S. 2 f.

11. »Die Ministerial-Verfügung in Betreff der Heranbildung von Candidaten des höheren Lehramts in den theolog. Bildungs-Anstalten der Landes-Universität. Mitgetheilt von einem Mitgliede des Königlichen Studienraths«, in: Correspondenz-Blatt für die Gelehrten- und Real-Schulen Württembergs, Nr. 1, 1854, S. 1–8; mit dezidierter Betonung der vielfachen Nützlichkeit einer theologisch-philologischen Doppel-Ausbildung und dem Zentralargument: »Der bereits vielfach verbreiteten Meinung, als ob der christliche Charakter unserer höheren Lehranstalten, der Realschulen

sowohl als der Gelehrtenschulen, gefährdet sey, sollte nicht durch die Gründung eines nichttheologischen Lehrstandes noch weiter Vorschub geleistet werden.« vgl. S. 3.
Zur württembergischen *societas leonina* von Theologie und Philosophie vgl. vor allem: Friedrich Paulsen, *Geschichte des gelehrten Unterrichts auf den deutschen Schulen und Universitäten vom Ausgang des Mittelalters bis zur Gegenwart. Mit besonderer Berücksichtigung des klassischen Unterrichts,* 2 Bde., Hg. Rudolf Lehmann, 3. erw. Aufl., Berlin/New York 1919–1921, Bd. 2, S. 435 ff. Außerdem: Helga Romberg, *Staat und höhere Schule. Ein Beitrag zur deutschen Bildungsverfassung vom Anfang des 19. Jahrhunderts bis zum Ersten Weltkrieg unter besonderer Berücksichtigung Preußens,* Frankfurt/Main 1979, S. 248 ff.
Zum Versuch der Tübinger Philologen, ihrer Disziplin im Tübinger Stift mehr Gewicht zu verschaffen, vgl. die Fakultätsprotokolle der Philosophischen Fakultät 1755–1860, Jg. 1830: »Hernach wurden A(cademico) C(onsilio) die Äußerungen der theologischen Fakultät über die Bemerkungen des Canzlers, der einen größeren Umfang der philosophischen Lehrcursus für wünschenswert hielt, vorgelegt, nach deren genommener Einsicht ich (der Dekan) den … Beisatz vorschlug, daß die Philosophische Fakultät auch einen größeren Umfang der philosophischen Lehrcursus wünsche.« (UAT 131/69, S. 341)
Die Kenntnis der Universitätsdokumente verdanke ich meiner Frau.

12. Vgl. die Statistiken in UAT 117/837 (Tätigkeit des philologischen Seminars 1900–1915).

13. *Verhandlungen,* a.a.O., S. 2.

14. Ebd., S. 109.

15. Ebd., S. 2.

16. Ebd., S. 2.

17. *Lebenserinnerungen von Robert Mohl 1799–1875,* Bd. 1, Stuttgart/ Leipzig 1902, S. 174.

18. Ebd., S. 191.

19. Ebd., S. 184.

20. Ebd., S. 184.

21. Der Fall ist dunkel. In den Akten des Kanzleramts (UAT 119/192), den

o. Professor der klassischen Literatur Tafel betreffend, ist von frühzeitiger Pensionierung die Rede, um einem »Skandal« zuvorzukommen, der am besten durch Tafels Fortgang inhibiert werden könne. »Sollte eine öffentliche Denunziation vorkommen, so wäre im Zweifelsfall zur Abolition zu greifen.« (15. November 1846)

22. »Bemerkungen zu den neuen Statuten des philologischen Seminars in Tübingen«, in: Correspondenz-Blatt für die Gelehrten- und Real-Schulen Württembergs, Nr. 4, 1856, S. 51–56, vor allem S. 54 f.: »Aus allen diesen Gründen wird es gerechtfertigt erscheinen, daß in den Statuten des hiesigen Seminars das Lateinischreden nirgends gefordert wird, sondern an seine Stelle lateinische (und griechische) Stilübungen gesetzt sind. Durch diese wird der Vorteil erreicht, welchen das Lateinischreden bieten kann: Bewußtwerden des Sprachschatzes, Einleben in die Eigenthümlichkeiten der Sprache; die Gefahren des Lateinischredens aber werden dadurch vermieden, der Sinn für die feineren Sprachschattierungen bei gewissenhafter Behandlung dieser Uebungen geweckt und geschärft, am Ringen mit den Schwierigkeiten erstarkt die Kraft und Gewandtheit, und über die Verschiedenheiten der fremden und der Muttersprache wird eine weit klarere Erkenntnis herbeigeführt als auf dem anderen Wege jemals möglich wäre.«
Anders Ulrich von Wilamowitz, ein halbes Jahrhundert später: »Das Lateinsprechen und Schreiben hielten wir für das Seminar nach Möglichkeit fest; manche Dinge vertragen es nicht, aber es hat schon den einen großen Vorteil, daß das leere Gerede im Stile der deutschen Schulaufsätze unterbleibt.« Ulrich von Wilamowitz-Moellendorff, *Erinnerungen 1848–1914.*, Leipzig o.J. [1928], S. 284.

23. Äußerung der Vorsteher des Philologischen Seminars über die Frage, ob das Philologische Seminar der Philosophischen Fakultät unterzuordnen sei, vom 20. März 1854: »Aus unseren bisherigen Erfahrungen ist uns kein Fall bekannt, welcher eine nähere Beziehung zu der philosophischen Facultät wünschenswerth gemacht hätte.« (UAT 44/107 b)

24. Die Ausrichtung auf Unterrichtsanforderungen, das Insistieren auf pädagogische Unterweisung und die Betonung des von den Tübinger Philologen oft beklagten »practischen« Elements wird vor allem durch den zweiten Absatz der Bekanntmachung verdeutlicht: »... werden die Zöglinge beider Seminare von den Vorstehern derselben überhaupt in ihren Studien berathen, und wie zum tieferen Eindringen in ihre Wissenschaft, also auch zu gründlichem und umfassendem Nachdenken über den Gang, welchen der betreffende Schul-Unterricht hierin zu nehmen hat, und über den Geist dieses Unterrichts, desgleichen über die zweckmäßige Behand-

lung und Führung der Jugend, eingeleitet.« In: Regierungs-Blatt für das Königreich Württemberg, Jg. 1838, 1 und 2, S. 332.

25. Abgedruckt bei: Johann Friedrich Wilhelm Koch, *Die preussischen Universitäten. Eine Sammlung von Verordnungen, welche die Verfassung und Verwaltung dieser Anstalten betreffen*, Berlin/Posen/Bromberg 1840, Bd. II/2, S. 560 (No. 477. Reglement für das philologische Seminarium. Vom 28. Mai 1812).
Knappe Zusammenfassung der Statuten der philologischen Seminare bei Friedrich Paulsen, Geschichte des gelehrten Unterrichts..., s. Anm. 11, Bd. 2, S. 271–273: »Ursprünglich entstanden, um eine gründlichere Vorbildung für den Lehrerberuf zu sichern, sind sie (die philologischen Seminare) im 19. Jahrhundert zu reinen Pflanzschulen der gelehrten Forschung geworden.« Nicht aber (oder nur sehr bedingt) in Württemberg, wo das Seminar, Seit an Seit mit dem Realschullehrer-Institut, eine Art von Pädagogium blieb, nach dem Willen von Hof und Studienrat jedenfalls.

26. Johann Friedrich Wilhelm Koch, *Die preussischen Universitäten*, a.a.O., S. 679 (No. 538. Reglement für das philologische Seminarium. Vom 5. April 1812).

27. Ebd., S. 718 f. (No. 550. Reglement für die philologische Gesellschaft bei der Universität zu Greifswald. Vom 8. Februar 1822).

28. Vgl. das revidierte Reglement, das philologische Seminar der Universität zu Halle betreffend, vom 7. November 1857, abgedruckt in: Hg. L. Wiese, *Verordnungen und Gesetze für die höheren Schulen in Preussen.* II. Abt., Berlin 1868, S. 39. (In diesem Buch, übersichtlicher als bei Koch, *(Die preussischen Universitäten)* eine Zusammenstellung der Seminarordnungen: Königsberg S. 27 ff., Berlin S. 32, Greifswald S. 34 f., Breslau S. 36 f., Halle S. 39 ff., Akademie zu Münster S. 45 f., Bonn S. 47.)

29. Johann Stephan Pütter, *Versuch einer academischen Gelehrten-Geschichte von der Georg-Augustus-Universität zu Göttingen*, 2. Teil, Göttingen 1788, S. 273.
Detaillierte Untersuchungen zu Gesner und Heyne, den Wegbereitern des Neuhumanismus, und zum Göttinger Seminarium Philologicum, dem »Mutter-Kloster« aller nachfolgenden vergleichbaren Institutionen: Johannes Tütken, »Die Anfänge der Pädagogik im 18. Jahrhundert«, in: *Pädagogik an der Georg-August-Universität Göttingen. Eine Vorlesungsreihe*, Hg. Dietrich Hoffmann, Göttinger Universitätsschriften, Serie A: Schriften, Bd. 7, Göttingen 1987, S. 13–49, vor allem S. 33–49.

30. Vgl. zum Nord-Süd-Gefälle im Universitätswesen um 1800 (Preußen,

Sachsen und Hannover als Führungsinstanzen): Friedrich Paulsen, *Geschichte des gelehrten Unterrichts,* vgl. Anm. 11, passim.

31.Ein, zumal in den Briefen an David Friedrich Strauss, häufig variierter Vischerscher Topos: Tübingen – ein Nest weit hinter dem Ural. Vgl. den Brief vom 10. Dezember 1865: »Man will mich nicht in der Hauptstadt, aber in dem Nest 7 Stunden weit weg, nicht in Petersburg, aber in Tobolsk dulden.« Zitiert nach: Fritz Schlawe, *Friedrich Theodor Vischer,* vgl. Anm. 4, S. 299.

32. Vgl. Paulsen, »F.A. Wolf und die neuhumanistische Philologie und Gymnasialpädagogik«, in: Friedrich Paulsen, *Geschichte des gelehrten Unterrichts,* vgl. Anm. 11, Bd. 2, S. 210–229.

33. Friedrich August Wolf, *Ein Leben in Briefen,* Hg. Siegfried Reiter, Bd. 1, Stuttgart 1935, S. 55.

34. In Tübingen nahm sich die Wolfsche Studium-Generale-Vision ein wenig bescheidener und »practischer« aus. Im provisorischen Statut für das Reallehrer-Seminar wird in § 16 erklärt: »Die Zöglinge des philologischen Seminars können, sofern die festgelegte Zahl der aktiven Zöglinge des Reallehrer-Seminars nicht voll ist, auch an einzelnen Übungen des letzteren, besonders in denjenigen Fächern, welche in der Regel auch zum Unterrichtskreise der Lehrer an den gelehrten Schulen gehören (wie Geschichte, Geographie, Arithmetik), als thätige Mitglieder theilnehmen.« (UAT 44/107 b, Schulsachen)

35. Friedrich August Wolf, *Ein Leben in Briefen,* a.a.O., Bd. 1, S. 55.

36. Friedrich Theodor Vischer, »Dr. Strauß und die Württemberger«, in: ders., *Kritische Gänge,* Bd. 1, 2. verm. Aufl., München o.J., S. 2.

37. Zitiert nach: O. Crusius, *Erwin Rohde. Ein biographischer Versuch,* Tübingen/Leipzig 1902, S. 103. Es ist beschämend, daß die Briefe Rohdes, aus denen Crusius zitieren durfte, bis heute, von verschwindenden Ausnahmen abgesehen, nicht ediert worden sind.

38. *Verhandlungen…,* a.a.O., S. 7.

39. Brief Goethes an Friedrich Zelter vom 28. August 1816, in: *Johann Wolfgang Goethe. Gedenkausgabe der Werke, Briefe und Gespräche. 28. August 1949,* Hg. Ernst Beutler, Bd. 21: *Briefe der Jahre 1814–1832,* Hg. Christian Beutler, Zürich 1951, S. 175: Wolf »hat sich, auf die seltsamste Weise, dem Widerspruch ergeben, daß er alles was man sagen kann, ja

alles was da steht hartnäckig verneint und einen, ob man gleich darauf gefaßt ist, doch endlich zur Verzweiflung bringt. Eine solche Unart wächst von Jahr zu Jahr und macht seinen Umgang, der so belehrend und förderlich sein könnte, unnütz und unerträglich, ja man wird zuletzt von gleicher Tollheit angesteckt, daß man ein Vergnügen findet das Umgekehrte zu sagen von dem was man denkt.« Zur Philologie-Konzeption Wolfs grundsätzlich: Manfred Fuhrmann, *Friedrich August Wolf. Zur 200. Wiederkehr seines Geburtstages am 15. Februar 1959,* in: Deutsche Vierteljahrsschrift für Literaturwissenschaft und Geistesgeschichte, 33, 1959, S. 187–236.

40. Vgl. zum Methoden-Disput der klassischen Philologie in der Zeit zwischen Winckelmann und Wilamowitz: Axel Horstmann, »Die Forschung in der Klassischen Philologie des 19. Jahrhunderts«, in: *Konzeption und Begriff der Forschung in den Wissenschaften des 19. Jahrhunderts. Referate und Diskussionen des 10. wissenschaftstheoretischen Kolloquiums 1975,* Hg. Alwin Diemer, Meisenheim am Glan 1978, S. 27–57. Sowie: *Philologie und Hermeneutik im 19. Jahrhundert. Zur Geschichte und Methodologie der Geisteswissenschaften,* Hg. Hellmut Flashar, Karlfried Gründer und Axel Horstmann, Göttingen 1979.

41. Theodor Mommsen, »Ansprache am Leibnizschen Gedächtnistage. 4. Juli 1895«, in: ders., *Reden und Aufsätze,* Berlin 1905, S. 196. Zum Epigonenbewußtsein am Ende des Jahrhunderts und dessen klassische Manifestationen (Kirchhoff, Wilamowitz etc.) vgl.: Manfred Landfester, »Ulrich von Wilamowitz-Moellendorff und die hermeneutische Tradition des 19. Jahrhunderts«, in: *Philologie und Hermeneutik im 19. Jahrhundert,* vgl. Anm. 40, S. 156–180.

42. Man hat es ihm nicht leicht gemacht: Sein Beharren auf einer Mitwirkung bei der Examinierung von Absolventen des philologischen Lehrerseminars und seine Gewohnheit, unmittelbar mit dem Ministerium zu verhandeln – »aus Unkenntnis der hiesigen Verhältnisse« –, waren nicht dazu angetan, Rohde beliebt zu machen. Einzelnes zu Berufungsverfahren und Reaktionen: UAT 119/157 (Akten betr. die ordentliche Professur für altklassische Philologie 1878–1898).

43. Friedrich Nietzsche: *Briefwechsel,* a.a.O., III. Abt., 4. Bd., 1982, S. 148.

44. »Mein Leben geht im Übrigen so still wie möglich hin: noch habe ich nicht das Gefühl der Angehörigkeit an dieses wunderliche Schwabenvolk, aber sie fangen schon an, von ihrem anfangs recht antipathischen Wesen zu verlieren«: Brief Erwin Rohdes an Nietzsche vom 22. Dezember 1878, sechs Wochen nach der Tübinger Antrittsvorlesung geschrieben, in:

Friedrich Nietzsche, *Briefwechsel,* a.a.O., II. Abt., Bd. 6/2, 1980, S. 1006 f.

45. O. Crusius, *Erwin Rohde,* a.a.O., S. 120.

46. Friedrich Nietzsche: *Briefwechsel,* a.a.O., III. Abt., Bd. 2, 1981, S. 162.

47. Chronik der Königlichen Friedrich-Wilhelms-Universität zu Berlin für das Rechnungsjahr 1887/88, Jg. 1, Berlin 1888, S. 18-22.

48. Friedrich Theodor Vischer, »Dr. Strauß und die Württemberger«, a.a.O., S. 15.

49. Ulrich von Wilamowitz-Moellendorff, *Erinnerungen ...,* S. 178.

50. *Verhandlungen über Fragen des höheren Unterrichts. Berlin 6. bis 8. Juni 1900,* Halle 1901, S. 35.

51. *Verhandlungen über Fragen des höheren Unterrichts. Berlin, 4. bis 17. Dezember 1890,* Berlin 1891, S. 72. Eine ausführliche, glänzend formulierte und ideologiekritisch präzise Analyse der Schulkonferenzen und ihrer gesellschaftlichen Implikationen: Heinz J. Heydorn, »Zur Bildungsgeschichte des deutschen Imperialismus. Die Schulkonferenzen von 1890 und 1900«, in: ders., *Ungleichheit für alle. Zur Neufassung des Bildungsbegriffs. Bildungstheoretische Schriften* Bd. 3, Frankfurt 1980, S. 185–230.

52. *Verhandlungen über Fragen des höheren Unterrichts,* 1890, a.a.O., S. 3.

53. Ebd., S. 74.

54. Ebd., S. 537.

55. Ulrich von Wilamowitz-Moellendorff, *Erinnerungen,* vgl. Anm. 22, S. 251. Hier das charakteristische Bekenntnis: »Es wird zutreffen, daß Harnack und ich damals das Griechische gerettet haben, vor der Konferenz natürlich, durch Verhandlungen mit dem Ministerium, denn solche Redeschlacht einer zahlreichen Versammlung pflegt nur ornamentalen Wert zu haben.«

56. Vgl. Heinz J. Heydorn, »Zur Bildungsgeschichte des deutschen Imperialismus«, vgl. Anm. 51, passim.

57. UAT 119/374 (Akten des philologischen Seminars 1898–1913): Der Antrag wurde abgelehnt.

58. *Verhandlungen über Fragen des höheren Unterrichts,* 1890, a.a.O., S. 365.

59. UAT 47/40 (Protokolle des Großen Senats 1927–1935), S. 170.

60. Vgl. »… treu und fest hinter dem Führer«. *Die Anfänge des Nationalsozialismus an der Universität Tübingen 1926–1934. Begleitheft zu einer Ausstellung des Universitätsarchivs Tübingen,* Tübingen 1983. Und: Uwe Dietrich Adam, *Hochschule und Nationalsozialismus. Die Universität Tübingen im Dritten Reich,* Tübingen 1977. – Eine detaillierte Darstellung der Tübinger Klassischen Philologie in der Zeit des Nationalsozialismus fehlt. Ihr Vorbild könnte sein: Cornelia Wegeler, »Das Institut für Altertumskunde der Universität Göttingen 1921–1962: Ein Beitrag zur Geschichte der Klassischen Philologie seit Wilamowitz«, in: *Die Universität Göttingen unter dem Nationalsozialismus. Das verdrängte Kapitel ihrer 250jährigen Geschichte,* Hg. Heinrich Becker, Hans-Joachim Dahms und Cornelia Wegeler, München u.a. 1987, S. 246–269.

61. Vgl. Walther Ludwig, »Amtsenthebung und Emigration Klassischer Philologen« in: Berichte zur Wissenschaftsgeschichte. Organ der Gesellschaft für Wissenschaftsgeschichte. Bd. 7, 1984, S. 161–178.

62. Helmut Berve, *Thukydides,* Frankfurt/Main 1938, S. 49.

63. *Ziele und Wege des altsprachlichen Unterrichts im Dritten Reich. Vorträge und Berichte der Tagung der altsprachlichen Arbeitsgemeinschaft im NS-Lehrerbund Gau Württemberg-Hohenzollern auf der Reichenau (Bodensee),* Stuttgart 1937, S. 17.

64. Robert Gradmann, »Etwas vom Schwäbeln«, in: Aus Unterricht und Forschung. Wissenschaftliche Zeitschrift auf nationalsozialistischer Grundlage, H. 1–3, 1944, S. 61.

65. Vgl. dazu: Johannes Irmscher, »Die Antike im Bildungssystem der Weimarer Republik und der Zeit des Faschismus«, in: Wissenschaftliche Zeitschrift der Friedrich-Schiller-Universität Jena. Gesellschafts- und Sprachwissenschaftliche Reihe, Jg. 18, 1969, H. 4, S. 17–25.

66. UAT 47/40 (Protokolle des Großen Senats 1927–1935), S. 156.

67. Vgl. dazu: Leonore O'Boyle, »Klassische Bildung und soziale Struktur in Deutschland zwischen 1800 und 1848«, in: Historische Zeitschrift, 207, 1968, S. 584–608.

68. Der Senatsberichter, ein Theologe, hielt Kleinknecht für wissenschaft-
lich fundierter als Snell – ein Urteil, das glauben machen könnte, der Streit
zwischen starrer Gottesgelehrsamkeit und weltläufig-freisinniger Theologie sei in Tübingen selbst nach dem Zweiten Weltkrieg nicht beendet
worden.

69. Vorschlagsliste für die Wiederbesetzung der o. Professur für Klassische
Philologie vom 3. Mai 1947: »Snells neuestes Buch ›Die Entdeckung des
Geistes. Studien zu Entstehung des europäischen Denkens bei den Griechen‹ (1946) vereinigt ... Aufsätze, deren Thematik und ungleicher Wert
den verlockenden Gesamttitel nur zum Teil decken... (Snells) Schriften
üben durch ästhetischen Reiz wie durch ihre Problemstellung vielfach
auch auf Angehörige anderer Disziplinen ihre Anziehung aus, wobei über
der Freude am schönen Bau dann wohl auch unbemerkt bleibt, daß er
mitunter auf schwachen Füßen steht.« Fürwahr eine Laudatio à la Teuffel
und ein Musterbeispiel für jene Abkanzelung der hommes de lettres von
seiten der Zunft, wie sie seit Lessings Tagen in Deutschland noch immer
den Fachgrenzen sprengenden Gebildeten gilt, den Polyglotten, Witzigen
und Erzgescheiten.

70. Walter F. Otto, Gastprofessor in Tübingen nach dem Zweiten Weltkrieg, wurde bereits 1909 (!) als Extraordinarius an seine schwäbische
Heimatuniversität berufen, lehnte, in München bleibend, die Vokation
jedoch ab.

71. Nach einem – offenbar wortgetreuen – Referat in der Schwäbischen
Kronik, Nr. 274 vom 17. November 1878, II. Blatt, S. 1.

Textnachweise

Erasmus von Rotterdam. Die Vision vom Frieden,
Festvortrag zum 450. Todestag des Erasmus von Rotterdam, gehalten auf
dem Ökumenischen Studientag in Tübingen am 1.7.1986.

Gotthold Ephraim Lessing. Streit und Humanität,
Festvortrag, gehalten auf dem Kongreß »Streitkultur Strategien des Über-
zeugens im Werk Lessings« in Freiburg am 24.5.1991 und, in der vorliegenden Fassung, am 27.5.1992 in der Universität Augsburg.

Wolfgang Amadeus Mozart. Das poetische Genie,
Festvortrag, gehalten in der Komischen Oper Berlin am 15.12.1991.

Georg Büchner. Plädoyer für die Barmherzigkeit,
Festvortrag zur Verleihung des Alternativen Büchnerpreises, gehalten in
Darmstadt am 19.2.1989.

Richard Wagner. Erlösungszauber,
Beitrag für das Programmheft der Bayreuther Festspiele 1988.

Sigmund Freud. Porträt eines Schriftstellers,
Festvortrag zum 50. Todestag Sigmund Freuds, gehalten an der Universität
Tübingen am 25.10.1989 sowie u.a. an der Universität Hamburg und, in
der vorliegenden Fassung, im Wiener Akademie-Theater am 25.11.1990.

Kurt Tucholsky. Erbarmen und Menschlichkeit,
Festvortrag zum 100. Geburtstag Kurt Tucholskys, gehalten in München
am 13.1.1990.

Max Frisch. Der »Notwehr-Schriftsteller«,
zum 70. Geburtstag von Max Frisch, abgedruckt in: Frankfurter Allgemeine
Zeitung, 9.5.1981.

Friedrich Dürrenmatt. Reflexion und Poesie,
Gedenkrede auf Friedrich Dürrenmatt, gehalten im Berner Münster am
11.1.1991.

Arthur Schnitzler. Die Erzählungen,
Einleitung zu Arthur Schnitzlers »Erzählungen«, Bibliothek des 20. Jahrhunderts, Stuttgart 1987.

Thomas Mann. Der Erwählte,
abgedruckt in: Thomas-Mann-Jahrbuch 4, 1991.

Robert Musil. Die Verwirrungen des Zöglings Törleß,
Einleitung zu Robert Musils »Die Verwirrungen des Zöglings Törleß«,
Bibliothek des 20. Jahrhunderts, Stuttgart 1984.

Über die Freude,
Vortrag, gehalten auf der 104. Versammlung der südwestdeutschen Psychiater und Neurologen in Baden-Baden am 28.5.1988.

Über die Vergänglichkeit. Der 90. Psalm,
Predigt, gehalten auf dem 23. Evangelischen Kirchentag in Berlin am 8.6.1989.

Deutschland und die Französische Revolution,
Festvortrag zur Eröffnung der Ausstellung »Freiheit – Gleichheit – Brüderlichkeit. 200 Jahre Französische Revolution« im Germanischen Nationalmuseum Nürnberg, gehalten am 24.6.1989.

Gegen das Schwarz-Weiß-Denken. Über den Golfkrieg,
abgedruckt in: DIE ZEIT, 22.2.1991.

Kunst und Politik,
Festvortrag zur Eröffnung des Ludwigsburger Forums am Schloßpark, gehalten am 18.3.1988.

»... gleicht einer großen Villen-Colonie«. 100 Jahre Eppendorfer Krankenhaus,
Festvortrag zum 100jährigen Bestehen des Eppendorfer Krankenhauses, gehalten am 20.10.1989.

»Auf dem Gebiet der Gynäkologie nicht ganz ohne Ruf«. 100 Jahre Tübinger Frauenklinik,
Festvortrag zum 100jährigen Bestehen der Universitäts-Frauenklinik Tübingen, gehalten am 4.10.1990.

»Es ist nicht viel, was wir Ihnen bieten können«. Schwabens Philologisches Seminar – vom Norden aus betrachtet,
Festvortrag zum 150jährigen Bestehen des Philologischen Seminars der Universität Tübingen, gehalten am 2.11.1988.